国家级教学团队
东北财经大学财务管理专业系列教材

王满 程廷福 主编

财务管理基础

Fundamentals of Financial Management

第3版

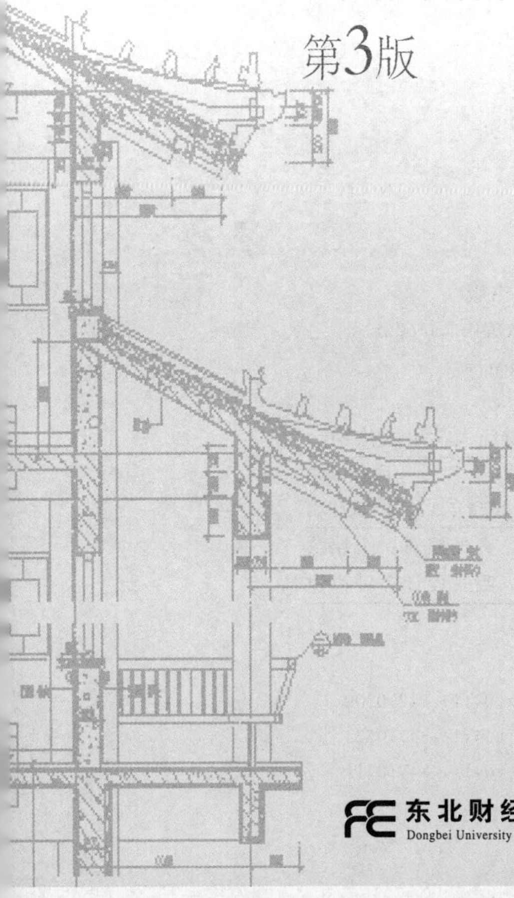

东北财经大学出版社
Dongbei University of Finance & Economics Press
大连

图书在版编目（CIP）数据

财务管理基础／王满，程廷福主编．—3版．—大连：东北财经大学出版社，2022.3
（东北财经大学财务管理专业系列教材）
ISBN 978-7-5654-4420-3

Ⅰ．财… Ⅱ．①王… ②程… Ⅲ．财务管理-高等学校-教材 Ⅳ．F275

中国版本图书馆CIP数据核字（2022）第002453号

东北财经大学出版社出版
（大连市黑石礁尖山街217号 邮政编码 116025）
网 址：http://www.dufep.cn
读者信箱：dufep@dufe.edu.cn
大连永盛印业有限公司印刷 东北财经大学出版社发行

幅面尺寸：170mm×240mm 字数：442千字 印张：22
2022年3月第3版 2022年3月第1次印刷

责任编辑：高 铭 吴 茜 责任校对：王铭慧
封面设计：冀贵收 版式设计：钟福建

定价：48.00元

教学支持 售后服务 联系电话：（0411）84710309

如有印装质量问题，请联系营销部：（0411）84710711

东北财经大学财务管理专业系列教材编委会

总序

随着知识经济和信息经济时代的到来，加之经济全球化趋势的日益凸显，社会对财务管理理论、财务管理实践和财务管理人才培养都提出了更高的要求。因此，高等学校必须为社会培养更多符合其特定要求的财务管理人才。自教育部于1998年设立“财务管理”本科专业以来，越来越多的普通高等学校设立了这一专业。在这种背景下，编写一系列理论融汇实际、符合中国国情的优秀的财务管理专业教材，对于培养财务管理人才的重要性是不言而喻的。为此，国家级教学团队——东北财经大学会计学院财务管理系于2005年组织骨干师资力量，由本团队资深教授担纲，编写并出版了本院第一套财务管理专业系列教材，包括《财务管理基础》《企业财务管理》《高级财务管理》《投资管理》《资产评估》等五部教材。

第一套财务管理专业系列教材一经推出，就得到了广大读者的厚爱，为许多高等院校所广泛选用，并针对本套教材的体系结构、知识组合和内容界定提出了许多富有建设性的意见。这也促进了我们进一步完善财务管理专业系列教材的信心与决心。2006年以来，国内外的环境发生了显著的变化，尤其是新《企业会计准则》、新《企业财务通则》以及《企业内部控制基本规范》的颁布，使得原有教材的部分内容需要修改与更新。美国金融危机的爆发，也促使社会公众认识到风险管理尤其是金融衍生投资风险管理的重要性，财务管理教材需要与时俱进，及时反映这一时代背景的深刻变化。另外，东北财经大学会计学院2006年被列为首批资产评估全国教学建设基地院校，并于2006年在财务管理专业下设置了“资产评估专门化”方向，因此，原有的财务管理专业系列教材已经无法满足本科教学的需要，针对“资产评估专门化”方向的人才培养特点，非常有必要增加一些专业教材。

基于此，我们对原有的财务管理专业系列教材进行了全面修订，并以新版的形式呈现在读者面前，分别是《财务管理基础》《公司理财》《高级财务管理》《证券投资》《资产评估》等五部教材；同时，新编了《财务学》《资产评估原理》《企业价值评估》《房地产评估》等四部教材。

与第一套财务管理专业系列教材相比，本套教材呈现出以下几个特点：

1.体系更加完整。本套教材中，《财务管理基础》《公司理财》《资产评估》《企业价值评估》为财务管理专业（含“资产评估专门化”方向）通用专业教材；《资产评估原理》《房地产评估》是“资产评估专门化”方向所特有的专业教材；《高级财务管理》则作为除“资产评估专门化”方向的财务管理专业学生的选用教材；《财务学》是除财务管理专业之外的其他专业学生学习财务学相关知识的教材。这样的体系安排可满足不同方向、不同层次、不同专业学习财务管理相关知识的教学需要。

2.内容更加全面。依据《企业会计准则》《企业财务通则》《企业内部控制基本规范》等一系列最新规范制度，结合国内外实务的最新动态，吸收读者反馈的合理建议，在保持原系列教材基本体系、特色与优点的基础上，我们在新系列教材中尽可能地反映了财务管理、资产评估理论和实务的最新进展。

3.更加突出实务。鉴于目前我国高等院校的大部分财务管理专业本科毕业生均走向社会从事实务工作，因此，在教材中除了强调基本概念和基本原理以外，更重要的是培养学生的操作能力。本套教材更加强调理论结合实际，更加强调基本方法的运用和基本技能的掌握，穿插了大量真实的案例，突出案例教学。

4.体例更加合理。每一部教材不仅列出了本章学习目标、学习要点和主要概念，归纳和总结了主要知识点之间的相互联系，而且还配有大量的习题与案例，供教师教学和学生自学使用。

东北财经大学财务管理专业系列教材是国家级教学团队——东北财经大学会计学院财务管理系全体教师共同劳动的结晶，尤其凝聚了众多资深教授和专家多年的经验和心血。当然，由于我们的经验与人力有限，教材中难免存在不足乃至缺陷，恳请广大读者批评指正。

我们的工作尚处于一个开端处，本次再版修订推出的教材仅仅是一个新的起点，而不是终点。随着社会的进步、经济的发展和环境的变化，我们将不断修订，使东北财经大学财务管理专业系列教材不断地与时俱进，及时跟踪反映学科的最新进展。

东北财经大学财务管理专业系列教材编委会

第3版前言

随着信息技术的快速发展，人们的管理思想、管理理念、管理方式和方法也在不断地完善和创新。如何为社会培养和输送适应社会需求的专业人才已经成为现代大学教育，尤其是财务管理教育所面临的挑战。为适应新形势迅速发展以及社会对本专业人才的需要，东北财经大学财务管理专业依托国家级优秀教学团队，以培养“宽口径、厚基础、强能力、高素质”的复合型、创新型、应用型、国际型人才作为财务管理教育改革的核心，制订了财务管理专业本科培养方案，本教材是为适应这一方案而设计和编写的。

本教材遵循删繁就简、去粗取精、理论联系实际的原则，重在阐述财务管理的一般原理、财务管理的基本观念、基本方法和基本技巧及其应用等内容。全书共分十章：第1章，财务管理概述，主要阐述财务管理的含义及特征，财务管理的对象、目标、原则，以及财务管理的产生与发展等；第2章，财务管理环境与组织，主要阐述除金融市场外的财务管理的内外部环境以及财务管理组织机构的设立等；第3章，金融市场与金融工具，主要阐述金融市场的功能、金融市场的划分、金融工具及其属性、金融资产定价等；第4章，财务报告分析，主要阐述财务报表信息揭示、财务报告分析方法、基本财务指标分析等；第5章，财务管理的基本观念，主要阐述时间价值、现金流量、风险与收益、资本成本等；第6章，财务估价，主要阐述财务估价原理、债券股价、股票股价、企业价值评估等；第7章，财务计划与财务预测，主要阐述财务计划及其构成、销售预测、财务报表预测、资金需要量预测等；第8章，财务管理决策，主要阐述资本投资决策、融资决策、营运资本决策、收益分配决策等；第9章，财务控制，围绕着会计六大要素，主要阐述了财务控制的内容、程序和方法等问题；第10章，国际财务管理，主要阐述了跨国公司外汇风险及其管理、国际投资、国际融资和境外现金管理等财务问题。

本次教材修订主要基于以下考虑：第一，体现了课程思政元素。在本次教材的修订过程中，我们将思想政治教育元素，包括思想政治教育的理论知识、价值理念及精神追求等融入教材的适当内容之中。第二，增强教材的时效性，关注近年来涉及财务管理方面有关政策、制度等的变化，对教材的内容进行了相应的修改和完善。第三，适应财经类高等院校本科培养方案调整的需要，使教材内容与教学计划、教学组织、教学目标、教材建设等更为匹配。第四，适应理清交叉学科之间关系的需要，在教材的内容设计上最大限度地避免了学科之间交叉重复的内容。第五，适应"教"与"学"的需要，力求做到既有利于教师组织教学，又便于学生阅读与自学，给予教师与学生充分的发挥与拓展空间，使得"教"与"学"达到高度互动，有机结合。

本教材的主要特点有：

1.体例结构设计更加合理。本书以金融市场为背景，以价值创造为目标，以时间价值和风险价值等为基本理念，以预测、计划、决策、控制、分析等为手段，系统地阐述了财务管理的核心内容，从篇章的设计，到内容的安排与组织，更加合理有序。

2.更加注重对基础知识的阐述。《财务管理基础》是一种广义的基础，而不仅仅是财务管理专业的基础。因此，它更加注重对财务管理基本原理、基本理论、基本观念、基本方法和基本技巧的描述，删除了一些比较抽象而复杂的理论和模型，使其更加通俗易懂，可读性更强。

3.更加注重理论与实践的结合。除必要的理论阐述之外，更加注重实际操作与演练，突出实用性。在内容安排上，不仅设有案例分析、思考题等内容，还附有练习题的参考答案和案例分析提示，可以大大提高学习者的学习效果和实战能力。

4.更加注重与不同课程的衔接与协调。在注重教材自身的独立性和完整性的同时，努力地协调本教材与《管理会计》《公司理财》《财务分析》《证券投资》等课程之间的关系，力求避免与相关课程的交叉与重复。

5.更加注重适用性。本教材不仅能够满足教师组织教学的需要，也可以作为财经类高等院校学生学习财务管理和其他后续课程的基础入门教材，还可以作为广大实务工作者和广大喜爱财务管理知识的读者朋友学习和了解财务管理基础知识的参考用书。

本教材由王满教授和程廷福副教授负责设计并担任主编。各章的具体分工是：第2章、第5章、第6章、第10章由王满教授撰写，第1章和第8章由程廷福副教授撰写，第3章和第4章由任翠玉教授撰写，第7章由宋淑琴教授撰写，第9章由罗菲副教授撰写。王满教授对全书进行了必要的修改、补充和总纂。

本教材在编写过程中得到了许多同行的关注和帮助，同时，也得到了东北财经大学出版社的大力支持。会计专业硕士研究生王涵同学对书稿进行了仔细阅读和演算，借本书出版之际，一并表示衷心的感谢。

由于编著者水平有限，书中难免有不当或错误之处，恳请广大读者批评指正。

编著者

2021年11月

目　录

第1章 财务管理概述

学习目标

本章作为财务管理基础的开篇，主要阐述了财务管理的含义及特征、对象与工作环节、目标与协调、假设与原则、财务经理及其职责等一些与财务管理有关的基本问题。通过对这些问题的学习与理解，目的是要明确财务管理的本质及特征；掌握财务管理的内容及对象；了解财务管理的工作程序和方法；清楚财务管理应达到的根本目标；理解财务管理的假设与原则；了解财务经理的地位与职责。为进一步学习财务管理的后续内容打下牢固的理论基础。

导言

随着市场经济特别是资本市场的不断发展，财务管理在企业管理中扮演着越来越重要的角色。管理实践表明，企业管理的核心是财务管理，而财务管理的核心是资本管理。资本是现代企业生产经营的基本要素，也是企业发展的重要推动力量。本章以资本管理是财务管理的核心为立足点，紧紧围绕这一主题，系统地阐述了财务管理的内容及特点、财务管理的目标、财务管理的假设与原则、财务经理及其职责等基本理论问题。

1.1 财务管理的含义及特征

1.1.1 企业财务

从一般意义上说，财务就是人们配置财富方面的事务，是人类社会一种最基本的经济活动。

财务的产生必须具备两个基本前提：一是货币已经出现并成为统一的计量单

位，否则资源配置和使用将因没有基本工具而无法进行；二是社会经济活动由不同的利益主体进行，否则就没有必要对资源做出社会性配置。实质上，这两个前提分别体现了财务活动和财务关系。

企业财务就是财务活动和财务关系的统一。前者描述了财务的形式特征，后者揭示了财务的内在本质。企业财务属于经营性财务。

1）企业财务活动

企业财务活动是指企业在生产经营活动或其他业务活动过程中涉及的与资金有关的活动，包括筹资活动、投资活动、资金营运活动和分配活动等。

（1）筹资活动

筹资即筹集资金，它既是资金的获取过程，也是资金运动的起点。企业为了满足生存和发展的需要，往往从不同渠道、以不同的方式筹集资金并进入企业，表现为资金的流入。企业偿还债务本息、支付股息或股利等表现为资金的流出。这种因筹资而引起的资金流动即为筹资活动。

（2）投资活动

投资是指以现在流出现金为代价换取未来更多现金流入为回报的经济活动。投资既是资金运用过程，也是资金合理高效配置过程。按不同的标志划分，投资可分为简单再生产投资和扩大再生产投资、直接投资和间接投资、对内投资和对外投资、长期投资和短期投资等。企业任何一种形式的投资都会引起资金的流出，有时这种资金流出的数额甚至是巨大的。同时，企业收回投资、取得投资收益，也会产生资金流入。这种因投资而引起的资金流动即为投资活动。

（3）资金营运活动

日常生产经营活动是企业全部经营活动中的重要环节。在日常生产经营活动中，企业会因采购材料或商品、支付工资和其他营业费用等而引起资金流出。同时，也会因商品销售或其他销售取得收入而产生资金流入。另外，有时为解决资金不足而从银行暂时取得短期借款，也会形成资金流入。这种因日常经营活动而引起的资金流动即为资金营运活动。

（4）分配活动

分配就是对收入或收益的分割。广义上讲，分配包括对收入的分配、税前利润的分配、税后利润的分配和股利分配等多个层次。狭义的分配一般是指利润分配。利润分配实质上是利润在国家（税收）、企业（留存收益）、投资者（股利）之间的分配。利润分配同样会产生资金流出和资金流入。这种因分配而引起的资金流动即为分配活动。

综上所述，财务活动的四个方面，彼此并不是孤立的，而是相互依存、相互影响、相互制约的。这种内在逻辑关系为企业开展财务管理工作提供了清晰的思路。

2）企业财务关系

企业财务关系是指企业在组织财务活动过程中所发生的与各有关方面之间的经

济利益关系。研究财务关系必须明确两个问题：一是企业与哪些方面有经济关系；二是它们之间是什么关系。概括起来可归纳如下：

（1）企业与国家政府管理部门之间的财务关系

国家政府管理部门既是社会管理者，行使宏观调控管理职能，又是相关法律法规的制定者，行使法律监督约束职能。企业要在法律法规许可的范围内，依法设立、依法经营、依法纳税，自觉接受国家政府管理部门的监督指导。因此，企业与国家政府管理部门之间的财务关系是一种强制性的经济利益关系。

（2）企业与投资者、受资者之间的财务关系

企业既可以作为投资者，投资于其他企业或方面，又可以作为受资者，接受其他企业或方面的投资。在这一投资活动过程中，体现了企业与投资者、受资者之间因资金使用而形成的控制权关系或利益分配关系。

（3）企业与债权人、债务人之间的财务关系

企业购买其他企业发行的债券、向其他企业提供赊销或借款，此时，企业属于资金的提供者，是债权人。企业发行债券、接受银行借款、赊购商品等，此时企业属于债务人。企业与债权人、债务人之间的财务关系体现了资金借贷关系和资金结算关系。

（4）企业与内部各部门之间的财务关系

企业作为一个独立的经营实体，是由若干部门或单位组成的，这些部门或单位之间，既有分工又有合作。在实行内部经济核算制和内部经营管理责任制的条件下，企业与内部各部门之间的财务关系是一种以分工合作为基础的资金结算关系。

（5）企业与职工个人之间的财务关系

职工是企业的主人翁，是企业的劳动者。企业与职工之间的关系通过"劳动合同"或"用工合同"等契约来维系。职工付出劳动，企业按贡献大小给予报酬。因此，企业与职工个人之间的财务关系表现为以劳动成果为基础的按劳分配关系。

综上所述，企业与各方面之间的财务关系是客观存在的，在处理这些财务关系时不能厚此薄彼，更不能顾此失彼，要做到统筹兼顾，协调统一，从而实现财务和谐、企业和谐和社会和谐。

1.1.2　企业财务管理

财务管理是企业管理的重要组成部分，是企业管理的核心。研究与应用财务管理，不仅要明确财务管理是什么，更要清楚财务管理的基本属性。

延伸阅读1-1

财务管理与相关学科的关系

1）财务管理的定义

财务管理是指财务管理的主体（企业或公司）以客观存在的财务活动和财务关系为基础，利用价值形式，以实现企业价值最大化和可

持续发展为目标而进行的有关资金的获取（筹资）、使用（投资）和分配的经济管理活动。

经济越发展，财务管理越重要，已成为理论界和实务界的共识。财务管理越来越受到现代企业的高度重视。

2）财务管理的特点

财务管理无论是作为一门独立的学科，还是作为企业的一项管理活动，都有其自身的特点，这些特点包括：

（1）侧重性

财务管理与企业其他各项管理工作相比，更侧重于价值管理，而非使用价值管理。这一特点在组织财务活动和处理财务关系的过程中体现得尤为明显。

（2）综合性

财务管理是一项综合性的管理工作，它是财务环境、财务理念、财务思维、财务模式、财务手段、财务文化等的融合，是一个集成系统。

（3）协调性

财务管理既强调财务活动内容之间的协调，又强调各利益主体间关系的协调；既强调财务管理各工作环节间的协调，又强调财务部门与非财务部门以及财务部门内部的协调。

【小资料1-1】　财务能力①

企业的终极目标是创造和保护价值，为实现这一目标，需要企业具备多元化的能力，包括市场开发能力、研发与创新能力、供应商议价能力、规范化运作能力、财务能力等。财务能力是企业核心能力的重要组成部分，是企业在财务管理领域各种能力的集中体现，大致可分为三个层次：

一是，财务活动能力。财务活动能力对应于企业的筹资、投资以及资金的运营与分配等活动。

二是，财务表现能力。财务表现能力包括偿债能力、营运能力、盈利能力以及成长能力等。

三是，财务管理能力。财务管理能力是企业组织财务活动，处理财务关系的能力，是一个企业管理层管理水平的综合体现。

1.2 财务管理的对象与工作环节

1.2.1 财务管理的对象

财务管理的对象又称理财对象，研究的是财务管理的客体。在财务管理实践

① 山西省管理会计专家团队入企服务课题六组，赵宏祥，王东升，等. 山西路桥集团财务管理能力评价体系构建［J］. 财务与会计，2019（12）：39.

中，财务管理对象包含了两层意思：一是指财务管理的内容，二是指资金流转过程。

1）财务管理的内容

在现代企业中，财务管理的内容一般包括筹资管理、投资管理、营运资本管理和收益分配管理等。

（1）筹资管理

资金是企业的血液，是生存和发展的保障，任何一个企业都需要筹资，筹资只是一种形式，其重点在于管理。筹资管理包括：筹资环境分析、资金需求量预测、筹资方案设计、筹资渠道和方式选择、筹资结构安排、筹资风险分析、筹资成本估计和筹资效益评价等诸多内容。筹资管理是财务管理的首要内容。

（2）投资管理

投资是资金运用和资产形成过程，目的是获取收益或谋取控制权。投资成败对企业未来发展影响深远，投资决策必须慎之又慎。投资管理包括：投资方向或项目的选择、投资时机的把握、投资规模的预算、投资方案的设计、投资风险评估、投资效益分析以及投资失败的应对策略等一系列问题。投资管理是财务管理的核心内容。

（3）营运资本管理

营运资本或称营运资金。广义的营运资本是指企业流动资产总额；狭义的营运资本又称净营运资本，是指流动资产与流动负债的差额。因此，营运资本管理既包括对流动资产的管理，如现金管理、应收账款管理、存货管理等；又包括对流动负债的管理，如应付账款、短期借款等；同时，还包括流动资产与流动负债匹配关系的管理。营运资本管理是财务管理的日常管理内容。

（4）收益分配管理

收益就是企业的所得，包括经营收益、投资收益、营业外收益以及其他收益等。收益分配管理，一方面要关注收益的形成过程、收益的构成及其质量；另一方面要关注收益分配的合法性、合规性、合理性。既要照顾当下，又要着眼于企业未来长期发展；既要保持分配政策的连续性与稳定性，又要权衡思变体现分配政策的动态性与灵活性。收益分配管理是财务管理的重要内容。

2）资金流转过程

财务管理是对动态资金的管理，强调的是资金的流转过程。资金流转的起点和终点都是现金，其他资产都是现金在流转过程中的转化形式。从这个意义上讲，财务管理对象也可以说成现金及其流转。

（1）现金流转的含义

可以说，企业的一切经营活动都起于现金，最终止于现金，起止之间可以有不同的表现形态。

现金变为非现金资产，非现金资产又变为现金，这种周而复始的流转过程称为现金流转，如“现金—原材料—在产品—产成品—应收账款—现金”，又如“现金—证券（债券或股票）—现金”等。

（2）现金流转的形式

现金流转有两种基本形式：一是，现金变为非现金资产，然后又回到现金，所需时间不超过一年的流转，称为现金的短期流转。现金的短期流转主要与流动资产相关。二是，现金变为非现金资产，然后又回到现金，所需时间在一年以上的流转，称为现金的长期流转。现金的长期流转主要与固定资产、无形资产等相关。

（3）现金流转的特点

现金流转有两个基本特点：一是，无论是现金短期流转，还是长期流转，其起点和终点都是相同的，都是现金；二是，无论是现金短期流转形成的现金，还是长期流转形成的现金，企业都可根据需要重新分配使用。

（4）现金流转的结果

现金在流转过程中会产生现金流入和现金流出，并表现出三种不同的流转结果，即现金流入量等于现金流出量、现金流入量大于现金流出量、现金流入量小于现金流出量。第一种情况表现为现金流转平衡，第二种情况和第三种情况表现为现金流转不平衡。

（5）现金流转不平衡的原因

导致现金流转不平衡的原因有内部的，也有外部的。从内部原因来看，导致现金流转不平衡的原因主要包括：

第一，盈利。对企业而言，盈利固然是好事，但账面利润并未转化为现金，同时企业又抽出过多的现金用于设备更新、偿还借款、支付股利等，从而发生临时流转困难，出现流转不平衡。

第二，亏损。企业无论是暂时性亏损，还是长期性亏损，都意味着经营管理不善，甚至是经营失败。只有投入，没有产出，收不抵支，从而导致现金流转不平衡。

第三，扩充。任何需要扩充的企业都会使现金流出扩大，甚至面临相当严重的现金短缺问题，而在短时间内又无法实现更多的现金流入，在这种情况下，出现现金流转不平衡也是不可避免的。

从外部原因来看，导致现金流转不平衡的原因主要包括：

第一，经济波动。经济周期是客观存在的，在不同的经济周期阶段，经营的景气程度是不同的。经济繁荣时，经营景气程度上升，现金需求扩大；经济下滑时，经营景气程度下降，现金需求缩小。

第二，市场季节性变化。市场的季节性变化使企业在销售淡季现金不足，销售旺季过后现金过剩；采购旺季现金大量流出，而现金流入又不能同步。

第三，通货膨胀。通货膨胀会使企业遭受现金短缺的困难，购买相同数量的产品或物资、更新设备等会引起更大的现金流出。

第四，竞争。无论是价格竞争，还是广告竞争，都会使企业现金流出增加，现金流入减少，对现金流转产生不利影响。

【小资料 1-2】　　阿里巴巴财务金三角策略①

在经济全球化背景下，阿里巴巴为了巩固全球市场地位，其业务产品呈现多元化景象，商业生态圈边界不断向外扩展，集团整体经营风险日益加剧并复杂化，这对阿里巴巴原有的财务管理体系提出了严峻的挑战。为此，阿里巴巴提出了财务金三角策略，促使财务管理与集团发展模式及战略定位相匹配，主要包括：

1. 业务财务。业务财务是从深层次强调业财融合，财务要深入理解企业项目，支撑企业，业务要在专业、精细的财务视角下把控全局，降低财务风险和经营风险，促进增值业务的快速发展。

2. 全球共享财务平台。全球共享财务平台要求在基本的会计账务核算和交易处理得到满足的基础上，建立一套全球统一标准的机制。加强对非结构数据的运算和分析，提高平台运营效率。

3. 战略财务。战略财务涵盖集团财务规划与分析，强调纵向与横向两个层面上业务与项目的互联互通。通过对财务数据进行高效的整合与分析，在全球财务共享的层面上实现财务信息对管理决策的精准支持。

1.2.2　财务管理的工作环节

财务管理的工作环节是指财务管理的工作步骤和一般程序，包括财务预测、财务决策、财务预算、财务控制、财务分析五个基本环节。这些环节相互配合，紧密联系，形成周而复始的财务管理循环过程，构成完整的财务管理工作体系。

（1）财务预测

财务预测是根据财务活动的历史资料，考虑现实的要求和条件，对企业未来的财务活动和财务成果做出科学预计和测算。本环节的主要任务在于：测算各项生产经营方案的经济效益，为决策提供可靠依据；预计财务收支的发展变化情况，以确定经营目标；测定各项定额和标准，为编制计划、分解计划指标服务。

（2）财务决策

财务决策是指财务人员按照财务目标的总体要求，利用专门方法对各种备选方案进行比较分析，并从中选出最佳方案的过程。在市场经济条件下，财务管理的核心是财务决策。财务预测是为财务决策服务的。决策成功与否直接关系到企业的兴衰成败。

（3）财务预算

财务预算是指运用科学的技术手段和数量方法，对未来财务活动的内容及指标进行的具体规划。财务预算是以财务决策确立的方案和财务预测提供的信息为基础编制的，是财务预测和财务决策的具体化，是控制财务活动的依据。

---

① 江乾坤，舒欣格．阿里巴巴的全球财务共享服务中心建设实践［J］．财务与会计，2019（22）．

（4）财务控制

财务控制是在财务管理的过程中，利用有关信息和特定的手段，对企业财务活动施加的影响或进行的调节。实行财务控制是落实预算任务、保证预算实现的有效措施。财务控制一般要经过以下步骤：制定控制标准，分解落实责任；实施追踪控制，及时调整误差；分析执行情况，做好考核奖惩。

（5）财务分析

财务分析是根据财务会计资料，运用特定方法，对企业财务活动过程及其结果进行分析和评价的一项工作。通过开展财务分析，可以掌握各项财务计划的完成情况，反映经营业绩，评价财务状况，研究和掌握企业财务活动的规律，为各利益相关者的未来决策提供依据和参考。

【小资料1-3】　　新兴际华预算管理的“5体系”①

新兴际华集团有限公司（以下简称“新兴际华”）是集资产管理、资本运营和生产经营于一体的大型国有独资公司，世界500强企业。经过多年实践，新兴际华形成了一套完整的预算管理“5体系”，其主要内容是：

1.预算指标体系。预算指标涵盖9大类，即：经营指标、财务指标、资金指标、投资指标、市场指标、科技创新指标、人力资源指标、社会责任指标和企业发展成果与职工共享指标。

2.预算责任体系。在预算指标分解的基础上，采取签订责任书的形式来落实。责任书主要有承担的指标、指标得分权重、重点工作、计分办法、奖惩办法等内容。

3.预算跟踪体系。既建立了公司层面的跟踪体系，又分别建立了生产、营销、研发、采购和职能部门等各系统的预算跟踪体系。

4.预算评价体系。制订详细的月度、季度、年度评价方案，做到季度评价细于月度评价，年度评价细于季度评价。

5.预算考核激励体系。严格执行“业绩升薪酬升职级升，业绩降薪酬降职级降”的原则，对全员进行定期、层层、全面考评与激励。

1.3 财务管理的目标与协调

1.3.1 企业目标对财务管理的要求

企业是以营利为目的的经济组织，获利并创造价值是企业的最终目标。为了实现这一目标，既要处理好生存、发展和获利三者间的制衡关系，又要体现这些方面对财务管理的不同要求。

---

① 周亚东．预算PDCA质量管理在新兴际华集团的应用［J］．财务与会计．2019（19）．

1）生存

在激烈的市场竞争中，企业要想生存下去，应满足两个基本条件：一是以收抵支，避免亏损；二是到期偿债。反过来讲，企业生存的威胁也主要来自两个方面：一是长期亏损，收不抵支，扭亏无望，它是企业终止的根本原因；二是不能偿还到期债务，企业面临破产的威胁，它是企业终止的直接原因。为了避免亏损，降低破产的风险，财务管理应力求做到以收抵支和增强偿还到期债务的能力。

2）发展

发展是企业获利的保障。企业只有不断地发展壮大，才能更好地生存和持续获利。企业发展的集中表现就是市场份额的扩大和收入的增加。企业根据实际需要，可以选择内涵式发展，也可以选择外延式发展，或二者兼而有之。无论选择何种发展路径，都需要大量资金的注入。为此，财务管理要源源不断地筹集满足企业发展所需要的资金。

3）获利

获利是企业的出发点和归宿。企业只有获利才有生存的必要，才有存在的价值。这就要求财务管理要通过优化资源配置、合理高效利用资金，使企业获利，实现资本收益最大化。

1.3.2 财务管理的一般目标

【课程思政】　　为实现中国梦贡献青春和力量

实现中华民族伟大复兴的中国梦，其本质是国家富强、民族振兴、人民幸福。中国梦是国家的梦、民族的梦，也是每一个中华儿女的梦。只要每个人都把人生理想融入国家和民族的伟大梦想之中，把小我融入大我，敢于有梦、勇于追梦、勤于圆梦，就会汇聚起实现中国梦的强大力量。当代大学生要树立远大理想，扎实学习，苦练真功，掌握本领，积极投身到实现中华民族伟大复兴的实践中，为实现中国梦贡献青春和力量。

任何管理活动都是有目的的行为，财务管理也不例外。财务管理目标是财务管理工作的行动指南。如果从财务活动和财务关系的角度分别讨论，前者追求的是效率，即为股东创造财富；后者追求的是和谐，即兼顾股东之外利益相关者的合法权益。

根据现代企业财务管理理论和实践，最具有代表性的财务管理目标的观点主要有以下几种：

1）利润最大化

亚当·斯密、大卫·李嘉图和马歇尔的古典经济理论认为，企业财务目标就是获得最大的利润，而且利润总额越大越好。将利润最大化作为企业的财务目标，有其积极的意义：首先，利润是反映企业经济效益状况最直接、最有效的指标，获取最大的利润既是企业的基本宗旨，又是企业不断发展的基本前提。其次，利润不仅代表企业为社会创造的财富，也代表企业的竞争优势。最后，利润是衡量企业经营业绩的综合性指标。从实际出发，该种观点浅显通俗，容易被人们理解和接受。

但是，将利润最大化作为财务目标也具有明显的缺陷和不足：首先，利润是一个绝对量指标，没有考虑投入与产出之间的关系，不便于不同规模企业间的横向比较；其次，利润最大化既没有考虑货币的时间价值，又没有考虑相应的风险问题；再次，片面追求利润最大化容易导致企业经营上的短期行为倾向，从而影响企业的长远发展；最后，追求利润最大化容易使企业为了粉饰业绩而出现人为操控利润的行为。

2）每股盈余最大化

每股盈余最大化又称每股收益最大化，是企业的净收益与发行在外流通的普通股股数的比率。利润最大化是从总量的角度考察，而每股盈余最大化是从单位额的角度考察。尽管每股盈余最大化把企业实现的净利同企业的投入结合起来考虑，有了一定的进步，但它仍然无法避免利润最大化的种种缺陷和不足。

3）股东财富最大化

股东不仅是企业的出资人和创办者，也是企业终极产权的所有者和风险承担者。通过财务上的合理经营，为股东创造最大化的财富，不仅符合逻辑，也符合股东的预期目标要求。一般情况下，股东的财富源于两个方面：一是企业的分红，即红利所得；二是外部市场，即市场所得。红利所得是由企业的经营业绩和既定的分配政策决定的，市场所得是由股东所拥有的股票数量和股票市场价格决定的。在股票数量一定的条件下，股票价格越高，股东获得的财富越大。在企业不分红或现金红利派发很少的情况下，在运行良好的资本市场上，股东财富最大化也可以理解为股票价格最大化。

与利润最大化目标相比，股东财富最大化目标的积极意义在于：首先，它强调了企业经营业绩的长期持续性，在一定程度上克服了短期行为，因为不仅当前的利润影响股票价格，预期未来的利润对股票价格也会产生重要的影响。其次，股东财富最大化考虑了风险因素，风险的高低直接影响股票价格的变化，把股东财富与风险紧密结合，有利于企业开展风险管理和评价。最后，股东财富最大化可以在一定程度上规范资本市场的运行并促进资本市场的繁荣。

应该看到，股东财富最大化目标也存在着明显的不足：首先，它只适用于上市公司，非上市公司难以应用。其次，股票价格的变化可能与公司业绩并不存在必然的联系。股票价格受多种因素影响，并非都是企业所能控制的，而把不可控因素引入理财目标是不合理的。最后，片面强调股东财富可能会伤害企业其他利益相关者，不利于财务目标的协调与整合。

4）企业价值最大化

通俗地讲，企业价值是指企业本身值多少钱。它反映的是企业全部资产的市场价值而非账面价值。它是由企业潜在的或预期的获利能力决定的，是通过市场来评价的。企业价值最大化就是通过财务上的合理经营，采用最优的财务政策，充分考虑货币时间价值和风险与报酬的关系，在保证企业长期、稳定发展的基础上使企业总价值达到最大。在理论上，企业价值就是企业所拥有的资产或权利产生的未来现金流量按一定的贴现率所确定的现值。

以企业价值最大化作为企业的财务目标，其理由是：首先，它充分考虑了货币时间价值和风险价值，强调了时间价值和风险对企业价值实现的重要影响作用。其次，它充分考虑了资本的优化配置和合理使用，体现了投资者对资本保值增值的要求。最后，它克服了企业在经营管理和财务行为上的短期行为，体现了企业长期稳定可持续发展的要求。

但是，以企业价值最大化作为财务目标也存在一定的问题：首先，企业价值是一个比较抽象的概念，不如利润、每股盈余、股东财富等直观具体，因而不易被人们接受和理解。其次，在计算企业价值时涉及的许多参数诸如未来现金流量、折现率、折现期等存在预计上的困难。最后，企业价值的确定是否客观、公正，能否被企业所接受，还受到评估机构、评估标准、评估方法、评估日期等一系列因素的影响，具有一定的主观性。

尽管如此，以企业价值最大化作为财务目标，不仅深刻揭示了企业价值的内涵、市场对企业的认可，也兼顾和协调了企业和各方面的经济利益关系。将企业价值最大化作为财务目标不失为一种理想的选择。

【小资料1-4】　　企业资金管理的“五大”新格局①

2019年10月25日至26日，由中国会计学会、中国海洋大学主办，中国企业营运资金管理研究中心、中国海洋大学管理学院承办的“2019中国资金管理智库高峰论坛”在青岛召开。

在本论坛上，南京大学会计与财务研究院副院长李心合教授，在调研的基础上发现，现行教材往往局限于公司与资本市场之间的资金流动，忽视了企业内部的资金流动。财务的核心问题就是资金流。为此，他总结并提出了企业资金管理面临的“五大”新格局，即：资本市场高度多元化、资金运营重度风险化、资金运作集中化、资金管理与业务管理日趋融合化、大额资金流动裁量权集体化。

1.3.3　财务管理的具体目标

一般来讲，目标是具有层次性的，既有总体目标，又有具体目标。财务管理的具体目标是与财务管理的具体内容紧密相连的。

---

①　宋晓缤，谢昱然，张晓涵．激发微观主体活力与经济高质量发展——2019中国资金管理智库高峰论坛综述［J］．财务与会计，2019（22）．

1）筹资管理目标

企业筹资的具体目标是：在法律法规许可的范围内，根据企业的实际需要，在分析筹资环境的基础上，通过制订切实可行的筹资方案，以优化的筹资结构，以较小的筹资代价和较低的筹资风险，及时足额地筹措到企业所需的各种资金，以保证企业筹资的高效通畅。

2）投资管理目标

企业投资管理的具体目标是：在分析投资环境的基础上，合理选择投资方向或项目，通过优化方案设计、可行性分析和科学决策，务必使投资取得成功，并以较少的投资和较低的风险获取较高的投资回报。

3）营运资本管理目标

企业营运资本管理的目标是：在权衡流动性、收益性和风险性的基础上，通过制定切实可行的营运资本管理政策，合理使用资金，加速资金周转，以较少的资金占用完成较大的营业收入，以不断提高资金的利用效率。

4）分配管理目标

企业分配管理的目标是：通过制定合理的财务分配政策，在满足企业自身积累和发展需要的同时，兼顾企业和各方面的经济利益关系，以保证分配的合法性、合理性和有效性，从而促进企业和谐发展和价值提升。

1.3.4 目标的冲突与协调

企业财务管理的目标是企业价值最大化。在实现这一目标的过程中，会涉及不同的利益主体。利益主体不同，目标也不同。受利益的驱动，各主体间产生利益分歧和目标冲突也是必然的。如何协调和解决他们之间的分歧和冲突也是财务目标所面临的现实问题。

1）股东与经营者之间的冲突与协调

股东是企业的出资者，更是企业的所有者；经营者即企业的经理人。在两权分离的条件下，股东和经营者之间形成了一种委托代理关系。股东的目标是追求财富最大化，而经营者的目标是得到更好的待遇，包括物质的和精神的，较多的闲暇时间、较少的工作时间及较小的工作强度，尽量避免风险。股东若满足经营者目标的要求，就会放弃部分利益而影响自身的财富。股东若不能满足经营者目标的要求，还可能导致经营者背离股东目标，甚至进一步损害股东的利益。

经营者背离股东目标，伤害股东利益，一般表现在两个方面：一是道德风险。例如，经营者在有能力的情况下不做最大努力的付出，放弃对股东有利的机会等。二是逆向选择。例如，以工作需要为名，巧立名目乱花股东的钱，例如豪华装修办公场所、购买高档汽车等。

为了防止经营者背离股东目标，降低对股东的伤害，可采取如下解决方法：

（1）解聘

股东一旦发现经营者有损害股东利益的企图或行为，可选择直接解聘经营者。这是对经营者的一种行政约束。

（2）接收

因经营者经营不力，决策失误，使股东利益受损，公司就可能被其他公司强行接收或吞并，经营者也会随之被解聘。这是对经营者的一种市场约束机制。

（3）监督

经营者背离股东目标，其条件是双方的信息不对称。经营者了解和掌握的信息远远多于股东。要避免道德风险和逆向选择，股东就要获取更多的信息来对经营者实施监督。

监督虽然在一定程度上减少了经营者违背股东意愿的行为，但相应地增加了为此而付出的代价，即监督成本。

（4）激励

股东将经营者的报酬与其绩效挂钩，用激励的方式，与经营者分享企业增加的财富，从而鼓励其采取符合企业利益最大化的行动，一方面为其自身带来好处，另一方面也有利于股东财富的增加。股东给予经营者的激励可以通过提高年薪、股票选择权、绩效股等方式来实现。尽管通过激励的方式可以减少经营者违背股东意愿的行为，但同时削减了股东的财富，增加了激励成本。

股东同时采用监督和激励两种方法来协调自己和经营者的目标，但仍不能保证经营者完全按股东的意愿行动，他们仍然可能采取一些对自己有利而不符合股东最大利益的决策，并由此给股东带来一定的损失。监督成本、激励成本和偏离股东目标的损失三者之间此消彼长，相互制约。因此，解决股东和经营者之间目标冲突最好的办法就是力求使上述三项之和达到最小。

2）股东与债权人之间的冲突与协调

当企业向债权人借入资金后，两者之间便形成了一种事实上的契约关系。作为企业的债权人，其目标就是按约定到期收回本金并取得利息收入。债权人事先知道借出资金是有风险的，但资金一旦到了企业，债权人就失去了控制权。股东可以通过经营者为自身利益而做出一些伤害债权人利益的事情。

股东伤害债权人利益的行为通常表现在两个方面：一是未经债权人的同意，将借入资金投资于比债权人预期风险更高的投资项目。如果投资成功，不仅股东得到了超额回报，债权人也有了偿还保障。一旦投资失败，企业无力偿还，债权人目标将难以实现。二是未经债权人同意而迫使管理当局借入新债。新债的借入导致旧债的价值下降，使旧债权人蒙受损失，同时，新债的借入也会使旧债权人权益的保障程度大大降低，目标难以实现。

解决股东和债权人之间冲突的方法有：一是寻求立法保护，如破产时优先接管，优先于股东分配剩余财产等；二是在借款合同中加入限制性条款，如规定借款的用途，不得发行新债或限制发行新债的数额等；三是拒绝借款或收回借款，当债权人发现企业有伤害其利益的企图或行为时，可采取措施拒绝进一步提供新的借款或提前收回借款。

3）企业与社会的冲突与协调

企业作为社会的一部分，其目标在许多方面与社会目标是一致的。企业在追求自身目标的同时，自然会使社会受益。企业为了生存，必须生产出符合顾客需要的产品，满足社会的需求；企业为了发展，要扩大规模，自然会增加职工人数，创造就业机会；企业为了获利，必须提高劳动生产率，改进产品质量，改善服务，从而提高社会生产效率和社会公众的生活质量。

企业目标与社会目标一致时，企业往往是无意而为之，是一种自发的行为。当企业目标与社会目标不一致，甚至伤害社会利益时，企业往往是有意而为之，是一种故意行为。企业为了一己之私，可能会实施一些不正当的行为，伤害消费者的利益，伤害劳动者的利益，伤害其他竞争对手的利益，甚至还可能造成环境的严重污染等。

协调企业和社会的冲突，可以通过法律手段、行政干预、道德约束、社会舆论监督等方式来解决。

1.4 财务管理的假设与原则

1.4.1 财务管理假设

一个完整而科学的理论体系的建立，必须通过假设、推理、实证等过程实现。财务管理假设是人们根据财务活动的内在规律和财务环境的要求所提出的具有一定事实依据的假定或设想，是研究财务管理理论和实践问题的基本前提。财务管理假设包括财务主体假设、持续经营假设、有效市场假设、财务理性行为假设、资金增值假设等。

1）财务主体假设

财务主体又称理财主体，是指财务管理为之服务的特定单位，通常是指具有独立或相对独立的物质利益的经济主体。财务主体具有以下特征：首先，财务主体具有独立性。财务主体能够自主地从事财务活动，处理财务关系。独立性是财务主体最主要的特征。其次，财务主体具有目的性。财务主体行为要有明确的目标。最后，财务主体主要运用价值手段进行活动。

财务主体假设明确了财务管理工作的空间范围。

2）持续经营假设

持续经营假设是指财务主体持续存在且能够执行预计的经济活动，即每一个财务主体在可以预见的未来都会无限期地经营下去。企业无论规模大小，其前景只有两种可能，即持续经营和停业清算，非此即彼。财务管理上都假定企业在可以预见的未来会持续经营下去，因为只有在持续经营的情况下，企业投资、借款安排、折旧提取、摊销处理等业务才变得有意义。

持续经营假设明确了财务管理工作的时间范围。

3）有效市场假设

有效市场假设是指财务管理所依据的资金市场是健全和有效的。只有在有效市场上，财务管理才能正常进行，财务管理理论体系才能建立，如资本资产定价理论、资本结构理论、股利理论等。

资金市场的有效程度因信息种类不同而有所差异。资金市场的有关信息可分为历史信息、公开信息和全部信息三类。据此，可将资金市场划分为弱式有效市场、半强式有效市场和强式有效市场三种类型。

（1）弱式有效市场

其主要特点在于当前的证券价格充分反映了历史上一系列交易价格和交易量中的信息，即历史信息，任何投资者仅仅根据历史信息进行交易，均不能获得额外收益。

（2）半强式有效市场

其主要特点在于证券价格反映了所有公开有用的信息，即公开信息，如公司的年度报告、投资咨询报告、董事会公告等，投资者无法利用已公开信息获得额外收益，但公司的内线人物如董事长或总经理等，却可能获得投资者无法得到的信息去买卖自己公司的股票，从而获得额外收益。

（3）强式有效市场

其主要特点在于证券的现行市价中已经反映了所有已公开的或未公开的信息，即全部信息。任何人甚至内部人员即使掌握内幕信息也无法获得额外收益，否则，说明资金市场尚未达到强式有效。

有效市场假设是建立在美国高度发达的证券市场基础上的，并不完全符合我国国情。从我国的财务环境和企业特点来看，有效市场应具备以下特点：当企业需要资金时，能以合理的价格在资金市场上筹集到所需资金；当企业有闲置的资金时，能在市场上找到有效的投资方式；企业理财上的任何成功与失败都能在市场上得到反映。

有效市场假设是确立财务管理原则、决定筹资方式、投资方式、安排资金结构、确定筹资组合的理论基础。如果市场无效，很多理财方法和财务管理理论都无法建立。

4）财务理性行为假设

财务理性行为假设是指从事财务管理工作的人员都是理性的，他们的财务管理行为是理性的，他们会在众多的方案中选择最有利的方案。

一般而言，财务管理人员可分为理性的和盲目的两类。从财务管理的角度看，只能假设财务管理人员是理性的，他们的财务管理行为也是理性的。否则，就无法做出正确的预期和判断，财务管理也无法按照正确的轨迹运行。

财务管理人员的理性行为主要表现在：一是财务管理人员实施财务管理是一种有目的的行为；二是财务管理人员会在众多方案中选择最佳方案；三是财务管理人员发现正在执行的方案是错误的时，会及时采取措施进行纠正；四是财务管理人员会吸取以往经验教训，学习应用新理论新知识。

5）资金增值假设

资金增值假设是指通过财务人员的合理运作，企业资金的价值可以不断地增加。财务管理是对企业资金进行规划和控制的一项管理活动，特别是在做出某项投资决策时，一定会假设这笔投资是增值的。如果假定出现损失或亏损，则这笔投资就不会发生了。只有资金增值，财务管理才有存在的意义。

1.4.2 财务管理原则

财务管理原则，又称理财原则，是指人们对财务管理活动的共同的、理性的认识，是企业组织财务活动及处理各种财务关系必须遵循的准则。

一般而言，财务管理应遵循以下基本原则：

（1）货币时间价值原则

货币时间价值理论认为，在商品经济条件下，即使不存在通货膨胀，等量货币在不同时点上，其价值量也是不相等的。货币时间价值原则要求在进行财务计量和财务决策时必须充分考虑货币时间价值因素。

在实务中，货币时间价值原则强调两个重要观念的应用，即现值观念和早收晚付观念。

（2）风险报酬权衡原则

风险是客观存在的，风险与报酬之间存在一个对等关系，即高收益伴随高风险，风险小要求的收益也低。

风险报酬权衡原则，要求企业不能只顾追求收益，不考虑发生损失的可能性，必须全面分析其收益性和安全性，对风险和报酬做出权衡。

（3）投资分散化原则

依据投资组合理论，投资组合原则要求不要把全部财富都投资于一个领域、一个公司或一项资产，而要分散化投资。分散化投资可以降低风险。

在实务中，投资分散化原则具有普遍意义，适用于公司的各项财务决策。凡是有风险的事项，都要做到分散化，以降低风险。

（4）资源合理配置原则

资源通常是指企业所拥有的经济资源，即人、财、物等各项资源。资源所带来收益的大小，在很大程度上取决于资源的配置是否合理。资源合理配置原则要求企业将各项资源在数额上和结构上合理配比，以做到人尽其才、财尽其能、物尽其用，以较少的资源投入，实现最大化的资源产出。

（5）收支动态平衡原则

资金在运动过程中产生现金流入和现金流出是客观的、必然的。保持现金流入和流出在时间上和数量上的协调平衡，是对财务管理的基本要求。

收支动态平衡原则，要求企业不仅要做到一定时期收支总量上的平衡，还要做到每一时点上的收支平衡。这种平衡并不是简单的收支相等，而是留有一定余地的平衡，即保持财务的合理弹性。

（6）成本效益原则

成本效益原则，要求对企业经济活动中的所费（投入）与所得（产出）进行对比分析，对经济行为的得失进行衡量，使成本与效益达到最优的结合。在实务中，在企业的筹资领域、投资领域以及日常经营领域都应遵循成本效益原则。

（7）权责利结合原则

权责利相结合，就是指一定的财务责任应与一定的财务权力和财务利益相结合。

权责利相结合原则，要求企业责任划分要清晰、权力赋予要适度、利益激励要得当。真正建立起以责任为中心、以权力为保证、以利益为手段的企业内部财务管理责任制。

（8）利益关系协调原则

企业是由各个不同的利益主体组成的契约联合体。这些利益主体包括企业的所有者、经营者、债权人、债务人、国家政府部门、供应商、客户、本企业职工等。利益关系协调原则，要求在这些利益主体之间营造一个平等、和谐的发展环境，妥善处理各主体间的利益关系，切实维护各方的合法权益，合理保障各方的利益诉求。只有这样，企业才能充分调动各利益主体的积极性和主动性，才能构建和谐企业与和谐财务，最终为实现企业价值最大化的目标服务。

【小资料 1-5】　　财务管理原则①

对于如何概括财务管理原则，人们的认识并不完全相同。道格拉斯·R.艾默瑞和约翰·D.芬尼特将财务管理原则概括为三类，共12条。

（1）有关竞争环境的原则

有关竞争环境的原则是对资本市场中人的行为规律的基本认识。这类原则包括：自利行为原则、双方交易原则、信号传递原则、引导原则。

（2）有关创造价值的原则

有关创造价值的原则是人们对增加企业财富基本规律的认识。这类原则包括：有价值的创意原则、比较优势原则、期权原则、净增效益原则。

① 中国注册会计师协会. 财务成本管理［M］. 北京：中国财政经济出版社，2017.

（3）有关财务交易的原则

有关财务交易原则是人们对财务交易基本规律的认识。这类原则包括：风险报酬权衡原则、投资分散化原则、资本市场有效原则、货币时间价值原则。

1.5 财务经理与财务经理的职责

1.5.1 财务经理（CFO）

在现代公司制企业中，管理日趋精细化、规范化，管理理念、手段日益创新。在一个企业或公司内部，不仅要有严密的财务管理组织机构，还要有负责管理财务组织机构和财务会计工作的主管。

公司财务管理通常都与公司高层管理人员有关。这些高层管理人员包括财务总监、总会计师、财务副总经理等。由此，形成了三种不同的财务领导体制类型，即：

（1）财务总监制

财务总监是由董事会授权、董事长直接委派的。财务总监制的优点是直接体现董事会的授权，代表着投资者或股东的利益。其缺点是财务总监直接插手企业财务工作，权力过于集中，容易造成新的所有者代表与经营者权责不清。

（2）总会计师制

总会计师制是在总经理下设置与副总经理平行的总会计师，分管企业财务工作。这种体制在我国国有企业中比较常见。其优点是体现了财务管理的专业性与决策中专家意见的权威性；不足之处在于，客观上总会计师给人以“专家”之衔而非职位之感，使企业财务管理工作的地位受到影响。

（3）财务副总经理制

财务副总经理制是在总经理下设负责财务工作的副总经理，对上直接向总经理负责，对下直接负责财务会计机构，直接参与公司重大问题的决策，但专业性略显不足。

以上三种不同的财务领导体制各有利弊。随着经济社会的调整和转型，客观上要求财务总监或总会计师应加快向财务经理转变。

财务经理（CFO），又称首席财务官，它源于西方发达市场经济国家，在现代公司中，其地位仅次于首席执行官（CEO），是公司决策层的高级重要成员，从根本上负责财务管理的顶层设计、产融结合、资本运作等。在复杂、多变的理财环境下，财务经理不仅要具备良好的政治素养、法律素养、文化素养、道德素养，更要具备专业胜任能力、预期判断能力、组织协调能力、交际沟通能力、权变适应能力、风险管控能力、财务创新能力、情感自控能力等。战略视野和沟通能力对财务经理而言，尤为重要。

1.5.2　财务经理的职责

【课程思政】　　　　　　　　　**财务人员要诚实守信**

财务人员要忠于事实，以过硬的专业素养，本着客观、公正、诚信的原则组织财务活动，处理财务关系。对利益相关者不隐瞒、不欺骗、不误导，以诚信捍卫财务人员的职业操守。家庭、学校和社会等方面要加大诚信宣传教育，树立诚信为本、操守为重观念，切实践行社会主义核心价值观。

财务经理的职责，是指财务经理就其服务的特定财务主体而言，所应从事的与其身份、权力、责任等相匹配的工作业务范畴与职责。

财务经理的基本职责是：通过财务上的合理运作，在保证资金良性循环和财务状况健康安全的基础上，促进公司的可持续高质量发展，为公司和利益相关者最大化地创造价值。

财务经理的具体职责通常与公司的财务业务密切相关，主要包括：

1）组建财务组织机构

建立健全的组织机构，不仅是开展财务管理工作的前提，也有助于财务管理工作质量和效率的提高。

组建财务组织机构，要体现行业特征、公司规模、组织形式、业务特点和管理水平等要求。根据这些要求，财务组织机构的设立可以有两种模式：一种是一元制组织机构，即财务与会计合一模式；另一种是二元制组织机构，即财务与会计分立模式。

组建财务组织机构应做到：目标明确、职责权限清晰、组织架构合理、岗位设置科学、人员配备整齐、考核评价合理、运行顺畅有序。

2）确立财务管理体制

财务管理体制，是确定企业内部各有关方面的财务权限、财务责任和物质利益关系的基本制度。其核心是要正确处理好财务责任、财务权力的集中与分散的关系以及责权的相互结合。

在实务中，根据企业的组织形式、生产技术特点和经营规模的大小，财务管理体制主要有以下三种类型：

（1）集权式财务管理体制

该种体制最初适合生产经营品种单一、规模较小的中小企业。现在，随着信息技术的发展，加之企业高层对财务管理越来越重视，许多跨行业、跨地区的企业集团也选择该种体制。

该种体制的特点是财务权限高度集中于公司最高管理当局。

（2）分权式财务管理体制

该种体制适合那些集团内部成员企业各自都是独立法人的大型松散型联合集团。

该种体制的特点是将财务权限分散到不同的下属单位和经营管理部门。

（3）混权式财务管理体制

该种体制适合资产经营一体化的公司和具有核心层、紧密层、半紧密层、松散层等多层次组织结构的企业集团。

该种体制的特点是将集权与分权相结合，重大财权集中于公司总部，一般性财权分散到下属单位。

3）设计财务管理制度

企业内部财务管理制度是由企业管理当局制定的，用来规范企业内部财务行为、处理企业内部财务关系的具体规则。

设计财务管理制度应明确以下三个问题：其一，财务管理制度是财务主体意志的体现；其二，财务管理制度与特定的条件和时间相联系，只能在一定时间和空间范围内发挥作用；其三，财务管理制度随理财环境的变化而变化。

在企业实务中，财务管理制度主要包括财务人员管理制度和财务业务管理制度。财务人员管理制度具体包括财务人员的构成、财务负责人职责权限的界定、财务人员的约束与激励、财务岗位的配备与轮换等内容。财务业务管理制度具体包括货币资金收支管理制度、投资融资管理制度、资产管理制度、成本费用管理制度、收入管理制度、利润及分配管理制度、财务报告与财务评价制度等内容。

4）制定财务管理政策

财务管理政策，是企业自主制定的有关财务活动的行为指南和规则。制定财务管理政策的目的是配合企业经营政策、调整财务行为、提高财务管理效率。

财务管理政策从财务活动内容角度看，包括投资政策、融资政策、营运资本政策和收益分配政策。财务管理政策从财务运行周期角度看，包括扩张型政策、紧缩型政策和稳健型政策。

无论从何种角度制定财务政策，都要结合主客观环境的变化做适当的调整。

5）运用财务管理工具

财务管理工具又称理财工具，是财务管理人员组织财务活动，开展财务管理工作必备的基本观念和手段。财务管理工具包括货币时间价值、现金流量、风险价值、资本成本、财务估价、财务分析与评价等。

财务人员，特别是财务经理，应主动将各种财务管理工具应用到财务管理的各个领域和环节，以确保财务决策的科学高效。

延伸阅读 1-2

财务理论创新的三大基础

6）实施财务管理创新

随着信息技术的高速发展，大数据的分析利用已涉及各个领域，并成为一种趋势，在此背景下，财务经理及财务人员也被赋予了新的职责，要与时俱进，不断创新，将各种新兴事物，如财务共享、财务云、业财融合等新理念、新手段融入现代财务管理当中。

【小资料1-6】　　**阿里云RPA与AI**①

2009年，为顺应“云计算”和“大数据”发展趋势，阿里巴巴创立了阿里云，促进了财务管理的数字化、智能化，将员工的双手从烦琐、重复的工作中解放出来，帮助员工向管理型、技术型等高层人才方向转型升级。

在共享的视野下，阿里云的有效运用可以促进集团与客户、供应商等之间的协同工作，促进业财一体化，将业务的核算、款项支付集中在一套系统中自动处理，及时生成和更新财务报表，为管理决策提供实时、准确的信息。

目前，阿里巴巴正在不断促进RPA与AI技术的融合，实现RPA+AI=IPA（智能流程自动化），加强对非结构化数据的分析，将识别图像、音频与视频的技术运用在财务实践中，实现对上传的海量附件内容的分析与整合，并赋予财务共享平台智能记忆功能。

总结与结论

▶企业财务是财务活动和财务关系的统一。前者描述了财务的形式特征，后者揭示了财务的内容本质。财务活动是有关企业资金的活动，包括筹资活动、投资活动、营运资金活动和分配活动。财务关系是指企业与各方面发生的经济利益关系，包括企业与国家政府部门之间、企业与投资者受资者之间、企业与债权人债务人之间、企业与内部各部门之间、企业与职工个人之间等。

▶财务管理是企业以客观存在的财务活动和财务关系为基础，利用价值形式，以实现企业价值最大化和可持续发展为目标而进行的有关资金的获取、使用和分配的经济管理活动。财务管理具有侧重性、综合性和协调性等特点。

▶财务管理的对象包含两层意思：一是指财务管理内容，即筹资管理、投资管理、营运资金管理和收益分配管理；二是指资金流转过程。资金流转又称现金流转，包括现金流转含义、现金流转形式、现金流转特点、现金流转结果以及现金流转不平衡的原因等内容。财务管理的工作环节包括财务预测、财务预算、财务决策、财务控制和财务分析。

▶企业的终极目标是获利并创造价值。企业为满足生存、发展和获利的需要，对财务管理提出了不同的要求。最具代表性的财务管理目标观点包括利润最大化、每股盈余最大化、股东财富最大化和企业价值最大化。财务管理具体目标包括筹资管理目标、投资管理目标、营运资金管理目标和分配管理目标。

▶财务管理的假设包括财务主体假设、持续经营假设、有效市场假设、理性行为假设、资金增值假设等。财务管理原则包括时间价值原则、风险报酬权衡原则、投资分散化原则、资源合理配置原则、收支动态平衡原则、成本效益原则、权责利结合原则、利益关系协调原则。

---

① 江乾坤．舒欣格．阿里巴巴的全球财务共享服务中心建设实践［J］．财务与会计，2019（22）．

▶财务经理应具备政治素养、法律素养、文化素养和道德素养。财务经理应具备的能力是：专业胜任能力、预期判断能力、权变适应能力、组织协调能力、交际沟通能力、风险管控能力、财务创新能力、情感自控能力。财务经理的基本职责是创造并分配价值。财务经理的具体职责是：组建财务机构、确立财务体制、设计财务制度、制定财务政策、运用财务工具、实施财务创新。

思考题

1.财务的产生应具备哪两个条件？财务活动和财务关系各体现了什么问题？
2.财务活动和财务关系各包括哪些内容？
3.什么是财务管理？它有哪些基本特点？
4.财务管理的主要内容是什么？分别是如何管理的？
5.何谓现金流转？它的基本形式和特点是什么？
6.现金流转有几种结果？不平衡的原因是什么？
7.企业目标对财务管理提出了怎样的要求？
8.财务管理的目标观点有哪些？各有什么优缺点？
9.如何解决股东与经营者、债权人之间的目标冲突？
10.财务管理包括哪些主要假设和基本原则？
11.财务经理应具备哪些能力？其职责是什么？

案例分析题

XD公司财务目标与利益冲突

XD公司是一家从事IT产品开发的企业，由三位志同道合的朋友共同出资100万元创立，三人平分股权比例。企业发展初期，创始股东都以企业的长远发展为目标，关注企业的持续增长能力，所以，他们注重加大研发投入，不断开发新产品。这些措施有力地提高了企业的竞争力，使企业实现了营业收入的高速增长。在开始的几年间，销售业绩以年均60%的速度提升。然而，随着利润的不断快速增长，三位创始股东开始在收益分配上产生了分歧。股东李某、江某倾向于分红；股东刘某则认为应将企业取得的利益用于扩大再生产，以提高企业的持续发展能力，实现长远利益的最大化。由此产生的矛盾不断升级，最终导致坚持企业长期发展的刘某被迫出让其持有的1/3股份而离开企业。

但是，此结果引起了与企业有密切联系的广大供应商和分销商的不满，因为他们中许多人的业务发展壮大都与XD公司密切相关。他们深信XD公司的持续增长将给他们带来更多的机会。于是他们声称，如果刘某离开企业，将断绝与企业的业务往来。面对这一情况，其他两位股东提出自己可以离开，条件是刘某必须收购他们的股份。刘某的长期发展战略需要较多的投资，这样做将导致企业陷入没有资金维持生产的困境。这时，众多供应商和分销商伸出了援助之手。他们或者主动延长应收账款的期限，或者预付货款，最终使刘某重新回到企业，成为公司的掌门人。

经历了股权更变的风波后，XD公司在刘某的领导下不断加大投入，实现了企业规模化发展，在同行业企业中处于领先地位，竞争力和价值不断提升。

分析：

（1）刘某坚持企业长远发展，而其他股东要求更多分红。你认为刘某的目标是否与股东财富最大化的目标相矛盾？

（2）拥有控制权的大股东与供应商和客户等利益相关者之间的利益是否矛盾，如何协调？

（3）像XD这样的公司，其所有权和经营权是合二为一的，这对企业的发展有什么利弊？

（4）重要利益相关者能否对企业的控制权产生影响？

案例分析题提示

第2章 财务管理环境与组织

学习目标

掌握财务环境的概念；理解和掌握财务环境的分类；理解研究财务管理环境的意义；了解内部财务环境的主要因素及其对财务管理的影响；了解经济环境的主要因素及其对财务管理的影响；了解法律环境的主要因素及其对财务管理的影响；了解文化环境的主要因素及其对财务管理的影响；明确一般工商企业中的财务组织机构与人员职责分工；明确金融机构中的财务组织机构与人员职责分工；明确政府与非营利组织中的财务组织机构与人员职责分工。

导言

任何事物都是与一定的环境相联系，进而存在和发展的。财务管理也不例外。企业的财务管理活动也是在一定的环境中进行的。财务管理活动若想成功，必须考察周围的总体环境和具体环境。环境的变化可能会给企业的财务管理带来困难，但企业的财务人员如能正确预测其发展情况，采取及时的应变措施，也可以使企业发展壮大走向成功。此外，不同的机构由于其自身的特点、目标、职能等不同，其财务组织机构与职责也各不相同。财务管理的一切活动都是在财务管理环境和一定的组织机构条件下进行的，因此可以说财务管理的环境与组织是财务管理的基础因素。

2.1 财务管理环境

企业作为经济社会中的一个经济系统，财务管理在各种环境因素作用下实现财务活动及其财务关系的协调与平衡，在很大程度上受环境的影响和制约。研究财务管理环境的有关概念，有助于把握开展财务活动的有利条件和不利条件，为企业正确制定财务管理战略及进行财务决策提供可靠的依据，保障企业更好地实现财务管理目标。

1）财务管理环境概述

（1）财务管理环境的含义

财务管理环境，又称理财环境，是指对企业财务活动和财务管理产生影响作用的企业内外的各种条件或因素的统称。如果把财务管理作为一个系统，那么，财务管理以外的、对财务管理系统有影响作用的一切系统的总和，便构成财务管理的环境，如国家政治、经济形势，法律法规的完善程度，企业面临的市场状况，企业的生产条件等。财务管理环境是企业财务活动赖以生存的土壤和条件，对企业的运营和财务管理等都具有重要影响。

（2）财务管理环境的特征

①复杂性和不确定性

财务管理活动总是在一定的时间和空间内进行。它赖以存在和发展的各种因素的集合共同构成了一个多层次的综合系统。正是在这种综合系统的作用下，财务管理活动才呈现复杂性与不确定性的特征。

未来是不确定的，而人们的决策都是面向未来的。在这种背景下，人们把那些无法预料的和难以测度的变化定义为不确定性。包括财务管理环境在内的客观环境总是变化的，而且充满了不确定性，财务管理环境内诸因素的相互作用、相互影响，对企业的财务活动，进而对财务管理决策也将产生重要影响。并且，随着信息技术和信息社会的进一步发展，财务管理环境的复杂性和不确定性将日趋增加。

②动态性

财务管理环境具有稳定与变动的双重特性。在某一静止的时点，财务管理环境是相对稳定的，但随着时间的推移，环境本身是瞬息万变的。有些环境因素是渐变的，其变化比较缓慢，不易及时察觉和把握，如社会文化环境、自然地理环境等；还有些因素的变化是突变的，其变化过程因剧烈、很快会产生影响而容易被人们直接感知，如国家政策、经济法规的变化等。无论是渐变的因素还是突变的因素，其对财务管理活动的影响都是不容小觑的。这就要求财务管理的主体在进行财务管理活动时，应当及时预测环境变化的趋势与特征，采取有效的措施对企业的财务管理活动进行调整，以充分利用环境因素变化所带来的机遇或有效应对因环境因素变化所产生的挑战。

③差异性

财务管理环境的差异性特点主要表现在两个方面：一方面，财务管理环境天然地具有因国家不同、地域不同、行业不同、制度不同而产生的差异性。这种差异性主要体现在政治因素、市场因素、法律因素、文化因素等方面的不同。另一方面，即使面对相同的财务管理环境，其对不同财务管理主体的影响也会千差万别。这种差异性主要是由财务管理环境本身所具有的复杂性、不确定性、动态性特征，使不同的财务管理主体产生对环境因素的不同认知而形成的。

财务管理环境的差异性要求不同的财务管理主体在分析和利用财务管理环境时，必须立足自身特点，扬长避短，充分利用有利环境因素，避免不利环境因素，开展有重点和有针对性的财务管理活动。

（3）研究财务管理环境的意义

企业的财务管理与其环境是相互依存、相互制约的。任何一个财务管理主体都处于各种既定的财务管理环境中。一方面，财务管理环境决定企业的财务管理，不同的财务管理环境有不同的财务管理目标、手段和效率，从而要求有不同的财务管理活动；另一方面，企业财务管理对环境又具有反作用，甚至在一定条件下，财务管理也有改变环境的能力。因此，企业的行为既受环境的制约，又对环境产生影响。正确认识和评价财务管理与环境的关系具有重要意义。

①认识财务管理的历史规律

通过对财务管理环境的研究，人们可以正确、全面地认识财务管理的历史规律，预测并顺应财务管理的未来发展趋势。

20世纪，财务管理经历了5次发展浪潮。这5次浪潮告诉我们，财务管理的发展是各种环境因素综合作用的结果。受多种因素共同作用的影响，财务管理的发展变化具有两面性：当各种因素的变化相对平稳时，财务管理处于稳定发展阶段；当某种环境因素发生重大变化时，财务管理内容和方法发生革新，带来财务管理的迅速发展，这就是我们所说的财务管理发展过程中的浪潮。因此，只有认真研究财务管理环境，才能对财务管理的历史做出正确且全面的评价，才能对财务管理的发展趋势做出合理的判断，才有可能对各国财务管理的发展状况有清楚的认识和合理的解释。

②指导财务管理的实践工作

通过对财务管理环境的研究，人们可以正确认识影响财务管理的各种因素，从而不断增强财务管理工作的适应性和灵活性，指导财务管理的实践工作取得成功。

财务管理环境的好坏对企业的运营和发展至关重要。财务管理活动所依赖的各种条件或因素发生变化时，可能制约、影响企业的财务决策，从而影响企业的经营活动。因此，企业在财务管理过程中必须充分了解、适应和利用所处的财务管理环境。在市场经济条件下，财务管理环境具有构成复杂、变化快速等诸多特点，对财务管理工作会产生重大影响。财务管理人员必须对环境进行深入调查分析，预测财务管理环境的发展趋势，采取适当的财务战略，确保企业的长期发展。正确理解和利用财务管理环境无疑可以使财务管理活动更具有针对性，更加满足企业的生存和发展需要。

③推动财务管理理论的研究

通过对财务管理环境的研究，人们可以推动财务管理理论研究的进一步发展，建立起适应市场经济发展需要的财务管理体系。

财务管理理论研究的目的不应仅限于正确地反映财务管理实践，更为重要的是，应能正确地指导实践。没有人类的财务管理实践，自然就没有财务管理理论；然而，财务管理实践如果缺乏系统的理论指导，那也是盲目的。因此，应将财务管理环境研究作为财务管理理论的重要课题。对此课题的研究必将促进整个财务管理理论的更深入发展，推动财务管理理论研究上升到一个全新的高度。当前，应重点研究在社会主义市场经济条件下，财务管理环境的变化对财务管理工作的影响，以便尽快建立起一个适应社会主义市场经济发展要求的财务管理体系。

（4）财务管理环境的分类

财务管理环境是一个多层次、多方位的复杂系统。它纵横交错、相互制约，对企业财务管理具有重要影响。因而，从不同角度、不同层次对财务管理环境进行分类，可以帮助企业更好地根据身边环境的特点，把握其当前的特征、未来的可能变化以及它们给企业财务管理带来的影响。

①宏观环境和微观环境

根据环境包括的范围不同，可以将财务管理环境划分为宏观环境和微观环境。

宏观环境是指为企业财务活动造成市场机会和环境威胁的社会力量。这种社会力量的影响范围十分广泛，一般对各类企业的财务管理均产生影响。宏观环境是作为企业外部的、影响企业财务活动的客观条件而存在的。通常，宏观环境包括国家政治经济形势、经济发展水平、金融市场状况等。

微观环境是指直接制约和影响企业财务管理活动的力量与因素。微观环境的变化一般只对特定企业的财务管理产生具体影响。微观环境是作为企业内部的、影响企业财务活动的客观条件而存在的。通常，微观环境包括企业组织形式、生产状况、企业的产品销售市场状况、企业的资源供应情况等。

②静态环境和动态环境

根据环境的变化情况不同，可以将财务管理环境划分为静态环境和动态环境。

静态环境是指那些处于相对稳定状态的影响财务管理的各种因素。它通常指那些相对容易预见且变化不大的财务管理环境，其对财务管理的影响比较均衡，波动不大。因此，认清财务管理环境后通常不需要经常调整与研究，而是将其视为已知的条件。财务管理环境中的地理环境、法律制度、企业类型、生产方向、国家产业政策、税收政策等，属于静态财务管理环境。

动态环境是指那些处于不断变化状态的影响财务管理的各种因素。这些因素变化性强、可预见性差。在市场经济体制下，产品销路、材料来源、市场物价、资金市场的资本供求状况等都是不断变化的，属于动态财务管理环境。从长远来看，财务管理环境都是发展变化的。在财务管理环境中，应着重研究和分析动态财务管理环境，并及时采取相应对策，提高对财务管理环境的适应能力和应变能力。

③内部环境和外部环境

根据环境与企业关系的不同，可以将财务管理环境划分为企业外部环境和企业内部环境。

企业外部环境是指企业外部影响财务管理的各种因素，如国家政治、经济形势、法律制度、企业所面临的市场状况以及国际财务管理环境等。外部环境的稳定与否、完善与否会对财务管理活动产生重大影响。外部环境是企业决策难以改变的外部约束条件，企业财务决策更多地是适应它们的要求和变化。

企业内部财务管理环境是指企业内部的影响财务管理的各种因素，如企业的生产情况、技术情况、经营规模、资产结构、生产经营周期等。内部环境的特点将决定理财活动的特点以及财务决策如何制定。企业可以对财务管理的内部环境施加有效影响，通过对企业组织架构、战略、经营模式等因素的调整，直接影响财务决策活动。

本章将根据这种分类方式具体展开介绍。

2）财务管理的内部环境

企业的内部环境是指企业内部的、对企业的财务管理产生重要影响的各种因素，一般属于微观财务环境。就大部分企业来说，其所处的外部财务环境可能是相同的，但每个企业的内部财务管理环境却是千差万别。不同治理结构、不同组织形式和不同内部规章制度的企业分别具有不同的内部财务管理环境。企业应根据内部环境特点采取不同的管理措施，优化企业财务管理效果。

（1）治理结构

公司治理是一整套法律、文化和制度性安排，用来协调企业与利益相关者之间的利益关系，从而保证公司科学有效地决策，维护公司各方面的利益。在公司治理的过程中，由于各国具体制度环境的差异，产生了多样化的治理结构。不同治理结构对财务管理的实施也具有不同的影响。

①外部监控型治理结构

外部监控型治理结构，又称为市场导向型公司治理模式，即公司治理主要受外部市场的影响。这种公司治理模式以高度分散的股权结构、高流通性的资本市场和活跃的公司控制权市场为存在基础和基本特征，其典型代表国家有美国、英国、加拿大和澳大利亚。由于股权高度分散，委托人和代理人之间的信息不对称现象加剧，因此，公司主要采取与股东利益相结合的方式对经理人进行监督与激励，如股票期权、股票赠予等。与股东大会和董事会相比，经理人具有更加直接的决策影响力，并倾向于做出高风险的投资决策。

②内部监控型治理结构

内部监控型治理结构，又称为网络导向型治理模式，即公司治理主要受股东

（法人股东）和内部经理人员流动的影响。这种公司治理模式相对集中的股权和主银行实质性参与公司监控为存在基础和基本特征，其典型代表国家有日本、德国和其他欧洲大陆国家。主银行不直接干预公司的业务活动，但通过财务状况的变动来监督公司的行为，或当发现公司经理人员有不轨行为时，即可通过表决给予惩罚。在这种模式下，股东和主银行在公司的财务决策中发挥着显著的作用，能够限制经理人的高风险投资决策偏好。

③家族监控型治理结构

家族监控型治理结构，指公司所有权与经营权没有实现分离，公司与家族合一，公司的主控制权在家族成员中进行配置的一种治理模式。两权合一是家族企业和家族监控型治理结构存在的基础和基本特征，其典型代表国家有韩国及马来西亚、泰国、新加坡、印度尼西亚等东南亚国家。这种模式通常由家族领导做出财务决策，具有高效性。但是，此种财务决策的专业化程度低，公司内控制度有待完善，融资规模也可能有限。

④转轨经济型治理结构

转轨经济型治理结构的特点在于有大量急需重组的大规模国有企业，且法律体系较为混乱，其典型代表有俄罗斯、中欧国家和中国等转轨经济国家。在这些国家中，公司财务中的最大问题是内部人控制。经理层利用经济体制转型期间的真空对企业实行强有力的控制，在某种程度上成为实际的企业所有者。在形式上，虽然存在保护投资者利益的内部控制机制，但公司的财务决策主要还是由实际控制者决定的。

（2）组织结构

组织结构是关于组织成员或团队任务不同角色的正规说明，为组织活动提供计划、执行、控制和监督职能的整体框架，一般由以下关键要素组成：必要的工作活动、报告关系以及部门组合。[①]组织结构会影响信息流的传递、工作的动机以及工作的有效性，从而影响财务活动。企业应因地制宜，匹配合适的组织结构，促进企业形成良好的内部财务管理环境。这有助于各职能部门相互协作，也有助于企业管理和财务决策的执行。常用的组织结构包括：直线职能式组织结构、事业部制组织结构和矩阵式组织结构。

①直线职能式组织结构

直线职能式组织结构的纵向控制大于横向协调，正式的权力和影响一般来自职能部门的高层管理者。这种组织结构的优点是，各级行政负责人有相应的职能机构作为助手（参谋），以发挥其专业管理的优点，且每个管理机构内又保持了集中统一指挥；缺点是管理层级过多，容易导致财务管理的灵活性和有机性差，可能形成“上面千条线，下面一根针”的多头指挥现象，与外界环境关系僵化，与其他部门

---

① CHILD.Organization［M］. New York：Harper and Row，1984.

之间的横向协调和沟通缺乏效率。因此，这种组织结构适用于产品品种比较简单、工艺比较稳定、市场销售情况比较容易掌握的企业。

②事业部制组织结构

在事业部制组织结构中，各业务环节以产品、地区或客户为中心重新组合，每个事业部都有独立的生产、研发、销售等职能，强调了组织中的跨职能协调。这种组织结构的优点是，责任明确、沟通环节清晰，每个事业部都享有一定的决策权，有利于发挥各事业部的积极性、主动性，提高对外部不稳定、高度变化环境的适应性，事业部制组织结构也使总部人员摆脱了关注日常运营具体事务的负担，使他们能专注于长远的战略规划；缺点是活动和资源出现重复配置，导致组织总成本的上升和效率的下降，各事业部之间容易产生不良竞争，总公司协调任务加重，会在一定程度上影响企业整体财务管理目标的实现效率。因此，这种组织结构适用于规模大、产品（或服务）种类繁多或分支机构分布区域广的现代大型企业。

③矩阵式组织结构

矩阵式组织结构吸收了直线职能式结构和事业部制组织结构的优点，既保留了事业部制组织结构中的责任追踪，又拥有直线职能式组织结构的专业优势。矩阵式组织结构的缺点是容易造成混乱，员工工作位置不稳定，容易产生临时观念，也不易树立责任心，而且双重职权关系，难以分清责任。在这种组织机构下，制订经营计划、监管执行情况和设计考核办法等都相对简单清晰。只要以产品为主线，以产品事业部为对象，将销量、利润、费用、渠道建设等主要的经营指标分解下达给各事业部，使权责利相连，就可以实现公司的总体财务管理目标。这种组织结构适用于经营涉及面广、产品品种多、临时性的、复杂的重大工程项目组织。

（3）内部规章制度

企业内部规章制度是企业针对科研生产、经营管理、销售服务等各项活动统一制定的各种规定、规则、章程、办法、标准、程序等规范性文件。企业内部的规章制度是企业管理思想、管理理念的体现，是企业运行活动的依据和所有员工的行为准则，也是企业实现其经营目标、战略规划的保障。如果企业内部具有完备、健全的管理制度并能得到严格执行，这就意味着企业的财务管理具有较好的基础，企业财务管理工作具有较高的起点，企业更容易走上规范化的道路，并带来理想的财务管理效果。若企业内部规章制度不健全，或者有制度但没有严格执行，则必然会给企业财务管理工作带来困难。

①内部规章制度体系建设

内部的规章制度体系通常围绕着企业的六项经营活动（技术、商业、业务、安全、会计和管理）进行建设，主要包括行政管理制度、人事管理制度、生产技术管理制度、质量检验制度、企业经济合同管理制度、产品供应管理办法、销售管理制度、安全生产管理制度、审计工作制度、内部控制制度、公司薪酬制度、预算管理制度等。

完善、适度、规范的内部规章制度体系可以使财务决策有章可循，提高财务活动效率，但是过度的规章制度体系则会变成繁文缛节，起到相反的作用。

②内部规章制度体系的执行力

内部规章制度能否提高财务活动的效率，不仅取决于规章制度本身是否完善、适度、规范，还取决于规章制度的执行是否有效。例如，大型企业多数都制定了全面预算管理制度，但如果不能自上而下全面参与，或者参与预算制定也不按照一定的标准和制度执行，这些制度也只是形同虚设。

此外，企业内部财务管理环境还包括企业的生产经营规模、企业文化和企业自身筹资、投资和经营的能力，以及企业财务管理部门的整体水平等。因此，企业财务管理部门和人员应充分认识到其在企业运营中的重要性，积极探索适合企业的管理模式和思路，灵活应对市场趋势，加强内部管理水平，积极推动企业内部财务管理环境的优化。

3）财务管理的外部环境

企业的外部环境是指企业外部影响财务活动的各种因素，有的属于宏观财务环境，如国家的经济环境、法律环境和文化环境；有的属于微观财务环境，如与企业经营密切相关的资本市场、原材料市场、人力资源市场等要素市场和产品市场的发展状况等。

宏观环境为企业交易活动的顺利进行提供了各种保障和约束，宏观环境的不同将导致市场交易成本的差异，而交易成本的大小将直接影响规范企业行为的一系列形式、内容与执行，进而会影响企业的财务管理决策。以下重点介绍属于宏观环境的外部环境及其对企业财务管理的影响。

（1）经济环境

财务管理的经济环境是影响企业财务管理的各种经济因素，包括经济管理体制、经济发展水平、经济周期、经济政策、通货膨胀和市场的完善有效性等。

①经济管理体制

经济管理体制是指一国或地区所执行的关于经济运行与管理方面的方针政策，是在一定的社会制度下，经济关系的具体形式以及组织、管理和调节国民经济的体系、制度、方式、方法的总称。目前，世界上典型的经济管理体制有计划经济管理体制和市场经济管理体制。我国的经济管理体制已经基本实现了市场经济管理体制的变革。

市场经济管理体制的基本特征是：企业有独立的经营权、筹资权、投资理财权等，企业可以根据自身的实际情况，估算一定时期内资本的需要量，寻求合适的资本来源，筹集所需资本；根据企业的发展战略和经营目标，经过分析研究，将资本投放到可行性强的项目上获取收益；根据企业的具体情况制订合适的利润分配方案，给予企业投资者投资回报。在企业的管理中，财务管理活动的内容、方法等都呈现多样化，在财务管理上，面临的内外环境更加复杂，对财务人员的素质要求更高。因此，市场经济管理体制要求企业与时俱进、审时度势、勇于开拓创新，做好财务管理工作。

市场经济管理体制对企业财务管理工作的影响主要体现在：要求企业面向市场进行财务管理活动，而不是接受政府的行政命令；要求企业将利润最大化或企业价值最大化作为财务管理的目标，而不是完成国家下达的指标；企业自主进行筹资、投资和利润分配决策，国家不直接参与；企业主要通过市场进行预测和决策，而不是按照行政命令下达的财务计划进行财务管理；财务管理成为独立于企业生产经营的管理活动，企业财务部门可以独立完成筹资、投资和分配等活动。

【小资料2-1】　新中国成立后的计划经济管理体制①

新中国成立后，中国对经济建设逐渐采取计划管理方式，中国经济的计划性不断增强。在计划经济体制下，传统管制最突出的是物资管制和价格管制。

新中国成立后，为了尽快解决粮食等基本生活必需品供求难以平衡的困境，除了对重要农产品实行统购统销外，国家还对重要生产资料在全国范围内实行统一平衡分配，并按不同生产资料的重要程度和产销特点实行分类管制。对产品实行价格管制是计划经济体制的又一个特点，1957年8月，国务院发布了《关于各级人民委员会应即设立物价委员会的通知》，明确要求各省级、县级设立在党委和人民委员会领导下的物价委员会，并对中央与地方在物价管制中的权属做了分配。各级物价管理部门不仅对生产资料实行管制，而且对包括火柴、肥皂、食糖等在内的日用消费品实行价格管制。

②经济发展水平

经济发展水平对企业财务管理也具有重要影响。我们通常将处于不同经济发展阶段的国家分为发达国家、发展中国家和不发达国家三个群体。发达国家的市场机制已比较成熟，在市场经济环境下已经积累了丰富的理论和实践经验，因此财务管理理论水平较高。财务管理水平的提高，又将推动企业降低成本，改进效率，提高效益，从而促进经济发展水平的提高；而经济发展水平的提高，必然创造出更多先进的理财方法与手段。发展中国家的现代商品经济起步较迟，市场经济发展水平不高，但发展中国家企业财务管理的内容和方法手段能够在学习发达国家先进理论的基础上快速更新，同时受政策影响显著，出现不是很稳定的特征。不发达国家经济发展水平低，企业经济活动内容简单，规模小，生产力水平通常不高，财务管理得不到重视，财务管理作用不能很好发挥。因而，无论在财务管理的内容、方法还是

① 王俊豪．中国特色政府监管理论体系：需求分析、构建导向与整体框架［J］．管理世界，2021，37（2）．

手段上都落后于发达国家和发展中国家。

③经济周期

在市场经济条件下，经济发展与运行带有一定的波动性。这种波动大体上经历复苏、繁荣、衰退和萧条几个阶段的循环，这种循环叫作经济周期。这种起伏更替的周期波动直接影响几乎所有的产业和企业。企业的筹资、投资和资产运营等理财活动都要受这种经济波动的影响。在不同的发展时期，企业的生产规模、销售业绩、获利能力、资本需求以及投资规模等都会出现明显的差异，对企业的财务策略会有不同的影响，因而会影响财务管理的手段、方法。

经济周期不同阶段采取的财务管理策略见表2-1。

表2-1 **经济周期不同阶段采取的财务管理策略**

阶段	市场表现	财务管理策略
经济复苏阶段	社会购买力逐步提高，企业拥有较多的投资机会	企业应及时选择合适的投资机会，增加厂房设备，实行长期租赁，增加存货，开发新产品，增加劳动力，并采用积极进攻的营销战略和放松信用的理财策略，为企业日后的发展奠定基础
经济繁荣阶段	市场需求旺盛，销售量大幅度上升	企业需要进一步加大投资，扩充厂房设备，继续增加存货，提高产品价格，开展营销规划，增加劳动力。为支持这些投资，企业要迅速筹集所需资本。在实施一系列理财策略的同时，应该留有一定的余地，为顺利度过经济衰退期和萧条期做好必要的准备
经济衰退阶段	销售量下降	企业应停止扩张，处置闲置设备，停止不利产品，停止长期采购，削减存货，停止扩招雇员，必要时可以进行业务分部的重组，尽可能减少风险投资，投资于无风险的资产，以获得稳定的收益
经济萧条阶段	产量和销售量下降，投资锐减	必须及时预测经济变化情况，适当调整财务政策，建立投资标准，保持市场份额，压缩管理费用，放弃次要利益，削减存货，裁减雇员，在市场现金短缺的情况下，适度放松应收账款信用政策，以保证资金周转的顺畅

④经济政策

经济政策是国家进行宏观调控的重要手段。经济政策环境包括国家的财政税收政策、货币政策和产业政策等。

国家的产业政策、金融政策、财政政策对企业的筹资活动、投资活动和分配活动都会产生重要影响。例如，金融政策中的货币发行量、信贷规模会影响企业的资本结构和投资项目的选择；价格政策会影响资本的投向、投资回收期以及预期收益。国家对某些地区、行业、经济行为的优惠、鼓励和倾斜政策构成政府政策的主要内容。从反面来看，政府政策也是对一些地区、行业、经济行为的限制。

企业在进行财务决策时，需要认真研究政府的政策，按照政策导向行事，只有这样才能扬长避短。政府的政策经常会因为经济状况的变化而调整，企业在做出财务决策时应该科学地预见这些变化及其发展趋势，把握投资机遇，享受国家的优惠条件，有利于提升企业财务管理水平。

⑤通货膨胀

通货膨胀是指在纸币流通条件下，因货币供给大于货币实际需求，即现实购买力大于产出供给，导致货币贬值，从而引起的一段时间内物价持续而普遍上涨的现象。由于通货膨胀直接对企业的现金流量和管理策略产生重大影响，因此，通货膨胀不仅危害消费者，也给企业财务管理带来很大困难。

首先，企业资金需求不断膨胀。因为物价上涨，同等数量的存货会占用更多的资金；企业为减少原材料涨价而导致的损失，往往提前进货，超额储备，资金需要量增加；资金供求矛盾尖锐，企业间相互拖欠货款的现象严重，应收账款增加，资金流动质量变差；通货膨胀时，如果按历史成本原则核算，会造成成本虚低，利润虚增，而可用资金不足，企业想要维持正常生产，就需要增加资金。

其次，资金供给持续性短缺。因为政府为控制通货膨胀，紧缩银根，减少了货币资金供应量；物价上涨，引起利息率上涨，有价证券价格不断下跌，增加企业的筹资难度和筹资成本；同时，物价上涨时，银行贷款的风险加大，贷款的条件也更加苛刻。

最后，货币性资金不断贬值。有价证券价格的不断下降使企业倾向于具有保值性的实物性资产的投资。

企业应当重视通货膨胀，做好相关的准备工作，将通货膨胀引发的损失降到最低程度。一般在通货膨胀初期，货币面临着贬值的风险，这时，企业进行投资可以避免贬值风险，实现资本保值；与供应商签订长期购货合同，减少物价上涨造成的损失；从债权人处获取长期负债，保持资金成本的稳定。在通货膨胀持续期，企业可以采用比较严格的信用条件，减少企业的应收款项或调整财务政策，防止和减少企业资本流失等。

⑥市场的完善有效性

企业依赖市场而存在和发展，不同的市场环境对财务管理具有不同的影响，对企业的财务决策有重大的影响。

从企业所处的市场环境竞争态势来看，市场类型可划分为完全竞争市场、不完全竞争市场、寡头垄断市场和完全垄断市场。市场类型对企业财务管理的影响见表 2-2。

表2-2　市场类型对企业财务管理的影响

市场类型	市场价格特点	对财务管理的影响	应对措施
完全竞争市场	竞争非常激烈，销售量不稳定，销售价格完全由市场来决定，利润随价格和销量的波动而波动，经营风险较大	采用宽松的信用条件，加大应收账款风险；采用薄利多销和完全自由的讨价还价政策，加大了经营风险和市场风险，易出现现金流量问题	不宜过多地采用负债方式筹集资本，以避免陷入债务困境
不完全竞争和寡头垄断市场	用高质量和独特的营销手段增强市场控制力，购销可相对稳定，价格在一定时期内也相对稳定，能够获得一定的垄断利润	需进行大量研发、质量控制和广告宣传投入，且要不断创新，面临着较高的市场风险和经营风险，存在一定的财务风险	需预先采取预防措施，如研制新的优质产品，搞好售后服务，给予客户优惠的信用条件
完全垄断市场	价格由垄断企业决定，几乎不用担心销售，价格波动不大且高于行业平均水平，利润稳中有升，可以获得垄断利润，经营风险较小	处于财务活动的主导地位	可以利用较多的债务资本获得杠杆利益，减少资金占用

对于计划在证券市场上融资和投资的企业而言，证券市场的效率对财务决策也具有重要的影响。从证券市场上股票价格与相关信息的角度来看，证券市场可以划分为强式有效市场、半强式有效市场和弱式有效市场。

第一，强式有效市场。这种类型的证券市场是指证券价格完全反映了所有与价格变化有关的信息，包括历史信息、公开信息和内部信息。其特征是证券价格取决于其实际价值，无论可用信息是否公开，价格都可以完全地、同步地反映所有信息。由于市价能充分反映所有公开和私下的信息，对于投资者来说，不能从公开的和非公开的信息分析中获得超额收益，所以内幕消息无用。

第二，半强式有效市场。这种类型的证券市场是指证券价格反映了所有历史信息和公开信息，但不能反映内部信息。这种市场的效率程度要低于强式有效市场，但是公开发表的信息越迅速、越完整地被投资者获知，证券市场将会越有效率，但反过来将会减少投资者赚取超额利润的机会。

第三，弱式有效市场。这种类型的证券市场是指证券价格反映了所有过去证券价格变动的资料和信息，但却不能及时、有效、全面地反映所有公开信息，更不能反映内部信息。这种市场的效率最低。判断弱式有效的标志是有关证券的历史信息对证券的现在和未来价格变动没有任何影响。反之，如果有关证券的历史信息对证券的价格变动仍有影响，则证券市场尚未达到弱式有效。在弱式有效市场下，历史信息的价值已经在过去为投资者所用，说明有关证券的历史信息已经被充分披露、均匀分布和完全使用，任何投资者都不可能通过分析这些历史信息来获取超额收益。

【课程思政】　　　　国家完善宏观经济治理总思路[①]

为了实现国家治理能力现代化、高水平建设社会主义市场经济等目标，必须健全国家的宏观经济治理体系、完善宏观经济政策制定和执行机制、提升宏观经济治理能力。党的十九届五中全会通过的《中共中央关于制定国民经济和社会发展第十四个五年规划和二〇三五年远景目标的建议》对上述三个方面做出了系统安排，并明确了完善宏观经济治理的战略方向和重点措施。在完善宏观经济治理体系方面，应当以国家发展规划为战略导向，以财政政策和货币政策为主要手段，并与就业、产业、投资、消费、环保、区域等政策紧密配合。在完善宏观经济政策制定和执行机制方面，应当完善宏观经济政策协调机制，确保宏观经济治理与各种政策手段能够形成治理合力；应当完善预期管理和市场行为引导，确保宏观经济治理能够进行后续的动态调整，形成动态管理；应当完善参与国际宏观经济政策协调机制，从而统筹国内外市场，提升国际竞争力。在全面提升宏观经济治理能力方面，需要实现政府科学调控能力、宏观经济监测预警和风险防控能力、现代技术手段辅助能力的提升，不断完善现有的宏观调控工具。

（2）法律环境

财务管理是一种社会行为，一定会受到法律规范的约束。财务管理的法律环境是指企业理财活动所应遵守的各种法律、法规和规章。市场经济的重要特征就在于它是以法律规范和市场规则为特征的经济制度。企业的一些经济活动总是在一定法律规范内进行的。法律为企业经营活动规定了活动空间，也为企业在相应空间内自由经营提供了法律上的保护。目前，影响企业财务管理的主要法律环境因素包括财政税务法规、金融证券法规、财务会计法规、企业组织类法规等。

①财政税务法规

税收是指国家为实现其职能，凭借政治权力，按照法律规定，通过税收工具强制地、无偿地征收货币或实物的一种经济活动，也是参与国民收入分配和再分配的一种形式。由于国家财政收入的主要来源是企业所缴纳的税金，而国家财政状况和财政政策对企业资金供应和税收负担具有重要影响，同时，国家各种税种的设置、税率的调整还具有调节生产经营的作用。因此，企业的财务管理决策应当适应税收政策的导向，合理安排资金投放，以追求最佳经济效益。

税法是税收法律制度的总称，是调整税收征纳关系的法律规范。我国税法的构成要素有征税人、纳税义务人、征税对象、税目、税率、纳税环节、计税依据、纳税期限、纳税地点、减税免税、法律责任等。我国现行税法规定的主要税种包括增值税、消费税、资源税、企业所得税和个人所得税等。税负是企业的费用，会增加

① 穆虹．完善宏观经济治理（深入学习贯彻党的十九届五中全会精神）[N]．人民日报，2020-12-20（9）．

企业的现金流出，对企业财务管理具有重要影响。

税收对财务管理的影响具体表现在融资决策、投资决策、利润分配决策方面。例如，在融资决策中，按照国际惯例和我国现行所得税制度，企业借款利息可在所得税前予以扣除，减少了企业的应纳税所得额，获得财务杠杆效应，而其他筹资方式则无此优势。在投资决策中，企业投资成立的企业形式不同、规模不同、投资行业不同、投资区域不同等，会面临不同的税收政策。例如，我国现行企业所得税法规定了投资于特定行业（如高新技术产业等）以及农业企业的优惠政策。在企业利润分配决策中，税率的变动与利润的变动呈反比关系。在一定时期内，企业承担的税负增加，则利润必然减少。税率的变更对利润有直接影响，税率的上升或下降会使企业利润减少或增加。

【小资料2-2】　支持疫情防控和经济社会发展税费优惠政策指引①

针对疫情防控和经济社会发展的要求，党中央、国务院陆续部署出台了一系列税费优惠政策，主要聚焦四个方面：一是聚焦支持疫情防控工作。既注重直接支持医疗救治工作，又注重支持相关保障物资的生产和运输，还注重调动各方面力量积极资助和支持疫情防控。二是聚焦减轻企业社保费负担。阶段性减免企业养老、失业、工伤保险单位缴费，阶段性减征基本医疗保险单位缴费，2020年社会保险个人缴费基数下限可继续执行2019年个人缴费基数下限标准，以个人身份参加企业职工基本养老保险的个体工商户和各类灵活就业人员2020年可自愿暂缓缴费，降低企业用工成本、增强其复工复产信心。三是聚焦支持小微企业和个体工商户发展。对增值税小规模纳税人、个体工商户给予税费优惠，对小型微利企业和个体工商户延缓缴纳2020年所得税，延续实施普惠金融有关税收支持政策，增强其抗风险能力，助其渡过难关。四是聚焦稳外贸扩内需。提高除“两高一资”外出口产品的出口退税率，促进稳定外贸；对二手车经销企业销售旧车减征增值税，将新能源汽车免征车辆购置税政策延长2年，促进汽车消费。

②金融证券法规

针对金融市场及相关金融证券的法规既为企业提供了一个规范化的财务管理环境，又对企业的财务管理活动提出了严格的要求。主要的金融证券法规有《中华人民共和国证券法》《中华人民共和国人民银行法》《中华人民共和国商业银行法》《中华人民共和国票据法》《企业债券管理条例》《支付结算办法》《中国人民银行信用卡业务管理办法》《中华人民共和国外汇管理条例》《信贷资产证券化试点管理办法》等。企业理财活动既受到保护，又受到约束。例如，《中华人民共和国证券法》规定了上市公司及其交易规则、信息披露规范，目的是规范上市公司的证券发行和交易行为，保护投资者的合法权益，维护社会经济秩序和社会公共利益。《中华人民共和国票据法》要求企业在运用票据结算时应及时履行各种义务，在客观上

---

① 佚名．支持疫情防控和经济社会发展税费优惠政策指引［EB/OL］．［2020-07-01］．http://www.chinatax.gov.cn/chinatax/n810341/n810755/c5145868/content.html.

为商业信用的普及提供了保障。

③财务会计法规

财务会计法规制度是指在我国境内设立的各类企业在财务活动中必须遵循的基本原则和规范，是财务规范体系中的基本法规。财务会计法规对于促进企业依法自主经营、自负盈亏、自我发展、自我约束，使企业成为产权明晰、权责明确、政企分开、管理科学的现代企业，具有十分重要的意义。企业财务管理人员要熟悉这些法律、法规，在守法的前提下利用财务管理的职能，实现企业的财务目标。

【小资料2-3】　　在会计准则趋同道路上我国的选择与思考①

会计准则持续趋同的策略既是符合经济全球化趋势的必然选择，也是适合我国国情的理性决策。在财政部原副部长王军提出的“趋同是方向、趋同不等于等同、趋同是过程、趋同是互动和趋同是新的起点”的趋同五原则的指引下，我国始终依照本国经济改革和对外开放的进程，按照2010年“趋同路线图”的部署和相关承诺，持续推进中国企业会计准则与IFRS的全面趋同，并获得了欧盟和中国香港的等效认可。下一阶段我国会计准则持续趋同应围绕以下两个具体目标展开：

1.进一步提高企业会计信息的质量和审计质量，争取更多等效认同

近年来，财政部根据我国资本市场的发展需求，结合IFRS的最新进展，修订完善了金融工具、收入等多项具体准则，进一步保持了我国企业会计准则与IFRS的持续趋同。为了鼓励更多的国际企业“走进来”和“走出去”，降低企业海外投资融资的成本，在持续趋同的基础上，我国下一阶段应当争取与更多的国家和地区实现会计准则的等效认同。根据欧盟会计准则等效认同的标准，即“如果投资者根据以第三国会计准则为基础编制的财务报表和根据以IFRS为基础编制的财务报表对证券发行企业的财务状况和发展前景做出相似判断，并且很可能会做出相同的投资决定，那么就可以认为第三国的会计准则与IFRS等效”，我们可以看出欧盟在会计准则的等效认同上持有的是一种“实质重于形式”的态度，即根据一国会计准则编制出的财务报告能否为资本市场中的投资者和其他利益相关方提供更高质量决策有用的信息。鉴于此，下一阶段我国必须进一步提高会计信息的质量和审计质量，继续完善准则的实施与保障机制，切实提高我国会计信息的透明度和可靠性。

2.积极参与国际会计准则的制定，进一步提高我国在准则制定中的话语权

随着我国综合国力的不断提升和国际影响力的不断扩大，我国在制定IFRS中的话语权亦有所提高。目前我国在国际财务报告准则基金会的各个层面都派有代表，直接参与IFRS的制定和咨询工作。但我们应当清醒地认识到由于我国资本市场发育仍不完善、国际化人才储备不足等原因，我国对国际会计事务的影响力仍十

① 李亚婷，李玉环．国际会计准则趋同历程回顾及对我国的启示——以欧盟、美国、日本和俄罗斯为例［J］．会计研究，2019（11）．

分有限。目前IFRS的制定和修订依然由欧美等发达资本主义国家所主导，侧重为成熟完善的资本市场服务，较少考虑新兴经济体的具体国情。因此，我国作为世界最大的发展中国家，必须展现积极作为的精神，进一步提高在IFRS制定、修订过程中的话语权和影响力。

④企业组织类法规

关于企业组织的法规直接决定了企业财务运行可能的方式和环境。企业组织类法规有《中华人民共和国公司法》《中华人民共和国全民所有制工业企业法》《中华人民共和国个人独资企业法》《中华人民共和国合伙企业法》《中华人民共和国乡镇企业法》《中华人民共和国中外合作经营企业法》《中华人民共和国中小企业促进法》《中华人民共和国中外合资经营企业法》等。不同组织类型的法规对不同企业的投资、筹资和分配政策以及相关的公司治理机制安排都做出了不同的规定，在很大程度上影响了企业的财务管理行为。

⑤其他法规

此外，还有一些监管法规，如《中华人民共和国审计法》《中华人民共和国企业破产法》《中华人民共和国民法典》《中华人民共和国商标法》《中华人民共和国专利法》《中华人民共和国著作权法》《中华人民共和国反不正当竞争法》等。这些法律法规和其他法规一起，对财务的运行发挥着极为重要的作用。

（3）文化环境

财务管理的文化环境是指制约和影响财务活动形成和发展的各种文化因素的总和。财务管理与文化具有密切关系，一定时期内的文化各方面对财务管理活动的影响是具体的和实在的，它影响财务管理人员的业务水平、职业道德和社会地位，影响财务管理所运用方法的先进程度，从而最终影响财务管理理论和实践的发展。

根据文化的固有性质及其与社会的关系，可将文化分为专业文化与社会文化。“专业文化”是指特定的专业群体为其专业目标的实现而共同遵守的核心价值观和共同的价值取向。“社会文化”是指在相应的社会系统、社会关系中获得社会属性、具有社会功能的文化现象、文化客体。

①专业文化

财务管理作为一门独立的学科，诞生于19世纪末，但其理论是在20世纪50年代以后才取得巨大进展。这主要是由于数学和计算机等专门技术在财务管理领域的广泛应用，如资本资产定价模型、期权定价模型和套利定价理论等都依托于数学的推导方法。财务管理逐渐从定性管理方法发展到定性和定量相结合的管理方法，主要受益于效用理论、线性规划、概率分布和模拟技术等量化方法在财务管理研究中的应用。21世纪以来，随着信息网络技术的迅速发展和广泛应用，财务管理完成了从手工到信息化的飞跃，理财效率迅速提高，扩大了信息处理和传递范围，为及时、准确、充分地处理和传递各种信息提供了可能，形成了网络化的财务管理信息系统。基于这种平台和技术，一些远程的管理、控制及跨国财务活动已成为现实。

②社会文化

社会文化的内容十分广泛，包括教育、科学、文学、艺术、新闻出版、广播电视、卫生体育、世界观、习俗，以及同社会制度相适应的权利义务观念、道德观念、价值观念和劳动态度等。

【小资料2-4】　　企业文化与风险承担①

企业的风险承担程度与其所在的文化环境密切相关。以银行为例，放贷是银行最基本的活动，放贷决策的制定可能会对银行和金融体系的蓬勃发展产生重大影响。而信贷人员需要依靠银行内部的规范来制定合适的贷款决策。因此，我们可以认为银行的企业文化会影响其放贷决策。那么银行的企业文化怎样影响风险承担呢？在向客户发放贷款时，银行需要面对各种各样的风险，以取得利息收入、市场份额等。其中的违约风险是银行关注的重点，它将影响银行以后能否按时收回资金，而不同文化下的银行对违约风险的承担能力不同。Nguyen等（2019）将文化定义为四个维度：竞争、创造、控制和协作。他们认为竞争优势银行最愿意承担违约风险，以换取即时增长和收入；相反，控制主导的银行更加注重安全，所以，无论它的业绩增长是否过慢，它都不会冒险做出违约风险较大的贷款决定。

另外，从文化的维度来看，个人主义和男性化企业对风险承担的反应是积极的，个人主义和男性化企业都代表个人、自由、自私和竞争，他们愿意为了高收益而承担高风险，因而有更强的风险承担能力；而集体主义和女性化企业强调内部群体之间强有力的非正式联系，对公开冲突不那么适应，会抑制企业的冒险行为。相反，高不确定性规避企业对风险承担的反应是消极的。高不确定性规避企业强调规则遵循，追求稳定发展，对风险承担能力较弱，相比之下，低不确定性规避企业更容易接受不可预测的结果，因此风险承担能力更强。

2.2 财务组织机构

1）财务组织机构的分类

作为组织的分支，财务组织是为实现组织的各项财务管理职能而存在的。不同的机构因其自身的特点、目标、职能等不同，其财务组织机构与职责也各不相同。本节将按一般工商企业、金融机构和其他组织三类机构分别介绍其财务组织机构与职责。

（1）一般工商企业中的财务组织

财务管理组织机构和人员是实施财务管理活动的主体。因此，财务管理组织机

① 李井林，王怡清．文化与企业财务：研究述评与展望［J］．湖北经济学院学报，2020，18（1）．

构的设置以及人员配备是财务管理的基础工作。企业财务管理组织的设置必须综合考虑企业的性质、规模、行业特点、业务类型以及企业的整体组织形式等多种因素，机构内部的设置要合理分工、明确责权利，使人人有事干、事事有人管，建立完善的岗位责任制度。规模较小且设置独立的机构确有困难的企业，财务机构和会计机构可以合并，财务人员兼做会计业务。对于规模较大的企业来说，应当分别设置财务部和会计部。前者负责组织日常的财务决策和管理，后者负责财务报表的编制和日常会计核算的管理。

财务机构和岗位设置应当符合分级和归口管理原则。分级管理是指在企业组织内自上而下依次分解责任和权力的管理制度。企业根据自身的特点优化配置机构和人力资源，创建科学合理的纵向管理层级，尽可能地减少管理环节，以对内提高工作效率，对外贴近市场，提高市场反应能力。归口管理是指将业务活动分配给企业组织中同一层级的不同部门，以及同一部门的不同岗位和员工，明确责任，以便执行和考核。

财务机构和岗位设置应当符合内部控制的基本原则。例如，岗位设置要符合职务分离原则。也就是说，相同的业务过程需要由不同的人员共同执行和相互监督，尽量避免同一个人单独负责同一项业务的整个过程。尤其是款项的收付与记账必须分别由不同的人执行，经营方案的提出、审批、责任考核要由不同的人员分别执行。

为了组织和实施财务管理工作，企业需要设置财务部和会计部两个部门，分别负责财务管理工作和会计信息处理工作。

财务部的主要职责是组织日常的财务决策和管理，即负责资本筹集、资本运用、财务运营、收益分配等财务活动的计划与实施，以及协调和维护企业与股东、债权人、被投资企业、供应商、客户、政府税务部门等之间的关系，通过计划、组织、控制以及激励等环节实现财务管理活动的目标，促进企业提高经营效率，实现资本的保值和增值。企业在设计财务部门的组织机构时，通常会根据具体情况拆分相对重要的职能——某些职能由不同的部门分别行使，某些职能全部由同一部门行使。为了实现这些职能，财务部要设置相应的下属机构，分别负责筹资、投资、运营、分配等活动的决策、计划、组织、控制、分析、考核以及战略规划等财务管理工作。

会计部的主要职责是通过确认业务、填制会计凭证、过账、结账、编制会计报表等活动收集、处理和报告财务会计信息及管理会计信息，通过对账和盘存等活动保障企业财产物资的安全和完整，保证企业经营活动的合法与合规，通过制定合理的税务政策和税务程序合法避税，降低税负压力。为了实现这些职能，会计部也要设置相应的下属机构，分别负责信息与电子数据的处理、财务会计信息的归集与报告、税务会计业务和货币资金管理等。

一般工商企业中的财务组织机构设置如图2-1所示。规模较小的企业，其财务组织机构也可以相应简化。

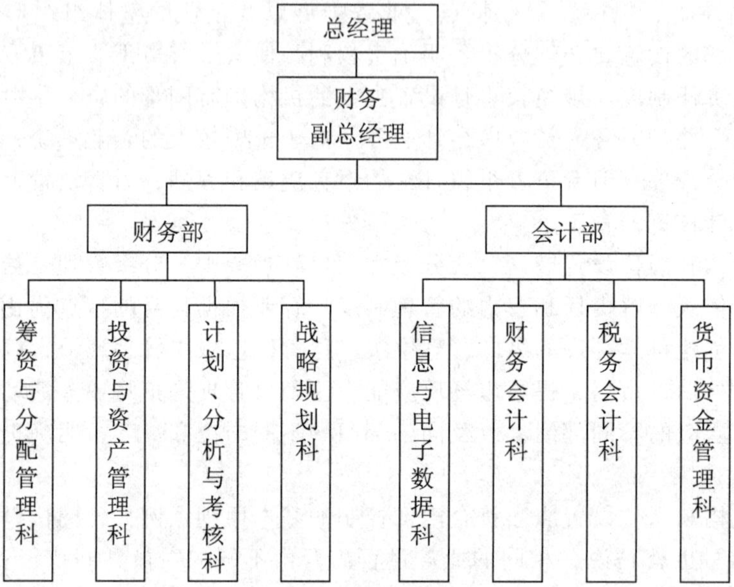

图2-1　财务组织机构图

【小资料2-5】　　财务共享模式下集团财务管理组织的变革①

从国际上的跨国公司和大型企业集团的经验来看，财务管理转型首先就是将财务管理工作中分散的会计基础核算等低附加值的作业趋于集中，然后利用流程再造、信息技术等手段，实施财务共享服务中心的建设，将会计工作的重点转移到决策支持、预算预测、资金统筹等高附加值的工作上来。近年来，随着信息技术的发展，财务共享模式在国内越来越多的企业集团得到实践和应用，给企业集团化财务管理的职能、对象、内容和组织机构等方面带来了较大影响，促进了财务会计工作和管理会计工作的融合，同时也促进了财务管理工作与企业其他管理活动的融合与发展。

财务共享模式下，集团财务管理组织机构如何调整是落实财务管理职能转型的关键，即实现财务共享了，集团财务管理怎么管，由谁来管？笔者认为，重点应抓好两个方面的工作：一是集团化财务组织构架的变革；二是集团化财务人员管理工作的转型。

首先，在集团总部层面，财务总监（或总会计师）仍然对财务工作负总责，带来变化的有集团总部财务部门负责人和财务部的内部设置。比如：实施扁平化管理的公司倾向于将原有的财务部按照集团需求将财务管理职能分解，平行设置资金部、财务会计部、税务部等管理部门；实施垂直管理的公司倾向于将原有财务部门的财务会计职能并入财务共享中心，集团总部财务部门其他机构设置保持不变。在

① 贺宁坡．财务共享模式下集团财务管理转型［J］．财务与会计，2020（1）．

分、子公司层面，实施财务共享以后，从长远来看，分、子公司财务部门应保留与生产经营相关联的管理会计职能设置，但在实践中，还应根据分、子公司自身业务发展需求、财务共享中心建设的阶段和集团整体财务管理职能调整等因素分阶段、分步骤地明确分、子公司财务部门的管理职能与组织架构。

其次，在财务人员层面，实施财务共享模式后，除要关注财务共享中心的财务人员能力素质培养提升外，还应关注集团整体财务管理人员的配置、培养和提升，尤其是要做好从事管理会计人员和财务共享中心人员的交流和晋升通道工作。基于此，协调做好分、子公司财务管理人员与财务共享中心人员的人才交流、培养和晋升的人才管理机制和集团整体财务人员能力素质提升工作是集团财务管理职能和组织构架变革的基础。

（2）金融机构中的财务组织

金融机构是指从事金融服务业有关的金融中介机构，为金融体系的一部分。金融服务业包括银行和非银行金融机构。非银行金融机构包括证券、保险、信托、基金等。随着金融业的发展和自身的行业特点，财务人员在金融业中发挥着越来越重要的作用。

金融机构是经营货币信用业务的特殊企业，其经营内容、风险和影响程度与一般企业是不同的。因此，金融机构中的财务组织与一般工商企业存在一定差异。金融机构本身的业务对象是金融资产，其业务中也涉及大量的财务知识，而一般工商企业的核心业务涉及实物资产，这就导致了两者财务组织的不同。金融机构中的财务组织与企业整体的组织结构密切相关，表现在金融机构本身作为组织实体有财务和会计工作的要求，而且在其业务过程中相关的财务知识也要求财务人员渗透到各个具体岗位。

（3）其他组织中的财务组织

其他组织主要是指政府与非营利组织。这些组织虽然不以营利为目的，但其正常运营需要开展各种财务活动，也需要设置相关财务组织。

政府机构中的财务组织主要是指各级政府下属的，负责进行财政预算编制与实施，管理财政资金收支，管理国库，并向所属政府机构提供财政预算执行情况报告的各级财政机关。另外，各级税务机关、海关和中央银行也是政府机构中的财务组织，履行与税收和货币相关的职能。

非营利组织主要是指一些不以营利为目的的公益性组织。基于“非营利性”的特点，这类组织不存在所有者权益问题，而且客户并不是其资金的主要来源，也不存在利润指标。非营利组织财务管理在资金管理上的作用主要体现在两个方面：一是有助于降低动作的成本，提高组织动作效率，最大限度地发挥有限动作资金的社会效用；有助于非营利组织树立外部形象，提高组织的公信力，使组织的筹资管理更加顺畅和有效。非营利组织与营利组织在组织和管理方面也有一些相似之处，在建立财务组织的时候也可以适当参考一般营利组织的财务组织形式。

2）财务组织的职责

（1）一般工商企业中财务组织的职责

鉴于本书主要讲述财务管理的相关内容，本部分只论述财务部的相关岗位和职责，而不涉及会计部的相关岗位和职责。财务部应设置财务部经理、筹资管理员、投资管理员、分配管理员、存货管理员、成本分析员、销售与信用分析员、预算管理员、财务分析员、工资考核员以及战略管理员等岗位，分别负责相应的财务管理工作。

【小资料2-6】　会计工作者与财务工作者的技能侧重①

会计和财务管理本质上都是管理工作，其从业者是企业的管理者。美国著名的管理学学者罗伯特·卡茨认为，有效的管理者应当具备三种技能：技术技能、人际技能、概念技能。会计和财务管理工作者所须具备的技能各有侧重。

首先，会计工作者需要的技术技能占比更大。因为会计工作者需要根据会计准则的规范对企业的每一笔业务编写分录、做账、编制财务报表。虽然许多企业的日常经营活动不会涉及特别艰深复杂的会计处理，但是仍有许多企业，尤其是大型企业、上市公司，常常涉及金融工具投资、债务重组、非货币性资产交换、所得税会计、会计政策和估计变更、企业合并、合并财务报表等具有很大难度的会计事项，需要会计工作者经过专业的培训、长期的训练并具备一定的工作经验才能够胜任，因而技术技能对于会计工作者来说最为重要。

其次，人际技能。会计，尤其是其分支下的成本会计，需要从企业的各生产部门获取成本信息，而这些信息的获取就需要会计工作者有良好的人际技能，与各生产部门构建联系，有效沟通，从而迅速获取工作中需要的成本信息。

财务管理工作者需要的概念技能占比更大。财务管理者需要具备对复杂情况进行分析、诊断、抽象并概念化的技能。例如，在面对筹资决策时，财务管理者需要考虑企业可以使用的筹资方式，并对每种筹资方式的特点和筹资成本进行分析，并最终确定企业最适合的筹资方式和筹资方式组合，力求达到资金成本最小化。而这样的筹资决策就十分需要财务管理工作者拥有概念技能，对市场上的筹资方式有广泛的了解，对筹资方式的特性有深刻的把握，并且对企业的自身特点及财务状况了如指掌，只有这样，才能选择出最适合企业的筹资方案。投资决策亦然，需要财务管理者通盘考虑企业的资金数量和用途，拿多少资金进行对外投资，多少留在企业内部，以及对外投资应当选择怎样的投资组合，对内应当如何在各项业务间进行资金分配，都需要概念技能。再例如，在企业现金流出现问题的时候，需要财务管理工作者正确分析问题的起因，找到问题的关键所在，做出决策并加以落实，也需要概念技能。财务管理工作相对于会计工作有更多自由发挥的空间，因而更加需要财务管理工作者具有较强的概念技能来做出各类决策。

---

① 张语涵．会计与财务管理的区别与联系分析［J］．中国商论，2021（4）．

财务部经理具体负责协调和管理财务部的工作，主持公司财务预决算、财务核算、会计监督和财务管理工作；组织协调、指导监督财务部的日常管理工作，监督执行财务计划，完成公司财务目标。财务部经理自身应具备较高的专业素养，丰富的工作经验，各种财务相关知识的储备和良好的职业道德。

筹资管理岗的主要职责是根据企业的生产经营、对外投资和资本结构调整的需要，通过筹资渠道和资本市场，采用适当的筹资方式，经济有效地筹集资本。筹资管理人员应了解企业自身的需要，掌握各种资金筹措方式的特点，以便选择最适合企业的资金筹措方式。

投资管理岗主要负责企业投资管理工作，制定投资策略和战略资产配置，为了企业的利益，采取资产组合方式对企业资产进行投资管理。根据投资的不同类别，投资管理岗可以分为金融投资管理岗和实物投资管理岗。前者主要负责金融资产的投资管理，后者则主要负责实物资产的投资管理。

分配管理岗主要负责与企业收益分配相关的管理工作，例如股利的分配与债务利息的分配，因此其工作与股权筹资和债务筹资都具有一定的交叉性。

存货管理岗的主要职责就是对企业的存货进行管理，主要包括存货的信息管理、决策分析和有效控制，达到存货管理的最终目的，从而提高经济效益，具体职责包括分析原材料的购买需求并测算相应的资金需求，管理物料和产品存货的余额等。

成本分析岗主要负责企业生产成本的核算和分析。成本分析人员应当对企业的产品生产流程、技术工艺、组成结构等相当熟悉，并熟练地掌握各种成本计算及分析方法，能根据企业自身的特点灵活运用。

销售与信用分析岗的主要职责是根据产品销售情况，调整企业的信用政策，分析客户的信用，拟订和修订收款方案，使企业更好地利用信用政策提高收益。

预算管理岗的主要职责是负责企业全面预算编制中的协调与汇总工作，拟定公司财务预算管理制度，加强预算管理，协助总经理室编制年度经营预算，组织实施全面预算管理，实现年度经营目标。

财务分析岗主要负责企业的财务分析工作，对企业的各项财务指标进行分析，评价企业的财务状况和经营成果，为财务决策提供服务。财务分析人员应熟悉各项财务指标的计算方法和意义，能够对企业财务状况做出准确判断。

工资考核岗主要负责对各部门及个人的绩效进行考核。工资考核人员应该熟悉各种不同的业绩考核评价方法，因地制宜制定适合公司的考核体系。

战略管理岗主要负责企业的战略管理工作，以及改制、重组、并购等重大事项的分析、规划和决策参谋工作。战略管理人员应熟悉企业的战略管理程序和方法，掌握战略分析与决策的技巧和方法，熟悉公司业务与战略计划的内涵。

（2）金融机构中财务组织的职责

①存款性金融机构

存款性金融机构的核心业务主要有吸收存款、发放贷款、现金资产管理，因此主要设置银行业务主管、出纳、外币交易、信贷、信用分析、贷款规划、财务分析、证券投资与交易等岗位。银行业务主管的职责是管理业务人员，处理支票，代理客户结算其他现金项目，改善银行的计算机设施和电子网络等。银行主管应了解并评估客户需求，洞察客户信息，熟悉行业资讯，掌握企业财务知识。与吸收存款相关的岗位主要是出纳和外币交易员，负责接受存款、支付现金并向储户传递各种相关信息。与贷款业务相关的岗位主要有信贷员、贷款规划员和信用分析员，负责企业信贷相关的业务，熟悉企业的信贷政策。与现金资产业务相关的岗位有财务分析员和证券投资分析员，主要负责现金资产投资分析等业务，必须熟悉各种财务理论，掌握各种分析技术和方法。

②证券中介机构

证券中介机构包括证券公司和证券服务机构。证券公司是从事证券承销、证券自营和证券经纪等业务的金融机构。证券服务机构包括证券登记结算公司、证券投资咨询公司、会计师事务所、资产评估机构和信用评级机构等。与证券交易和经纪业务相关的岗位有证券分析员和证券交易员，主要研究和分析与证券市场相关的各种因素，包括分析和预测证券市场、证券价值及其变化趋势，向投资者发布投资价值报告等，根据客户投资指令快速有效地执行交易，控制风险。与证券承销业务相关的岗位主要是投资银行家，专门负责为企业发行股票、债券等。与投资咨询业务相关的岗位有证券分析师、长期规划兼并专家、全球融资和发展专家等，主要负责与投资相关的咨询业务。这些岗位的人员务必具有完备且精通的金融财务知识，熟练掌握各种投资专业技术。与服务中介相关的岗位有注册会计师、资产评估师、信用评估人员等。这些岗位的人员主要为企业提供审计、资产评估和信用评估等服务。

③保险公司

保险公司是指依法成立的经营保险业务的非银行金融机构。保险公司一般会设有保险代理人和经纪人、核保员、损失理算员、精算师、投资专家等岗位人员。保险代理人和经纪人的主要职责是为公司招揽保险业务，代表公司签署保险合同，因此必须相当熟悉公司的业务流程和业务内容。核保员主要负责承保新业务，审核保单，决定是否接受保单，其在执行业务时多借鉴个人经验，因此需要熟悉各种保险业务及相关风险，并具有丰富的工作经验。损失理算员就是大家经常听说的理赔员，负责理赔调查相关事宜。精算师主要从事保险费、赔付准备金、分红、保险额、退休金、年金等的计算，要求具有深厚的数学功底、保险专业知识和丰富的经验。投资专家负责保险公司的财务管理相关工作。保险公司现金的流入和流出比一般工商企业更难预测，所以对其能力的要求也更高。

此外，金融市场上还有许多其他金融机构，如投资基金、金融资产管理公司、信托投资公司、金融租赁公司等。这些金融机构会设基金管理专家、信托专家、信用分析员、融资规划专家等职位。基金管理专家对所筹集的资金进行管理，需要具有丰富的证券投资经验。他们的专业知识水平是普通投资者无法企及的，他们有能力及时获取各种必要的数据和信息，在投资决策中采用最先进的证券分析方法，最大限度地保证投资决策的正确性。信托专家基于委托人的信任为委托人提供多种服务，帮助其进行资金的管理投资等。信用分析员在金融租赁公司中扮演着关键角色，负责分析公司的信用状况，需要熟练掌握各种专业知识和分析技术。财务咨询机构和财务公司中的融资规划专家负责帮助企业进行融资分析、评价和选择融资方案。

为了保障金融市场正常有序地运行，金融监管机构需要对金融活动进行监督与管理，并形成完整的监管体系。这些机构也有各自的财务组织形式，具有各种各样的财务人员负责监管金融市场。

（3）其他组织中财务组织的职责

各级财政机关由本级政府领导。财政部是中央财政机关，对国务院负责。政府财政机关通常会设置预算管理员、国库管理员、经济建设管理员、监督检查员等岗位。预算管理员主要负责编制、落实政府机构的预算工作；考核各部门的预算执行情况；指导下一级财政机关的预算管理工作等。国库管理员的职责主要是贯彻落实财政国库管理制度改革工作，办理预算单位用款计划的编制、批复和管理工作等。经济建设管理员主要负责与相关部门合作，共同制定与实施财政基本建设投资政策；负责城市维护建设资金与财务管理等。监督检查员的职责是依法对其他组织的财税法律、法规的执行情况和国有资产管理、财务管理情况进行监督检查等。

税务机关主要负责国内的税收管理工作，一般设有税务管理、税收征管、财务管理等岗位。税务管理员是税务机关及其税源管理部门中负责分片、分类管理税源，负有管户责任的工作人员。他们是随着中国税制改革和经济发展而从税收专管员演变而来的。税收征管员主要负责组织实施综合性税收征管法律、法规和规章制度并制定综合性税收征管制度和办法；负责税务登记等税收资料的管理；指导个体工商户和集贸市场税收征管；负责税款缓缴、呆账税金、死欠税款核销管理工作等。财务管理员主要负责所辖行政区域内税收计划及会计、统计制度的贯彻执行，税收收入长远规划和近期计划的编制等。

海关主要负责进出口税收管理工作，一般设置通关管理员、关税征收与管理员和商品价格管理员等职位。通关管理员负责进出口货物和运输工具的通关管理和业务运行，监控海关作业单证的流转，指导、检查和监督关区审单作业。关税征收与管理员的主要职责是组织实施税收计划，检查、监督和评估税收征管工作，提供税收信息等。商品价格管理员的主要职责是对进出口商品价格信息进行跟踪、收集、分析、筛选、整理等，为审价布控和风险布控提供帮助等。

中国人民银行即中央银行，是负责金银、货币和财政金库管理的机构，设有支付结算管理和国库资金管理等岗位。支付结算相关业务的人员负责组织中国人民银行的会计核算工作，组织建设现代化的支付系统，制定相关的支付结算规则等。国库资金管理员负责管理国家金库业务，拟定并组织实施国库资金管理制度，进行日常的核算、反映和监督工作，国库资金管理员应当加强对财政、金融形势的分析与判断，提高国库资金的管理、运用、决策水平。

非营利组织涉及的领域非常广泛，如教育、科研、慈善、公共设施等，对社会发展做出了重要贡献，其财务相关的岗位主要有预算管理、收入管理、支出管理和工资与福利支出管理等。预算管理人员主要负责编制实施预算，分析执行情况，编制内部管理报告等。收入管理人员负责对组织的各项收入进行预测、核算和分析等。支出管理人员则负责对费用支出情况进行预算、监督、核算、分析等。工资与福利支出管理人员的职责是对职工的工资和福利支出进行管理，如编制职工工资册和工资汇总表，发放工资福利，进行相关会计核算等。

总结与结论

▶财务管理环境是指对企业财务活动和财务管理产生影响作用的企业内外的各种条件或因素的统称。财务管理环境具有复杂性和不确定性、动态性、差异性的特征。研究财务环境可以了解财务管理发展的历史规律，预测并顺应未来的财务管理发展趋势；可以指导财务管理的实践工作取得成功；可以推动财务管理理论的进一步发展。

▶对复杂的财务管理环境进行分类：根据环境包括的范围不同，可以将财务环境划分为宏观环境和微观环境；根据环境的变化情况不同，可以将财务环境划分为静态环境和动态环境；根据环境与企业关系的不同，可以将财务环境划分为企业外部环境和企业内部环境。本书重点介绍了企业的内外部环境。

▶企业的内部环境是指企业内部的、对企业的财务管理产生重要影响的各种因素。不同治理结构、不同组织形式和不同内部规章制度的企业分别具有不同的内部财务管理环境。

▶企业的外部环境是指企业外部影响财务活动的各种因素，包括经济环境、法律环境和文化环境。经济环境是影响企业财务管理的各种经济因素，一般包括经济管理体制、经济发展水平、经济周期、经济政策、通货膨胀和市场的完善有效性等。法律环境是指企业财务管理活动所应遵守的各种法律、法规和规章，包括财政税务法规、金融证券法规、财务会计法规、企业组织类法规等。文化环境是指制约和影响财务活动形成和发展的各种文化因素的总和。根据文化的固有性质及其与社会的关系，可将文化分为专业文化和社会文化两类，它们分别对财务管理活动产生重要影响。

▶按照组织机构的性质，本书将组织机构分为一般工商企业、金融机构和其他组织，并分别介绍其财务组织机构与职责。

讨论题

随着我国经济的发展，大型企业集团越来越多。一般而言，企业集团的财务组织机构可分为财务战略决策层、执行层和基层三个层次。请思考在划分各个层次时需要注意哪些问题？每个层次的岗位有哪些，分别具有什么职能？

思考题

1.财务环境按不同的分类标准可以如何分类?

2.经济发展周期如何影响财务运行?

3.某跨国公司想发展海外业务。税收作为影响企业竞争力的重要因素之一，在当今跨国投资和经营中备受关注。请从税务角度分析成立子公司和分公司是如何影响税收的?

4.公司中财务经理的职责主要是什么?

案例分析题

全球化经济对华为财务管理的影响①

当前世界经济环境的特征及发展趋势：①经济全球化。②经济环境处于缓慢增长期。预计到2035年，全球的城市化率将达到61.7%。但同时也有诸多问题导致经济发展缓慢。③新兴产业将会迅猛发展。对于企业来说，企业的财务管理也可以通过网络来处理，相比于从前的手工做账，电子化的财务管理可以做到精确、快捷。④国际货币多元化。随着经济的不断发展，越来越多的货币进入国际货币体系，丰富了国际货币的储备。从而使国际货币体系中的金融安全机制从不同方面得到强化。

华为技术有限公司是一家生产销售通信设备的通信科技公司，于1987年正式注册成立，总部位于中国广东省深圳市龙岗区坂田华为基地。华为公司还积极发展对外合作，在2018年2月23日，在世界移动通信大会（MWC）召开前夕，沃达丰和华为两家公司宣布在西班牙合作采用非独立的3GPP 5G新无线标准和Sub6 GHz频段完成了全球首个5G通话测试。

1）经济环境对华为公司财务管理的影响

全球化的经济环境对华为公司的财务管理带来了积极影响。

（1）发现了新的财务管理模式

华为公司从2000年开始就进行了成本核算，但还是没有做到预算管理。这导致公司的财务部能够算出产品所带来的利润，但却没有算出产品前期的成本。所以，华为的财务负责人才会表示，公司在海外拿到了许多大单子，却并不了解这些

① 许建钊. 浅析全球化对公司财务管理的影响——以华为公司财务管理为例［J］. 纳税，2019，13（11）.

单子是否真的赚钱。于是华为公司找到IBM全球最精锐的财务咨询顾问，深入华为销售部门、研发部门等，规范了华为的财务管理流程，使得公司的收入和利润平衡发展。

（2）更注重“以人为本”

在旧经济环境下，不管是跨国公司还是普通企业，都相对重视股东的利益，而忽视员工的利益。但其实，无论是公司的采购、生产还是研发，甚至公司的财务管理工作，都离不开员工的努力。所以，重视员工的利益也是推动企业发展的重要因素。建立强制性社会保险和医疗保险双保障的制度，使得华为公司的员工在工作时有一种归属感和工作动力，这也是华为公司发展越来越好的重要原因。

（3）与更多外国企业实现合作，资源共享

在经济全球化的热潮下，各个国家开始进行了合作。华为公司凭借着自身的发展，与全球20多个国家签订了5G商用合约，而这必定能给企业带来较好的经济利益。这不仅能丰富企业文化，还能适应经济全球化所带来的变化。在合作的过程中还能了解不同企业的不同财务管理方法，相互学习，资源共享，实现共同发展。

但是，全球化的经济环境对华为公司的财务管理也产生了一些消极影响：

（1）存在一定的风险

所有事物都是存在两面性的，有多大的盈利就要承担多大的风险。虽然华为公司的利润很高，但也要承担相应的税费。如果在财务方面不懂得怎样合理避税，就会给公司带来一些损失。为了企业能够更好地发展，公司必须要筹集大量资金，而筹资也是一把“双刃剑”，带来资金的同时也必然会产生财务风险。

（2）产品更新速度快，需要投入更多精力和财力

随着经济的快速发展，商品的更新速度越来越快。只有不断地更新并且完善自己公司的产品，才能在世界范围内得到更好的发展。因此，华为公司一直在不断研发新产品，这就导致员工需要投入更多的精力，公司所要付出的财力也就增多。

2）华为公司财务管理部门的对策

（1）员工持股

华为公司的员工持股计划的好处就在于既实现了内部融资，企业又留住了的大把人才。

（2）内部运营一体化

在1996年华为公司进入城市主流市场后，许多干部在思想、能力等方面都跟不上，于是华为公司进行了干部重新测评，有些干部被分配到了基层。华为开始推行“四能机制”。这“四能”是指干部能上能下，工作能左能右，人员能出能进，待遇能升能降。同时，华为公司开始抓财务建设，完善了财务管理制度。另外，华为公司近几年实行了“轮值CEO”制度。一方面，可以培养新人；另一方面，提前适应这个制度会帮助公司更平稳发展，即使少了一个CEO，也不会影响公司的

未来。

（3）资金管理分三级

①财经委员会负责宏观政策，以及运用策划政策。②销售融资部与资金管理部负责项目的融资和回款，但并不进行内部资金调度。③账务部负责操作但不进行决策。

分析：

请问该案例给我们提供了什么样的启示？

案例分析题提示

第3章 金融市场与金融工具

学习目标

本章主要介绍了金融市场与金融工具的基础理论。通过本章学习，可以使学生了解金融市场的含义与种类；理解金融市场的功能；掌握各种金融市场的类型与特点；明确和掌握金融工具的特点与种类，理解利率的含义与构成，了解利率期限结构理论。

导言

融资和投资是现代企业财务活动的核心内容，而它们都离不开金融市场。金融市场是资金融通的市场。它提供了各种金融工具，如股票、债券、票据等，以满足资金供求双方调节资金的盈余或短缺，是所有金融交易活动的总称。金融市场对经济活动的各个方面都具有直接、深刻的影响，如个人财富、企业的经营、经济运行效率等，都直接取决于金融市场的活动。因此，金融市场的发达程度、金融机构的运行方式、金融工具的丰富程度等，都会对一定时空条件下的企业财务管理产生重大影响。可以说，金融市场和金融工具是影响财务管理的最直接的因素。本章拟对这一特殊因素进行专门讨论。

3.1 金融市场

3.1.1 金融市场的相关概念

1）金融市场的含义

金融市场是资金融通市场，是指资金供应者和资金需求者通过信用工具进行交易而融通资金的市场。在商品经济中，由于购买和出售、收入和支出在时间和数量上的不一致，企业、个人或国家在一定时点上经常出现资金盈余或短缺。资金需求者为了满足其经营活动的需要，愿意以一定代价借入一部分货币资金，以弥补其不足，用过一段时间后再归还；资金供给者则愿意将暂时闲置的货币资金贷出去，到期收回并索取一定的利息作为补偿。这样，资金需求者与资金供给者之间的资金融通就形成了金融交易活动。他们在资金融通时出具的债权债务凭证就是金融工具。资金供给者通过购买并持有各种金融工具拥有相应收益的索取权。资金需求者通过发行并出售各种金融工具承担相应的支付义务。各种不同的金融工具，构成了不同的融资市场。金融市场便是各种融资市场的总称。

广义的金融市场包括资金借贷、票据承兑和贴现、有价证券的买卖、黄金和外汇买卖、办理国内外保险等一切金融业务，是各类金融机构、金融活动所推动的资金交易的总和。狭义金融市场是指有价证券市场，其交易的对象主要包括股票和债券。金融市场可以是有形的市场，如银行、证券交易所等；也可以是无形的市场，如利用电脑、电传、电话等设施通过经纪人进行资金融通活动。

2）金融市场的构成要素

金融市场主要由以下四个基本要素构成：

（1）金融市场的交易主体

金融市场的交易主体是指金融市场的参与者。按交易行为的性质划分，金融市场的交易主体可分为供应主体与需求主体。前者是资金盈余者，后者是资金短缺者。按专业化程度划分，金融市场交易主体可分为专业主体与非专业主体。前者是专门从事金融活动的交易主体，如银行、证券公司、信托投资公司、保险公司、财务公司、城乡信用合作社等；后者是非专门从事金融活动的交易主体，如采用公司形式的非金融经济实体、追求消费最佳效果和投资收益最大化的家庭或个人、筹集资金调节财政收支状况为参与目的的政府及其行政机构等。

（2）金融市场的交易对象

金融市场的交易对象或交易载体是货币资金。但是，在不同的场合，这种交易对象的表现是不同的。在信贷市场，货币资金作为交易对象是明显的。它表现了借贷资金的交易和转让。在证券市场，直接交易的是股票或债券，交易对象似乎转换了，但从本质上讲，所交易的仍然是货币资金，因为有价证券是虚拟资本，本身不具有价值和使用价值，人们取得这些金融工具不具备实质性意义，而只有货币才具有价值和一般的使用价值，人们通过交易取得货币才能投入再生产。所以，有价证券的交易，从另一个角度反映了货币资金的交易。

（3）金融市场的交易工具

由于货币资金具有价值，不能无偿转让，也不能空口无凭地出借。因此，需要一种契据、凭证，以其为载体，才能推动资金安全运转。以书面形式发行和流通的，借以保证债权债务双方权利和责任的信用凭证，称为信用工具或金融工具。金融工具的数量和质量是决定金融市场效率和活力的关键因素。金融工具的数量、种类越多，质量越高，就越能为不同风险偏好的投资者和筹资者提供选择机会，满足他们不同的需求，从而充分发挥金融市场的资金融通功能，对活跃经济、优化资源配置起到积极作用。

（4）金融市场价格机制

金融市场上各种交易都是在一定价格下实现的，但是与一般的商品市场相比，金融市场的价格机制要复杂得多。商品的交易价格反映交易对象的全部价值，如一台电视机的交易价格为2 000元，一座房子的交易价格为300万元等。由于金融市场上的交易对象是金融工具，交易所实现的是金融工具使用权或所有权的转移，因此交易价格反映的是转让金融工具使用权或所有权的报酬。例如，面值1 000元的一年期债券，年利率为5%，其5%的利率或50元的利息便是获得1 000元资金使用权的交易价格。需要注意的是，如果这张债券的发行价格是990元，这个价格便是该金融工具买卖的交易价格。因此，在金融市场上，资金借贷的交易价格和金融工具买卖的交易价格是两个不同的概念。

3.1.2 金融市场的功能

金融市场的功能主要包括以下几个方面：

（1）满足资金的筹措与投放

社会资金的供给者与需求者往往在资金供求的时间、数量和供求方式之间存在不一致，因此在社会总储蓄向总投资转化的过程中，必须借助一定的中介才能顺利进行。金融市场就充当了这种转化的中介。资金供给者在为闲置资金寻求出路时，要求兼顾其安全性、流动性和盈利性；资金需求者在筹集资金时，也要求在降低成本的同时，在数量和时间上得到满足。由于金融市场上有多种筹资、投资形式可供双方进行选择，各种金融工具的自由买卖和灵活多样的金融交易活动也增强了金融工具的流动性和安全性，提高了融资效率，使资金供应者能够灵活地调整其闲置资金的投资形式，达到既能获得盈利，又能保证安全性和流动性的目的；使资金需求者能从众多的筹资方式中选择适当的方式，及时、灵活、有效地筹集到所需资金。因此，金融市场对于资金供求双方都具有极大的吸引力，是投资和筹资的理想场所。

（2）合理地分配和引导资金

在金融市场上，随着金融工具的流动，相应地发生了价值和财富的再分配。金融市场通过利率的差异和上下波动，通过对有价证券价格的影响，引导资金流向最需要的地方，流向那些经营管理好、产品畅销、有发展前途的经济单位，从而带动社会物质资源的流动和再分配，将社会资源由低效部门向高效部门转移，完成社会资源的优化配置。

延伸阅读3-1

滴滴快的完成20亿美元融资拥35亿美元现金储备①

① 刘夏．滴滴快的完成20亿美元融资 拥35亿美元现金储备［EB/OL］．［2015-07-09］．http://news.sohu.com/20150709/n416423279.shtml.

（3）实现分散风险的功能

金融市场上多样化的金融工具为资金盈余者提供了多种投资选择，避免了金融投资的集中与单一，实现了投资风险的分散。同样，资金的需求者为筹集资金，向众多投资者发行金融工具，这就使得众多的投资者与该金融工具发行者共同承担了运用这笔资金的经营风险。例如，某上市公司准备投资新建一条生产线，但是管理者并不确知其未来产生的现金流量，因此，它发行股票筹资时，偏好风险的投资者购买了该股票，这样，资本使用权出售者本身也变成了风险投资者，使经济活动中风险承担者的数量大大增加，从而减少了每个投资者所承担的风险。在期货市场和期权市场，金融市场参加者还可以通过期货、期权交易进行筹资、投资的风险防范与控制。

（4）有效地实施宏观调控

金融交易活动为政府实施对宏观经济活动的间接调控创造了条件。中央银行货币政策的实施都以金融市场的存在为前提。中央银行通过金融市场可以进行公开市场业务操作，吞吐有价证券以调节货币供应量；实施再贴现政策，调整再贴现率，影响信用规模。两者的实施都可以通过影响利率水平来调节资金供求，而金融市场利率的变化又是宏观金融调控的重要参考依据。中央银行在实施货币政策时，通过金融市场可以调节货币供应量、传递政策信息，最终影响各经济主体的经济活动，从而达到调节整个宏观经济运行的目的。

3.1.3　金融市场的种类

金融市场是一个由许多具体的子市场组成的、庞大的金融市场体系。为更好地研究这一体系，人们往往从不同角度对金融市场进行分类。

1）按金融资产的期限划分：短期金融市场和长期金融市场

短期金融市场又称为货币市场，是期限在1年或1年以内的短期金融工具交易的市场，主要解决金融市场主体的短期性、临时性的资金需求。短期金融市场主要包括同业拆借市场、短期债券市场、票据贴现市场、大额可转让定期存单市场以及回购协议市场等。在短期金融市场上进行交易的金融工具主要是货币头寸、存单、商业票据、银行票据和国库券等。

长期金融市场也被称作资本市场，是进行期限在1年以上的资金融通的市场。它的主要作用是满足中长期的投资需求和政府弥补长期财政赤字的资金需要。长期金融市场主要包括债券市场和股票市场。在长期金融市场上进行交易的金融工具主要是股票、债券、中长期国债和不动产抵押贷款等。

2）按金融资产的发行和流通特征划分：一级市场、二级市场、第三市场和第四市场

一级市场也称发行市场或初级市场，是资金需求者将证券首次出售给投资者时所形成的市场。由于资金需求者难以与众多分散的投资者进行直接交易，因此，在

这一市场上，证券发行往往采取承销、包销的方式。二级市场是投资者买卖已经发行的各种证券时所形成的市场，故又称为流通市场或次级市场。

二级市场可分为两种，一种是场内市场即证券交易所，其特征是证券的买卖须在固定场所集中竞价进行，因此是一种有形市场；另一种是场外交易市场，此时证券的买卖并不需要固定场所，其价格也是交易双方协商的结果，因此这种市场是一种无形市场。

第三市场是已在证券交易所上市的证券在证券交易所之外进行交易时所形成的市场。

第四市场是大户通过电话、网络等现代通信手段直接进行证券买卖所形成的市场。参与第四市场交易的往往是机构投资者。他们交易的数额巨大，因此对机构投资者来说，这种直接交易可以发挥规模效应，大大节省手续费等中间费用。

3）按价格确定机制划分：公开市场和议价市场

在公开市场上，金融资产价格的确定采用的是一种拍卖机制，即将众多的买主和卖主集中于某一固定场所，通过买卖双方公开竞价的方式确定成交价格，所遵循的规则是“价格优先，时间优先”。采用这种定价方式的往往是证券交易所。

在议价市场上，金融资产的定价与成交是通过私下协商或面对面的讨价还价方式进行的。在发达的市场经济国家，绝大多数债券和中小企业未上市的股票都通过这种方式交易。最初，在议价市场交易的证券流通范围不大，交易也不活跃，但随着现代通信及自动化技术的发展，该市场的交易效率已大大提高。

4）按交割方式划分：即期市场和远期市场

即期市场是指交易成交时就进行实物交割的市场。我们通常所说的“一手交钱，一手交货”所描述的就是这种市场。当然，在现实中，所谓金融工具的即期交割往往并非马上进行，而是在一定的期限内进行。例如，在外汇交易中，只要在两个交易日内交割外汇，这种交易都可称为现货交易。

远期市场是交易双方达成协议后，并不立即进行交割，而是在较长一段时间后再进行交割的市场，包括远期、期货、期权和互换市场。远期市场具有两个显著特征：一是资产交割的未来性；二是交割价格的事先性和固定性。这是因为交易双方在交易成交之时就已经达成了交割价格协议。

3.2 金融工具

3.2.1 金融工具的含义

金融工具（financial instruments）也称信用工具，是用来证明债权债务关系或所有权关系的书面凭证，对交易双方所应承担的义务与享有的权利均具有法律效力。金融工具最基本的要素是支付的金额和支付条件，最重要的特征是能够在市场交易中为其所有者提供即期或远期的货币收益。

在实务中，金融工具也被称为金融产品、金融资产或有价证券。这是因为，金融工具如股票、债券、期货、保单等是在金融市场上可以买卖的产品，故称金融产品；在资产的定性和分类中，它们又属于金融资产，故称金融资产；它们是可以证明产权和债权债务关系的法律凭证，故称有价证券。不同类型的金融工具具有不同程度的风险。

3.2.2 金融工具的特征

一般认为，金融工具有以下特征：

1）期限性

期限性是指金融工具的发行者或债务人按期归还全部本金和利息的特性。金融工具一般都注明期限，债务人到期必须偿还信用凭证上所记载的应偿付的债务。其中，有两种极端情况：一种是银行活期存款随时可以提取，其偿还期为零；另一种是股票或永久性债券，其偿还期是无限的，虽然没有规定偿还的期限，但是金融工具是可以转让的，所以股票或永久性债券的持有者可以通过资本市场转让证券收回投资。因此，对于持有人而言，更具有现实意义的是相对偿还期，即从持有金融工具之日起至金融工具到期日止所经历的时间。例如，某投资者于2017年1月1日购入一张2007年1月1日发行、2026年12月31日到期的长期国债，对该投资者来讲，偿还期限为10年。

2）流动性

流动性是指金融工具在必要时迅速转换为现金，其价值不会蒙受损失的能力。金融工具变现越方便、成本越低，流动性就越强；反之，流动性越差。一般来说，金融工具如果具备下述两个特点，就可能具有较高的流动性：第一，金融工具发行者的资信高，在以往的债务偿还中能及时、全部履行其义务，如国家发行的债券、信誉卓著的公司发行的商业票据等；第二，债务的偿还期短，在大多数情况下，流动性与偿还期成反比，即偿还期越短，流动性越小。货币这一金融工具本身就是流动性的体现，零期限的活期存款几乎具有完全的流动性。但是，这也不是绝对的。金融工具的盈利能力也是决定流动性大小的重要因素。一些盈利率高的金融工具，即使偿还期限较长，往往也具有较高的流动性。

3）风险性

风险性是指购买者投资于金融资产的本金和预期收益遭受损失的可能性。这种风险可能来自两个方面：一是债务人不履行约定、不能按时支付利息和偿还本金的风险，这种风险也被称为信用风险，风险的大小主要取决于债务人的信誉和经营状况等。二是来自市场的风险，这是金融资产的市场价格随市场利率的上升而跌落的风险。当利率上升时，金融资产的市场价格就下跌；当利率下跌时，金融资产的市场价格就上涨。证券的偿还期越长，则其价格受利率变动的影响就越大。

4）收益性

收益性是指金融工具能定期或不定期给持有人带来收益的特性。金融工具收益性的大小是通过收益率来衡量的，其具体指标有名义收益率、实际收益率、即期收益率和平均收益率等。名义收益率是指利息与票面金额的比率；实际收益率是指名义收益率剔除物价上涨因素后的收益率；即期收益率是指票面规定的利息与该金融工具当期市场价格的比率；平均收益率是将即期收益与资本损益共同考虑的收益率，其中的资本损益是指投资者高于或低于票面金额购买金融工具时所带来的资本损失或利得。

【例3-1】某公司发行债券筹资，债券面值为1 000元，期限为5年，每年付息一次，票面年利息为120元，债券当前的市场价格为960元，则其名义收益率是多少？即期收益率是多少？投资人持有期内年平均收益率是多少？

$$该债券的名义收益率=\frac{票面利息}{票面金额}=\frac{120}{1\ 000}\times 100\%=12\%$$

$$即期收益率=\frac{票面利息}{当期市场价格}=\frac{120}{960}\times 100\%=12.5\%$$

$$年平均收益率=\frac{票面利息+平均资金损益}{当前市场价格}=\frac{120+8}{960}\times 100\%\approx 13.3\%$$

3.2.3 金融工具的种类

金融工具可以从不同的角度以不同的标志进行分类。

1）按融通资金的方式划分

按融通资金的方式划分，金融工具可分为直接融资金融工具和间接融资金融工具。直接融资金融工具是指不需金融机构作中介，在最终贷款人和最终借款人之间进行融资活动所使用的金融工具，如由政府、企业或个人发行或签发的政府债券、公司债券、公司股票、商业票据等，发行的目的是为自己筹集资金。间接融资金融工具是指金融机构在最终贷款人和最终借款人之间充当媒介进行间接融资活动所使用的金融工具，如金融债券、银行票据、大额可转让定期存单、人寿保险单和支票等，发行的目的在于聚集可用于贷放的资金。

2）按融资的期限划分

按融资的期限划分，金融工具可分为长期金融工具和短期金融工具。长期金融工具也称为资本市场金融工具，一般指期限在1年以上的中、长期资金借贷和证券交易的工具，如银行中、长期贷款工具、债券、股票等。短期金融工具也称货币市场金融工具，一般指1年以内的各种借贷和融通资金的工具，如国库券、可转让定期存单、银行承兑票据、回购协议等。相对于长期金融工具而言，货币市场金融工具具有期限短、风险低、流动性强、收益率低等特点。

3）按投资者的权利进行划分

金融工具可分为债务凭证类金融工具和所有权凭证类金融工具。所有权凭证类金融工具只有股票一种；其他都属于债务凭证类金融工具。债务凭证表明投资人投入资金后就取得了债权，所以有权据以到期讨还本金和利息；而所有权凭证表明资金的投入并非取得债权而是取得所有权，因而无权要求返还本金，只可以在必要时通过转让所有权，即出售证券的方式，收回本金。

4）按与实际信用活动的相关性

金融工具分为原生金融工具和衍生金融工具。原生金融工具是在实际信用活动中出具的能证明债权债务关系或所有权关系的合法凭证，主要有商业票据、债券等债权债务凭证和股票、基金等所有权凭证。

衍生金融工具是在原生金融工具基础上派生出来的各种金融合约及其组合形式的总称，主要包括金融期货、金融期权和金融互换。

3.3 利率

3.3.1 利率概述

1）利率的含义

利率是利息率的简称，是指在借贷期内所获得的利息额与借贷本金的比率，即利率=利息/本金。从资金借贷关系来看，利率是一定时期运用资金资源的交易价格。资金作为一种特殊商品，以利率为价格进行融通，实质上通过利率实现资源的再分配。

2）利息的种类

经济生活中利率的种类繁多，按照不同的标准，可以有多种不同的分类。

（1）按照是否考虑物价变动影响，分为名义利率与实际利率

在市场经济条件下，市场的物价水平经常出现一定程度的波动，而市场物价的变动造成了金融资产所有者的实际收入水平和名义收入水平不一致的状况。物价水平的变动造成了名义利率和实际利率的不一致。名义利率是指以货币为标准计算出来的利率，通常是在没有考虑物价变动的条件下借贷契约上载明的利率水平，也称为货币利率。实际利率是指名义利率剔除物价变动因素后计算出来的利率，也可以理解为是在物价水平不变、货币购买力也不变的条件下的利率。

一般而言，名义利率、实际利率、物价变动率三者之间存在这样的关系：

$$i=k-\pi$$

式中，k为名义利率；i为实际利率；π为物价变动率。

实际上，这个公式只是一个简化公式，它只对本金部分剔除了物价变化因素，而利息部分的物价变化因素仍未剔除。更为准确的关系式应为：

$$1+k=(1+i)(1+\pi)$$

$$i=\frac{1+k}{1+\pi}-1$$

因此，资金借贷不能只看名义利率，还得考虑物价因素。当物价上涨率高于名义利率时，实际利率就是负数，称为负利率。负利率对经济产生逆调节作用。区分名义利率与实际利率具有重要意义，因为借贷双方真正关心的是实际利率，而不是名义利率。只有实际利率才能真实反映借贷资本的利息收益或借贷成本。

（2）按照借贷期内利率是否浮动，分为固定利率与浮动利率

固定利率是指名义利率在整个借贷期间不随借贷资金供求关系和物价水平的变动而变动的利率。它一般由借贷双方商定，适合在短期借贷活动或者市场利率变化不大的情况下使用。固定利率最大的特点是一次商定、固定不变、简便易行、计算方便。其缺点是灵活性差，往往不能适用于中长期借贷，特别是在存在严重通货膨胀的情况下，实行固定利率会使债权人利益受到损害。

延伸阅读 3-2

全球多地实施负利率　市场增扭曲风险[①]

浮动利率又称可变利率，是指名义利率在借贷期限内随市场资金供求关系和物价水平的变化而定期调整的利率。调整期限和调整时作为基础市场利率的选择，由借贷双方在借贷时议定。例如，欧洲货币市场上的浮动利率，调整期一般为三个月或半年，调整时作为基础的市场利率大多采用伦敦市场银行间三个月或半年的拆借利率。浮动利率一般在借贷期限较长、市场利率多变的情况下使用。由于实行浮动利率可以经常调整，所以借贷双方承担的利率变动风险较小，利息负担也较公平；但是，计息较麻烦，特别是借款人计算利息成本比较困难。

（3）按照利率的决定方式，分为市场利率与官定利率

市场利率是指由市场资金供求状况和风险收益等因素决定的利率。一般来说，当市场上的资金需求大于供给时，市场利率就会上升；当资金供给大于需求时，市场利率就会下降。当市场上的不确定性增加，即资金运用的风险增加时，市场利率也会上升；反之则会下降。因此，市场利率能较真实地反映市场资金供求关系以及资金运用的风险状况。

官定利率是指由政府金融管理部门或中央银行确定的利率，在一定程度上反映了非市场的强制力量对利率形成的干预，是国家实现宏观经济调控目标的重要政策手段，也称为法定利率。官定利率一般是由货币当局根据宏观经济运行的情况以及国际收支状况等其他因素来决定的。官定利率往往在利率体系中发挥指导性作用。我国在改革开放政策实施前，利率基本上是官定利率。之后，随着资金分配和融资格局的变化，市场利率在利率体系中的比例已逐渐加大。利率管制是否严格是衡量一国金融自由度的一个重要标志。计划经济国家的利率管制都是极其严格的，而在

① 李长安．中国首次发行负利率主权债券，为何被国际资本热捧？[N/OL]．新京报，2020-11-22（A02）．http：//epaper.bjnews.com.cn/html/2020-11/22/content_793344.htm？div=-1.

发达的市场经济国家，虽然其中央银行也时常运用利率手段调节宏观经济，但利率主要由市场资金供求及其他状况决定，货币当局制定的利率常常起到指导性调节作用。

（4）按照利率的地位不同，分为基准利率和市场其他利率

基准利率指的是在整个利率体系中起核心作用并能制约其他利率的基本利率。它在利率体系中占有重要的地位，发挥着核心主导作用，反映全社会的一般利率水平，体现一个国家在一定时期内的经济政策目标和货币政策方向。当它发生变动时，市场其他利率也相应发生变化。在西方国家，基准利率一般是指银行拆借利率，如伦敦银行间同业拆借利率（London Interbank Offered Rate，LIBOR）。它的变动将决定市场上其他利率如存款利率、贷款利率的变动。我国为进一步推动利率市场化，借鉴国际经验，于2007年1月4日推出了上海银行间同业拆放利率（Shanghai Interbank Offered Rate，SHIBOR）。

【课程思政】　　中国人民银行发布《参与国际基准利率改革和健全中国基准利率体系》白皮书[①]

党的十九届四中全会提出，健全基准利率和市场化利率体系。基准利率作为各类金融产品利率定价的重要参考，是重要的金融市场要素，也是货币政策传导中的核心环节。健全基准利率体系既是建设金融市场的关键，也是深入推进利率市场化改革的重要内容，对于完善货币政策调控和传导机制具有重要意义。

在国际金融市场上，运用最广的基准利率是伦敦银行间同业拆借利率(LIBOR)。2008年国际金融危机以来，各国同业拆借市场有所萎缩，LIBOR报价的参考基础弱化。尤其是在国际金融危机期间爆发多起报价操纵案，严重削弱了LIBOR的市场公信力。此后LIBOR管理机构推出了一系列改革举措，但仍未获得市场广泛认可。2017年，英国金融行为监管局（FCA）宣布，2021年底后将不再强制要求报价行报出LIBOR。这意味着届时LIBOR或将退出市场。

与国际相比，中国基准利率体系建设虽整体起步较晚，但在培育基于实际交易的基准利率方面，具有明显的先发优势。自中国建立银行间市场之初，就已培育形成了基于实际交易的债券回购利率等基准利率，具有较好的基准性和公信力，至今已超过20年。经过多年来持续培育，目前中国的基准利率体系建设已取得重要进展，货币市场、债券市场、信贷市场等基本上都已培育了各自的指标性利率。存款类金融机构间的债券回购利率（DR）、国债收益率、贷款市场报价利率（LPR）等在相应金融市场上都发挥了重要的基准作用，为观测市场运行、指导金融产品定价提供了较好参考。

随着利率市场化改革的深入推进，中国的基准利率体系还需不断健全。对此，中国人民银行做了深入研究，提出了以培育DR为重点、健全中国基准利率和市场

---

① 佚名. 中国人民银行发布《参与国际基准利率改革和健全中国基准利率体系》白皮书［EB/OL］.［2020-08-31］. http: //www.pbc.gov.cn/zhengcehuobisi/125207/125213/125440/125835/4079810/index.html.

化利率体系的思路和方案。下阶段，中国银行间基准利率体系建设的重点在于推动各类基准利率的广泛运用，通过创新和扩大DR在浮息债、浮息同业存单等金融产品中的运用，将其打造为中国货币政策调控和金融市场定价的关键性参考指标。

3.3.2 利率的构成

在金融市场上，利率是资金使用权的价格。一般来说，资金的利率由纯利率、通货膨胀补偿率和风险报酬率三部分组成，其计算公式如下：

利率=纯利率+通货膨胀补偿率+风险报酬率

1）纯利率

纯利率也称实际利率（Real Interest Rate，RIR）。纯利率是指无通货膨胀、无风险情况下的社会平均资金利润率。例如，没有通货膨胀的国库券的利率可以视为纯利率。纯利率的高低受平均利润率、资金供求关系和国家调节的影响。

2）通货膨胀补偿率

通货膨胀补偿率也称通货膨胀溢酬（Inflation Premium，IP），是指为弥补因通货膨胀造成货币贬值而要求的报酬率。因此，每次发行国库券的利息率随通货膨胀率变化而变化，它近似等于纯利率加预期通货膨胀率。

3）风险报酬率

投资者除了关心通货膨胀率外，还关心资金使用者能否保证他们收回本金并取得一定的收益。风险越大，投资人要求的收益率越高。例如，公司长期债券的风险大于国库券，投资者要求的收益率也高于国库券；普通股票的风险大于公司债券，则投资者要求的收益率也高于公司债券。由此可见，投资风险越大，要求的收益率也越高。风险报酬率是投资者要求的除纯利率和通货膨胀补偿率之外的风险补偿，主要包括：

（1）违约风险溢酬（Default Risk Premium，DRP）

违约风险是指借款人无法按时支付利息或偿还本金而给投资人带来的风险。为了弥补违约风险带来的损失，投资人要求提高贷款利率，否则借款人无法借到资金，投资人也不会进行投资。违约风险的大小与借款人信用等级的高低成反比。借款人的信用等级越高，违约风险越小，投资者要求的风险补偿就越小。一般将国债与拥有相同到期日、变现力和其他特性的公司债券两者之间的利率差距称为违约风险溢酬。

（2）变现力溢酬（Liquidity Premium，LP）

变现力是指某项资产迅速转化为现金的可能性。衡量变现力的标准有两个：资产出售时可实现的价格和变现时所需要的时间长短。其判断基础是，在价格没有明显损失的条件下，某项资产在短期内可以大量出售的能力。如果一项资产能够迅速转化为现金，说明其变现力强，流动性好，流动性风险小；反之，则说明流动性风险大。政府债券、大公司的股票与债券，由于信用好，变现力强，所以流动性风险小，而一些不知名的中小企业发行的证券的流动性风险则较大。

（3）到期风险溢酬（Maturity Risk Premium，MRP）

一项负债的到期日越长，债权人承受的不确定因素就越多，承担的风险也就越大。为弥补这种风险而增加的利率水平，就是到期风险溢酬。例如，同时发行的国库券，5年期的利率就比3年期的利率高，银行贷款利率也一样。因此，长期利率一般要高于短期利率。这便是到期风险溢酬。当然，在利率剧烈波动的情况下，也会出现短期利率高于长期利率的情况，但这种偶然情况并不影响上述结论。

3.3.3 利率期限结构

具有相同风险、流动性和其他特征的债券，其利率随到期日的时间长短而不同，这种差异就是利率的期限结构。利率的期限结构反映了证券到期时的利息或收益与到期期间二者之间的关系。此关系有三种不同情况：①短期利率高于长期利率；②长短期利率波动一致；③短期利率低于长期利率。在利率与期限关系的三种情形中，最常见的是利率随期限的延长而增加。

利率的期限结构可以形象地以收益率曲线表示出来。如果以横轴表示距离到期日的时间，以纵轴表示利率，将违约风险和流动性等特征相同但期限不同的债券的利率（到期收益率）连接起来，就会形成一条收益率曲线。如果收益率曲线向上方倾斜，就表明长期利率高于短期利率。如果收益率曲线向下方倾斜，则表明短期利率高于长期利率。如果收益率曲线是水平的，则说明长短期利率相同。

关于收益率曲线，有以下三个重要的经验事实：①虽然债券的期限不同，但它们的利率却随时间一起波动；②如果短期利率低，则收益率曲线向右上方倾斜；如果短期利率高，则收益率曲线向右下方倾斜；③收益率曲线几乎总是向右上方倾斜的，即长期利率往往高于短期利率。

为什么收益率曲线会出现这些形态？什么因素决定了收益率曲线的形态？为什么短期利率有时会高于长期利率，有时又低于长期利率？对这些问题的不同解释就形成了不同的利率期限结构理论，即预期理论、分割市场理论以及期限选择与流动性升水理论。

1）预期理论

预期理论假定整个证券市场是统一的，不同期限的证券之间具有完全的替代性。也就是说，证券购买者在不同期限的证券之间没有任何特殊的偏好。同时，预期理论认为长期债券的利率等于长期债券到期前人们对短期利率预期的平均值。例如，如果人们预期在未来5年里，短期利率的平均值是10%，则预期理论预测5年期债券的利率也将是10%；如果5年后，短期利率预期上升，从而未来10年里的短期利率的平均值为12%，则10年期的长期债券利率也是12%。在此基础上，预期理论断言，利率的期限结构是由人们对未来短期利率的预期决定的。当人们预期未来的短期利率将上升时，长期利率就高于短期利率，即收益曲线向上倾斜；反之，如果人们预期未来的短期利率将下降，则长期利率低于短期利率，即收益曲线向下倾斜；只有当人们预期未来的短期利率将保持不变时，收益曲线才是水平的。

预期理论将不同期限的证券视为一个密切联系的统一体，从而为证券市场上不同期限证券利率的同向波动提供了很好的解释。但是，预期理论也面临着一个重要的经验事实的挑战，那就是市场上长期证券的利率一般要高于短期证券。这是否就意味着人们总是倾向于相信未来的利率会高于现在的利率呢？这显然是没有道理的，因为人们预期的利率变化方向不可能是不变的。针对这一矛盾，人们提出了利率期限结构的分割市场理论。

2）分割市场理论

分割市场理论假定各种期限的证券之间毫无替代性，它们的市场是相互分割、彼此独立的，因而每种证券的利率只受自身状况的影响，仅仅取决于该种证券的供给和需求。分割市场理论认为，无论是投资者还是发行者都有期限偏好。该理论对收益曲线通常向上倾斜，即对长期利率高于短期利率的经验事实提供了一种直截了当的解释，那就是人们更偏好持有期限较短、风险较小的债券，因而对短期债券的需求较大，而对长期债券的需求较小。较大的需求导致短期债券的价格较高，利率较低；较小的需求导致长期债券的价格较低而利率较高。这样，收益率曲线是向右上方倾斜的。

但是，分割市场理论却无法解释事实1和事实2：

事实1：既然分割市场理论把不同期限的债券市场完全分割开来，那么一种期限的债券利率发生变化是不会影响其他期限的债券利率的，因而这一理论就无法解释不同期限债券的利率一起波动的事实。

事实2：分割市场理论对长期债券的供求与短期债券的供求之间的关系没有进行分析，对长期债券的供求如何随短期债券利率的变化而变化的问题没有说明，即为何短期利率低时，收益率曲线向右上方倾斜，而短期利率高时，收益率曲线向右下方倾斜。

因此，这一理论也有局限性。

3）期限选择与流动性升水理论

期限选择与流动性升水理论综合了预期理论和分割市场理论的特点，纠正了这两种理论走向极端的错误，认为不同期限的债券虽然不像预期理论所说的那样是完全替代品，但仍具有一定的相互替代性，同时债券投资者对债券期限具有某种偏好。因此，期限选择与流动性升水理论认为，长期债券的利率等于这种债券到期之前短期利率预期的平均值，加上这种债券随供求条件变化而变化的期限升水。也就是说，投资者不允许一种期限的债券的预期收益率与另一种期限的债券的预期收益率背离得太远，但由于他们有对债券期限的偏好，所以对于那些期限不为他们所偏好的债券来说，只有当能够获得更高的预期收益率时，他们才会购买。

很显然，对于事实1，即不同期限债券的利率随时间一起发生变动，期限选择理论与流动性升水理论能进行更为完善的解释。对于事实2，这一理论的解释是这样的：如果当前短期利率低，那么人们一般会预期未来的短期利率要上升，因而各期限内短期利率预期的平均值将高于当前短期利率，再加上正值的期限升水和流动性升水，所以收益率曲线向右上方倾斜。相反，如果当前短期利率太高，人们预期未来短期利率会大幅度下降，当长期内短期利率预期的平均值大大低于当前短期利率时，即使存在正值的期限升水和流动性升水，收益率曲线也会向右下方倾斜。另外，由于投资者偏好于短期债券，所以随着期限的延长，期限升水和流动性升水将增加。这就使长期债券的利率随期限的延长而增大。因此，在通常情况下，收益率曲线是向右上方倾斜的。显然，期限选择与流动性升水理论较预期理论的完全替代性和市场分割理论的完全分割假定更为现实，是最流行的利率期限结构理论。

总结与结论

▶金融市场是资金融通市场，是指资金供应者和资金需求者通过信用工具交易而融通资金的市场。广义的金融市场是各类金融机构、金融活动所推动的资金交易的总和。狭义金融市场是指有价证券市场，其交易的对象主要包括股票和债券。金融市场可以是有形的市场，也可以是无形的市场。金融市场是一个由许多具体的子市场组成的、庞大的金融市场体系，从不同角度可以有不同的分类。

▶金融市场主要由金融市场交易主体、交易对象、交易工具和价格机制四个基本要素构成。其功能主要有满足资金的筹措与投放、合理地分配和引导资金、实现分散风险的功能和有效地实施宏观调控。

▶金融工具也称信用工具，是用来证明债权债务关系或所有权关系的书面凭证。金融工具具有期限性、流动性、风险性和收益性的特征。按照不同的分类标准，金融工具可以分为直接融资金融工具和间接融资金融工具、长期金融工具和短期金融工具、债务凭证类金融工具和所有权凭证类金融工具、原生金融工具和衍生金融工具等。

▶利率是资金使用权的价格，是金融工具定价的基础。一般来说，资金的利率由纯利率、通货膨胀补偿率和风险报酬率三部分组成。

▶具有相同风险、流动性和其他特征的债券，其利率随到期日的时间长短而不同，这种差异就是利率的期限结构。利率期限结构理论包括预期理论、分割市场理论以及期限选择与流动性升水理论。

思考题

1.什么是金融市场？金融市场的构成要素有哪些？

2.金融市场具有哪些功能？

3.金融工具具有哪些特征？

4.名义利率与实际利率有何区别？

5. 利率的构成要素有哪些？

6. 如何理解不同的利率期限结构理论？

案例分析题

我国社会融资结构出现积极变化①

中国人民银行公布的最新数据显示，2020年前三季度社会融资规模量增质优，在结构上出现了明显的积极变化。

初步统计，2020年前三季度社会融资规模的累计增量是29.62万亿元，比上年同期多9.01万亿元。这些新增资金向实体经济尤其是小微企业倾斜的力度明显加大，比如普惠小微贷款余额近7个月连创新高。与此同时，债市和A股市场直接融资持续发力，也为企业引来更多源头活水。

1）中长期贷款占比和增速提高

2020年前三季度，金融机构对实体经济的信贷支持力度明显加大。央行数据显示，前三季度金融机构对实体经济发放的人民币贷款增加16.69万亿元，接近上年全年16.88万亿元的水平，比上年同期多增了2.79万亿元。

中长期贷款重点流向了制造业，尤其是高技术制造业、基础设施，以及受疫情影响比较大的行业，如批发和零售业、交通运输、仓储、邮政、文化体育和娱乐行业等。制造业中长期贷款余额增速已经连续11个月上升，9月末制造业中长期贷款的余额增长30.5%，比上年末提高了15.7个百分点。前三季度，制造业新增中长期贷款为9 675亿元，同比多增6 362亿元，其中高技术制造业的中长期贷款余额增长45.8%，比上年末提高了4.9个百分点。前三季度，高技术制造业中长期贷款累计新增2 633亿元，同比多增1 000亿元。

2）小微企业融资创下新高

从全国来看，央行公布的数据显示，9月末普惠小微贷款余额14.6万亿元，同比增长29.6%，增速比上年末提高了6.5个百分点，近7个月连创新高。

今年以来，金融支持实体经济注重增强直达性、精准性。6月1日，央行创设了两项直达实体经济的货币政策工具，推动银行积极办理企业贷款延期还本付息和普惠小微企业信用贷款。

3）股票债券直接融资发力

超短期融资券是非金融企业的一种债务融资工具，可由发行企业根据其短期融资需求、资金使用安排等情况，自主选择不超过270天（含270天）的发行期限，具有信息披露简洁、注册效率高、发行便利、资金使用灵活等特点。

2020年以来，实体经济从债券市场获得的直接融资大幅度增加，这也是社会融资结构的积极变化之一。数据显示，前三季度企业的债券净融资为4.1万亿元，

---

① 陈果静．我国社会融资结构出现积极变化［N/OL］．经济日报，［2020-10-24］．http：//paper.ce.cn/jjrb/html/2020-10/24/content_430580.htm.

比上年同期增加了1.65万亿元。

证监会数据显示，科创板、创业板注册制改革落地以来，上市资源充足，流动性明显超过其他板块。截至2020年9月15日，科创板上市公司已达173家，IPO合计融资2 607亿元，占同期A股IPO融资金额的51%，总市值达到2.8万亿元；创业板通过注册制发行上市公司已有24家，IPO合计融资224亿元。

分析：

（1）2020年前三季度，社会融资规模在结构上出现了哪些明显的积极变化？

（2）科创板与创业板注册制改革的战略意义是什么？

案例分析题提示

第4章 财务报告分析

学习目标

本章主要阐述了财务报告分析的基本原理和方法。通过本章学习，可以使学生了解财务报告分析的含义与目的；熟悉财务报告体系内容；掌握财务报告分析的基本方法；熟练运用财务比率对企业的偿债能力、盈利能力、营运能力和发展能力等进行分析；能够对企业的经营业绩与财务状况进行综合分析与评价。

导言

阿伯拉汗·比尔拉夫曾经说过："财务报表犹如名贵香水，只能细细品尝，不能生吞活剥。"所谓细细品尝，就是通过对财务数据和相关信息的汇总、计算、对比和说明，揭示和评价公司的财务状况、经营成果、现金流量和公司风险，为报表使用者进行投资、筹资和经营决策。本章从财务报告体系的构成入手，介绍了财务报告分析的含义和目的，财务报告分析的四种基本方法，详细阐述了如何运用财务比率分析企业的偿债能力、营运能力、盈利能力和发展能力，最后介绍了两种综合分析方法——杜邦分析法和沃尔评分法。

4.1 财务报告分析概述

4.1.1 财务报告体系的构成

根据我国《会计法》，财务报告是指企业对外提供的反映企业某一特定日期财务状况和某一会计期间经营成果、现金流量等会计信息的文件。财务报告主要包括基本财务报表、财务报表附注及其他应当在财务报表中披露的相关信息和资料。

1）基本财务报表

基本财务报表主要指资产负债表、利润表、现金流量表和所有者权益变动表。

（1）资产负债表

资产负债表是反映企业某一时日（月末、季末、年末）财务状况的一种静态报表。它根据“资产=负债+所有者权益”这一平衡公式，依照一定的分类标准和一定的次序，将某一特定日期的资产、负债、所有者权益的具体项目予以适当地排列编制而成。资产负债表可以反映企业资产的构成及其状况，分析企业在某一日期所拥有的经济资源及其分布情况；可以反映企业某一日期的负债总额及其结构，分析企业需要偿付的债务数额及财务风险；可以反映企业所有者权益的情况，分析资本保值、增值的情况以及对负债的保障程度。

（2）利润表

利润表是反映企业一定会计期间（如月度、季度、半年度或年度）经营成果的一种动态报表。它是根据“收入-费用=利润”的基本关系而编制的，其具体内容取决于收入、费用、利润等会计要素及其内容。利润表全面揭示了企业在某一特定时期实现的各种收入，发生的各种费用、成本或支出，以及企业实现的利润或发生的亏损情况。利润表可以解释、评价和预测企业的经营成果和获利能力，可以评价和考核管理人员的绩效，为投资者及企业管理者等各方面提供有关企业经营成果的财务信息。

（3）现金流量表

现金流量表是反映一定时期内（如月度、季度或年度）企业经营活动、投资活动和筹资活动对其现金及现金等价物所产生影响的财务报表。现金流量表提供了企业资金来源与运用的信息，便于分析企业资金来源与运用的合理性，判断企业的经营情况和效果，评价企业的经营业绩；提供了企业现金增减变动的原因。同时，将现金流量表与资产负债表、利润表衔接起来，可分析企业创造现金能力、盈利质量、偿债能力及支付能力，对分析研究企业总体经营与财务状况具有重要意义。

（4）所有者权益变动表

所有者权益变动表是反映企业在一定期间内，所有者权益各组成部分当期的增减变动情况的报表。所有者权益变动表不仅可以为报表使用者提供所有者权益总量增减变动的信息，也能为其提供所有者权益增减变动的结构性信息，特别是能够让报表使用者理解所有者权益增减变动的根源。所有者权益变动表为资产负债表和利润表提供了辅助信息，也在一定程度上提供了企业全面收益的信息。

2）财务报表附注

财务报表附注是对资产负债表、利润表、现金流量表和所有者权益变动表等报表中列示项目的文字描述或明细资料，以及对未能在这些报表中列示项目的说明等，可以使报表使用者全面了解企业的财务状况、经营成果和现金流量。

财务报表附注不仅能使报表使用者更全面地了解企业状况，缓解财务报表信息披露压力，还可以提高会计信息的相关性和可靠性。财务报表附注披露可以在不降低会计信息可靠性的前提下提高信息的相关性，如或有事项的处理。或有事项由于发生的不确定性而不能直接在主表中进行确认，但可以通过在财务报表附注中进行披露，揭示或有事项的类型和影响，来提高信息的相关性。财务报表附注还可以通过披露企业的会计政策和会计估计的变更等情况，向投资者传递相关信息，使投资者能够“看透”会计方法的实质，而不被会计方法所误导。

财务报表附注的主要内容包括：①不符合基本会计假设的说明；②重要会计政策和会计估计的说明，以及重大会计差错更正的说明；③会计报表附注应披露的重要会计政策；④或有事项的说明；⑤资产负债表日后事项的说明；⑥关联方关系及其交易的说明；⑦会计报表中重要项目的说明；⑧其他重大会计事项的说明。

3）财务报表间的钩稽关系

掌握财务报表间的钩稽关系有助于报表使用者利用财务报表间存在的这种内在联系进行财务分析。

（1）财务报表间钩稽关系的含义

财务报表之间的钩稽关系是指不同报表之间存在的一定关联或逻辑对应关系。由于财务报表之间存在潜在的一些钩稽关系，因此可以通过分析这种钩稽关系的变化规律来深入分析企业的经营情况以及报表数字背后的交易或事项，进而对企业的财务状况、经营成果和现金流量状况做出判断。

（2）财务报表间钩稽关系的内容

财务报表间的钩稽关系体现在资产负债表与利润表、资产负债表与现金流量表、资产负债表与所有者权益变动表、利润表与现金流量表之间存在的内在联系。资产负债表有时被称为存量报表，因为它报告的是某一时点的价值存量。所有者权益变动表、利润表和现金流量表是流量报表，度量的是流量，或者说是两个时点间的存量变化。所有者权益变动表反映了所有者权益的变化，利润表反映了收入和成本费用的变化，而现金流量表则反映了现金的变化。图4-1描述了资产负债表、所有者权益变动表、利润表和现金流量表之间的钩稽关系，或者说是存量和流量间的钩稽关系。资产负债表上现金存量的增加是现金流引起的。这点可以从现金流量表中的现金净增加额得到；利润表中净利润的增加会使资产负债表中的留存收益增加，最终导致所有者权益增加；此外，“将净利润调整为经营活动现金流量”就是以间接法计算“经营活动现金净流量”。

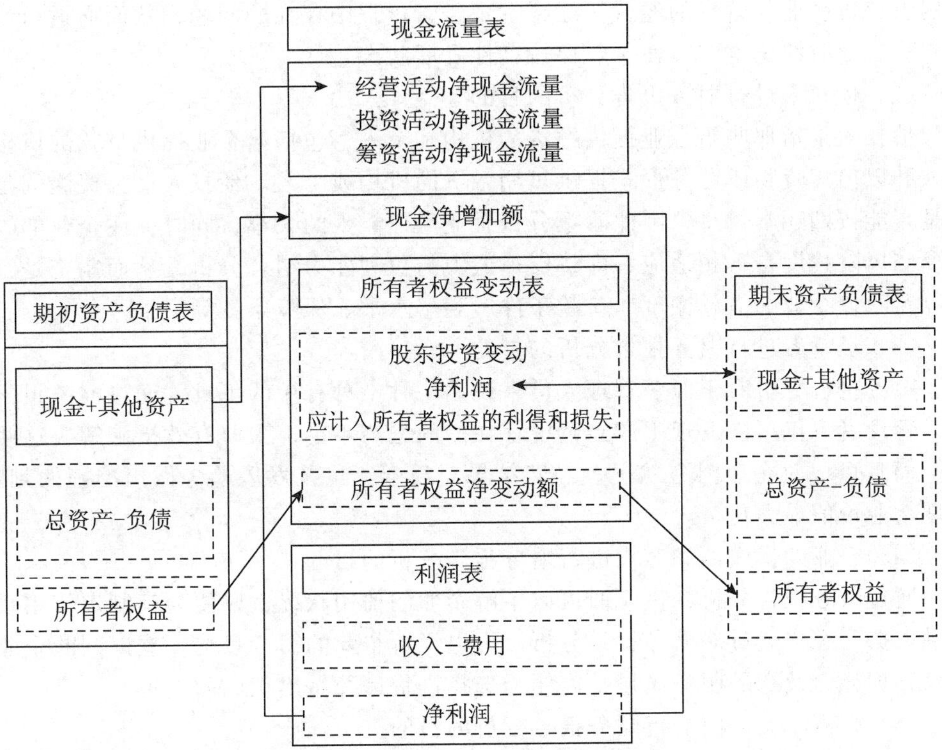

图4-1　财务报表间的钩稽关系

4.1.2　财务报告分析的含义与目的

1）财务报告分析的含义

财务报告分析是指以财务报表和其他相关资料为主要依据，采用一定的标准和一系列专门的科学分析方法，对相关项目增减变动的原因及其内在联系进行分析，借以判断其相关项目的质量，最终对企业整体的财务状况、经营成果和现金流量状况做出综合的评价，以反映企业经营策略的利弊得失，最终为财务报表使用者的经济决策提供必要信息的一种分析活动。

2）财务报告分析的目的

不同的财务报告分析主体进行财务分析的目的是不同的，具体而言：

（1）投资者进行财务报告分析的目的

这里的投资者既包括企业现有的出资者，也包括资本市场上潜在的投资者。他们是企业经营获利的最大受益者，也是企业经营风险的最大承担者，对企业的经营和收益状况极为关注。投资者期望自己投入的资金能实现保值增值，因此他们不仅关心企业当前的盈利能力，而且还要研究企业的权益结构、支付能力及营运状况等。只有投资者认为企业具有良好的发展前景，现有的投资者才会保持或增加投资，潜在投资者才会踊跃地把大量资金投入该企业。此外，财务报告分析也有助于投资者评价企业经营者的经营业绩，发现经营过程中存在的问题，从而通过行使股东权力，及时纠正偏差，使企业保持良性发展状态。

（2）债权人进行财务报告分析的目的

债权人是指那些给企业提供融资的机构和个人，包括给企业提供贷款的机构或个人和以出售货物或劳务形式提供短期融资的机构或个人。债权人最为关注的是企业是否能按期还本付息，因此着重分析企业偿债能力的大小，同时关注企业的收益状况与风险程度是否相适应，即将偿债能力与盈利能力结合分析，从而制定是否借款以及对该企业的借款额度、付款条件、利率水平、保障条款等决策。

（3）经营者进行财务报告分析的目的

财务报告分析对于经营管理人员来说是一种十分有用的工具。通过财务报告分析，管理者不仅可以发现生产经营中存在的问题与不足，采取有效措施解决这些问题，而且可以对企业财务状况、经营结果、现金流量及发展趋势做出准确的判断，实现企业价值最大化。

（4）企业的供应商和客户进行财务报告分析的目的

通过财务报告分析，供应商可以了解企业的信用状况，以便为其制定信用政策提供依据；客户通过对财务报告分析，可以了解企业的财务状况，据以判断企业的经营管理能力及产品服务质量，以便为选择进货途径做出正确的决策。

（5）政府相关部门进行财务报告分析的目的

通过财务报告分析，政府部门可以了解公司的纳税情况、遵守政府法规和市场秩序的情况以及职工收入和就业状况；对所在地区企业的经营运作及发展状况进行全面了解和掌握，便于在宏观上制定政策，进行投资。

4.2 财务报告分析的基本方法

“工欲善其事，必先利其器”。对报告使用者而言，要进行比较深入而有效的分析，首先必须掌握一些基本的分析方法。具体而言，这些方法主要包括比较分析法、比率分析法、趋势分析法和因素分析法。这些方法的基本内涵并不同，但是都以上市公司财务报告等资料为基础，通过一定的指标或比值计算，帮助信息使用者透过繁杂的财务报表数据，发掘其背后蕴含的信息，为报告使用者进行投资决策和经济预测提供帮助。

4.2.1 比较分析法

比较分析法是对两个有关的项目或指标数值进行对比，揭示差异和矛盾的一种分析方法。比较分析法有绝对数比较和相对数比较两种形式。绝对数比较是将主要报表项目的绝对数与比较对象的绝对数进行比较，以揭示数量差异，从而了解金额变动情况。相对数比较是利用报表中有相关关系的数据的相对数进行比较，以揭示数量差异，从而了解变动程度。

比较分析的具体形式有：

① 将本期的实际数据与前期的实际数据进行比较，可以了解企业的财务状况及发展趋势。

② 将本期的实际数据与计划数据相比较，考核企业管理层受托责任的完成情况，分析达成长期目标的可能性。

③ 将本期的实际数据与同行业同类数据相比较，便于找出企业与行业标杆企业的差距，制定新的目标，增强企业的竞争力。

在运用比较分析法进行分析时，必须注意指标之间的可比性，即对比的同类指标之间在指标内容、计算方法、计价标准、时间长度等方面应完全一致。在不同企业之间进行比较的指标，还必须注意企业行业归类、财务规模的一致性。

此外，不同地区的价格水平存在差异，各企业业务关系在区域上不尽相同，必然导致不同企业的价格水平差异，从而使数据缺乏可比性；不同的会计处理、计价方法也会导致数据不可比，因此在进行财务分析时应加以注意。

4.2.2　比率分析法

比率分析法是通过分析计算财务报表中两个或两个以上的性质不同但相关的指标的比率，并同标准比率进行比较，从而评价企业财务状况和经营成果的一种方法。比率分析法能够揭示数据间的内在联系，适用于不同经营规模企业之间的比较。

比率指标的类型主要有构成比例、效率比率和相关比率三类。

（1）构成比率

构成比率，又称结构比率，是反映某项经济指标的各组成部分与总体之间关系的比率。其计算公式如下：

$$构成比率=\frac{某个组成部分数值}{总体数值}\times 100\% \tag{4.1}$$

比如，企业资产中流动资产、固定资产和无形资产占资产总额的百分比（资产构成比率），企业负债中流动负债和长期负债占负债总额的百分比（负债构成比率）等。利用构成比率，可以考虑总体中某个部分的形成和安排是否合理，以便协调各项财务活动。

（2）效率比率

效率比率，是反映某项经济活动中投入与产出之间关系的比率。利用效率比率指标，可以进行得失比较，考察经营成果，评价经营效益。如果利润项目与销售成本、销售收入、资本等项目加以对比，可计算出成本利润率、销售利润率以及资本利润率等利润率指标，可以从不同角度比较企业盈利能力的高低及其增减变化情况。

（3）相关比率

相关比率，是以某个项目和与其有关但又不同的项目加以对比所得的比率，反映有关经济活动的相互关系。利用相关比率指标，可以考察企业相互关联的业务安排得是否合理，以保障经营活动顺畅进行。例如，将流动资产与流动负债进行对比，可判断企业的短期偿债能力；将负债总额与资产总额进行对比，可以判断企业的长期偿债能力。

4.2.3 趋势分析法

趋势分析法是通过对比两期或连续数期财务报告中的相同指标，确定其增减变动的方向、数额和幅度，来说明企业财务状况和经营成果的变动趋势的一种方法。采用该种方法可以分析企业的财务状况和经营成果发展变化的原因和变动性质，并由此预测企业未来的发展前景。它有两种方法来进行分析。

（1）定基动态比率

定基动态比率，即用某一时期的数值作为固定的基期指标数值，将其他的各期数值与其对比来分析。例如，以2019年为固定基期，分析2020年、2021年的利润增长比率，假设某企业2019年的净利润为100万元，2020年的净利润为120万元，2021年的净利润为150万元，则：

2020年的定基动态比率=120÷100×100%=120%

2021年的定基动态比率=150÷100×100%=150%

（2）环比动态比率

环比动态比率，是以每一分析期的前期数值为基期数值而计算出来的动态比率。仍以上例资料举例，则：

2020年的环比动态比率=120÷100×100%=120%

2021年的环比动态比率=150÷120×100%=125%

4.2.4 因素分析法

因素分析法是依据分析指标与其影响因素之间的关系，从数值上确定各因素对分析指标的差异影响程度的一种方法。企业活动是一个有机整体，每个指标的高低变化都会受到若干因素的影响。运用因素分析法可以帮助人们寻找问题成因，抓住主要矛盾，有助于下一步有针对性地解决问题，并为企业内部考核提供依据。因素分析法主要有连环替代法和差额分析法。

1）连环替代法

连环替代法是将分析指标分解为单个可以计量的因素，并根据各个因素之间的依存关系，顺次用各因素的比较值（通常为实际值）替代基础值（通常为标准值或计划值），然后计算各因素对分析指标的影响。

设$Q=A\times B\times C$

基础值$Q_0=A_0+B_0+C_0$

比较值 $Q_1=A_1+B_1+C_1$ ①

替代A因素：$A_1\times B_0\times C_0$ ②

替代B因素：$A_1\times B_1\times C_0$ ③

替代C因素：$A_1\times B_1\times C_1$ ④

④减①为Q指标的总变动量；

②减①为A因素的变动对Q指标的影响；

③减②为B因素的变动对Q指标的影响；

④减③为C因素的变动对Q指标的影响。

【例4-1】2021年9月，某企业耗费X原材料12 000元，上年同期原材料的耗费是18 000元。由于原材料费用是由产品产量、单位产品材料消耗量和材料单价3个因素的乘积构成的，因此，可以将原材料费用这一总指标分解为3个因素，然后逐个分析它们对材料费用总额的影响方向和程度。现假定这3个因素的数值见表4-1。

表4-1　**材料费用表**

项目	单位	2021年	2020年
产品产量	件	150	120
单位产品材料消耗量	千克	8	10
材料单价	元/千克	10	15
材料费用总额	元	12 000	18 000

根据表4-1的资料，2021年原材料费用总额比2020年降低了6 000元（18 000-12 000），运用连环替代法，可以计算各因素变动对原材料费用总额的影响。

2020年材料费用总额=120×10×15=18 000（元） ①

替代产品产量=150×10×15=22 500（元） ②

替代单位产品材料消耗量=150×8×15=18 000（元） ③

替代材料单价（2020年）=150×8×10=12 000（元） ④

④减①：12 000-18 000=-6 000（元），为原材料费用总额的总变动量；

②减①：22 500-18 000=4 500（元），为产品产量的变动对原材料费用总额的影响；

③减②：18 000-22 500=-4 500（元），为单位产品材料消耗量的变动对原材料费用总额的影响；

④减③：12 000-18 000=-6 000（元），为材料单价的变动对原材料费用总额的影响；

4 500-4 500-6 000=-6 000（元），为全部因素对原材料费用总额的影响。

2）差额分析法

差额分析法是连环替代法的简化形式。它利用各个因素的比较值和基础值之间的差额，计算各个因素对分析指标的影响。

$(A_1-A_0)\times B_0\times C_0$为A因素的变动对Q指标的影响；

$A_1\times(B_1-B_0)\times C_0$为B因素的变动对Q指标的影响；

$A_1\times B_1\times(C_1-C_0)$为C因素的变动对Q指标的影响。

沿用表4-1的资料，采用差额分析法计算确定【例4-1】各因素变动对材料费用的影响。

产品产量的变动对材料费用总额的影响=（150-120）×10×15=4 500（元）

单位产品材料消耗量的变动对材料费用总额的影响=150×（8-10）×15=-4 500（元）

材料单价的变动对材料费用总额的影响=150×8×（10-15）=-6 000（元）

4.3 财务比率分析

比率分析法是财务报告分析中最常用的一种分析方法，它能够反映不同财务报表项目之间的关系，通过将财务数据转化为比率，可以对同一时期不同企业或同一企业不同时期的财务状况、经营成果等进行比较分析。不同的财务报告使用者可以根据自身的需求设计和计算财务比率。本节主要介绍最为常用和经典的财务比率，分别反映企业的偿债能力、营运能力、盈利能力和发展能力。下面以M电器有限公司2021年的财务报表为例（见表4-2、表4-3），说明具体财务比率的定义、计算方法和分析意义。

表4-2 资产负债表

编制单位：M电器有限公司　　2021年12月31日　　单位：万元

资　产	年末余额	年初余额	负债和股东权益	年末余额	年初余额
流动资产：			流动负债：		
货币资金	1 177	1 108	短期借款	323	321
交易性金融资产	11	18	交易性金融负债	1	0
应收票据	972	736	应付票据	540	649
应收账款	607	570	应付账款	1 120	1 229
预付款项	82	197	预收款项	248	476
应收股利	0	0	应付职工薪酬	86	71
应收利息	0	0	应交税费	58	-115
其他应收款	40	61	应付利息	0	0
存货	992	1 236	应付股利	7	0

续表

资　产	年末余额	年初余额	负债和股东权益	年末余额	年初余额
一年内到期的非流动资产	0	0	其他应付款	57	60
其他流动资产	180	72	一年内到期的非流动负债	44	0
流动资产合计	4 061	3 998	其他流动负债	705	602
			流动负债合计	3 189	3 293
非流动资产：			非流动负债：		
持有至到期投资	0	0	长期借款	148	138
长期应收款	108	105	应付债券	0	0
长期股权投资	36	47	长期应付款	0	0
投资性房地产	559	459	专项应付款	2	0
固定资产	776	821	预计负债	3	2
在建工程	0	0	递延所得税负债	3	3
固定资产清理	187	181	其他非流动负债	6	3
无形资产	251	237	非流动负债合计	162	146
商誉	0	0	负债合计	3 351	3 439
长期待摊费用	41	44	股东权益：		
递延所得税资产	71	63	实收资本（或股本）	338	338
其他非流动资产	0	0	资本公积	635	612
非流动资产合计	1 957	1 957	减：库存股	0	0
			盈余公积	105	84
			未分配利润	1 138	963
			外币报表折算差额	−10	3
			少数股东权益	533	516
			股东权益合计	2 739	2 516
资产总计	6 090	5 955	负债和股东权益总计	6 090	5 955

表4-3 **利润表**

编制单位：M电器有限公司 2021年度 单位：万元

	本年余额	上年金额
一、营业收入	6 807	9 311
减：营业成本	5 254	7 562
税金及附加	32	35
销售费用	624	819
管理费用	302	309
研发费用	110	50
财务费用	32	105
资产减值损失	6	4
加：公允价值变动净收益	-8	3
投资收益	35	72
其中：对联营企业和合营企业的投资收益	7	5
二、营业利润	474	502
加：营业外收入	43	68
减：营业外支出	10	14
三、利润总额	507	556
减：所得税费用	94	102
四、净利润	413	454

4.3.1 偿债能力分析

偿债能力是指企业偿还到期债务的能力。企业的债权人最关心的就是企业的偿债能力，因为债权人出借资金的基本目的是取得利息收入。如果债务人到期不能还本付息，那么债权人不仅不能从这种资金借贷业务中获得预期的收益，反而会遭受一定的损失。偿债能力对企业的投资者和经营者同样具有十分重要的意义。对于投资者来说，企业只有保持较强的偿债能力，才可能有良好的理财环境，才可能筹集到更多的资金用于投资，从而为投资者带来更多的利润；对于经营者来说，使企业保持一定的偿债能力，一方面，可降低企业的财务风险，不会因无力还债而陷入财务困境；另一方面，也树立了企业的良好形象和信誉，增强了债权人、投资者以及政府机构等有关方面对企业的信心，使企业能够筹集到更多的资金，保持企业良好的外部环境和良好的外部形象。

按照到期时间，债务一般分为短期债务和长期债务，因此偿债能力分析也分为短期偿债能力分析和长期偿债能力分析。

1）短期偿债能力分析

短期偿债能力是企业偿还流动负债的能力。短期偿债能力的强弱取决于流动资产的流动性，即资产转换成现金的速度。企业流动资产的流动性强，相应的短期偿债能力也强。因此，通常使用流动比率、速动比率和现金比率衡量企业的短期偿债能力。

（1）流动比率

流动比率是流动资产与流动负债的比值，反映企业可在短期内变现的流动资产偿还到期流动负债的能力。其计算公式为：

$$流动比率=\frac{流动资产}{流动负债} \tag{4.2}$$

流动比率是衡量企业短期偿债能力的一个重要财务指标。一般而言，该比率越高，表明企业资产的流动性和短期偿债能力越强。对债权人而言，流动比率越高，短期债务的偿还越有保障；但对于企业而言，流动比率并不是越高越好。流动比率过高表明企业的流动资产占用资金较多，意味着企业经营资金的周转效率和获利能力较低。经验表明，流动比率在2∶1左右比较合适。但是，对流动比率的分析应该结合不同的行业特点和企业流动资产结构等因素。有的行业的流动比率较高，有的行业的流动比率较低，不应该用统一的标准来评价各企业流动比率是否合理。只有与同行业的平均流动比率、本企业的历史流动比率进行比较，才能知道这个比率是否合理。

根据表4-2中M公司的资产负债表数据，可计算2021年年末M公司的流动比率：

$$流动比率=\frac{4\,061}{3\,189}\approx 1.27$$

（2）速动比率

速动比率是指速动资产对流动负债的比率。它是衡量企业流动资产中可以立即变现用于偿还流动负债的能力的财务指标。速动资产包括货币资金、交易性金融资产和各种应收款项等可在较短时间内变现的资产。其他流动资产，如存货、预付账款、一年内到期的非流动资产及其他流动资产等，变现时间和数量具有较大的不确定性，称为非速动资产。速动比率的计算公式为：

$$速动比率=\frac{速动资产}{流动负债} \tag{4.3}$$

经验表明，速动比率维持在1∶1较为合理。它表明企业的每1元流动负债就有1元易于变现的流动资产来抵偿。速动比率过低，企业的短期偿债风险较大；速动比率过高，则企业在速动资产上占用资金过多，会增加企业投资的机会成本。但是，这个评价标准并不是绝对的。在实际工作中，应考虑企业的行业性质和流动资产质量。

根据表4-2中M公司的资产负债表数据，可计算M公司2021年年末的速动比率：

$$速动比率=\frac{1\,177+11+972+607+40}{3\,189}\approx0.88$$

（3）现金比率

在流动资产中，流动性最强、可直接用于偿债的资产称为现金资产，包括货币资金、交易性金融资产等。现金比率是现金资产与流动负债的比值。其计算公式为：

$$现金比率=\frac{货币资金+交易性金融资产}{流动负债} \tag{4.4}$$

现金比率是从现金流量角度反映企业当期偿付短期负债的能力，在衡量企业的短期偿债能力方面更为安全和保守。

根据表4-2中M公司的资产负债表数据，可计算M公司2021年年末的现金比率：

$$现金比率=\frac{1\,177+11}{3\,189}\approx0.37$$

2）长期偿债能力分析

长期偿债能力是指企业偿还长期负债的能力。反映企业长期偿债能力的财务比率主要有资产负债率、产权比率、权益乘数和利息保障倍数。

（1）资产负债率

资产负债率是负债总额除以资产总额的百分比，也就是负债总额与资产总额的比例关系。资产负债率反映在总资产中有多大比例是通过借债筹资的，也可以衡量企业在清算时保护债权人利益的程度。其计算公式为：

$$资产负债率=\frac{负债总额}{资产总额}\times100\% \tag{4.5}$$

资产负债率反映企业偿还债务的综合能力。一般而言，这个比率越低，企业偿还债务的能力越强；反之，偿还债务的能力越弱。

对于资产负债率，企业的债权人和股东往往从不同的角度来评价。从债权人角度来看，他们最关心的是贷出资金的安全性。如果这个比率过高，说明在企业的全部资产中，股东提供的资本所占比重太低，则企业的财务风险主要由债权人承担，其贷款的安全性也缺乏可靠的保障。从企业股东角度来看，他们关心的主要是投资收益的高低，企业借入的资金与股东投入的资金在生产经营中可以发挥同样的作用。如果企业负债所支付的利息率低于资产报酬率，股东就可以利用举债经营取得更多的投资收益。资产负债率的高低没有一个明确的标准，不同行业、不同类型的企业存在较大差异。企业经营者在确定企业的负债比率时，一定要审时度势，充分考虑企业内部各种因素和企业外部的市场环境，在收益与风险之间权衡利弊，这样才能做出正确的财务决策。

根据表4-2中M公司的资产负债表数据，可计算M公司2021年年末的资产负债率：

$$资产负债率=\frac{3\,351}{6\,090}\times100\%\approx55.02\%$$

（2）产权比率

产权比率是负债总额与股东权益之间的比值，反映股东权益对债权人权益的保障程度，是企业财务结构稳健与否的重要标志。其计算公式为：

延伸阅读4-1

上市公司资产负债率分析①

$$产权比率=\frac{负债总额}{股东权益}\times 100\% \tag{4.6}$$

产权比率不仅反映了由债务人提供的资本与所有者提供资本的相对关系，而且反映了企业自有资金偿还全部债务的能力，因此它又是衡量企业负债经营安全程度的重要指标。一般而言，产权比率越低，企业长期偿债能力越强，债权人权益保障程度越高，承担的风险越小。

根据表4-2中M公司的资产负债表数据，可计算M公司2021年年末的产权比率：

$$产权比率=\frac{3\,351}{2\,739}\times 100\%\approx 122.34\%$$

（3）权益乘数

权益乘数是资产总额相当于股东权益的倍数。权益乘数越大，表明所有者投入企业的资本占全部资产的比重越小，企业负债的程度越高。其计算公式为：

$$权益乘数=\frac{资产总额}{股东权益}\times 100\% \tag{4.7}$$

权益乘数越大，代表公司借入资本的数额越大，承担的财务风险越大。但是，如果企业处于高成长阶段，较高的权益乘数就可以充分利用财务杠杆效应。如果企业负债所支付的利息率低于资产报酬率，则可以提高企业的净资产收益率，有利于实现企业价值最大化。

根据表4-2中M公司的资产负债表数据，可计算M公司2021年年末的权益乘数：

$$权益乘数=\frac{6\,090}{2\,739}\approx 2.22$$

（4）利息保障倍数

利息保障倍数是指企业生产经营所获得的息税前利润与利息费用的比率。它反映了企业实现的利润对债务偿付的保证程度。其计算公式为：

$$利息保障倍数=\frac{息税前利润}{利息费用} \tag{4.8}$$

利息保障倍数主要用于分析公司在一定盈利水平下支付债务利息的能力。这一比率越高，说明公司的利润为支付债务利息提供的保障程度越高。因此，债权人通常利用利息保障倍数指标来衡量债权的安全程度。为了正确评价企业偿债能力的稳定性，一般需要计算连续数年的利息保障倍数，并且通常选择一个指标最低的会计年度考核企业长期偿债能力的状况，以保证企业最低的偿债能力。

根据表4-3中M公司的利润表数据，可计算M公司2021年度的利息保障倍数：

① 娇月．目前有132家公司资产负债率超70% 房地产行业平均值直逼80%［EB/OL］．［2016-08-24］．http：//epaper.zqrb.cn/html/2016-08/24/content_203953.htm.

$$利息保障倍数=\frac{413+32+94}{32}\approx16.84$$

除了上述财务比率以外，在财务分析工作中，还经常计算长期资本负债率、现金流量利息保障倍数、现金流量债务比等指标来评价企业的长期偿债能力。在进行财务分析时，除了计算分析这些比率，还应考虑影响企业长期偿债能力的一些表外因素，如长期租赁、债务担保、未决诉讼等。

4.3.2 营运能力分析

营运能力是反映企业经营管理中运营资金的能力，主要通过公司资产管理比率来衡量。反映企业资产管理比率的有应收账款周转率、存货周转率、流动资产周转率和总资产周转率等。

1）应收账款周转率

应收账款周转率是销售收入与应收账款平均余额的比率，反映企业应收账款的周转速度，其计算公式为：

$$应收账款周转率=\frac{赊销收入净额}{应收账款平均余额} \tag{4.9}$$

其中：

赊销收入净额=销售收入-现销收入-销售退回、折让、折扣

应收账款平均余额=（期初应收账款+期末应收账款）÷2

从理论上讲，应收账款周转率应按赊销收入净额计算较为准确，但仅用于企业内部分析时，用赊销数为宜。在与其他企业比较时，因为企业赊销资料作为商业机密不对外公布，所以应收账款周转率一般用赊销和现销总额，即销售收入净额。应收账款周转率可以用来估计应收账款变现的速度和管理的效率。回收迅速既可以节约资金，又说明企业信用状况好，不易发生坏账损失。一般认为，应收账款周转率越高越好。企业在分析时，还可以结合应收账款周转天数（平均收现期或账龄）进行分析。

应收账款周转天数是指应收账款周转一次所需要的时间，其计算公式为：

$$应收账款周转天数=\frac{计算期天数}{应收账款周转次数} \tag{4.10}$$

$$=\frac{计算期天数\times应收账款平均余额}{赊销收入净额} \tag{4.11}$$

通常，应收账款周转天数越短越好。如果公司实际收回账款的天数超过了公司规定的应收账款周转天数，一方面，说明债务人拖欠时间长，发生坏账损失的风险比较大；另一方面，说明公司催收账款不力，使结算资产形成了呆账、悬账甚至坏账，不利于公司经营活动的正常进行。

根据表4-2、表4-3中M公司的资产负债表和利润表数据，可计算M公司2021年度的应收账款周转率和应收账款的周转天数：

$$应收账款周转率=\frac{6\,807}{(607+570)\div2}\approx11.57（次）$$

$$\text{应收账款周转天数}=\frac{360}{11.57}\approx 32\text{（天）}$$

2）存货周转率

存货周转率是企业一定时期营业成本与存货平均余额的比率，用于反映存货的周转速度，其计算公式为：

$$\text{存货周转率}=\frac{\text{营业成本}}{\text{存货平均余额}} \tag{4.12}$$

其中：

存货平均余额=（期初存货+期末存货）÷2

存货周转天数是指存货周转一次所需要的时间，其计算公式为：

$$\text{存货周转天数}=\frac{\text{计算期天数}}{\text{存货周转次数}} \tag{4.13}$$

$$=\frac{\text{计算期天数}\times\text{存货平均余额}}{\text{营业成本}} \tag{4.14}$$

存货周转率是衡量和评价企业购入存货、投入生产、销售收回等各环节管理效率的综合性指标。一般来讲，存货周转速度越快，即存货周转率越大、存货周转天数越少，存货占用水平越低，流动性越强，存货转化为现金或应收账款的速度就越快，会增强企业的短期偿债能力及获利能力。对存货周转速度进行分析，有利于找出存货管理中存在的问题，尽可能降低资金占用水平。但是，在具体分析时还应注意以下几点：①存货周转率的高低与企业的经营特点密切相关，应注意行业特点；②该比率反映的是存货整体的周转情况，不能说明企业经营各环节的存货周转情况和管理水平；③应结合应收账款周转情况和信用政策进行分析。

根据表4-2、表4-3中M公司的资产负债表和利润表数据，可计算M公司2021年度的存货周转率和存货周转天数：

$$\text{存货周转率}=\frac{5\,254}{(992+1\,236)\div 2}\approx 4.72\text{（次）}$$

$$\text{存货周转天数}=\frac{360}{4.72}\approx 77\text{（天）}$$

3）流动资产周转率

流动资产周转率是销售收入净额与流动资产平均占用额的比值，反映企业流动资产的周转速度，其计算公式为：

$$\text{流动资产周转率}=\frac{\text{销售收入净额}}{\text{流动资产平均余额}} \tag{4.15}$$

其中：

流动资产平均余额=（期初流动资产+期末流动资产）÷2

流动资产周转天数是指流动资产周转一次所需要的时间，其计算公式为：

延伸阅读4-2

130家房企存货近4.5万亿元平均存货周转率下降变现难①

① 王丽新．130家房企存货近4.5万亿元　平均存货周转率下降变现难［EB/OL］．［2018-09-26］．http：//epaper.zqrb.cn/html/2018-09/26/content_357006.htm？div=-1．

$$流动资产周转天数=\frac{计算期天数}{流动资产周转次数} \tag{4.16}$$

$$=\frac{计算期天数 \times 流动资产平均余额}{销售收入净额} \tag{4.17}$$

在一定时期内，流动资产周转次数越多，周转天数越少，表明以相同的流动资产完成的周转额越多，从而可以节约资金，提高资金的利用效率。流动资产周转率要结合存货周转率、应收账款周转率一并进行分析，并与反映盈利能力的指标结合在一起使用，可较全面地评价企业的盈利能力。

根据表4-2、表4-3中M公司的资产负债表和利润表数据，可计算M公司2021年度的流动资产周转率和流动资产周转天数：

$$流动资产周转率=\frac{6\,807}{(4\,061+3\,998)\div 2}\approx 1.69（次）$$

$$流动资产周转天数=\frac{360}{1.69}\approx 214（天）$$

4）总资产周转率

总资产周转率是销售收入净额与总资产平均占用额的比值，反映企业总资产周转速度，其计算公式为：

$$总资产周转率=\frac{销售收入净额}{总资产平均余额} \tag{4.18}$$

其中：

总资产平均余额=（期初总资产+期末总资产）÷2

总资产周转天数是指总资产周转一次所需要的时间，其计算公式为：

$$总资产周转天数=\frac{计算期天数}{总资产周转次数} \tag{4.19}$$

$$=\frac{计算期天数 \times 总资产平均余额}{销售收入净额} \tag{4.20}$$

总资产周转率是综合评价企业全部资产的经营质量和利用效率的重要指标。一般来说，总资产周转次数越多、周转天数越少，表明其周转速度越快，盈利能力越强。在此基础上，可以对总资产周转率的构成要素进行分析，查明总资产周转率升降的原因，以采取相应措施积极改善，提高资产利用效率。

根据表4-2、表4-3中M公司的资产负债表和利润表数据，可计算M公司2021年度的总资产周转率和总资产周转天数：

$$总资产周转率=\frac{6\,807}{(6\,090+5\,955)\div 2}\approx 1.13（次）$$

$$总资产周转天数=\frac{360}{1.13}\approx 319（天）$$

4.3.3 盈利能力分析

盈利能力是指企业获取利润的能力。盈利能力指标主要包括销售净利率、总资产净利率、净资产收益率。在实务中，除上述指标以外，上市公司还会采用一些特殊的评价指标，如每股收益、每股股利、市盈率等评价其盈利能力。

1）销售净利率

销售净利率是指企业的净利润与营业收入的比率。它反映了企业经营者通过经营获取利润的能力。其计算公式为：

$$\text{销售净利率}=\frac{\text{净利润}}{\text{营业收入}}\times 100\% \tag{4.21}$$

销售净利率越大，说明企业的获利水平越高，盈利能力越强。在产品销售价格不变的情况下，利润的多少要受产品成本和产品结构等的影响。产品成本降低，产品结构中利润率高的产品比例上升，营业利润率就提高；反之，产品成本上升，产品结构中利润率高的产品比例下降，营业利润率就下降。分析、考核营业利润率，对改善产品结构、促进成本降低等有积极的作用。

根据表4-3中M公司的利润表数据，可计算M公司2021年度的销售净利率：

$$\text{销售净利率}=\frac{413}{6\,807}\times 100\%\approx 6.07\%$$

2）总资产净利率

总资产净利率是指公司净利润与平均资产总额的百分比。该指标反映的是公司运用全部资产所获得净利润的水平，即公司每占用1元的资产平均能获得多少元的净利润。该指标越高，表明公司投入产出水平越高，资产运营越有效，成本费用控制得越好。其计算公式为：

$$\text{总资产净利率}=\frac{\text{净利润}}{\text{平均资产总额}}\times 100\% \tag{4.22}$$

式中，平均资产总额为资产年初余额和资产年末余额的算术平均数。

总资产净利率越高，表明企业经营者运用全部资产获取收益的水平越高，投入产出的水平越好，企业的资产运营越有效。该指标是一个综合性指标。它的高低与企业的资产结构、经营管理水平具有密切的关系。为了正确评价企业经济效益的高低，挖掘提高利润水平的潜力，可以将该项指标与企业的历史前期、预算指标、本行业平均水平和同行业内先进企业进行对比，分析形成差异的原因。从财务比率视角来看，影响总资产净利率的因素可以分解为销售净利率和总资产周转率。

$$\begin{aligned}\text{总资产净利率}&=\frac{\text{净利润}}{\text{平均资产总额}}=\frac{\text{净利润}}{\text{销售收入}}\times\frac{\text{销售收入}}{\text{平均资产总额}}\\&=\text{销售净利率}\times\text{总资产周转率}\end{aligned} \tag{4.23}$$

根据表4-2、表4-3中M公司的资产负债表和利润表数据，可计算M公司2021年度的总资产净利率：

$$\text{总资产净利率}=\frac{413}{(6\,090+5\,955)\div 2}\times 100\%\approx 6.86\%$$

3）净资产收益率

净资产收益率又称股东权益收益率，是净利润与平均股东权益的百分比。该指标反映股东权益的收益水平，其计算公式为：

$$\text{净资产收益率}=\frac{\text{净利润}}{\text{平均股东权益}}\times 100\% \tag{4.24}$$

净资产收益率是衡量企业盈利能力的核心指标，也是杜邦财务分析体系的核心指标。一般而言，净资产收益率越高，表明股东投入资本获得的收益越大，股东和债权人的利益保障程度越高。但是，过高的净资产收益率可能蕴藏了较高的财务风险。

$$\begin{aligned}\text{净资产收益率}&=\frac{\text{净利润}}{\text{平均股东权益}}=\frac{\text{净利润}}{\text{平均资产总额}}\times\frac{\text{平均资产总额}}{\text{平均股东权益}}\\&=\text{资产净利率}\times\text{平均权益乘数}\end{aligned} \tag{4.25}$$

通过公式（4.25）可以看到，改善资产盈利能力和增加企业负债水平都可以提高净资产收益率。如果企业资产的盈利水平不变，单纯依靠加大举债，提高权益乘数，进而提高净资产收益率的做法，就大大增加了企业的财务风险。因此，只有当企业净资产收益率上升的同时，财务风险没有明显加大，才能说明企业盈利能力较好。

根据表4-2、表4-3中M公司的资产负债表和利润表数据，可计算M公司2021年度的净资产收益率：

$$\text{净资产收益率}=\frac{413}{(2\,739+2\,516)\div 2}\times 100\%\approx 15.72\%$$

4）每股收益

每股收益即每股盈利，又称每股税后利润、每股盈余，指税后利润与普通股股本总数的比值。该指标反映企业的经营成果，普通股的获利水平及投资风险，是股东据以评价企业盈利能力、预测企业成长潜力进而做出相关经济决策的重要财务指标之一。每股收益包括基本每股收益和稀释每股收益。

（1）基本每股收益

基本每股收益的计算公式为：

$$\text{基本每股收益}=\frac{\text{归属于公司普通股股东的净利润}}{\text{发行在外的普通股加权平均数}} \tag{4.26}$$

其中：

$$\begin{array}{c}\text{发行在外的普通}\\\text{股加权平均数}\end{array}=\begin{array}{c}\text{期初发行在外}\\\text{普通股股数}\end{array}+\begin{array}{c}\text{当期新发}\\\text{普通股股数}\end{array}\times\begin{array}{c}\text{已发}\\\text{行时间}\end{array}\div\begin{array}{c}\text{报告期}\\\text{时间}\end{array}-\begin{array}{c}\text{当期回购}\\\text{普通股股数}\end{array}\times\begin{array}{c}\text{已回购}\\\text{时间}\end{array}\div\begin{array}{c}\text{报告期}\\\text{时间}\end{array}$$

【例4-2】某上市公司2021年度归属于普通股股东的净利润为12 500万元。2020年年末的股本为4 000万股。2021年2月18日，经公司2019年股东大会决议，以截至2020年年末公司总股本为基础，向全体股东每10股送红股10股，工商注册登记变更完成后公司总股本为8 000万股。2021年10月29日，该公司发行新股

3 000万股，则基本每股收益为：

$$基本每股收益=\frac{12\,500}{4\,000+4\,000+3\,000\times 2/12}\approx 1.47\text{（元/股）}$$

（2）稀释每股收益

稀释每股收益又称“冲淡每股收益”，是新会计准则引入的一个全新概念，用来评价“潜在普通股”对每股收益的影响，以避免该指标虚增可能带来的信息误导。“潜在普通股”主要包括可转换公司债券、认股权证和股票期权等。

① 可转换公司债券。对于可转换公司债券，计算稀释每股收益时，分子的调整项目为可转换公司债券当期已确认为费用的利息等的税后影响额；分母的调整项目为假定可转换公司债券当期期初或发行日转换为普通股的股数加权平均数。

② 认股权证和股票期权。认股权证、股票期权等的行权价格低于当期普通股平均市场价格时，应当考虑其稀释性。

计算稀释每股收益时，作为分子的净利润金额一般不变；分母的调整项目为增加的普通股股数，同时还应考虑时间权数。

对投资者来说，每股收益是一个综合性的盈利指标，在分析时可以进行企业之间的比较，以评价企业相对的盈利能力；也可以进行不同时期的比较，了解该企业的盈利能力变化趋势。一般而言，每股收益越高，说明企业的盈利能力越强，也越能吸引投资者的眼球，从而促使股价上涨。但是，每股收益指标也存在局限性，它不能反映股票所包含的风险。另外，不同股票的每一股在经济上不等量，它们所包含的净资产不同，即每股收益的投入量不同，也就限制了企业之间的每股收益比较。

5）每股股利

每股股利是股利总额与发行在外的普通股股数的比值，其计算公式为：

$$每股股利=\frac{现金股利总额}{期末发行在外的普通股股数} \tag{4.27}$$

每股股利反映的是上市公司普通股股东每持有一股普通股获取的股利大小，是投资者获得投资收益的重要来源之一。由于净利润是股利分配的来源，因此每股股利的多少在很大程度上取决于每股收益的多少。此外，还应注意，上市公司每股股利发放多少，除了受上市公司获利能力大小影响以外，还取决于公司的股利发放政策和投资机会。

6）市盈率

市盈率是指普通股每股市价与每股收益的比值，反映普通股股东愿意为每1元净利润支付的价格，其计算公式为：

$$市盈率=\frac{每股市价}{每股收益} \tag{4.28}$$

市盈率指标将股票价格与上市公司当前的盈利状况直观地联系在一起，而且能作为上市公司一些其他特征（包括风险性与成长性）的代表，因而在股票投资中，市盈率成为分析股票价值的重要指标之一。从投资者角度而言，市盈率表明投资者愿意用高于盈利多少倍的价格来购买某只股票，一方面反映投资者对该公司未来业绩增长的预期，另一方面也反映了股票投资成本的高低。

市盈率的倒数就是股票的预期收益率。市盈率的高低反映了市场对该股票的评价，同时也体现了股票的投资风险。市盈率常被用来衡量上市公司的股票价格与其当前业绩的偏离程度。市盈率越高的股票，其价格与价值的背离程度就越高，收回买入股票资金的时间就越长，投资者预期回报率就越低。市盈率越低则投资回收期越短，风险越小，投资价值就越高，投资者预期的回报率越高。虽然市盈率高意味着投资回收期长，风险大，但在一定程度上也反映了市场对公司增长潜力的认同。

4.3.4 发展能力分析

企业的发展能力即企业的成长性，是指企业通过自身的生产经营活动，不断扩大积累而形成的发展潜能。发展能力分析的主要指标有销售增长率、资本积累率和总资产增长率等。

1）销售增长率

销售增长率是企业本年销售收入增长额与上年销售收入总额的比值，反映企业销售收入的增减变动情况，是评价企业成长状况和发展能力的重要指标。其计算公式为：

$$销售收入增长率=\frac{本年销售收入增长额}{上年销售收入}\times 100\% \tag{4.29}$$

销售增长率是衡量企业经营状况和市场占有能力，预测企业经营业务拓展趋势的重要指标。不断增加的销售收入是企业生存的基础和发展的条件，因此，该指标值越高，表明销售收入增长速度越快，企业市场前景越好。在实际分析时，应结合企业历年的销售水平、企业市场占有情况、行业未来发展及其他影响企业发展的潜在因素，进行前瞻性预测，或者结合企业前三年的销售收入增长率做出趋势性分析判断。

根据表4-3中M公司的利润表数据，可计算M公司2021年度的销售收入增长率：

$$销售收入增长率=\frac{6\,807-9\,311}{9\,311}\times 100\%\approx -26.89\%$$

2）资本积累率

资本积累率是企业本年所有者权益的增长额同年初所有者权益的比率，反映企业当年的资本积累情况，其计算公式为：

$$资本积累率=\frac{本年所有者权益增长额}{年初所有者权益}\times 100\% \tag{4.30}$$

资本积累率越高，表明企业的资本积累越多，越有发展壮大潜力，应对风险、持续发展的能力越强。

根据表4-2中M公司的资产负债表数据，可计算M公司2021年度的资本积累率：

$$资本积累率=\frac{2\,739-2\,516}{2\,516}\times100\%\approx8.86\%$$

3）总资产增长率

总资产增长率是企业本年总资产增长额同年初资产总额的比值，反映企业本期资产规模的增长情况，其计算公式为：

$$总资产增长率=\frac{本年资产增长额}{年初资产总额}\times100\% \tag{4.31}$$

总资产增长率指标从企业资产总量扩张角度衡量企业的发展能力。该指标越高，表明一个企业经营规模扩张的速度越快。但在实际分析时，应注意资产规模扩张的质与量的关系以及企业的后续发展能力，避免企业资产盲目扩张。

根据表4-2中M公司的资产负债表数据，可计算M公司2021年度的总资产增长率：

$$总资产增长率=\frac{6\,090-5\,955}{5\,955}\times100\%\approx2.27\%$$

4.4 综合财务分析

4.4.1 杜邦分析法

杜邦分析法是利用各主要财务比率之间的内在联系，对企业财务状况和经营成果进行综合系统评价的方法。它是由美国杜邦公司在20世纪20年代率先采用的一种财务分析方法，故也称杜邦财务分析体系。杜邦分析法是一种用来评价企业盈利能力和股东权益回报水平，从财务角度评价企业绩效的一种经典方法。其基本思想是将企业净资产收益率逐级分解为多项财务比率的乘积，有助于深入分析比较企业经营业绩。

以净资产收益率作为杜邦分析的核心和起点，在于该指标是一个综合性极强、具有代表性的财务比率。公司财务管理的一个重要目标就是使股东财富最大化。净资产收益率恰恰反映了所有者投入资本的能力，因此，这一比率可以反映公司筹资、投资等各种经营活动的效率。综上所述，杜邦财务分析体系的基本框架如图4-2所示。

以上节所讲M公司的资料为例，该公司的净资产收益率为15.72%，在杜邦分析法下，该净资产收益可以分解为以下几个主要的财务比率：

$$\begin{aligned}净资产收益率&=资产净利率\times平均权益乘数\\&=销售净利率\times总资产周转率\times平均权益乘数\\&=6.07\%\times1.13\times2.22\\&\approx15.23\%\end{aligned}$$

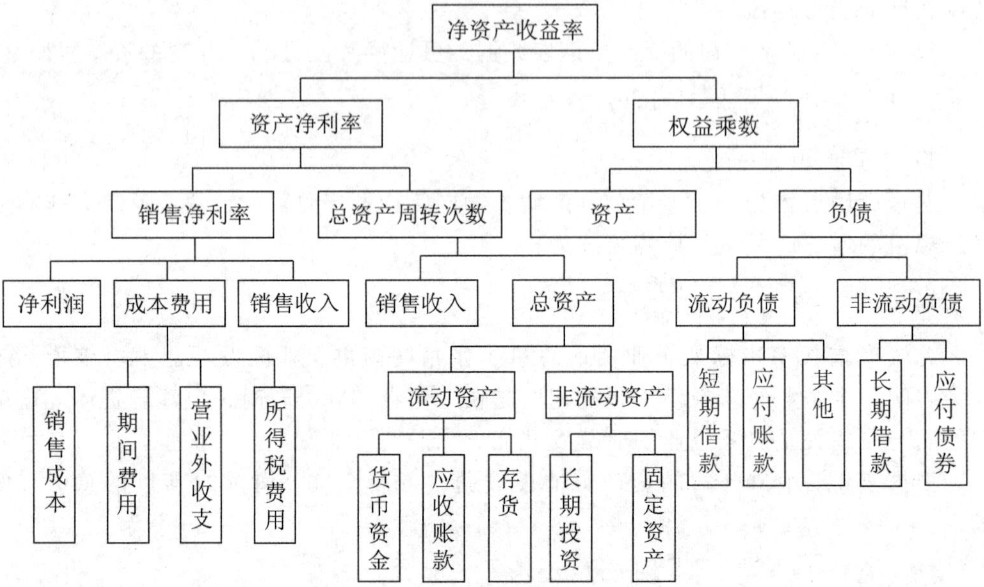

图4-2　杜邦财务分析体系的基本框架

由此可见，杜邦财务分析体系强调高净资产收益率来源于销售净利率、总资产周转率和权益乘数的组合，因此企业在扩大销售，增加收入的同时也要加强成本控制，加快资产周转速度。同时，这也说明了适度、合理的负债经营对企业盈利的重要性。

杜邦财务分析体系的作用在于通过自上而下的分析，可以了解企业财务状况、经营成果的全貌及各项指标之间的内在联系，明确影响净资产收益率变动的因素及其存在的主要问题，为经营者提供解决财务问题的思路；同时，也为企业提供了财务目标分解控制的途径。按照杜邦财务分析体系自下而上的运用，可以考察企业经营活动中各项财务指标的实际情况，为企业的财务控制和评价考核提供依据，有利于正确评价经营者的业绩。

4.4.2　沃尔比重评分法

沃尔比重评分法是指将选定的财务比率用线性关系结合起来，并分别给定各自的分数比重，然后通过与标准比率进行比较，确定各项指标的得分及总体指标的累计分数，从而对企业的信用水平做出评价的方法。在财务分析的过程中，人们遇到的一个主要问题就是对计算出的财务比率，无法判断它是偏高还是偏低。为了弥补这一缺陷，亚历山大·沃尔在1928年创立了一种分析方法。他选择了7个财务比率，即流动比率、产权比率、固定资产比率、存货周转率、应收账款周转率、固定资产周转率和自有资金周转率，分别给定各指标的比重，然后确定标准比率（以行业平均数为基础），再将实际比率与标准比率相比，得出相对比率，之后将此相对比率与各指标比重相乘，得出总评分。

企业的总得分值表示企业财务状况在同行业中所处的位置。沃尔比重评分法见表4-4。

表4-4　　沃尔比重评分法

财务比率	权重 （1）	标准值 （2）	实际值 （3）	相对值 （4）=（3）÷（2）	评分 （5）=（1）×（4）
流动比率	25				
产权比率	25				
固定资产比率	15				
存货周转率	10				
应收账款周转率	10				
固定资产周转率	10				
自有资金周转率	5				
合计	100				

沃尔比重评分法在理论上存在一个明显的缺陷，就是未能证明为什么要选择这7个指标，而不是更多或更少些，或者选择别的财务比率，以及未能证明每个指标所占比重的合理性。这个问题至今仍然没有从理论上得到解决。

沃尔比重评分法在技术上存在一个问题，就是在某一个指标存在严重异常时，会对总评分产生不合逻辑的重大影响。这个问题是由财务比率与其比重相乘引起的。财务比率提高一倍，评分增加100%；而财务指标缩小到原来的一半，其评分只减少50%。

为了改进沃尔比重评分法的不足，现代学术界对沃尔比重评分法的评价计算和评价指标进行了改进。首先，为降低综合评价误差，模型设计为标准分与调整分相加，即：

$$实际分数=\sum(标准分+调整分) \tag{4.32}$$

$$调整分数=（实际比率-标准比率）/每分比率 \tag{4.33}$$

$$每分比率=（行业最高比率-标准比率）/（最高评分-评分值） \tag{4.34}$$

其次，对评价指标进行改进。将财务评价的指标分为三大类，盈利能力、偿债能力和发展能力，它们之间大致可按5：3：2的比重来分配。盈利能力的指标主要是总资产净利率、销售净利率和净资产收益率，虽然净资产收益率最为重要，为了减少重复影响，3个指标在评分值上可按2：2：1安排；偿债能力的指标主要是自有资本比率、流动比率、应收账款周转率和存货周转率；成长能力的指标主要是销售增长率、净利增长率和资产增长率。仍以100分为总评分，某行业综合评分的标准见表4-5。

表4-5 某行业综合评分标准

指标	评分值	标准比率	行业最高比率	最高评分	最低评分	每分比率
盈利能力：						
总资产净利率	20	1.63%	15.14%	30	10	1.35%
销售净利率	20	12.13%	62.15%	30	10	5.00%
净资产收益率	10	6.52%	28.89%	15	5	4.47%
偿债能力：						
自有资本比率	8	45.23%	72.52%	12	4	6.82%
流动比率	8	164%	289%	12	4	31.25%
应收账款周转率	8	668%	1 825%	12	4	289.25%
存货周转率	8	455%	1 600%	12	4	286.25%
成长能力：						
销售增长率	6	10.23%	85.21%	9	3	24.99%
净利增长率	6	8.26%	90.25%	9	3	27.33%
资产增长率	6	6.25%	70.26%	9	3	21.34%
合计	100	—	—	150	50	—

表4-5中，标准比率以本行业平均数为基础，对每一项指标评分时，规定上限和下限，以减少个别指标异常对总分造成不合理的影响。上限可定为正常评分值1.5倍，下限定为正常评分值的0.5。此外，给分时不采用“乘”的关系，而采用“加”或“减”的关系来处理，以克服沃尔比重评分法的缺点。

根据这种方法，对凯利公司的财务情况进行综合评价，得分为105分（见表4-6），因为标准值是100分，即代表行业中一般企业的情况，因此凯利公司的情况要稍好于同行业中的一般企业。

表4-6　　凯利公司的沃尔比重评分

指标	实际比率 (1)	标准比率 (2)	差异 (3)=(1)-(2)	每分比率 (4)	调整分 (5)=(3)/(4)	标准评分值 (6)	得分 (7)=(5)+(6)
盈利能力:							
总资产净利率	5.53	1.63	3.9	1.35	2.89	20	22.89
销售净利率	15.36	12.13	3.23	5.00	0.65	20	20.65
净资产收益率	10.56	6.52	4.04	4.47	0.90	10	10.90
偿债能力:							
自有资本比率	39.23	45.23	-6	6.82	-0.88	8	7.12
流动比率	135	164	-29	31.25	-0.93	8	7.07
应收账款周转率	987	668	319	289.25	1.10	8	9.10
存货周转率	432	455	-23	286.25	-0.08	8	7.92
成长能力:							
销售增长率	19.36	10.23	9.13	24.99	0.37	6	6.37
净利增长率	23.25	8.26	14.99	27.33	0.55	6	6.55
资产增长率	15.57	6.25	9.32	21.34	0.44	6	6.44
合计						100	105.00

【课程思政】　　跳出数字看问题

有效的财务分析并不仅仅是计算比率、比较比率，公司还应进行定性分析。例如：1.公司的收入与某个关键客户或关键产品的联系有多大？公司对某个供货商的依赖程度有多大？公司对某一客户、某一产品和某一供货商的依赖都会增加公司的风险。

2.公司来自海外的业务比重有多大？海外业务比重大的公司将面临汇率波动及政局不稳的风险。

3.公司目前的竞争对手会采取怎样的行动？出现新的竞争对手的可能性有多大？

4.公司未来的前景主要取决于当前计划中的产品还是现有的产品？

5.法律与监管环境会对公司产生怎样的影响？

总结与结论

▶财务分析是指以财务报表和其他相关资料为主要依据，采用一定的标准和一系列专门的科学分析方法，对企业的财务状况、经营成果及其发展趋势进行的系统分析和评价。企业财务分析主要包括偿债能力分析、营运能力分析、盈利能力分析和发展能力分析。

▶财务报告是指企业对外提供的反映企业某一特定日期财务状况和某一会计期间经营成果、现金流量的文件。财务报告主要包括基本财务报表和报表附注。

▶财务分析方法主要有比较分析法、比率分析法、趋势分析法和因素分析法。

▶企业偿债能力分析包括短期偿债能力比率和长期偿债能力比率。其中，短期偿债能力比率分析指标有流动比率、速动比率和现金比率。长期偿债能力比率分析指标有资产负债率、产权比率、权益乘数和利息保障倍数。

▶资产管理比率是衡量公司资产管理效率的财务比率，主要包括应收账款周转率、存货周转率、流动资产周转率和总资产周转率。

▶盈利能力是指企业获取利润的能力。盈利能力指标主要包括销售净利率、总资产净利率、净资产收益率。除上述指标以外，上市公司还会采用一些特殊的评价指标，如每股收益、每股股利、市盈率等指标来评价其盈利能力。

▶企业的发展能力即企业的成长性，是指企业通过自身的生产经营活动，不断扩大积累而形成的发展潜能。发展能力分析的主要指标有销售增长率、资本积累率和总资产增长率。

▶杜邦分析法是利用各主要财务比率之间的内在联系，对企业财务状况和经营成果进行综合系统评价的方法。杜邦财务分析体系的作用在于通过自上而下的分析，可以了解企业财务状况、经营成果的全貌及各项指标之间的内在联系，明确影响净资产收益率变动的因素及其存在的主要问题，为经营者提供解决财务问题的思路。

▶沃尔比重评分法是指将选定的财务比率用线性关系结合起来，并分别给定各自的分数比重，然后通过与标准比率进行比较，确定各项指标的得分及总体指标的累计分数，从而对企业的信用水平做出评价的方法。

思考题

1. 财务报告体系的构成内容包括哪些？

2. 财务报告分析的目的有哪些？

3. 财务报告分析的基本方法包括哪些？

4. 如何利用财务比率对企业的偿债能力、营运能力、盈利能力和发展能力进行分析？

5. 如何对企业进行综合财务分析？

练习题

练习题参考答案1

1. A公司2021年度会计报表中部分项目的数据见表4-7。假设一年按360天计算。

表4-7　　会计报表相关数据　　单位：万元

项　目	年初数	年末数
赊销净额	—	700
应收账款	30	40
存货	80	90
营业成本	—	510

要求：

（1）计算该公司的应收账款周转率和应收账款周转期。

（2）计算该公司的存货周转率和存货周转期。

2.B公司2021年年末的流动比率为1.5，权益乘数为1.8，存货周转率为4.5次，营业成本为157 500元。假设期初存货与期末存货相等，该公司2021年12月31日简化的资产负债表见表4-8：

练习题参考答案2

表4-8　　B公司简化资产负债表　　单位：万元

资　产	期末数	负债和所有者权益	期末数
货币资金	12 500	应付账款	
应收账款净额		应交税费	12 500
存货		非流动负债	
固定资产净值	147 000	实收资本	150 000
		未分配利润	
资产总计	216 000	负债和所有者权益总计	

要求：将B公司2021年资产负债表的空白项目补充完整。

3.表4-9中的资料是C公司2020年和2021年年末的部分财务数据，请计算该公司的净资产收益率（净资产的平均余额均以期末数代替），并对净资产收益率的变动进行因素分析，结合分析结果，对C公司的盈利能力进行简要评价。

练习题参考答案3

表4-9　　C公司部分财务数据　　单位：万元

项　目	2020年	2021年
总资产	46 880	49 320
净资产	26 730	25 985
销售收入	38 890	42 649
净利润	3 227	3 680

案例分析题

A股一季度8家企业IPO被否，持续盈利能力成主因①

Wind数据统计显示，截至2021年3月31日，2021年一季度首发上会公司合计133家，其中创业板62家，被否4家；科创板41家，被否2家；主板30家被否2家。

从今年IPO上会情况来看，截至3月31日，通过117家，被否8家，暂缓表决2家，通过率为88%。募资金额方面，今年一季度累计募资规模为805亿元。

2021年开年第一季度IPO被否企业数量达到了8家，而2020年全年被否企业才9家。中信证券指出，今年一季度证监会及上交所接连出台《首发企业现场检查规定》《上海证券交易所科创板发行上市审核业务指南第2号——常见问题的信息披露和核查要求自查表》等文件，加强现场审查并且提高对于发行人和中介机构的监管要求。

受此影响，今年一季度科创板及创业板出现小幅发行撤回潮，合计80家企业终止上市，较去年四季度上升86%，创注册制试点以来单季度新高。除存量项目终止增加外，一季度科创板和创业板新增受理企业数量也明显减少，合计新受理34家企业，仅是去年四季度的11%。

关注8家IPO被否企业发审委提问内容，可以发现持续盈利能力、实际控制人认定问题、关联交易等问题被密集提及。

具体来看，上述8家被否企业中涉及持续盈利能力问题被否的有7家。市场人士指出，盈利能力是各方面关心的核心问题，也是企业成败的关键，只有长期盈利，企业才能真正做到持续经营，因此企业的持续盈利能力一直是审核关注的重点。

分析：

（1）企业的持续盈利能力为什么是IPO审核关注的重点？

（2）哪些因素影响了企业的持续盈利能力？

案例分析题提示

① 康殷. 一季度8家企业IPO被否 持续盈利能力成拦路虎［N/OL］. 证券时报，［2021-04-07］. http://epaper.stcn.com/paper/zqsb/html/2021-04/07/node_6.htm? openurl=http://epaper.stcn.com/paper/zqsb/html/2021-04/07/content_1607285.htm.

第5章 财务管理的基本观念

学习目标

通过本章学习，学生能够全面、深刻地理解财务管理的价值观念，掌握货币时间价值的含义及货币时间价值的不同的计算形式；理解现金流量的概念及内涵，了解两类现金流量的具体分类和内容；掌握风险与风险报酬的含义及计量，以及资本资产定价模型等；深刻理解资本成本的含义，熟练掌握单项资本成本和综合资本成本的计算，并能够在财务管理工作中，熟练地运用这些相关的价值观念。

导言

财务管理活动的过程实际上就是一种权衡的过程。它包括成本与效益的权衡、风险与收益的权衡。在成本与效益的权衡中，首先要明确货币的时间价值观念，接着要了解各个时点的现金流入量和流出量；在风险与收益的权衡中，既需要了解企业自身的资本成本，也需要找出企业所得收益与所愿意承担风险的均衡点。因此，在财务管理中考虑货币的时间价值、区分现金流量、评估风险、计算最低资本成本就成为财务管理工作者所必须具备的、重要的价值观念。

5.1 货币时间价值观念

5.1.1 货币时间价值的含义

货币的时间价值（time value of money），是指货币在使用过程中，随着时间的变化通过投资和再投资所发生的增值，也称为资金的时间价值。

在商品经济中，有这样一种现象：即现在的1元钱和1年后的1元钱其经济价值不相等，或者说其经济效用不同。现在的1元钱比1年后的1元钱的经济价值要大一些，即使不存在通货膨胀也是如此。为什么会这样呢？比如，若银行存款的年利率为10%，将今天的1元钱存入银行，一年后就会是1.10元。可见，经过一年时间，这1元钱发生了0.1元的增值，今天的1元钱和一年后的1.10元钱等值。再如，我们有100万元的货币，如果闲置不用，无论经过多长时间，它的价值都不会发生变化。但是，如果我们将这100万元货币存入银行，假定银行存款年利率为10%，一年后，我们可以得到110万元；如果我们用这100万元投资办企业，假定该企业的收益率为15%，则一年后就可以得到115万元，两年后可以得到132.25万元，三年后就可以得到152.09万元……使用的时间越长，得到的增值额越大。在实务中，人们习惯使用相对数字表示货币的时间价值，即用增加价值占投入货币的百分数来表示。本例中的货币时间价值分别是10%和15%。

货币投入生产经营过程后，其价值随着时间的持续不断增长。这是一种客观的经济现象。企业货币循环和周转的起点是投入货币资金。企业用其来购买所需的资源，然后生产出新产品，出售产品时得到的货币数额大于最初投入的货币数额。货币的循环和周转以及因此实现的货币增值，需要或多或少的时间。每完成一次循环，货币就增加一定数额。周转的次数越多，增值额也越大。因此，随着时间的延续，货币总额在循环和周转过程中呈几何级数增长，形成了货币的时间价值。

从量的规定性来看，货币的时间价值是在没有风险和通货膨胀条件下的社会平均货币利润率。由于竞争，市场经济中各部门投资的利润率会趋于平均化。企业在投资某项目时，至少要取得社会平均的货币利润率，否则不如投资其他的项目或其他的行业。因此，货币的时间价值成为评价投资方案的基本标准。财务管理中对时间价值的研究，主要是对货币的筹集、投放、使用和收回等从量上进行分析，以便找出适用于分析方案的数学模型，改善财务决策的质量。

例如，已探明一个储量丰富的矿井，现在立即转让可获得100亿元的现金净流入；如果将矿井转让时间延后5年，则会由于开发技术进步，矿石价格上涨而预计获得125亿元的现金净流入。若不考虑货币的时间价值，根据125亿元大于100亿元，即可得出延后5年转让更有利的结论。若考虑货币的时间价值，现在转让获得100亿元，可用于其他投资机会，平均每年获利8%，那么，5年后将有货币146.93亿元（$100\times(1+8\%)^5$），146.93亿元大于125亿元，因此，可以得出现在转让更有利的结论，并表明将货币时间价值考虑在内更符合现实的经济生活。

货币的时间价值可以用绝对数表示，也可以用相对数表示，即利息额和利息率。在实际工作中，并不严格区分这两种表示方法，通常以利息率相对数计量，因为即使投资额不同，我们也仍可以用相对值进行不同项目之间的比较。利息率的经济意义是社会的平均货币利润率。各种形式的利息率，如贷款利率、债券利率、股票利率等，都是根据社会平均货币利润率确定的。但是，一般的利息率除了包括货币时间价值因素以外，还包括风险价值和通货膨胀因素。

在财务管理中，由于不同时间单位货币的价值不相等，为正确地进行筹资和投资决策，就需要把不同时点上的货币换算到相同的时间基础上，然后才能进行大小的比较和比率的计算。因此，需要比较在不同时点上收到和付出的货币价值之间的关系，掌握时间价值的计算，以及各种终值和现值的换算关系。

【小思考5-1】

孙女士看到在邻近的城市中，一种品牌的火锅餐馆生意很火爆。她也想在自己所在的县城开一个火锅餐馆，于是找到业内人士进行咨询。花了很多时间，她终于联系到了火锅餐馆的中国总部。总部工作人员告诉她，如果她要加入火锅餐馆的经营队伍，必须一次性支付50万元，并按该火锅品牌的经营模式和经营范围营业。孙女士提出现在没有这么多现金，可否分次支付。得到的答复是如果分次支付，必须从开业当年起，每年年初支付20万元，付3年。3年中如果有一年没有按期付款，则总部将停止专营权的授予。假设孙女士现在身无分文，需要到银行贷款后才能开餐馆，而按照孙女士所在县城有关扶持下岗职工创业投资的计划，她可以获得年利率为5%的贷款扶持。请问孙女士现在应该一次性支付还是分次支付？

5.1.2　一次性收付的货币时间价值的衡量

由于货币在不同时点上不具有可比性，因此，我们通常有两种方法对不同时点的资金流加以处理。一种方法是将现金流折算到现在的时点上，得到资金流的现值（Present Valve，PV），另一种方法则是将资金流折算到未来的某一个时间点上，得到资金流的终值（Future Value，FV）。

由于货币时间价值即为货币运用中所发生的增值额。它通常用利息或利息率来表示。利息的计算通常包括单利（simple interest）和复利（compound interest）两种形式。单利计息是只对本金计算利息，各期利息相等；复利计息是既对本金计算利息，又对前期的利息计算利息，各期利息不同。在单利方式下，本能生利，而利息不能生利。在复利方式下，本能生利，利息在下期则转为本金，与原来的本金一起计算利息，逐期滚算，俗称“利滚利”。

在实务中，货币的增值额一般都作为追加资本继续留在企业使用，所以，货币时间价值的计算方法一般采用复利计算方法。接下来就介绍几种常用的计算货币时间价值的模型。

1）复利终值

复利终值，是指一次性的收或付的款项经过若干期的使用后，所获得的包括本金和利息在内的未来价值。

假设现值为P，利率为i，n期后的终值为F_n，则F_n与P的关系可通过【例5-1】归纳如下：

【例5-1】假设某人将10 000元存入银行，存款年利率为2%，1年后的终值（本利和）为：

$F_1=P+P\times i=P\times(1+i)=10\,000\times(1+2\%)=10\,200$（元）

若此人并不取走现金，将10 200元继续存在银行，则第2年的本利和为：

$F_2=[P\times(1+i)]\times(1+i)=P\times(1+i)^2=10\,000\times(1+2\%)^2=10\,404$（元）

同理，第3年的期末金额为：

$F_3=[P\times(1+i)^2]\times(1+i)=P\times(1+i)^3=10\,000\times(1+2\%)^3=10\,612.08$（元）

依此类推，第n年的期末金额为：

$$F_n=P\times(1+i)^n \tag{5.1}$$

此式即为复利终值的一般公式，其中，$(1+i)^n$称作复利终值系数（future value interest factor），用符号（F/P，i，n）表示。复利的增长意味着货币价值每期都以（1+增长率）倍的速度增加。t期之后的价值将是原来价值乘以$(1+增长率)^t$。如果资金以复利投资，其增长率就是利率。例如，（F/P，10%，5）表示利率为10%的5年期复利终值系数。于是，复利终值计算公式亦可写为如下形式：

$$F_n=P\times(F/P,\ i,\ n) \tag{5.2}$$

为简化计算过程，可以直接查阅终值表，亦称"复利终值系数表"。查表可知：（F/P，5%，10）=1.6289，即在货币时间价值为5%的情况下，现在的1元和10年后的1.6289元在经济上是等效的。根据这个系数可以把现值换算成终值。

该表的作用不仅在于已知i和n时查找（F/P，i，n），还可以在已知（F/P，i，n）和n时查找i，或已知（F/P，i，n）和i时查找n，即已知其中任意两项，可查找第三项。

【例5-2】假设某公司向银行借款100万元，年利率为5%，期限为10年，那么10年后该公司应该向银行偿还的本利和为多少？

根据公式（5.2），10年后该公司应该向银行偿还的本利和为：

$F_n=P\times(F/P,\ i,\ n)=100\times(F/P,\ 5\%,\ 10)=100\times1.6289=162.89$（万元）

2）复利现值

由本利和计算本金的过程也叫折现，此时使用的利率i又称为折现率。我们在计算复利终值时，是计算现在的一笔钱在将来的价值，即本利和。计算复利现值，正好与计算复利终值相反，因此，可以说，复利现值是复利终值的逆运算。

已知$F_n=P\times(1+i)^n$

$$则P=\frac{F_n}{(1+i)^n}=F_n\times(1+i)^{-n} \tag{5.3}$$

公式（5.3）中的$(1+i)^{-n}$是将终值折算为现值的系数，称为复利现值系数（present value interest factor），用符号（P/F，i，n）来表示。为简化计算过程，可以直接查阅"复利现值系数表"。

【例5-3】如果现在银行5年的定期存款利率是3%，某人想要在到期时得到10万元，那么现在应存入多少钱？

$P=F\times(P/F,\ i,\ n)=10\times(P/F,\ 3\%,\ 5)=10\times0.8626=8.626$（万元）

5.1.3　等额系列收付的货币时间价值衡量

复利的终值和现值指的是一次性收（或付）款项，而年金（annuity）是指在一定时期内，每隔相同的时间，发生的相同数额的系列收（或付）款项。从上述定义可知，年金具有如下三个方面的特征：

（1）连续性。年金的连续性是指在一定时期内每隔一段时间就必须发生一次收（或付）业务，形成一系列的同性质业务活动，中间不得间断。与单笔资金流不同，年金涉及两笔或两笔以上的资金流。

（2）等额性。等额性要求每期收支在数额上必须相等。

（3）同向性。对公司而言，年金都是收入或者都是支出，不会出现收入和支出同时存在的情况。

在经济生活中，分期等额形成的或发生的各种偿债基金、折旧费、养老金、保险费、租金、等额分期收付款、零存整取存款业务中的零存数、整存零取储蓄存款业务中的零取金额、债券利息和优先股股息以及等额回收的投资额等，都属于年金的范畴。

年金按照收（或付）款的时间分为普通年金或后付年金、预付年金（或即付年金）、递延年金和永续年金等几种形式。其中，普通年金应用最广泛，其他几种年金均可在普通年金的基础上推算出来。因此，应掌握普通年金的有关计算。

1）普通年金的终值和现值

普通年金（ordinary annuity）即指从第一期开始每期期末收款、付款的年金。年金是与复利相联系的，年金的现值、终值都是以复利的终值、现值为基础计算的。普通年金终值和现值的计算也是如此。在实际工作中，我们常把普通年金终值和现值的计算简称为年金终值或现值的计算。

（1）普通年金终值

普通年金终值（future value of ordinary annuity）是指在其最后一次业务发生时，系列款项的终值之和。它是一定时期内每期期末等额收（或付）款项的复利终值之和。

假定每期期末等额收（或付）款项为A=100，i=10%，n=3，则普通年金终值的计算可用图5-1来加以说明。

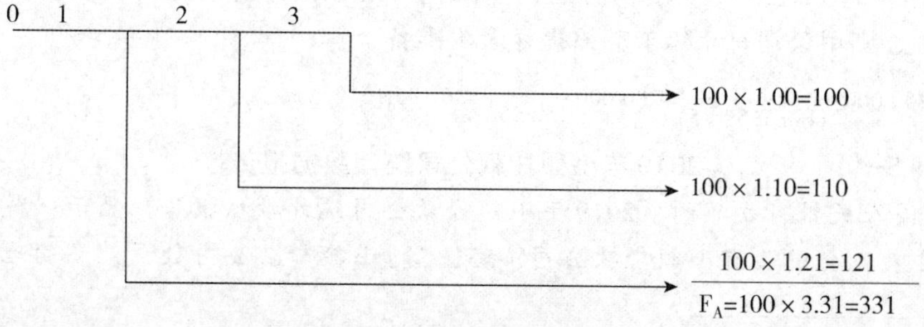

图5-1　普通年金终值

运用上述方法在年金的期数较多时，计算就相当烦琐。显然，这种计算是有规律的，于是我们可以找出简便的算法：

$$F_A=A+A(1+i)+A(1+i)^2+\cdots+A(1+i)^{n-1} \tag{5.4}$$

等式两边同乘以（1+i），可得：

$$(1+i)F_A=A(1+i)+A(1+i)^2+A(1+i)^3+\cdots+A(1+i)^n \tag{5.5}$$

公式（5.5）-公式（5.4），可得：

$$(1+i)F_A-F_A=A(1+i)^n-A$$

$$F_A=\frac{A(1+i)^n-A}{(1+i)-1}=A\cdot\frac{(1+i)^n-1}{i}=A\cdot(F_A/A,i,n) \tag{5.6}$$

其中，$\frac{(1+i)^n-1}{i}$称为普通年金终值系数（future value interest factor forannuity），表示为（F_A/A，i，n）。

【例5-4】李先生自2021年年末开始，每年都向一位失学儿童捐款，以帮助这位失学儿童完成小学和初中学业。李先生每年捐款2 000元，假设每年定期存款利率为5%，则李先生在5年后的捐款为多少钱？

这是普通年金的终值问题。用公式计算如下：

$$F_A=A\cdot\frac{(1+i)^n-1}{i}=2\,000\times\frac{(1+5\%)^5-1}{5\%}=11\,051.26\text{（元）}$$

或，F_A=A·（F_A/A，i，n）=2 000×（F_A/A，5%，5）=2 000×5.5256=11 051.2（元）。

（2）偿债基金

在普通年金终值的计算中，我们是已知（F_A/A，i，n）、A来求F_A。如果已知（F_A/A，i，n）、F_A来求A，这就是偿债基金，是使年金终值达到既定金额每年应支付的年金数额。

由于F_A=A·（F_A/A，i，n），所以：

$$A=\frac{F_A}{(F_A/A,i,n)}=\frac{i}{(1+i)^n-1}\times F_A \tag{5.7}$$

其中，$\frac{i}{(1+i)^n-1}$为偿债基金系数，记为（A/F_A，i，n）。它是年金终值系数的倒数。因此，可根据年金终值系数的倒数来确定。

【例5-5】甲公司计划5年后购置一条生产线，预计价格为20万元。如果年利率为5%，则甲公司每年年末应该提存多少准备金？

$$A=200\,000\times\frac{1}{(F_A/A,5\%,5)}=200\,000\times\frac{1}{5.5256}=36\,195.16\text{（元）}$$

【小资料5-1】　　2019年小额贷款公司统计数据报告①

中国人民银行发布的《2019年小额贷款公司统计数据报告》显示：截至2019年12月末，全国共有小额贷款公司7 551家。小额贷款公司数量最多的地区分别

① 佚名. 2019年小额贷款公司统计数据报告［EB/OL］.［2020-07-24］. http：//www.pbc.gov.cn/goutongjiaoliu/113456/113469/4061852/index.html.

是：江苏省568家，在全国占比7.52%；辽宁省482家，在全国占比6.38%；广东省454家，在全国占比6.01%。截至2019年12月末，全国小额贷款公司的实收资本为8 097.51亿元。

（3）普通年金现值

普通年金现值（present value of ordinary annuity），是指为在每期期末收付相等的款项，现在需要投入或收取的金额。

假定每期期末等额收（或付）款项为A=100，i=10%，n=3，则普通年金现值的计算可用图5-2来加以说明：

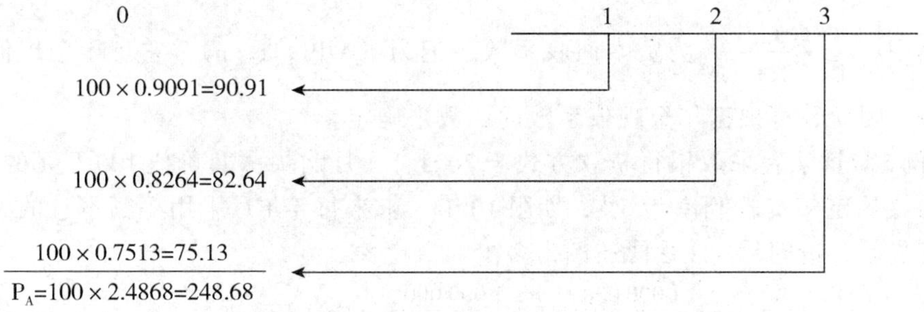

图5-2　普通年金现值

由此，我们可以推导出普通年金现值的一般公式：

$$普通年金现值P_A=\frac{A}{1+i}+\frac{A}{(1+i)^2}+\cdots+\frac{A}{(1+i)^n} \quad (5.8)$$

等式两边同乘以（1+i），则：

$$P_A(1+i)=A+\frac{A}{1+i}+\frac{A}{(1+i)^2}+\cdots+\frac{A}{(1+i)^{n-1}} \quad (5.9)$$

公式（5.9）-公式（5.8），得：

$$P_A(1+i)-P_A=A-\frac{A}{(1+i)^n} \quad (5.10)$$

$$P_A=\frac{A-\frac{A}{(1+i)^n}}{(1+i)-1}=A\cdot\frac{1-(1+i)^{-n}}{i} \quad (5.11)$$

其中，$\frac{1-(1+i)^{-n}}{i}$称为普通年金现值系数（present value interest factor for annuity），记为（P_A/A，i，n），可以通过查“普通年金现值系数表”获得。

【例5-6】在银行存款利率为5%的情况下，某人于2021年9月初存入一笔资金，预计未来四年于每年8月末从银行取出30 000元，以满足孩子大学生活开销，请问他应于2021年9月初一次性存入多少资金？

$$P_A=A\cdot\frac{1-(1+i)^{-n}}{i}=30\,000\times\frac{1-(1+5\%)^{-4}}{5\%}=106\,380(元)$$

或：P_A=A·（P_A/A，i，n）=30 000×（P_A/A，5%，4）=30 000×3.5460=106 380（元）

（4）资本回收值

资本回收值是指在一定时期内，分若干期回收一笔利率固定的款项，每一期应回收的等量金额。这就是根据已知年金的现值，求以后每年应回收的年金数额。

由于资本回收值是已知年金现值，求年金，因此计算资本回收值的公式可从年金现值公式导出：

因为，$P_A = A \cdot \frac{1-(1+i)^{-n}}{i} = A \cdot (P_A/A, i, n)$

所以，$A = P_A \cdot \frac{i}{1-(1+i)^{-n}} = \frac{P_A}{(P_A/A, i, n)}$ （5.12）

其中，$\frac{i}{1-(1+i)^{-n}}$为资本回收系数，记为（A/P_A，i，n），它是年金现值系数的倒数。因此，可根据年金现值系数的倒数来确定。

【例5-7】某人采取银行贷款方式于2021年1月购买一套价值100万元的房产，贷款协议约定年贷款利率为6%，期限10年，未来每年1月采用等额本息的方式偿还银行贷款，请问每年1月偿还额为多少？

$$A = \frac{P_A}{(P_A/A, i, n)} = \frac{1\ 000\ 000}{(P_A/A, 6\%, 10)} = \frac{1\ 000\ 000}{7.3601} = 135\ 867.72(\text{元})$$

2）预付年金的终值和现值

预付年金（annuity due）是指从第一期开始每期期初收款、付款的年金，又称即付年金或先付年金，记作A′。从定义可知，预付年金与普通年金的区别仅在于付款时间的不同。普通年金的现金流一般发生于每一期的期末，而预付年金的资金流都发生于每一期的期初，因此预付年金终值、现值分别可以通过普通年金终值、现值的计算公式调整得出。

（1）预付年金终值

预付年金支付形式如图5-3所示：

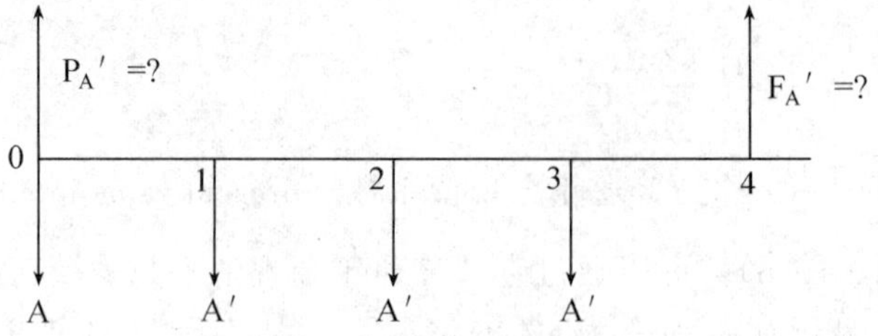

图5-3　预付年金支付形式

预付年金终值的计算公式为：

$$F_A' = \sum_{k=1}^{n} A'(1+i)^k$$
$$= A'(1+i) + A'(1+i)^2 + A'(1+i)^3 + \cdots + A'(1+i)^n$$
$$= [A' + A'(1+i) + A'(1+i)^2 + A'(1+i)^3 + \cdots + A'(1+i)^n] - A'$$

$$=(F_A'/A', i, n+1)\cdot A'-A'$$
$$=[(F_A'/A', i, n+1)-1]\cdot A'$$
$$=(F_A'/A', i, n)\cdot A'\cdot(1+i) \quad (5.13)$$

其中，$[(F_A'/A', i, n+1)-1]$ 称为预付年金终值系数，可利用“普通年金终值系数表”查得（n+1）期的值，再求之。

【例5-8】乙企业建设某项目，建设期为5年，每年年初投资100万元，折现率为5%，则该项目的总投资为多少？

$$F_A'=[(F_A'/A', i, n+1)-1]\cdot A'$$
$$=[(F_A'/A', 5\%, 6)-1]\times 100$$
$$=(6.8019-1)\times 100$$
$$=580.19(万元)$$

（2）预付年金现值

预付年金现值的计算公式如下：

$$P_A'=A'+A'(1+i)^{-1}+A'(1+i)^{-2}+\cdots+A'(1+i)^{-(n-1)}$$
$$=A'+[A'(1+i)^{-1}+A'(1+i)^{-2}+\cdots+A'(1+i)^{-(n-1)}]$$
$$=A'+(P_A'/A', i, n-1)\cdot A'$$
$$=A'[(P_A'/A', i, n-1)+1] \quad (5.14)$$

其中，$[(P_A'/A', i, n-1)+1]$ 称为预付年金现值系数，可利用“普通年金现值系数表”查得（n-1）期的值，再求之。

【例5-9】某企业打算连续6年于每年年初投资200万元建设一个项目，请计算当投资方式改为在第一年年初一次性投入全部资金时，企业需要投入多少资金才能在价值上等于分次投资额（假定折现率为6%）。

$$P_A'=A'[(P_A'/A', i, n-1)+1]$$
$$=200\times[(P_A'/A', 6\%, 5)+1]$$
$$=200\times(4.2124+1)$$
$$=1\,042.48（万元）$$

【小结5-1】预付年金终值和现值的计算公式总结见表5-1。

表5-1 预付年金终值和现值的计算公式

预付年金终值	方法1： 预付年金终值=同期的普通年金终值×（1+i）=A×（F/A，i，n）×（1+i）
	方法2： 预付年金终值=年金额×预付年金终值系数=A×［（F/A，i，n+1）-1］
预付年金现值	方法1： 预付年金现值=同期的普通年金现值×（1+i）=A×（P/A，i，n）×（1+i）
	方法2： 预付年金现值=年金额×预付年金现值系数=A×［（P/A，i，n-1）+1］

【例5-10】丙企业4年分期付款购买设备，每年年初付100万元，设银行利率为6%，该项分期付款相当于一次性现金支付的购价是多少？

P=A×［（P/A，i，n−1）+1］

=100×［（P/A，6%，3）+1］

=100×（2.6730+1）

=367.3（万元）

或：

P=A×（P/A，i，n）×（1+i）

=100×（P/A，6%，4）×（1+6%）

=100×3.4651×（1+6%）

=367.3（万元）

【小结5-2】各种系数间的关系总结见表5-2。

表5-2　**系数关系总结表**

系数	系数之间的关系
预付年金现值系数=（P_A'/A′，i，n−1）+1 或=（P_A'/A′，i，n）×（1+i） 普通年金现值系数=（P_A/A，i，n）	（1）预付年金现值系数=普通年金现值系数的期数减1，系数加1； （2）预付年金现值系数=普通年金现值系数×（1+i）
预付年金终值系数=（F_A'/A′，i，n+1）−1 或=（F_A'/A′，i，n）×（1+i） 普通年金终值系数=（F_A/A，i，n）	（1）预付年金终值系数=普通年金终值系数的期数加1，系数减1； （2）预付年金终值系数=普通年金终值系数×（1+i）
复利终值系数=$(1+i)^n$ 复利现值系数=$(1+i)^{-n}$	复利终值系数与复利现值系数互为倒数关系
偿债基金系数=i/［$(1+i)^n-1$］ 年金终值系数=［$(1+i)^n-1$］/i	偿债基金系数与年金终值系数互为倒数关系
资本回收系数=i/［$1-(1+i)^{-n}$］ 年金现值系数=［$1-(1+i)^{-n}$］/i	资本回收系数与年金现值系数互为倒数关系

3）递延年金

递延年金（deferred annuity）是指在一定时期内，从第0期开始，隔m期（m≥1）以后才发生等额系列收付款项的一种年金形式，记作A″。假定m=3，在第4期期末，连续支付4次，折现率为8%，即m=3，i=8%，n=4，递延年金的支付形式如图5-4所示：

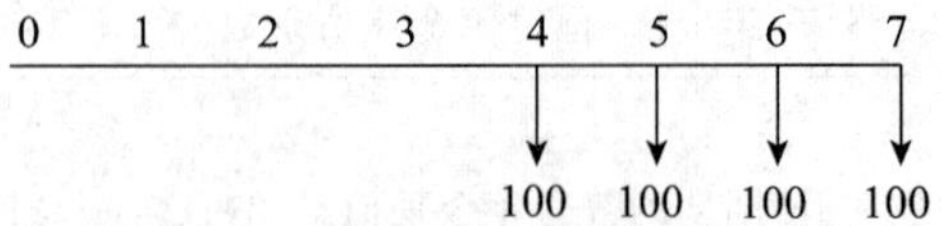

图5-4　递延年金的支付形式

（1）递延年金的终值

递延年金的终值与递延期无关，故计算方法和普通年金终值相同。

$F_A'' = (F_A''/A'', i, n) \cdot A''$

$= 100 \times (F_A''/A'', 8\%, 4)$

$= 100 \times 4.5061$

$= 450.61$（元）

（2）递延年金的现值

由于递延期的存在，递延年金的现值不能按照普通年金计算。递延年金现值计算有两种方法：

方法Ⅰ：把递延年金视为n期普通年金，求出递延期期末的年金现值（第m期期末的现值），然后将此现值用复利现值折现方法调整到第1期期初。其计算原理如图5-5所示：

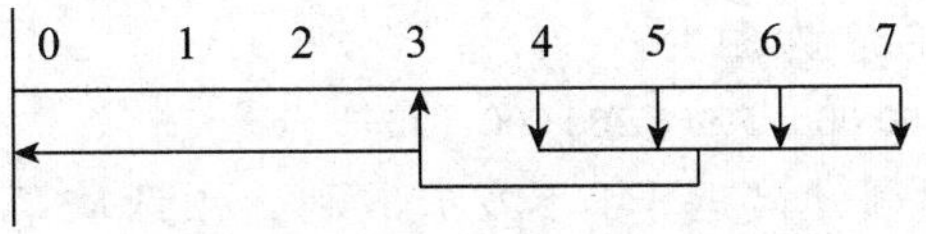

图5-5　递延年金的计算方法Ⅰ

该方法的计算公式如下：

$$P_A'' = A'' \cdot (P_A''/A'', i, n) \times (P/F, i, m) \tag{5.15}$$

【例5-11】仍用上述资料，该项递延年金现值的计算如下：

$P_A'' = 100 \times (P_A''/A'', 8\%, 4) \times (P/F, 8\%, 3)$

$= 100 \times 3.3121 \times 0.7938$

$= 262.91$（元）

方法Ⅱ：假设递延期中也有收付款项，先求出（m+n）期的年金现值，然后扣除实际并未发生收付的递延期（m）的年金现值，即可得出递延年金现值。

其计算原理如图5-6所示：

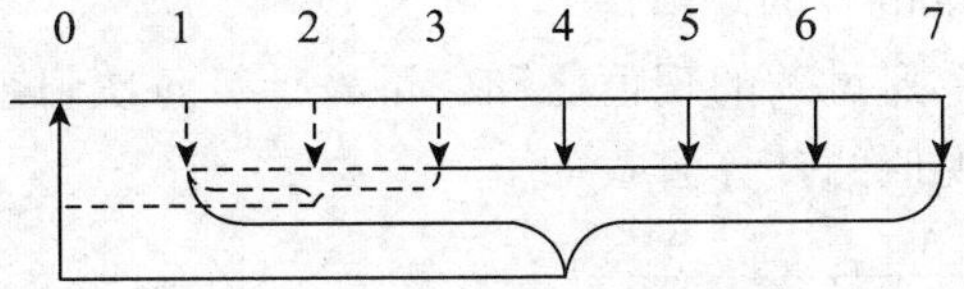

图5-6　递延年金的计算方法Ⅱ

该方法的计算公式为：

$$P_A'' = A'' \times [(P_A''/A'', i, m+n) - (P_A''/A'', i, m)] \tag{5.16}$$

【例5-12】仍用上述资料，该项递延年金现值的计算如下：

$P_A'' = 100 \times [(P_A''/A'', 8\%, 3+4) - (P_A''/A'', 8\%, 3)]$

$= 100 \times (5.2064 - 2.5771)$

$= 262.93$（元）

4）永续年金

永续年金（perpetual annuity）是指无限期等额支付的年金，是普通年金的特殊形式。例如，西方国家有些债券为无期限债券。这些债券的利息可视为永续年金。

优先股因为有固定的股利，而无到期日，因此，优先股股利可视为永续年金。在实际经济生活中，可以将利率较高、持续期较长的年金视为永续年金。

顾名思义，永续年金假设会永远地存续下去，无终止时间，所以不存在终值问题，我们只能依据普通年金计算现值的原理计算永续年金的现值，具体计算推导过程如下：

$$P_A=A\cdot(P_A/A,\ i,\ n)$$

$$=A\cdot\frac{1-(1+i)^{-n}}{i}$$

当n→∞时，$(1+i)^{-n}$的极限为零，所以：

$$P_A=\frac{A}{i} \tag{5.17}$$

【例5-13】某项永久性奖学金，每年计划颁发60 000元奖学金。若年复利率为5%，则该奖学金的本金应为多少？

永续年金现值$P_A=A/i=60\ 000\div 5\%=1\ 200\ 000$（元）

【例5-14】某公司预计最近3年不发放股利，预计从第4年开始每年年末支付每股1元的股利，假设折现率为10%，则现值为多少？

$P=A/i\times(P/F,\ i,\ n)=(1\div 10\%)\times(P/F,\ 10\%,\ 3)=7.513$（元）

5.1.4 货币时间价值计算中的几个特殊问题

以上所述货币时间价值的基本原理是就一般情况而言的，即各项的系列收付款项是等额的，计算期是按年计算的，利息率和折现率是事先给定的。现对时间价值的几个特殊问题说明如下：

1）不等额系列款项现值的计算

年金时间价值的各种计算是针对等额的系列收付款项进行的，而在经济生活中，往往要发生每次付款项不等额的系列业务，这就需要计算不等额的系列付款（unequal series of payments）的现值之和。

为求得不等额的系列付款的现值之和，可先计算每次付款的复利现值，然后加总。不等额系列付款现值的计算公式如下：

$$PV=\frac{A_1}{1+i}+\frac{A_2}{(1+i)^2}+\frac{A_3}{(1+i)^3}+\cdots+\frac{A_{n-1}}{(1+i)^{n-1}}+\frac{A_n}{(1+i)^n}=\sum_{t=1}^{n}A_t\ (1+i)^t \tag{5.18}$$

【例5-15】某企业连续5年购买生产设备，每年年末的付款金额见表5-3。

表5-3 某企业年末付款额 单位：元

年	1	2	3	4	5
付款额	100 000	150 000	200 000	250 000	300 000

若折现率为10%，则该项系列付款的现值为：

$$PV=\frac{100\ 000}{1+10\%}+\frac{150\ 000}{(1+10\%)^2}+\frac{200\ 000}{(1+10\%)^3}+\frac{250\ 000}{(1+10\%)^4}+\frac{300\ 000}{(1+10\%)^5}$$

$$=100\ 000\times 0.909+150\ 000\times 0.826+200\ 000\times 0.751+250\ 000\times 0.683+300\ 000\times 0.621$$

$$=722\ 050\text{（元）}$$

以上各复利现值系数可查阅“复利现值系数表”。如遇有若干期不连续发生的不等额的系列付款，可列表计算各项付款的复利现值，然后求系列付款的现值之和。

【例5-16】某企业第3年年末需用300 000元，第5年年末需用400 000元，第6年年末需用500 000元。为保证按期从银行提出款项满足各年年末的需要，在年利率为5%的情况下，该企业现在应向银行存入多少钱？

该企业应向银行存入的款项计算见表5-4。

表5-4　　**现值计算**　　单位：元

年	A_t	$(P_A/A, i, n)$	PV
3	300 000	0.864	259 200
5	400 000	0.784	313 600
6	500 000	0.746	373 000
合计	1 200 000		945 800

2）年金与不等额的系列付款混合情况下的现值

如果在一组不等额的系列款项中，有部分是连续发生的等额付款，则可分段计算其年金现值及复利现值，然后加总。

【例5-17】某企业各年年末付款额见表5-5。

表5-5　　**年末付款额**　　单位：元

年	1	2	3	4	5	6	7	8
付款额	50 000	50 000	50 000	50 000	30 000	30 000	30 000	40 000

在这个例子中，第1—4年为等额系列款项，可按普通年金计算其现值；第5—7年也为等额系列款项，可按递延年金计算其现值；第8年为一笔款项，可按复利计算其现值（假定利率为5%）。

该项不等额的系列款项的现值可按下列公式计算：

$$PV=50\,000\times(P_A/A,\ 5\%,\ 4)+30\,000\times[(P_A/A,\ 5\%,\ 7)-(P_A/A,\ 5\%,\ 4)]+40\,000\times(P/F,\ 5\%,\ 8)$$

$$=50\,000\times3.5460+30\,000\times(5.7864-3.5460)+40\,000\times0.6768$$

$$=271\,584\text{（元）}$$

3）名义利率和实际利率的换算

以上计算现金流的现值和终值时，始终假定利率（折现率）是年利率，每年复利一次，但在实际生活中，我们会遇到各类名目的利率，或者需要根据资金流和目标价值来计算适用的利率，也有可能是资金流不以年度为期限间隔发生的情况，而是以季度、月度或是日为间隔发生的。例如，银行之间的拆借货币为每年计息一次；有的抵押借款每月计息一次，也有一季一计息的；还有些债券每半年计息一次。凡每年复利次数超过一次的年利率在经济上叫名义利率（nominal interest），而每年只复利一次的利率才是实际利率（real interest）。

在理论上，按实际利率每年复利一次计算的利息应该与按名义利率每年多次复利计算的利息是相等的。

在计算货币时间价值时，可将名义利率调整为计息期利率，再转换为实际利率，然后按实际利率计算货币时间价值。

设名义利率为r，一年内复利m次，则计息期利率为$\frac{r}{m}$。由于按实际利率一年计息一次计算的利息应与按计息期利率一年计算m次的利息相等，即：

$$(1+i)=\left(1+\frac{r}{m}\right)^{m} \tag{5.19}$$

则，实际利率i的计算公式为：

$$i=\left(1+\frac{r}{m}\right)^{m}-1 \tag{5.20}$$

【小结5-3】名义利率与实际利率关系总结见表5-6。

表5-6 名义利率与实际利率关系总结

年计息次数	名义利率与实际利率的关系
1次	实际利率=名义利率
多次（大于等于2次）	实际利率＞名义利率

【例5-18】A公司平价发行一种一年期，票面利率为8%，每年付息一次，到期还本的债券；B公司平价发行一种一年期，票面利率为8%，每半年付息一次，到期还本的债券；C公司平价发行一种一年期，票面利率为8%，按季度付息，到期还本的债券。A、B、C债券的有效年利率分别为多少？

A债券的有效年利率=A债券的票面利率=8%

B债券的有效年利率=$(1+8\%\div 2)^{2}-1=8.16\%$

C债券的有效年利率=$(1+8\%\div 4)^{4}-1=8.24\%$

由此可见，计息期越短，一年中复利的次数就越多，每年的利息额就会越大，则实际利率就越大。

4）利率的确定

前面在计算各种资金流的现值和终值，或者已知终值和现值反过来求资金流时，我们都假定所需要的利率（折现率）是已知的。我们根据利率和期限两个条件来查询相关系数，然后完成计算。但是，在现实经济生活中，我们往往需要根据已知的目标价值和预计的资金流来计算相应的利率（折现率），然后与自身的目标收益率等进行比较，以对投资、筹资等活动做出决策。

延伸阅读5-1

健全市场化利率形成和传导机制①

① 佚名．中国人民银行货币政策委员会召开2021年第二季度例会［EB/OL］．［2021-06-28］．http：//www.pbc.gov.cn/goutongjiaoliu/113456/113469/4277693/index.html.

我们已经讨论了各种情况下如何利用货币时间价值的各种系数计算有关指标。这些指标的计算具有下列共同步骤：

（1）判断该时间价值的计算属于哪种类型（是复利还是年金），确定应查的相应系数表；

（2）根据已知的期数和利率（折现率）确定相应的系数；

（3）将系数与已知的有关金额相乘，计算出所要求的时间价值指标。

对于复利来说，若已知P、F、n，可不用查表而直接计算出i。其计算公式如下：

$$i=\sqrt[n]{\frac{F}{P}}-1 \tag{5.21}$$

永续年金的利率不必查表，由永续年金现值$P_A=A/i$，可得到$i=A/P_A$。但普通年金问题，首先要根据等额的款项A、相应的终值F_A或现值P_A，计算出相应系数（F_A/A，i，n）或（P_A/A，i，n），然后，根据该系数和已知的期数n去查相应的系数表；如果在该系数表中能找到对应的数值，则该系数所对应的i即为所要求的利率（或折现率）；如果在该系数表中不能找到对应的数值，则需要用内插法（也叫插值法）计算所要求的利率（或折现率）。

采用内插法的步骤如下：

（1）查阅相应的系数表，如果能在表中查到相应的数值，则对应的利率就是所求的利率；

（2）如果在系数表中无法查到相应的数值，则可以使用内插法计算，假设所求利率为i，i对应的现值（或者终值）系数为B，B_1、B_2为现值（或者终值）系数表中B相邻的系数，i_1、i_2为B_1、B_2对应的利率。可以按照下面的方程计算：

$$(i_2-i)/(i_2-i_1)=(B_2-B)/(B_2-B_1)$$

解得：$i=i_2-(B_2-B)/(B_2-B_1)\times(i_2-i_1)$

也可以按照下面的方程计算：

$$(i-i_1)/(i_2-i_1)=(B-B_1)/(B_2-B_1)$$

解得：$i=i_1+(B-B_1)/(B_2-B_1)\times(i_2-i_1)$

列方程时应该把握一个原则：具有对应关系的数字在等式两边的位置相同（例如i_2在等式左边的位置与B_2在等式右边的位置相同），按照这个原则还可以列出其他等式，不同的等式计算的结果是相同的。

【例5-19】某企业有一笔6年后到期的借款，借款数额为100 000元，为此，设立偿债基金，若每年存入13 631.59元，则年利率为多少？

$F_A=A(F_A/A, i, n)$

$(F_A/A, i, 6)=100\ 000\div13\ 631.59=7.3359$

从年金终值系数表中，可以看到，当期数为6，系数为7.3359时，对应的折现率为8%。

【例5-20】某人现在向银行存入10 000元，问年利率i是多少时，才能保证在以后6年中每年可得相同的金额2 000元。

（P_A/A，i，n）=10 000÷2 000=5

在年金现值系数表中，在期数为6时，没有找到值为5的系数。但是，我们看到与5相邻的两个系数，其数值分别为5.076和4.917，相应的折现率分别为5%和6%，因此，可以用插值法计算所要求的利率（或折现率）。

假设所要求的折现率为i，则利用插值法计算如下：

$$i=5\%+\frac{5.076-5}{5.076-4.917}\times(6\%-5\%)=5\%+0.48\%=5.48\%$$

虽然可运用Excel计算折现率，但是理解插值法的基本原理可以对某些缺失数据进行估计，具有一定的借鉴意义。

以上说明了有关货币时间价值的主要指标的计算方法。这些计算方法是运用货币时间价值的基础。掌握了这些基本的计算方法，在财务管理中应根据实际情况加以具体运用。

【课程思政】　　新冠肺炎疫情期间的银行贷款利息政策

2020年1月28日，中共中央印发了《关于加强党的领导、为打赢疫情防控阻击战提供坚强政治保证的通知》。为坚决贯彻这一精神，《关于支持金融强化服务做好新型冠状病毒感染肺炎疫情防控工作的通知》提出，将对疫情防控重点保障企业贷款给予财政贴息支持、加大对受疫情影响个人和企业的创业担保贷款贴息支持力度、优化对受疫情影响企业的融资担保服务。

1.对疫情防控重点保障企业贷款给予财政贴息支持

对2020年新增的疫情防控重点保障企业贷款，在人民银行专项再贷款支持金融机构提供优惠利率信贷的基础上，中央财政按人民银行再贷款利率的50%给予贴息，贴息期限不超过1年，贴息资金从普惠金融发展专项资金中安排。

2.加大对受疫情影响个人和企业的创业担保贷款贴息支持力度

对已发放的个人创业担保贷款，借款人患新型冠状病毒感染肺炎的，可向贷款银行申请展期还款，展期期限原则上不超过1年，财政部门继续给予贴息支持，不适用《普惠金融发展专项资金管理办法》关于“对展期、逾期的创业担保贷款，财政部门不予贴息”的规定。

3.优化对受疫情影响企业的融资担保服务

鼓励金融机构对疫情重点保障企业和受疫情影响较大的小微企业提供信用贷款支持，各级政府性融资担保、再担保机构应当提高业务办理效率，取消反担保要求，降低担保和再担保费率，帮助企业与金融机构对接，争取尽快放贷、不抽贷、不压贷、不断贷。国家融资担保基金对于受疫情影响严重地区的政府性融资担保、再担保机构，减半收取再担保费。对于确无还款能力的小微企业，为其提供融资担保服务的各级政府性融资担保机构应及时履行代偿义务，视疫情影响情况适当延长追偿时限，符合核销条件的，按规定核销代偿损失。

5.1.5　货币时间价值的应用

货币时间价值是一种客观存在的经济现象。在财务管理过程中，货币的筹集、货币的投放和经营决策都离不开时间价值问题。从企业的角度来看，在货币的筹集上，为了获得货币的使用权，其筹集的货币无论来自财政、银行还是社会，无论是投资者投入的货币，还是从债权人那借入的货币，都要付出代价而形成货币成本，而时间价值是构成货币成本的一项重要内容。在货币运用中，需要对投资决策进行可行性分析。例如，判断我们所投入的货币是否值得，即项目开始运行以后能否归还所借货币，在整个寿命期内的效益又如何。由于投资项目的投资额与效益额不在同一个时间点上，我们无法判断该项目是否收大于支。这就需要借用货币时间价值的概念，采用折现的方法，将不同时间点上的投资、效益都折合到同一时间点上，以便进行比较。这也需要研究货币时间价值问题。

货币时间价值不仅运用于筹资决策和投资决策，它对短期经营决策，如分期付款的定价决策、商品发运结算时间的决策、积压商品的降价处理决策等也具有很大影响。我们算了这样一笔账，如果借款的年利率为6%，使用2亿元货币，每年要付出1 200万元的代价，每月要付出100万元，每天要付33 333元，每小时要付出1 389元，每分钟要付23元。可见，如果2亿元货币闲置不用，不及时投入生产经营，所造成的经济损失将是巨大的。

因此，牢固树立货币时间价值观念，正确地运用货币时间价值进行经济管理和建设，具有重要的理论意义和现实意义。

【小思考5-2】

李博士是国内某领域的知名专家，某日接到一家上市公司的邀请函邀请他作为公司的技术顾问指导开发新产品。邀请函的具体条件如下：

①每个月来公司指导工作一天。

②每年聘金10万元。

③提供公司所在A市住房一套，价值80万元。

④在公司至少工作5年。

李博士对以上工作待遇很感兴趣，对公司开发的新产品也很有研究，决定应聘。但他不想接受住房，因为每月工作一天只需要住公司招待所就可以了，因此他向公司提出能否将住房改为住房补贴。公司研究了李博士的请求，决定可以在今后5年里每年年初给李博士支付20万元住房补贴。

收到公司的通知后李博士又犹豫起来，因为如果向公司要住房可以将其出售，扣除售价5%的契税和手续费他可以获得76万元。假设银行存款年利率为2%，李博士应该如何选择？

5.2 现金流量

现金流量是财务管理的另一个重要观念。现金流量作为一个集中体现企业的经营状况、综合盈利能力的主要财务指标，在企业现金流和创造价值之间扮演着十分重要的角色。近几年来，随着对会计利润的不断深入了解，人们越来越注意到现金流量信息的客观可靠性。

现金流量又称现金流转额，是指企业的现金流动及其以货币计量的数额。在理财实践中，现金流量有两种不同的内涵：一种是会计中所讲的现金流量，即企业在生产经营过程中所产生的现金流入与现金流出；另一种是财务学中所讲的资本投资决策中的现金流量，即企业进行长期投资所涉及的现金流入与现金流出，即项目现金流量。需要指出的是，财务学意义上的现金流量与会计学现金流量表的现金流量并不完全等同，主要差别在于是否包含现金等价物，会计学现金流量表包含现金等价物，而财务学现金流量则不包含现金等价物。

5.2.1 项目现金流量

项目现金流量是计算项目投资决策评价指标的主要依据和重要信息之一，是企业进行投资决策所要考虑的一个最主要的因素。一个投资项目的好坏主要取决于与该项目相关的现金流量的多少和资金成本的高低。因此，评估投资项目的预期现金流量是项目投资决策的首要环节，也是分析投资方案时最重要的步骤。

1）投资项目现金流量的含义

（1）现金流量的含义

在项目投资决策中，现金流量是指投资项目在其计算期内因资本循环而可能或应该发生的各项现金流入量和现金流出量的统称。项目投资决策所使用的现金概念是广义的现金。它不仅包含各种货币资金，还包括项目投入企业拥有的非货币资源的变现价值（或重置成本）。

（2）现金流量的内容

根据投资决策现金流量的定义，从现金流量的流动方向上可以将项目现金流量分为现金流出量、现金流入量和现金净流量三个方面的内容。

①现金流出量

一个投资项目的现金流出量，是指该项目引起的企业现金的支出数量，主要包括投资支出和经营成本。

第一，投资支出，是指一个项目在建设期发生的固定资产投资、无形资产投资和开办费投资以及垫支的营运资本等非费用性支出。

第二，经营成本，是指一个项目为满足正常生产经营而在营业期发生的以现实货币资金支付的成本费用，故又称付现成本。

②现金流入量

现金流入量是指能够使投资方案的现实货币资金增加的情况，简称现金流入。完整的工业投资项目的现金流入量主要包括以下内容：

第一，营业收入，是指项目投产后每年实现的全部销售收入或业务收入。它是运营期主要的现金流入量项目。

第二，补贴收入，是指与运营期收益相关的政府补贴。

第三，回收固定资产余值，是指与投资项目相关的固定资产在寿命终结点报废清理或中途变价转让处理时所收回的价值。

第四，回收流动资金，主要指新建项目在项目计算期终结点因不再发生新的替代投资而收回的原垫付的全部流动资金投资额，即收回营运资本而产生的现金流入。

③现金净流量

一个项目的现金净流量是指该项目在其投资期间，每期发生的现金流入量和现金流出量的差额，记为NCF。若该差额为负，则为现金净流出，一般发生在项目的建设期；若该差额为正，则为现金净流入，一般发生在项目的营业期。需要说明的是，现金净流量与会计利润不同，它是以收付实现制为基础的，而会计利润的基础则是权责发生制。

现金净流量=现金流入量-现金流出量

现金净流量是项目投资决策评价指标的主要依据和重要信息之一。

(3) 现金流量的确定原则

在项目投资的分析过程中，最重要的就是对现金流量的估算。投资项目的现金流量受到企业内部和外部众多因素的影响，因此，在确定投资方案相关的现金流量时，必须遵循一些基本的原则。

① 机会成本

机会成本是指投资决策中从多种方案中选取最优方案而放弃次优方案所丧失的收益。次优方案可能取得的收益是实行本方案的一种代价。机会成本尽管并不构成实际的现金流出，但它减少了收益的机会，因此也是与项目相关的成本。例如，ABC公司新建车间的投资方案需要占用一块土地。如果这块土地用来对外出售，则可以获得出售净收入15万元，那么将这块土地用于投资项目时，出售净收入的15万元就是丧失的收益，即投资的机会成本。机会成本总是针对具体方案的，离开被放弃的方案就无从计量确定。重视机会成本有利于全面考虑可采取的各种方案，以便确定最有利可图的投资机会。

② 沉没成本

沉没成本是指过去已经发生了的，无法由现在或将来的任何决策改变的成本。在投资决策中，沉没成本属于决策无关成本。例如，某投资项目前期工程已经投资30万元，因前期准备工作不足、执行偏离轨道等原因，导致投资项目无法进行下去。现欲重新启动该项目，需要追加投资150万元。如果工程完工，将带来预期收益165万元，那么应该投资该工程吗？在这个投资项目中，前期投入的30万元其实就是一种沉没成本。我们在进行项目决策时应当不予考虑，只需要比较预期收益165万元与追加投资150万元，也就是现金净流量为正，就值得投资这个项目。

③ 附加效应

在一家企业中，项目之间大多是相互联系的。当我们采纳一个新项目后，该项目可能对企业的其他项目产生有利或不利的影响，这就是我们所说的附加效应。因此，在估计投资项目现金流时，要以该投资项目对企业所有经营活动产生的整体效果为基础分析，而不是孤立地考察某一项目。例如，某公司决定开发生产新产品B，预计B产品上市后会对原同类产品A带来冲击，甚至会影响企业整体的销售额，那么在考虑项目的投资收入时应当注意考虑B产品对收入缩减的影响。当然，诸如此类的交互影响，事实上很难准确计量，但决策者在进行投资分析时仍要将其考虑在内。

④ 对营运资本的影响

营运资本是指流动资产与流动负债之间的差额。投资新建项目，有时需要增加现金、应收账款和存货。这种营运资本的投资在其发生时应视为现金流出，而在项目寿命期末，收回的营运资本应视为现金流入。营运资本投资的增减变动不一定仅限于项目的开始和结束时，在任何时候都有可能发生。通常，在进行投资分析时，假定开始投资时筹措的营运资本在项目结束时收回。

2）投资项目现金流量的构成

投资项目的现金流量由初始现金流量、经营现金流量、终结点现金流量三部分构成。

（1）初始现金流量

从时间上来看，初始现金流量一般发生在项目的建设期，是指投资项目在建设过程中所发生的现金流量。项目建设的长短与投资项目的规模、建设的难易程度有关。确定项目现金流量时，通常将项目的建设期定义为“0-m”年，其中，第0年为项目建设的起点，第m年为项目建设完工的年份。例如，m=3，则意味着项目的建设期为3年。

从内容上看，初始现金流量主要包括以下内容：

第一，固定资产、无形资产的投资支出，主要包括厂房设备的建造费、购置费、安装工程费、土地使用权费、技术转让费、商标权和商誉、建设期利息等。

第二，垫付的营运资本，是指项目在投产前或存续期间，投放于流动资产用于周转使用的资本。

第三，其他费用，主要指与投资项目有关的生产准备费、开办费、员工培训费等。

第四，原有固定资产的变价收入。这是指固定资产重置、旧设备出售时产生的现金净流量。

第五，税负损益，是指旧设备出售时，由于出售价格高于或低于账面净值而产生的出售损益，从而导致所得税的多交或少交而形成的现金流出量和现金流入量。

从发生状况来看，初始现金流量可以在建设期内一次性发生，也可以分期分次发生。发生状况不同，意味着未来现金流量折现的处理不同。

（2）经营现金流量

从时间上来看，经营现金流量一般发生在项目经营使用期，是指投资项目建成后，在生产经营过程中发生的现金流量。它需要根据经营使用期的长短逐年估计。

经营现金流量可根据利润表等有关资料分析得出，具体有三种不同的计算方式。

第一，根据现金流量的定义计算：

经营现金净流量=收现营业收入－营业付现成本－所得税

第二，根据各年年末的营业成果计算的推导过程如下：

经营现金净流量=收现营业收入－营业付现成本－所得税
=收现营业收入－（营业成本－折旧）－所得税
=（收现营业收入－营业成本－所得税）+折旧
=税后经营净利+折旧

第三，根据所得税对收入和折旧的影响计算：

经营现金净流量=收现营业收入－营业付现成本－所得税
=(收现营业收入－营业付现成本)－(收现营业收入－营业付现成本)×所得税税率
=(收现营业收入－营业付现成本)－[收现营业收入－(营业付现成本+折旧)]×所得税税率
=(收现营业收入－营业付现成本)－[(收现营业收入－营业付现成本)－折旧]×所得税税率
=(收现营业收入－营业付现成本)×(1－所得税税率)+折旧×所得税税率

（3）终结点现金流量

终结点现金流量是指投资项目终结时发生的现金流量。项目的终结点具有双重含义。它既是整个项目终结报废的年份，也是项目经营使用期的最后一年，因此，终结现金流量既包括经营现金流量，又包括非经营现金流量。其中，非经营现金流量包括：第一，固定资产、无形资产的残值变价收入。第二，固定资产、无形资产出售的税负损益。如果预计固定资产报废时残值收入大于税法规定的数额，就应上缴所得税，形成一项现金流出量；反之，则可抵减所得税，形成现金流入量。第三，垫支营运资本的回收。这部分资本不受税收因素的影响，可直接将其视为现金流量的增加。

【提示5-1】　时点化假设

①第一笔现金流出的时间为“现在”时点，即“零”时点。不管它的日历时间是几月几日。在此基础上，一年为一个计息期。

②对于原始投资，如果没有特殊指明，均假设现金在每个“计息期期初”支付；如果特别指明支付日期，如3个月后支付100万元，则要考虑在此期间的货币时间价值。

③对于收入、成本、利润，如果没有特殊指明，均假设在“计息期期末”取得。

【提示5-2】 **垫支营运资本的估算**

垫支营运资本，是指增加的经营性流动资产与增加的经营性流动负债之间的差额，即增加的经营营运资本。

【例5-21】某公司的销售部门预计投产新产品，如果每台定价3万元，销售量每年可以达到10 000台，销售量不会逐年上升，但价格可以每年提高2%。生产该产品需要的营运资本随销售额而变化，预计为销售额的10%。假设这些营运资本在年初投入，项目结束时收回，若产品的适销期为5年，则第5年年末回收的营运资本为多少？

计算分析结果见表5-7：

表5-7 **计算分析结果** 单位：万元

年份	0	1	2	3	4	5
销售收入		3×10 000 =30 000	3×10 000×（1+2%） =30 600	30 600×（1+2%） =31 212	31 212×（1+2%） =31 836.24	31 836.24×（1+2%） =32 472.9648
营运资本需要量（需要占用流动资金）	30 000×10% =3 000	30 600×10% =3 060	31 212×10% =3 121.2	3 183.624	3 247.29648	
垫支营运资本（流动资金投资额）	3 000	3 060−3 000 =60	3 121.2−3 060 =61.2	3 183.624−3 121.2 =62.424	3 247.29648−3 183.624 =63.67248	

第5年年末回收的营运资本=3 000+60+61.2+62.424+63.67248≈3 247.30（万元）

可以发现，第5年年末收回的营运资本金额也是第4年的营运资本需求量。可以这样理解，营运资本是流动资产与流动负债差额形成的时点数，而垫支的营运资本是时期数，数值上等于两个临近时点上营运资本的差额。

【例5-22】某项目预计花费200万元，安装成本为20万元。新设备预计使用年限为20年，预计残值为0。该项目取代了一台已使用了18年的旧设备。旧设备的初始成本为150万元，按照20年计提折旧，残值为0。旧设备目前的市价为20万元。假定适用的企业所得税税率为25%。计算项目的初始现金净流量。

该项目涉及的初始现金流量如下：

旧设备的年折旧费=1 500 000÷20=75 000（元）

旧设备账面净值=1 500 000−75 000×18=150 000（元）

旧设备出售收益=200 000−150 000=50 000（元）

旧设备出售抵税=50 000×25%=12 500（元）

初始现金净流量=−2 000 000−200 000−12 500+200 000=−2 012 500（元）

3）投资项目现金流量的作用

企业在项目投资中并不是以利润作为评价项目经济效益高低的基础，而是以现金净流量作为项目的净收益，以此来评价项目的可行性。这主要是因为现金流量指标有以下几点作用：

（1）现金流量比利润更能反映项目的效益

在长期投资决策中，用现金流量指标代替利润指标作为反映项目效益的信息，可以摆脱在贯彻财务会计的权责发生制时必然面临的困境，即由于不同的投资项目可能采取不同的固定资产折旧方法、存货估价方法和费用分摊方法，从而导致不同方案的利润信息相关性差、透明度不高和可比性差。

（2）有利于对动态投资结果进行综合评价

投资项目决策考虑了货币的时间价值，在决策时区分了每笔预期收入款项和支出款项的具体时点。现金流量信息与项目计算期的各个时点密切结合，有助于在计算投资决策评价指标时应用货币时间价值的形式进行动态投资结果的综合评价。

（3）现金流量能更客观地反映投入产出关系

现金流量信息所揭示的未来期间显示货币资金收支运动，可以序时、动态地反映项目投资的流向和回收之间的投入产出关系，使决策者处于投资主体的立场上，便于更完整、准确、全面地评价具体投资项目的经济效益。

5.2.2　企业现金流量

对于企业来说，现金流量是指反映企业一定会计期间现金和现金等价物的流入和流出。现金流量是为投资者提供资产信息，帮助使用者了解和评价企业获取现金和现金等价物的能力，并据此预测企业未来盈利能力的重要财务指标。

1）企业现金流量的含义

（1）内涵

企业现金流量由“现金”和“流量”两个词组成。这里的现金是广义的现金，不仅包括库存现金，还包括银行存款，也包括期限较短、流动性强、风险很小的投资，即现金等价物。所谓流量，是指流入量、流出量和净流量。因此，企业现金流量就是指企业在收付实现制下所反映的现金流入量、流出量和时间的总称。

延伸阅读5-2

现金流量质量与战略支撑能力①

（2）与会计利润的区别

会计利润是指按照权责发生制计算的，企业在一定会计期间内收入和成本费用配比相抵后的差额，是企业在一定期间的经营成果。现金流量建立在收付实现制的基础之上，与以权责发生制为基础计算的会计利润相比，两者存在明显差异。比如，购置固定资产付出现金，在会计中不影响会计利润；固定资产的价值以折旧形式逐期计入当期损益，进而影响会计利润，但是没有现金流出；会计中只要销售行为确实发生就计入收入，但是现金流量却要在收到款项时确认收入等。

① 张新民，钱爱民，等. 上市公司财务状况质量：理论框架与评价体系［J］. 管理世界，2019（7）.

（3）企业现金流量的内容

企业现金流量的内容主要根据企业业务活动的性质和现金流量的来源来区分，将企业一定期间产生的现金流量分为三类：经营活动现金流量、投资活动现金流量和筹资活动现金流量。

2）企业现金流量的分类

从企业现金流量的内容上来看，可以将现金流量分为经营活动、投资活动和筹资活动三个部分。每类活动又包括各个具体的项目，从不同角度反映了企业业务活动的现金流入和流出，便于评价企业的经营状况、创现能力、筹资能力及资金实力。

（1）经营活动现金流量

经营活动是指企业在正常的业务范围内进行的经济行为。由经营活动产生的这部分现金流量反映了企业在利润形成过程中的全部经济业务所引起的现金流动，包括现金收入与现金支出。

经营活动流入的现金主要包括：销售商品或提供劳务所取得的现金收入，包含了收回的当期销售货款、劳务收入和本期收回前期的销售货款、劳务收入或转让的应收账款和应收票据所取得的现金收入（其中，涉及销售货物退款发生的现金支出应抵扣事项的现金收入，不单独予以反映）；企业进行权益性投资和债券投资收到的现金股利收入和现金利息收入以及贷款和资金拆借的现金利息收入；金融企业实际收回发放的贷款本金；金融企业吸收的其他企业或个人的存款；企业销售货物实际收到的增值税销项税额和出口退税。

经营活动流出的现金主要包括：为购买货物等业务当期所支付的现金，包含当期购买货物支付的现金、前期购买货物但于当期支付的现金，以及为购买货物而预付的现金等；企业向外部实际支付的现金利息支出，抵减银行存款利息收入后的净额，其中已予以资本化的投资借款利息应在投资活动产生的现金流量中反映；金融企业实际对外发放的贷款，其中涉及金融企业接受其他企业的委托而发放的贷款及相应的委托存款应在报表附注中予以说明；金融企业对外支付的其他企业或个人的存款本金；企业按国家有关规定当期实际支付的、除增值税以外的各种税金，包括支付本期实际发生的税金和本期支付前期发生的税金以及预付的税金；应当归属于投资的税金支出，应列入投资活动产生的现金流量中予以反映；以现金方式支付职工的工资和其他劳动报酬等；企业发生的除上述各项支出以外的、用现金支付的，且用于经营活动的费用等。

（2）投资活动现金流量

投资活动是指企业长期资产的购建和不包括在现金等价物范围内的投资及其处置活动。长期资产是指固定资产、无形资产、在建工程、其他资产等持有期限在一年或一个营业周期以上的资产。这里的投资活动既包括实物资产投资，又包括金融资产投资。

投资活动流入的现金主要包括：企业以现金方式收回的对外投资本金，其中与投资本金同时收回的投资收益应列于经营活动产生的现金流量中予以反映；出售固定资产、无形资产而取得的现金，扣除以现金支付的有关费用和税金后的现金净额。

投资活动流出的现金主要包括：为购建固定资产、无形资产而支付的现金或偿付的应付款，其中为融资租入固定资产所支付的租金应当在筹资活动产生的现金流量中反映；购买股票支付的现金；企业购买期限在3个月以上的债券支付的现金。

（3）筹资活动现金流量

筹资活动，是指导致企业资本及债务规模和构成变化的活动。这里所说的资本，既包括实收资本，又包括资本溢价；这里所说的债务，是指对外举债，包括向银行借款、发行债券以及偿还债务等。

筹资活动流入的现金主要包括：企业发行股票筹措资金而收入的现金，其中涉及委托发行股票所取得的现金应以净额列示；企业发行债券筹措资金而收入的现金，其中涉及委托发行债券所取得的现金应以净额列示；向银行等金融企业或外部机构借入长短期款项所取得的现金。

筹资活动流出的现金主要包括：当期支付的现金股利；以现金偿付的借款或债券本金，其中企业支付的利息应在经营活动或投资活动产生的现金流量中予以列示；企业为发行股票、债券或借款及其他筹资活动而以现金支付的费用，其中涉及委托发行股票或债券，如采用发行收入扣除费用的计算办法，其发行费用直接在筹资收入中抵扣，不在本项目中反映；企业采用融资租赁方式租入固定资产时以现金形式所支付的租赁费；依法购入本企业的股票支付的现金。

3）现金流量及其影响因素

影响企业现金流量的因素主要是企业的日常经营业务，但不是所有的业务都对现金流量有影响。企业现金形式下的转换不会产生现金的流入和流出。例如，企业将现金存放银行是企业现金存放形式的转换，并未流出企业，不构成现金流量。根据企业的经营业务与现金流量的关系，可以将现金流量的变化分为以下三类：

① 现金各项目之间的增减变动。这一类业务的借贷两方都是现金，因而不会影响现金流量的增减变动。

② 非现金各项目之间的增减变动。这一类业务的借贷双方都不是现金，自然也不会影响现金流量的变化。

③ 现金各项目与非现金各项目之间的增减变动。此类业务一方涉及现金，一方不涉及现金，自然会引起现金流量的变动。

4）企业现金流量的作用

现金流量为企业提供的相关信息，在业绩评价、企业估值和财务决策方面具有重要作用。

（1）业绩评价

随着对会计利润指标的不断深入认识，人们发现了利润指标的局限性。现金流量的观念，只将持续的、核心的和主要的业务产生的现金净额作为企业的可持续发展的源泉，可以有效地防止企业利用非正常经营活动操纵利润。因此，以现金为基础反映经营活动、筹资活动和投资活动，可以更准确地了解企业的偿债能力和财务状况，从而更有效地评价企业的业绩水平。

（2）企业估值

传统的企业价值估值模型是以股利为基础来计算的，但这种方法具有明显的缺点，因为股利的多少受很多方面的因素影响，用这个变量来对企业价值进行评估会产生很大偏差。现金流量估价法则有效地克服了这个问题，它不仅考虑了企业过去的获利能力，还考虑了未来的营运变化，为企业估值提供了更可靠的思路。

（3）财务决策

随着人们对现金流量的深入了解，利用现金流量概念来进行财务决策被不断地接受和应用，评价指标从原来的利润最大化逐渐转化为现金流量最大化。在风险既定的情况下，企业的一切财务决策都围绕着能否带来更多的现金流量进行。现在，无论是投资决策、筹资决策还是股利政策，一般公司都会采用现金流量分析，而不是利润分析。

【小资料5-2】　　企业现金流量的财务分析①

现金流量分析有助于揭示企业财务状况的变动及其原因，分析企业获现能力，预测企业发展趋势。现金流量分析主要包括现金流量总体分析、主要项目分析以及与利润进行综合分析三大部分。

首先，先进行现金流量的总体分析。现金流量的总体分析主要包括水平分析、结构分析两方面。现金流量表的水平分析，就是通过对现金流量表的每个项目前后期的增减变动来观察企业现金流的变化情况，对异常变动的原因和后果进行分析。现金流量表的结构分析，其目的在于分析现金流入量和现金流出量的比例和结构，揭示现金流量表三个主要部分之间的关系，从中透视企业现金流量管理的重点。

其次，现金流量表提供的最主要也是最重要的信息就是关于三大部分的现金流量状况，通过对现金流量表的总体分析，以企业现金流量为分析对象，分别从经营活动、投资活动和筹资活动三个部分进行现金流量的主要项目分析，来解释它们变动的原因及对企业现金净流量的影响。

最后，在对现金流量进行分析的过程中还要注意将现金流量与利润进行综合分析。现金流量通常反映的是一定期间内企业现金流入和流出的情况。在对现金流量进行分析、运用时，不能孤立地仅凭现金流量表提供的信息就事论事。只有与利润表结合起来，才能对企业的经营活动情况做出较全面、正确的评价。现金流量与利

① 张先治，陈友邦．财务分析［M］．大连：东北财经大学出版社，2014.

润的综合分析主要通过经营活动现金流量净额与净利润二者之间的关系以及现金流量表附表的主要项目来进行。现金流量表附表采用间接法报告经营活动产生的现金流量，它在企业当期净利润的基础上进行某些项目的调整，从而得到经营活动的现金流量净额。

5.3 风险与收益权衡观念

货币时间价值是在没有风险和通货膨胀情况下的社会平均收益率。但是，企业的财务管理活动通常是在有风险的环境中进行的，不同风险的项目需要使用不同的折现率。因此，我们需要了解当企业冒风险进行财务管理活动时，如何进行风险和收益的权衡。

5.3.1 风险及风险报酬

1）风险的概念、特点及种类

风险是个非常重要的经济概念。财务活动中的风险同时间价值一样，也是一种客观存在，并对企业实现其财务目标具有重要的影响。

一般来说，风险是指一定条件下和一定时期内可能发生结果的不确定性。简单地讲，如果做一件事有几种可能的结果，就有风险；如果做一件事只能有一个预知的结果，就没有风险。例如，同一笔货币如果用于买股票，就有风险，而如果将其存入银行，就没有风险。在财务管理中，我们对风险的理解就是基于危险和机会并存的思想。公司开展任何一项投资或筹资活动，都会伴随着危险和机会，公司应当通过有效的管理手段来化解危险、把握机会，以实现资本的保值、增值。

需要与风险进行区分的另一个词是不确定性。二者都代表着未来某一事件的发生或者不发生，但严格来说，风险和不确定性是有一定区别的。这两者事先都不能肯定，不过风险发生的各种概率是客观存在的。决策者事先可以了解某种情况下发生的概率，如掷硬币，对全部结果是知道的，对正面出现的可能性是多大也是知道的，只是每次掷硬币后的结果（正面或反面）是不能肯定的，这就叫风险。不确定性则是由于各种原因对全部结果并不了解，当然对结果也就无法确定，如企业将500万元资金投入寻找与企业生产有关的矿藏，而能否找到矿藏无法确定，更不能对其进行计量。这种既不能确定，又无法计量的对未来事件的结果就是不确定性。

无论是风险还是不确定性，从财务管理的角度来看都表现为无法达到预期报酬的可能性。在财务管理中，对“不确定性”事件进行决策时，一般也规定一个主观概率对其进行定量分析。因此，实务上对风险和不确定性往往不加区分。

一般来说，我们所谈论的风险通常具有下面的特点：

① 风险具有两面性。它可能给企业带来意外的损失，也可能给企业带来意外

的收益。但是，在实际生活中，人们更注重风险的不利方面，认为风险是不利事件的可能性。从财务的角度看，风险就是指企业实际收益与预期收益发生偏离而蒙受损失的可能性。

② 风险具有客观性，即不管你愿不愿意，风险都存在，而且你做出一项风险决策，就必须承担相应的风险。

③ 风险具有时间性，即风险的大小随时间的变化而变化。随着时间的延续，事件的不确定性在缩小。事件完成，其结果就完全肯定了，风险也就消失了。

④ 风险具有相对性。一般认为，风险产生的原因主要是由于信息的不充分。不同的人掌握不同程度的信息，因此，对某人来说风险很大的行动，对另一个人来说其风险可能很小。

⑤ 风险具有收益性，高风险通常具有高报酬，否则就不会有人去冒险。风险贯穿于财务管理的全过程。从企业本身来看，风险分为经营风险（商业风险）和财务风险（筹资风险）；风险又可以从个别投资主体的角度分为市场风险（不可分散风险或系统风险）和企业特有风险（可分散风险或非系统风险）。

【课程思政】　　坚持底线思维 坚决有力防范化解重大风险①

2020年1月11日，习近平在省部级主要领导干部学习贯彻党的十九届五中全会精神专题研讨班开班式上指出："随着我国社会主要矛盾变化和国际力量对比深刻调整，必须增强忧患意识、坚持底线思维，随时准备应对更加复杂困难的局面。要坚持政治安全、人民安全、国家利益至上有机统一，既要敢于斗争，也要善于斗争，全面做强自己。"各级领导干部要增强"四个意识"、坚定"四个自信"、做到"两个维护"，深入学习贯彻习近平总书记的重要讲话精神，切实增强做好防范化解重大风险工作的政治自觉、思想自觉、行动自觉。要坚持底线思维、强化问题导向，从实际出发，着力防范化解政治、意识形态、经济运行、政府债务和金融、社会、生态环节、党的建设等方面的风险隐患。同时，各级各部门要严格落实管理责任，把防范化解重大风险摆在更加突出的位置，深入排查存在的风险隐患，建立健全风险研判机制、决策风险评估机制、风险防控协同机制、风险防控责任机制，做到心中有数、应对有方。领导干部要扛起责任，增强风险意识，发扬斗争精神，提高化解能力，对重大风险隐患亲自研究、亲自部署、亲自处理，班子成员要切实履行"一岗双责"，坚决有力打好防范化解重大风险这场硬仗。落到微观层面来看，企业的运行总是伴随着各种风险，企业只有做好风险评估、制定风险管理策略、提出并实施风险管理方案并进行风险管理的监督和改进，才能有效控制企业的经营风险，因而，上述风险防范思想同样适用于企业的财务管理。

2）风险报酬

风险的概念一般在财务决策时使用，因此，任何财务决策的确定都应尽可能回

---

① 佚名．习近平在省部级主要领导干部学习贯彻党的十九届五中全会精神专题研讨班开班式上发表重要讲话［EB/OL］．［2021-01-11］．http：//jhsjk.people.cn/article/31996276.

避风险，以减少损失。但是，一些风险大的筹资或投资事项，如海上石油勘探、利率高的借款等，照样会被投资者接受。原因在于，风险大的项目可能带来较大的损失，也可能带来较大的额外报酬，即冒风险投资比不冒风险投资获得超过时间价值的报酬。这种额外报酬通常称为投资的风险报酬（risk return of investment）或投资的风险价值（risk value of investment）。

投资的风险报酬既可以用风险报酬额表示，又可以用风险报酬率（风险报酬额与投资总额的比率）来表示。在实际工作中，并不对二者进行严格的区分，通常以相对数——风险报酬率进行计量，因为其可以比较投资额不同的投资项目的报酬额。

在不考虑通货膨胀的情况下，投资报酬率包括两部分：一部分是货币的时间价值，即无风险报酬率；另一部分是风险价值，即风险投资报酬率。其关系式如下：

投资报酬率=无风险报酬率+风险报酬率

风险与报酬率之间的关系可用图5-7表示：

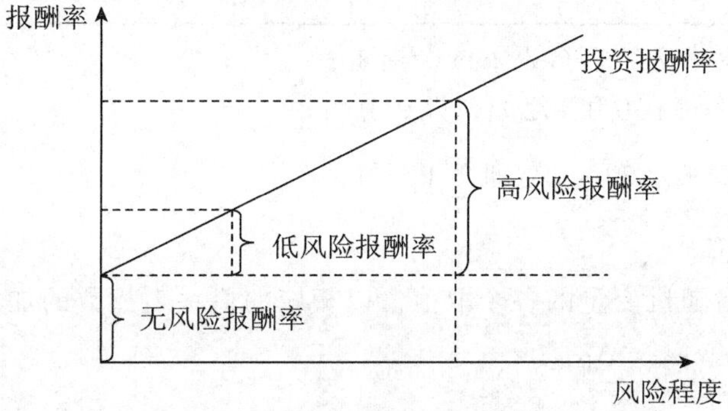

图5-7　风险与报酬率之间的关系

由此可见，风险与风险报酬如同形与影的关系，二者是相伴而生的。无论风险大小，任何一项投资都会因为货币具有时间价值，至少获得一定的报酬率，即无风险报酬率，而冒风险就要求有较高的报酬进行补偿；所冒的风险越大，所要求的报酬也就越高。无风险报酬率和相应风险水平下的风险报酬率合计组成了投资者要求的投资报酬率。因此，在财务管理中，如果风险已确定，则应尽可能选择报酬率较高的方案；如果报酬率已确定，则要选择风险小的方案，使可能发生的损失降到最低，使收益达到最高；当各备选方案收益不同、风险也不同时，要比较各方案单位收益所冒的风险之后再进行选择。

5.3.2　单项资产风险与收益的衡量

如前所述，我们把风险理解为可测量概率的不确定性。因此，单项资产的风险常常借助于概率统计中的标准差（standard deviation）、变异系数（variable ratio）等离散指标进行定量的描述和评估。一个已普遍被大家接受而且可以达到目的的方法就是利用标准差和变异系数来衡量单项资产的风险。

运用概率方法计量单项资产的风险及风险报酬，具体步骤和计算公式如下：

1）确定概率及概率分布

一个事件的概率是指这一事件的某种结果发生的可能性大小。例如，买股票投资的收益率是20%的概率是0.30，就意味着买股票投资的收益率是20%的可能性是30%。如果把某一事件所有可能的结果都列示出来，对每个结果给予一定的概率，就构成概率分布。

如果概率以P_i表示，N表示可能出现的所有情况，以K_i表示预期报酬率，表5-8列示的是所有可能情况的概率、预期报酬率分布。

表5-8 **所有可能情况的概率、预期报酬率分布表**

N	1	2	3	…	N
P_i	P_1	P_2	P_3	…	P_N
K_i	K_1	K_2	K_3	…	K_N

一般认为，概率必须符合以下两个要求：

① 所有的概率都在0和1之间，即$0 \leqslant P_i \leqslant 1$；

② 所有结果的概率和为1，即$\sum_{i=1}^{N} P_i = 1$。

2）计算期望值

期望值就是指随机变量的各个取值，以相应的概率为权数的加权平均数。

$$\text{报酬率的期望值（E）} = \sum_{i=1}^{N} P_i K_i \tag{5.22}$$

式中：P_i——第i种结果出现的概率；

K_i——第i种结果出现后的预期报酬率；

N——所有可能结果的数目。

3）计算方差和标准差

表示随机变量离散程度的指标包括平均差、方差、标准差和全距等，其中最常用的是方差和标准差。方差是用来表示随机变量与期望值之间离散程度的一个变量，能够反映数据的波动性，它是标准差的平方。标准差也叫均方差。方差的计算公式如下：

$$\text{方差（}\sigma^2\text{）} = \sum_{i=1}^{N} (K_i - E)^2 \cdot P_i \tag{5.23}$$

标准差是方差的平方根。

$$\text{标准差（}\sigma\text{）} = \sqrt{\sum_{i=1}^{N} (K_i - E)^2 \cdot P_i} \tag{5.24}$$

4）计算变异系数

由于标准差受可能结果的数额影响，如果概率分布相同，可能结果的数额越大，标准差也就越大，因而，不利于不同规模项目的风险比较。为了解决这个问题，引入变异系数这个概念。变异系数是标准差与期望值的比值，反映某资产每单位预期收益中所包含的风险大小，又称标准离差率。其计算公式如下：

$$变异系数（V）=\frac{\sigma}{E} \quad (5.25)$$

一般来说，方差、标准差、变异系数越大，说明变量的离散程度越大，风险越大。需要注意的是，方差和标准差都属于绝对数指标，它们不能对期望值不同的随机变量进行风险比较，而变异系数是相对指标，可以用于不同期望值的随机变量风险的比较。

5）计算风险报酬率

变异系数虽然可以评价投资项目的风险程度，但并不能表示其风险报酬程度。因此，需要借助于一个系数——风险报酬系数，将这种风险程度转换为风险报酬率。风险报酬率、风险报酬系数和变异系数之间关系可用公式表示如下：

风险报酬率=风险报酬系数×变异系数

用符号表示为：

$$R_R = bV \quad (5.26)$$

投资报酬率=无风险报酬率+风险报酬率

用符号表示为：

$$K = R_f + R_R = R_f + bV \quad (5.27)$$

无风险报酬率就是加上通货膨胀贴水后的货币时间价值。一般把投资于国库券的报酬率视为无风险报酬率（R_f）。

风险报酬系数是将变异系数转化为风险报酬的一种系数。它可以根据同类项目的历史数据加以确定，也可以由企业组织有关专家确定。

【例5-23】ABC公司有两个投资项目，A投资项目是一个高科技项目，该领域竞争很激烈，如果经济发展迅速并且该项目做得好，将取得较大市场占有率，利润也会很多。否则，利润很少，甚至亏本。B项目是一个老产品并且是必需品，销售前景可以准确预测出来。假设未来的经济情况只有三种：繁荣、正常、衰退。公司未来经济情况表见表5-9，A、B项目标准差见表5-10和表5-11。

表5-9　**公司未来经济情况表**

经济情况	发生概率	A项目期望报酬率	B项目期望报酬率
繁荣	0.3	80%	30%
正常	0.4	20%	20%
衰退	0.3	-40%	10%
合计	1		

表5-10　　A项目的标准差

$K-E_A$	$(K-E_A)^2$	$(K-E_A)^2 \times P$
80%-20%	0.36	0.36×0.3=0.108
20%-20%	0	0×0.4=0
-40%-20%	0.36	0.36×0.3=0.108
方差（σ^2）	0.216	
标准差（σ）	46.48%	
变异系数（V）	2.324	

表5-11　　B项目的标准差

$K-E_B$	$(K-E_B)^2$	$(K-E_B)^2 \times P$
30%-20%	0.01	0.01×0.3=0.003
20%-20%	0	0×0.4=0
10%-20%	0.01	0.01×0.3=0.003
方差（σ^2）	0.006	
标准差（σ）	7.75%	
变异系数（V）	0.388	

在对两个或两个以上方案进行比较时，如果期望值相同，可直接利用标准差来比较风险程度，利用变异系数计量风险的结果与标准差的结果是一致的。上例中，A和B项目的期望值都是20%，B项目的标准差和变异系数都比A项目小，均能够说明B项目的风险较A项目小，应选择投资B项目。但是，在对两个或两个以上方案进行比较时，如果期望值不同或标准差不同，就只能用变异系数来衡量风险程度。

例如，假设A、B两项目的标准差仍然分别为46.48%和7.75%，但A项目的报酬率是30%，B项目的报酬率是3%，那么究竟哪个项目的风险更大呢？这时，就不能用标准差作为判断标准，只能用变异系数。

A项目的变异系数：V_A=46.48%÷30%=1.549

B项目的变异系数：V_B=7.75%÷3%=2.583

这说明，当报酬率发生变化时，A项目的风险要小于B项目的风险，因此，应选择投资A项目。

接【例5-23】，假设A、B两项目的风险报酬系数分别为8%和10%，无风险报酬率为6%，则项目的风险报酬率分别为：

A项目：$R_R=bV=8\%\times2.324=18.59\%$

B项目：$R_R=bV=10\%\times0.388=3.88\%$

A项目：$K=R_f+R_R=6\%+18.59\%=24.59\%$

B项目：$K=R_f+R_R=6\%+3.88\%=9.88\%$

一般来说，投资者都会尽量回避风险。在一个由回避风险的投资者支配的市场中，风险越大，投资者所要求的报酬率就越高；若这种情况无法维持，则投资者会在市场中采取行动使其发生。例如，A企业和B企业的股票价格都是100元，收益率都是15%，而B企业的风险大于A企业的风险。这时，由于回避风险的关系，投资者喜欢购买A企业的股票，从而导致A企业股票的价格上升，报酬率下降，而B企业的股票价格下跌，报酬率上升。因此，在财务管理中所面临的风险也是不断转化和变化的，管理者必须能够根据变化的环境及时调整其战略。

5.3.3　组合资产的风险与收益

以上研究的是单项投资项目的风险。实际上，很少有人只选取一项资产进行投资。投资者往往将不同资产组合在一起进行投资，以降低总投资的风险程度。这种将不同资产进行投资组合的形式，称为组合资产投资或简称为投资组合（investment portfolio）。

马科维茨提出的投资组合理论认为，若干种证券组成的投资组合，其收益是这些证券收益的加权平均数，权数为每种资产占组合资产的比重，但是其风险不是这些证券风险的加权平均风险，一般情况下，组合投资的风险小于各种资产风险的加权平均数，其原理是组合投资能够分散风险。

1）组合资产期望收益率

组合资产的收益率是组合资产投资中个别投资的加权平均收益率。两种或两种以上证券的组合，其预期报酬率可以直接表示为：

$$r_p=\sum_{j=1}^{m}r_jA_j \tag{5.28}$$

式中：r_j——第j种证券的预期报酬率；

A_j——第j种证券在全部投资额中的比重；

m——组合中证券种类的总数。

如果某企业投资于A、B两种证券，其中A的报酬率为20%，投资比重为40%；B的报酬率为30%，投资比重为60%，则证券组合投资的平均报酬率为：

$r_p=\sum r_jA_j=20\%\times40\%+30\%\times60\%=26\%$

【例5-24】假设投资100万元，A和B各占50%。如果A和B完全负相关，即一个变量的增加值永远等于另一个变量的减少值，组合的风险被全部抵消。完全负相关的证券组合数据见表5-12。如果A和B完全正相关，即一个变量的增加值永远等于另一个变量的增加值，那么组合的风险不减少也不扩大。完全正相关的证券组合数据见表5-13。

表5-12　　完全负相关的证券组合数据

方案	A		B		组合	
年度	收益	报酬率	收益	报酬率	收益	报酬率
20×1	20	40%	-5	-10%	15	15%
20×2	-5	-10%	20	40%	15	15%
20×3	17.5	35%	-2.5	-5%	15	15%
20×4	-2.5	-5%	17.5	35%	15	15%
20×5	7.5	15%	7.5	15%	15	15%
平均数	7.5	15%	7.5	15%	15	15%
标准差		22.6%		22.6%		0

表5-13　　完全正相关的证券组合数据

方案	A		B		组合	
年度	收益	报酬率	收益	报酬率	收益	报酬率
20×1	20	40%	20	40%	40	40%
20×2	-5	-10%	-5	-10%	-10	-10%
20×3	17.5	35%	17.5	35%	35	35%
20×4	-2.5	-5%	-2.5	-5%	-5	-5%
20×5	7.5	15%	7.5	15%	15	15%
平均数	7.5	15%	7.5	15%	15	15%
标准差		22.6%		22.6%		22.6%

2）组合投资的风险及度量

由于投资组合能够降低风险，因而组合资产的风险不是组合资产投资中个别投资标准差的加权平均数。为了便于理解，下文用证券组合来代表企业的组合资产。由此可知，证券组合的标准差并不是单个证券标准差的简单加权平均。证券组合的风险不仅仅取决于组合内各种证券的风险，还取决于各个证券之间的关系。

投资组合报酬率概率分布的标准差计量如下：

$$\sigma_p=\sqrt{\sum_{j=1}^{m}\sum_{k=1}^{m}A_j A_k \sigma_{jk}} \tag{5.29}$$

式中：m——组合内证券种类的总数；

A_j——第j种证券在投资总额中的比例；

A_k——第k种证券在投资总额中的比例；

σ_{jk}——第j种证券与第k种证券报酬率的协方差。

对该公式的解析如下：

协方差和相关系数用来衡量两个变量之间是否相关和相关度如何。其中，协方差是对两个变量之间的一般运动关系的度量。例如，如果A股票的价格随经济繁荣而上涨，则B股票的价格变动情况如何？协方差就是对A、B股票价格的这种相互关系进行度量和评价。相关系数实际上是标准化了的协方差，可以使得资产之间相互变动的程度在一个相同的基础上进行比较。

（1）协方差的计算

证券报酬率的协方差，用来衡量它们之间共同变动的程度，计算公式如下：

$$\sigma_{jk}=r_{jk}\sigma_j\sigma_k \tag{5.30}$$

式中：r_{jk}——证券j和证券k报酬率之间的预期相关系数；

σ_j——第j种证券的标准差；

σ_k——第k种证券的标准差。

公式（5.29）中根号内双重的$\sum$符号表示对所有组合的协方差，分别乘以两种证券的投资比例，然后求其总和。

例如，当m=3时，协方差矩阵如下所示：

$$\begin{matrix}\sigma_{1,1} & \sigma_{1,2} & \sigma_{1,3}\\ \sigma_{2,1} & \sigma_{2,2} & \sigma_{2,3}\\ \sigma_{3,1} & \sigma_{3,2} & \sigma_{3,3}\end{matrix}$$

对于矩阵对角线位置上的投资组合，其协方差就是各证券自身的方差。组合$\sigma_{1,2}$代表证券1和证券2报酬率之间的协方差，组合$\sigma_{2,1}$代表证券2和证券1的报酬率的协方差。它们的数值是相同的。这就是说，需要计算两次证券1和证券2之间的协方差。由矩阵的对称性可知，所有不在对角线上的配对组合的协方差都要计算两次。双重求和符号，就是把所有组合构成的矩阵中的方差项和协方差项全部加起来。3种证券的组合，一共有9项，由3个方差项和6个协方差项（3个计算了两次的协方差项）组成。

公式（5.29）表明，影响证券组合的标准差不仅取决于单个证券的标准差，还取决于证券之间的协方差。随着证券组合中证券个数的增加，协方差项比方差项越来越重要。例如，在两种证券的组合中，有两个方差项$\sigma_{1,1}$和$\sigma_{2,2}$，以及两个协方差项$\sigma_{1,2}$和$\sigma_{2,1}$。对于三种证券的组合，沿着对角线有3个方差项$\sigma_{1,1}$、$\sigma_{2,2}$、$\sigma_{3,3}$以及6项协方差项。以此类推，当组合中有m项资产时，我们一共要对m×m项求和，其中包括m项的方差和m×m-m项的协方差。具体而言，当组合中证券数量较多时，总方差主要取决于各证券间的协方差。例如，在含有60种证券的组合中，矩阵共有60个方差项和3 540个协方差项。当一个组合扩大到能够包含所有证券时，只有协方差是重要的，方差将变得微不足道。因此，充分投资组合的风险，只受证券之间协方差的影响，而与各证券本身的方差无关。

【例5-25】X股票和Y股票的报酬率的概率分布见表5-14。

表5-14 **X股票和Y股票的报酬率的概率分布**

经济状况	概率	X股票的报酬率	Y股票的报酬率
1	0.1	6%	25%
2	0.2	8%	17%
3	0.3	10%	13%
4	0.25	12%	10%
5	0.15	14%	4%

经计算，X股票和Y股票的预期报酬率分别为10.3%和12.9%，标准差分别为2.39%和5.66%。

X、Y股票报酬率协方差计算如下：

$$\sigma_{X,Y}=(6\%-10.3\%)\times(25\%-12.9\%)\times0.1+(8\%-10.3\%)\times(17\%-12.9\%)\times0.2+(10\%-10.3\%)\times(13\%-12.9\%)\times0.3+(12\%-10.3\%)\times(10\%-12.9\%)\times0.25+(14\%-10.3\%)\times(4\%-12.9\%)\times0.15$$

$$=-0.001327$$

（2）组合资产之间的相关系数

在计算资产组合报酬率的标准差时，资产之间的相关性是一个重要的变量。前面的例子都假定相关系数是已知的，但是当给出历史数据时，仍可以利用下面的公式计算相关系数。

$$\text{相关系数}r=\frac{\sum_{i=1}^{n}\left[\left(x_i-\overline{X}\right)\times\left(y_i-\overline{Y}\right)\right]}{\sqrt{\sum_{i=1}^{n}(x_i-\overline{X})^2}\times\sqrt{\sum_{i=1}^{n}(y_i-\overline{Y})^2}} \tag{5.31}$$

任何两种证券的相关系数都在-1至+1间取值。当相关系数为1时，表示一种证券报酬率的变动总是与另一种证券报酬率的变动成正比例；当相关系数为-1时，表示一种证券报酬率的变动与另一种证券报酬率的变动成反比例；当相关系数为0时，表示缺乏相关性，每种证券的报酬率相对于另外的证券的报酬率独立变动。一般而言，大多数证券的报酬率趋于同向变动，因此两种证券之间的相关系数多为小于1的正值。实际上，各股票之间不可能完全正相关，也不可能完全负相关，所以不同股票的投资组合可以降低风险，但又不能完全消除风险。一般而言，股票的种类越多，风险越小。

【例5-26】某企业的投资由A和B组成，其所占的比重各为50%。2017—2021年5年的收益、平均收益、标准差及组合投资收益见表5-15：

表5-15　**组合资产投资收益表**

年度	A收益	B收益	AB组合投资收益
2017	45%	-15%	15%
2018	-15%	45%	15%
2019	35%	-5%	15%
2020	-5%	35%	15%
2021	15%	15%	15%
平均收益	15%	15%	15%
标准差	25.5%	25.5%	0

上述关系如图5-8所示：

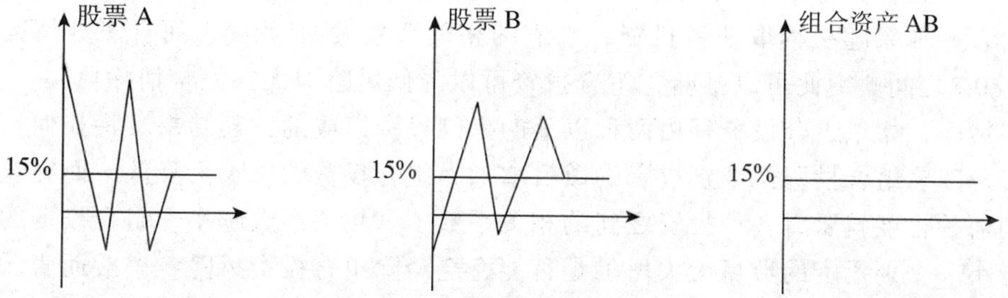

图5-8　组合资产投资收益率

如图5-8所示，如果只投资A或B，那么，它们的风险都很高；但是，如果结合A和B进行组合投资，那么，AB组合投资的风险消失了，标准差为零。上述A和B构成的组合投资之所以会形成一个无风险的组合投资，是因为A和B两种投资收益的变动方向正好相反；当A投资的收益上升时，B投资的收益就下降。由于这两种投资的收益的变动方向正好相反，其收益存在完全负相关关系即相关系数r=-1。

如果两种投资的收益的变动方向相同，那么，这两种投资存在完全正相关的关系，即相关系数r=1。由这两种投资组成的组合投资，其投资组合的风险等于组合内各资产标准差的加权平均数。

【例5-27】某企业由M和N各50%组成的MN组合投资，其有关资料见表5-16：

表5-16　　组合资产投资收益表

年度	M收益	N收益	MN组合投资收益
2017	45%	45%	45%
2018	-15%	-15%	-15%
2019	35%	35%	35%
2020	-5%	-5%	-5%
2021	15%	15%	15%
平均收益	15%	15%	15%
标准差	25.5%	25.5%	25.5%

由表5-16可知，由M和N各占50%所组成的组合投资MN的标准差与个别投资M或N的标准差一样，都是25.5%。这说明如果组合投资中的各种投资之间存在完全正相关的关系，企业无法通过组合投资消除投资组合的风险。

上述两个极端的例子表明：①当各种投资之间存在完全负相关关系时，组合投资中的风险可以全部消除；②当各种投资之间存在完全正相关关系时，组合投资中的风险无法消除。事实上，许多投资之间存在正相关，但不是完全正相关。平均而言，如果随机抽取两种投资，它们的相关系数大约为0.6，而且多数情况下为0.5～0.7之间。由此可以推断，组合投资可以降低风险但无法完全消除风险。

然而，如果组合投资是由两种以上的个别投资组成的，其结果又将如何？一般而言，随着组合投资中个别投资的数目增加，组合投资的风险会降低，而究竟能降低到何种程度就要看各种投资之间的相关系数了。相关系数越小，组合投资的风险就越小。个别投资的数目大大增加是否能完全消除组合投资风险？一般而言，这并不能完全消除组合投资风险，而且当组合中个别投资的数目大到一定程度时，组合投资风险减少的程度就会越来越小。

【小结5-4】相关系数与组合风险之间的关系总结见表5-17：

表5-17　　相关系数与组合风险之间的关系

相关系数 $r_{1,2}$	组合的标准差 σ_p（以两种证券为例）	风险分散情况
$r_{1,2}=1$（完全正相关）	$\sigma_p=A_1\sigma_1+A_2\sigma_2$ 组合标准差=加权平均标准差	σ_p达到最大。组合不能抵消任何风险
$r_{1,2}=-1$（完全负相关）	$\sigma_p=\|A_1\sigma_1-A_2\sigma_2\|$	σ_p达到最小，甚至可能是零。组合可以最大限度地抵消风险
$\|r_{1,2}\|<1$	$0<\sigma_p<$加权平均标准差	资产组合可以分散风险，但不能完全消除风险

3）两种证券组合的投资机会集

通过资产组合投资报酬率标准差的公式$\sigma_P=\sqrt{\sum_{j=1}^{m}\sum_{k=1}^{m}A_jA_k\sigma_{jk}}$，我们可以知道，影响组合投资报酬率的因素有方差、协方差及投资比例。前文我们已经介绍了方差和协方差对组合投资风险的影响，下面我们将讨论随着投资比例的变化，投资组合的期望报酬率和风险之间的关系。图5-9描绘了随着对两种证券投资比例的改变，期望报酬率与风险之间的关系，其中，D点表示将资金全部投资于A证券，E点表示将资金全部投资于B证券。图中的曲线是机会集，它反映风险与报酬率之间的权衡关系。

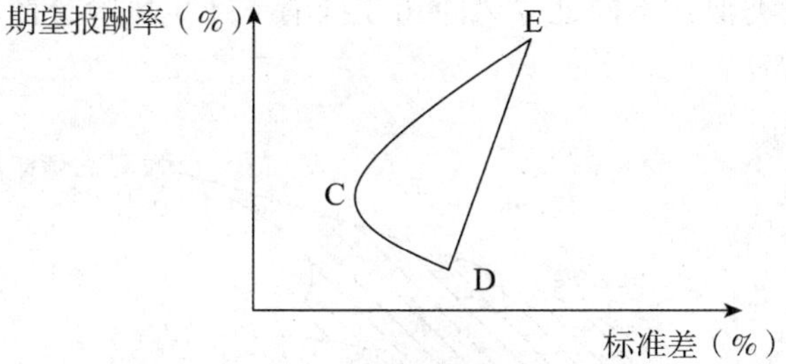

图5-9　两种证券组合投资的机会集

图5-9有几项特征是非常重要的：

① 它表达了最小方差组合。曲线最左端的组合被称作最小方差组合。它在持有证券的各种组合中有最小的标准差。离开此点，无论增加或者减少投资于B证券的比例，都会导致标准差的增加。需要强调的是，并非所有的证券组合都会出现最小方差点，只有当两种证券之间的相关性小到一定程度时才会出现最小方差点。

② 它表达了投资的有效集合。在只有两种证券的情况下，投资者的所有投资机会只能出现在机会集曲线上，而不会出现在该曲线上方或下方。改变投资比例只会改变组合在机会集曲线上的位置。C点最小方差组合以下的组合是无效的，即机会集曲线CD的弯曲部分是无效的。因为对于最小方差点以下的机会集，同样的标准差（风险）下可以找到该曲线上对应更高的报酬率，而理性的投资者会在同样风险的情况下，选择报酬率更高的投资组合。

③ 图5-9揭示了分散化效应。曲线和直线间的举例反映了分散化效应的大小。离直线越远，分散效应越大。直线表示的是两种证券完全正相关时的机会集曲线，完全没有分散风险。任何组合的风险都不会大于正相关时的风险。由曲线向后弯曲的部分可以看出，从D点出发，拿出一部分货币投资于风险较大的B证券的组合标准差会比全部投资于风险较小的A证券的标准差还小。这与人们的直觉相反。这揭示了风险分散化的内在特征。一种证券的未预期变化往往会被另一种证券的反向未预期变化抵消。即使两种证券同向变化，抵消效应也会存在。只要两种证券的相关

系数小于1，组合风险就会降低。

4）多种证券组合的风险与报酬

多种证券组合的机会集不同于两种证券的机会集。随着可供投资的证券数量增加，所有可能的投资组合数量都将呈几何级数上升。此时，上述分析两种证券组合的报酬率和标准差之间关系的原理仍然适用，只是机会集有了变化。两种证券的所有可能组合都落在一条曲线上，而两种以上证券的所有组合会落在一个甲壳虫形状的平面中，如图5-10的阴影部分所示。这个机会集反映了投资者所有可能的投资组合，每种可能的投资组合都与图中的一点相对应。最小方差组合是图中最左端的点，它具有最小组合标准差。多种证券组合的机会集外缘有一段向后弯曲，与两种证券组合中的现象类似：不同证券风险相互抵消，产生风险分散化效应。

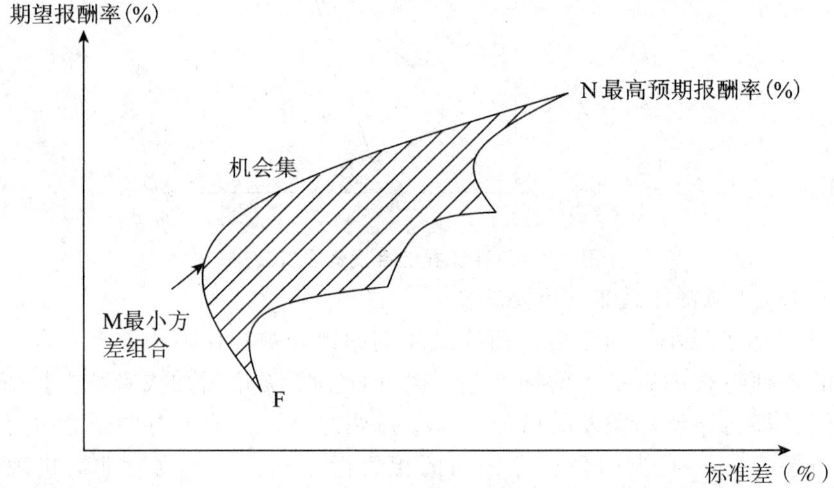

图5-10 机会集

图5-10中的曲线MN，称为机会集。它从最小方差组合点到最高预期报酬率点之间机会集的上边缘。也就是说，虽然整个机会集都对应着投资者可能的投资组合，但是投资者却只会在机会集上寻找投资组合。机会集以外的投资组合与有效边界上的组合相比，有三种情况：相同的标准差和较低的期望报酬率、相同的期望报酬率和较高的标准差、较低的报酬率和较高的标准差。这些投资组合都是无效的。如果投资组合是无效的，投资者可以通过改变投资比例转换到有效边界上的某个组合，以达到提高期望报酬率而不增加风险、降低风险而不降低期望报酬率或者得到一个既提高期望报酬率又降低风险的组合。

5）资本市场线（CML）

从上面的讨论中，我们可以看出，如果只考虑风险投资，投资者的最优选择是曲线MN上的一点。如果存在无风险资产，并且投资者可以在资本市场上以固定的无风险资产的报酬率借到钱，将其纳入自己的投资总额，或者可以将多余的钱以无风险利率贷出，那么，将无风险资产与风险资产组合在一起，投资者的最优选择会是怎样的呢？

如图5-11所示，从无风险资产的收益率（Y轴的R_f）开始，作有效边界的切线，切点为P。该直线被称为资本市场线。由全部风险证券和无风险证券构成的投资组合中，没有任何组合可以优于R_fP，因为同样大小的风险，可以在R_fP上找到更高的报酬率。切点P是一切风险投资以各自的市场价值为权数的加权平均组合。它代表唯一最有效的风险资产组合。我们将其定义为“市场组合”，也表示市场均衡点。

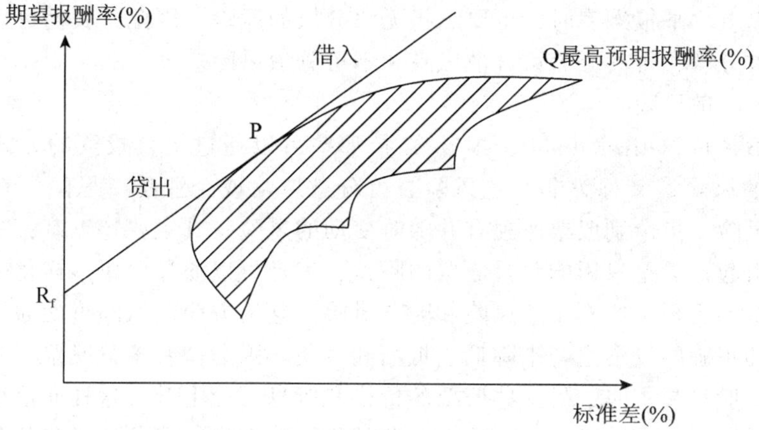

图5-11　最佳组合选择

在存在无风险资产的情况下，投资人可以通过贷出货币降低自己的风险，当然也会同时降低预期的报酬率。最厌恶风险的人可以将全部货币贷出，用来购买政府债券并持有至到期（R_f点）。偏好风险的人可以借入货币，增加购买风险资产的成本，以使预期报酬率增加。如果贷出货币，他承担的风险小于市场平均风险；如果借入货币，他承担的风险大于市场平均风险。资本市场线说明有效投资组合的风险和报酬是一种线性关系。直线的截距表示无风险利率，可以视为时间价值。直线的斜率代表风险的市场价格。它告诉我们当标准差增长某一幅度时相应要求的报酬率的增长幅度。直线上的任何一点都可以告诉我们投资于市场组合和无风险资产的比例。在P点的左侧，表示投资者将自有资金的一部分以无风险利率贷出（买入政府债券并持有至到期），将剩余资金投资到风险资产组合中。在P点的右侧，表示投资者将从资本市场上以无风险利率借入的款项和自有资金全部投资到风险资产组合中。

从这里我们也可以看出，投资者个人的效用偏好与最佳风险资产组合是互相独立的。这就是所谓的分离定理。当资本市场存在无风险资产时，资本市场的最优市场组合就已经确定在了P点，此点与投资者个人的风险偏好没有关系，是客观存在的，投资者个人对风险的态度仅仅影响借入或贷出的资金数量，并不会对最佳风险资产组合产生影响。最佳风险资产组合取决于各种可能风险组合的期望报酬率和标准差。个人的投资行为可分为两个阶段：先确定最佳风险资产组合，后考虑无风险资产和最佳风险资产组合的理想组合。只有第二阶段受投资人风险反感程度的影响。分离定理在理财方面非常重要，它表明企业管理层在决策时不必考虑每位股东对风险的态度。

6）风险的分类

通过上述的投资组合理论，我们知道了当投资的资产趋于多元化时，风险会得到一定程度的分散。同时，我们又知道报酬率是对风险的回报，因此当我们获得无风险利率以上水平报酬率时，也要承担无法分散的风险。因此，我们可以根据风险是否可以被分散，将其分为可分散风险和不可分散风险。

（1）可分散风险

可分散风险（diversifiable risk），是指那些可以通过组合投资的方式来消除的个别投资的风险，又称为非系统风险、可分散风险或企业特有风险。在证券投资中，这种风险专指个别股票所独有并随时变动的风险，其主要特点有：一是由于特殊因素所引起；二是只影响某只股票的收益；三是可以通过股票多样化来消除或分散。其来源和表现主要有企业风险和财务风险。这两方面的风险可能通过股票持有的多样化和正确的投资组合来降低、抵消和避免。因为持有多只股票，当有些股票价格下跌、股息减少时，另一些股票的价格和股息可能上升，这样此落彼涨就可能使风险彼此冲销。由此可知，在一个充分的投资组合中，可分散风险几乎与市场无关，市场也不会对它给予任何价格补偿。

（2）不可分散风险

不可分散风险（non-diversifable risk）又称系统风险或市场风险，是指某种因素使股票市场上所有的股票都出现价格变动的现象，给一切证券投资者都会带来损失的可能性。例如2020年的新冠肺炎疫情的发生、国家某项经济政策变化、有关法律的制定，甚至政府成员的更换等，都会影响整个证券市场价格。这类风险的主要特点有：一是由共同的因素引起；二是影响所有股票的收益；三是不可能通过股票证券的多样化来回避或消除。其来源和表现主要有购买力风险、市场风险和利率风险。在这种泛指所有股票投资不可分散的共有风险中，其不同的股票所受到的影响程度是不一样的。有的股票价格易受整个经济环境影响，比如一些耐用消费品生产厂家的股票价格就较易受到经济变动的影响，当整个经济出现不景气时，消费者首先减掉的是昂贵的耐用消费品购买计划，进而影响厂家的生产和利润，使这些企业的股价也随之变动；而粮食、副食品等基本消费品生产加工经营企业，无论经济是否景气，其收益均显得较为稳定，股价变动也要小一些。尽管各股票的涨跌幅度有所区别，但是多数股票的变动方向却是一致的。所以，不管投资多样化有多充分，也不可能消除全部风险，即使购买的是全部股票的市场组合。

【小结5-5】系统风险与非系统风险的对比归纳，见表5-18：

表5-18　　系统风险与非系统风险

种类	含义	致险因素	与组合资产数量之间的关系
非系统风险（企业特有风险、可分散风险）	由于某种特定原因对某特定资产收益率造成影响的可能性，它是可以通过有效的资产组合来消除的风险	特定企业或特定行业所特有的	可通过增加组合中资产的数目而最终消除
系统风险（市场风险、不可分散风险）	影响所有资产的，不能通过资产组合来消除的风险	由那些影响整个市场的风险因素所引起的	不能随着组合中资产数目的增加而消失，它是始终存在的

（3）可分散风险与不可分散风险的关系

可分散风险与不可分散风险的关系，如图 5-12所示。

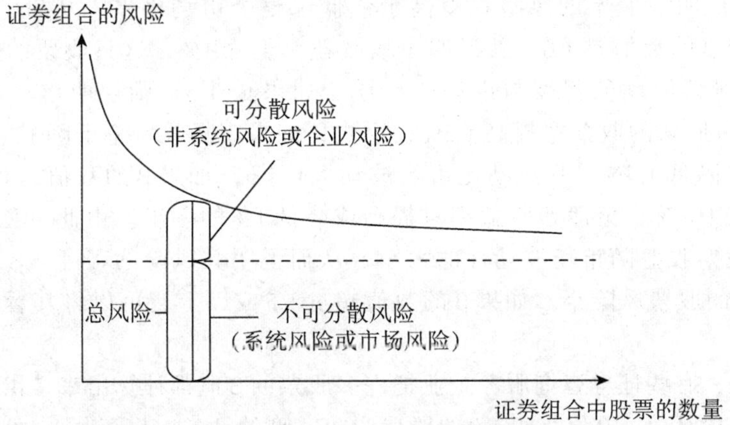

图5-12　可分散风险与不可分散风险关系图

7）β系数与投资组合的收益

在股票市场上，股票价格由于种种原因经常波动，令人难以捉摸，因而时常使投资者因价格涨落频繁而产生一种有损失利益的危险感。这就存在着股票投资的风险，包括系统风险与非系统风险。系统风险对个别股票的影响程度可由该股票价格变动的历史数据和市场价格的历史数据计算分析得出，通常用β系数来表示。

β系数被定义为某个资产的收益率与市场风险组合之间的相关性。其计算公式如下：

$$\beta_j=\frac{\sigma_{jm}}{\sigma_m^2}=\frac{r_{jm}\sigma_j\sigma_m}{\sigma_m^2}=r_{jm}\left(\frac{\sigma_j}{\sigma_m}\right) \tag{5.32}$$

式中：分子 σ_{jm} 表示第 j 种证券的收益与市场组合收益之间的协方差。它等于该证券的标准差、市场组合的标准差及两者相关系数的乘积。

根据上式可以看出，一只股票的β系数大小取决于：①该股票和整个股票市场的相关性；②它自身的标准差；③整个市场的标准差。

β系数的计算方法有两种：

一种方法是使用直线回归法。根据数理统计的线性回归原理，β系数均可以通过同一时期内的资产收益率和市场组合收益率的历史数据，使用线性回归方程预测出来。β系数就是该线性回归方程的回归系数。

另一种方法是按照定义，根据证券与股票指数收益率的相关系数、股票指数的标准差和股票收益率的标准差直接计算。

β系数有多种计算方法，实际计算过程十分复杂，但幸运的是，β系数一般不需要投资者自己计算，而是由一些投资服务机构定期计算并公布。

作为整体的证券市场的β系数为1。当某只股票的风险情况与整个股票市场的风险相一致时，这只股票的β系数也就等于1。如果某只股票的β系数大于1或小于1，则说明该股票的风险程度高于或低于整个市场水平。从另一种角度说，如果计算出β的数值是1.0，就说明市场收益率上涨1%，这只股票的收益率也提高1%，该股票波动的程度与市场的一样。如果β=1.5，则说明市场收益率上涨1%时，这只股票的收益率提高1.5%；反之，如果市场收益率下降1%，则该股票的收益率将降低1.5%，其波动比市场波动大0.5%。如果β的数值是0.5，则表示市场涨或跌1%时，该股票收益率只提高或降低1%的一半。由此可见，β的大小表示某只股票收益随市场波动性的大小，从而说明其风险的程度。β大的股票风险大、β小的股票风险小。如果β的数值超过1.5或以上，可以将其看作高风险的股票。

在国外，有些证券咨询服务企业把许多股票的β值都计算出来，供投资者选购时参考。一般认为，β值小于1.0的股票叫防守型的证券；β值大于1.0的股票叫进攻型的股票。一般来说，大部分股票的β系数在0.60～1.60；而根据定义，所有股票的β系数的平均值为1。β系数对于测定个股的市场表现及相应的市场风险、进行个股及股票投资组合选择，具有重要的参考价值。

系统风险无法被分散，因而投资组合的β系数是投资组合中个别证券的β系数的加权平均数。如果将一个β系数大于1的股票加入投资组合，则该组合的风险将会被拉高；反之，则会被拉低。其计算公式为：

$$\beta_p=\sum x_i\beta_i \tag{5.33}$$

式中：β_p——组合投资的β系数，表示个别组合投资报酬率相对于市场组合投资报酬率的变动程度；

x_i——第i只股票的权数；

β_i——第i只股票的β系数。

例如，如果企业持有A、B、C三只股票，所占比重分别为60%、30%、10%，三只股票的β系数分别为2.3、1.7、0.6，则证券组合的β系数为：

$$\beta_p=\sum x_i\beta_i=60\%\times2.3+30\%\times1.7+10\%\times0.6=1.95$$

至此，我们可以将证券组合投资风险归纳如下：

① 证券组合投资后的风险由两部分组成，即可分散风险和不可分散风险，如图5-12所示。

② 可分散风险可以通过证券组合来消减。从图5-12中可以看到，可分散风险随着证券组合中股票数量的增加而逐渐减少。

③ 股票的不可分散风险由市场变动产生，它对所有股票都有影响，不能通过证券组合消除，应当通过计量β系数后，在投资报酬中得到补偿。

8）证券市场线

由资本市场线进入证券市场线，是资本资产定价模型研究由组合风险与收益研究向个别证券的风险与收益推进的过程。单一证券的风险和收益之间的关系可由证券市场线（SML）来描述。

一般认为，投资者只有在一种证券的期望收益可以弥补其风险时才会持有这种风险性证券。β系数正是衡量证券风险的指标。因此，一种证券的期望收益应与其β系数正相关。图5-13可以证明这一点。图5-13中的直线称为证券市场线。

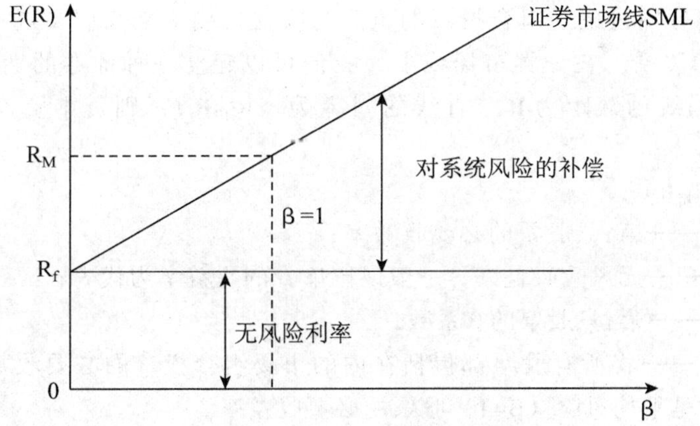

图5-13　β值与要求的报酬率

其中，①横坐标表示以β衡量的资产不可分散风险水平；

② 纵坐标表示必要报酬率，纵坐标的截距表示无风险报酬率水平，此时对应的β系数为0；

③ 斜率表示市场对风险的厌恶程度，当市场整体表现出厌恶风险情绪时，市场对同样的风险会要求更大的报酬率（更多的系统风险补偿），此时斜率变大，证券市场线也会变陡。

由图5-13可以看出：β系数为零时的证券收益率为无风险利率；β系数为1

时，证券期望收益率就是证券市场组合期望收益率；证券市场线为一条直线。因为任何低于证券市场线的证券组合，其β系数与证券市场线上的β值相同，但期望收益率却低于证券市场线上的证券组合，因此，没有投资者会持有证券市场线外的任何证券组合。

证券市场线受通货膨胀、风险回避程度及β系数变化的影响主要有：

① 通货膨胀。投资者要求的回报包括无风险报酬和风险报酬两部分。无风险报酬率是SML的截距，由纯粹利率与通货膨胀补偿率两部分构成。因此，如果通货膨胀水平发生变化，则投资者要求的报酬率会有所提高，提高的幅度为通货膨胀变化的比率，从而导致SML向上平移相同的幅度。

② 风险回避程度。SML的斜率反映了投资者的风险回避程度。SML的斜率越大，SML越陡，则表明投资者回避风险的程度越大；相反，SML的斜率越小，SML越平缓，则表明投资者回避风险的程度越小。风险回避程度增加，意味着投资者越厌恶风险，要求的风险报酬率便越高，SML的斜率就越大。

③ 随着时间的推移，β系数也在不断变化，比如一家企业的资产组合、负债结构等发生变化。β系数的变化会使企业股票的报酬沿着SML发生变化，β系数越大，证券收益率越高。

9）资本资产定价模型

上面我们分别讨论了组合投资的风险与收益，接下来我们要进一步讨论风险与收益之间的关系。在证券市场线上，我们可以建立一种证券的期望收益公式。这条证券市场线的截距为R_f，直线的斜率为（R_m-R_f），则资本资产定价模型公式为：

$$K_i=R_f+\beta_i(R_m-R_f) \tag{5.34}$$

式中：K_i——第i只股票的必要收益率；

R_f——无风险收益率，一般以国库券的收益率为代表；

β_i——第i只股票的β系数；

R_m——将所有股票都包括在内的市场组合投资的必要收益率，它同时也是平均风险（β=1）股票的必要收益率。

在西方金融学和财务学中，有许多模型论述了风险和报酬的关系，其中最著名的模型为资本资产定价模型（Capital Asset Pricing Model，CAPM）。资本资产定价模型是在马科维茨的现代资产组合管理理论基础上发展起来的，是由William Sharpe、John Lintner和Black等人在20世纪60年代提出解释风险收益决定因素和度量方法的简单易用的表达式。任何一个理论的提出都要基于一定的环境假设，资本资产定价模型（CAPM）的假设基础如下：

① 投资者的理财目标为单期财富期望最大化，且其衡量标准是期望报酬率与标准差；

② 投资者可以在资本市场上以无风险利率借入或贷出款项；

③ 投资者对于资产的报酬率和标准差都有同样的预期；

④ 投资者均为价格接受者，任何一名投资者的行为都不会对资产的报酬率等造成影响；

⑤ 所有资产的数量是给定的和固定不变的；

⑥ 资产可以无限细分，不存在交易成本等市场摩擦；

⑦ 没有税金的影响。

【例5-28】某投资组合中有A、B、C三只股票，投资比重分别为30%、30%、40%，β系数分别为0.6、1.4和2.5。假设当前短期国债报酬率为5%，股价指数平均报酬率为13%。计算A、B、C三只股票及其组合的必要报酬率。

A股票的必要报酬率K_A=5%+0.6×（13%-5%）=9.8%

B股票的必要报酬率K_B=5%+1.4×（13%-5%）=16.2%

C股票的必要报酬率K_C=5%+2.5×（13%-5%）=25%

资产组合的β系数=0.6×30%+1.4×30%+2.5×40%=1.6

资产组合的必要报酬率K_P=5%+1.6×（13%-5%）=17.8%

由此可见，β系数影响股票的必要收益率。尽管资本资产定价模型存在争议，但是它揭示了风险与收益的关系。必要收益率等于无风险收益率加上风险溢酬。资本资产定价模型为计算风险补偿提供了基本思路。投资者能够期望得到补偿的风险是市场风险。他们不能期望市场对企业特有风险有任何超额补偿。这就是资本资产定价模型隐含的逻辑思路。

【小资料5-3】　　CAPM模型的提出与发展①

1964年，威廉·F.夏普在他的博士论文中提出了著名的资本资产定价模型(CAPM)，解释了资本市场的两种典型风险——与市场整体相联系的系统风险和与特定公司相联系的非系统风险，并用一个简单的线性方程式揭示了资产预期收益与预期风险之间的理论关系。

Fama-French（1996）引入三因子模型。该模型认为，一个投资组合（包括单只股票）的超额回报率可由三个因子来解释，这三个因子是：市场资产组合（R_m-R_f）、市值因子（SMB）、账面市值比因子（HML），因此涵盖了CAPM无法解释的市值效应（size effect）和价值效应（value effect）。

首次提出流动性风险溢价理论的是Amihud和Mendelson（1986）。他们认为，流动性低的资产需要高的预期收益进行补偿。因此，流动性是影响收益的重要因素之一。而三因子模型在市场风险的基础上，加上了小股票相对于大规模市值股票组合的风险溢价（SML），以及价值型相对于成长型股票组合的风险溢价（账面市值比因子HML）这两个因子，形成了五因子模型。

① 朱光宇. 我国CAPM模型研究现状［J］. 当代经济，2017（9）：146-147.

10）套利定价模型（APT）

套利定价模型APT（arbitrage pricing theory）是由斯蒂芬·罗斯于1976年12月首先提出来的。根据资本资产定价模型可知，只有不可分散风险影响证券的期望收益。套利定价理论则指出，多种风险因素共同影响收益。证券之间的相关性就是由这些共同的风险因素造成的。

套利定价理论也是建立在一定的基本假设前提下的，主要有：

① 投资者有相同的理念；

② 投资者是回避风险的，而且要实现效用最大化；

③ 市场是完全的，因此对交易成本等因素都不做考虑；

④ 证券回报率与一组指数线性相关，这组指数代表形成证券回报率的一些基本因素。

与资本资产定价模型不同的是，套利定价理论没有以下假设：①单一投资期；②没有税金；③投资者能以无风险利率自由借贷；④投资者以收益率的均值和方差为基础选择投资组合。

套利定价理论假定，每个投资者都相信资产收益具有以下结构：

$$R_j=\overline{R}_j+\beta_{1j}I_1+\beta_{2j}I_2+\cdots+\beta_{ij}I_n+\varepsilon_j，j=1，2，\cdots，n \tag{5.35}$$

式中：I_K（K=1，2，…，n）——第K个影响证券收益的因素，且各因素互不相关；

ε_j——资产特有风险；

β_{ij}——各因素对证券收益率的影响程度。

套利定价模型是多因素的风险模型。投资人可以根据需要调整投资组合的风险构成，进行投资组合管理。如果投资人对某个风险因素预测更有把握，愿意承担这种风险，可以根据APT构建一个投资组合，加大这个风险因素的β系数，从而减少其他风险因素的β系数。

CAPM依赖于市场有效组合的存在，而APT依赖于无套利的存在。虽然两者依赖的条件不同，但都表明了期望收益和风险的正相关关系。在套利定价理论中，β系数度量一种资产收益对某种因素变动的反应程度。当影响资产收益的风险因素只有一个时，就会得到：

$$\overline{R}_i=R_f+\beta_i（\overline{R}_M-R_f） \tag{5.36}$$

上述公式同资本资产定价模型完全一致，因此CAPM可以视为APT特殊的单因素模型。

虽然APT和CAPM都说明只有系统风险才能得到补偿，但CAPM没有明确影响系统风险的因素。而APT指出，正是一些共同的风险因素使得证券之间存在相关性。很明显，APT的优点之一是存在多个影响因素，因而可以更准确地度量投资组合对不同风险的敏感度和期望收益。缺点在于，投资者很难确定哪些是影响资产期望收益的合适因素，不同决策者可能会据此做出不同的判断。

5.4 资本成本

资本成本是在资本的所有权和使用权相分离的条件下，资本使用者为了获得资本使用权而需要支付的费用。在企业的财务活动中，资本成本既是资本的需求者为了获得资本所必须支付的最低成本率，也是资本的提供者要求的最低收益率，进而扮演着重要的角色。因此，了解影响资本成本的因素，掌握资本成本计算方法，是做出正确的财务管理决策的前提条件。

5.4.1 资本成本概述

1）资本成本的含义

资本是指购置资产和进行生产而筹集的全部资金。在市场经济条件下，企业不能无偿使用资金，而必须向资金提供者支付一定数量的费用作为补偿。资本成本就是企业为筹措和使用资金而付出的代价，通常包括筹资费用和用资费用。从广义上讲，企业筹集和使用任何资金都要付出代价；而狭义的资本成本仅指筹集和使用长期资金（由债权人提供的长期负债和由股东提供的权益资金）的成本。

资本成本的公式表达如下：

$$资本成本=\frac{使用成本}{净筹资额}$$

其中，净筹资额为扣除筹资费用后的筹资额。

具体来讲，资本成本包括资金使用费和资金筹集费两部分。

（1）资金使用费

资金使用费是指企业在生产经营、投资过程中使用资金而向出资者支付的有关报酬，比如股利、利息等。这是资本成本的主要内容。

（2）资金筹集费

资金筹集费是指企业在筹集资金过程中为获取资金而付出的费用，比如向银行支付的手续费、发行股票债券的发行费、评估费、宣传费及承销费等。

资本成本是指投资资本的机会成本。这种成本不是实际支付的成本，而是一种失去的收益，是将资本用于本项目投资所放弃的其他投资机会的收益，因此被称为机会成本。

2）资本成本的影响因素

如前所述，资本成本是投资者投资于具有相同风险和期限的其他投资对象所能获得的最低报酬率，即与风险相适应的必要报酬率，而必要报酬率是由风险报酬率和无风险报酬率两部分构成的。因此，影响资本成本的决定性因素也就包含内部因素和外部因素两方面。外部因素主要指资本市场的状况，比如总体经济环境、证券市场情况等。内部因素主要指资本使用者本身的经营和融资状况、项目融资规模

（经营风险和财务风险）。前者通过影响无风险报酬率部分来影响资本成本，后者通过影响风险补偿报酬率来影响资本成本。对于企业来说，外部因素是无法控制的，企业只能通过降低自身的经营风险和财务风险来降低资本成本。

【小结5-6】影响资本成本的内外部因素归纳见表5-19：

表5-19 资本成本的影响因素

影响因素		说明
外部因素	利率	市场利率上升，公司的债务成本会上升，进而会引起普通股和优先股的成本上升
	市场风险溢价	①市场风险溢价由资本市场上的供给和需求决定，企业自身无法控制； ②市场风险溢价会影响股权资本成本
	税率	①税率是政府政策，个别公司无法控制； ②税率变化直接影响税后债务成本以及公司加权平均资本成本
内部因素	资本结构	①在适度负债的资本结构下，资本成本最小； ②增加债务的比重，由于利息抵税的作用，会使平均资本成本趋于降低，同时增加债务比重会加大公司的财务风险，而财务风险的提高，又会引起债务成本和权益成本上升
	股利政策	改变股利政策，会引起股权成本的变化
	投资政策	①公司的资本成本反映现有资产的平均风险； ②如果公司向高于现有资产风险的新项目进行投资，公司资产的平均风险就会提高，并使得资本成本上升

3）资本成本的分类

资本成本有多种运用形式。按资本成本对象的不同，资本成本可以分为个别资本成本、综合资本成本、边际资本成本三类。

① 个别资本成本，是指企业以某种筹资方式所筹集资本的成本，包括长期借款成本、债券成本、优先股成本、普通股成本、留存收益成本。

② 综合资本成本，是指企业以各种方式筹集的全部资本的平均水平。

③ 边际资本成本，是指企业追加筹资的资本成本。

5.4.2 资本成本的性质和作用

1）资本成本的性质

资本成本是商品经济条件下资金所有权和使用权分离的必然后果，是按资分配的集中表现。资本成本既包括资金时间价值，又包括投资风险价值。从资本成本的属性来看，它属于投资收益的再分配，是利润范畴；从资本成本的计算和应用价值看，它又属于预测成本。

2）资本成本的作用

资本成本是决定企业价值、影响理财目标实现的基本因素。具体来讲，资本成本在企业筹资、投资和经营活动过程中具有以下三个方面的作用：

（1）资本成本是筹资决策的依据

资本成本是影响企业筹资总额的重要因素。随着筹资数额的增加，资本成本也不断提高。当企业筹资数额增加到资本的边际成本超过企业承受能力时，企业便不宜再追加资本。当然，资本成本并不是影响企业筹资的唯一因素，企业还要考虑财务风险、资本期限等因素，但是，资本成本是限制企业筹资数额的一个重要考虑因素。

（2）资本成本是项目投资取舍的重要标准

企业进行筹资的目的是利用取得的资金补偿生产或对内、对外投资。无论投资在哪个项目，必须遵循一个重要原则：项目的预期资金的收益率大于或等于资金成本率。也就是说，资本成本是投资项目的一个取舍点。

（3）资本成本是业绩评价的重要尺度

资本成本是投资人要求的必要报酬率，是衡量企业资金效率的临界基准，与公司实际的报酬率进行比较就可以评价企业的业绩。另外，资本成本是一个综合评价指标，可以促使资金的使用者充分挖掘资金潜力，节约资金，提高使用效率。从某种意义上来说，资本成本是衡量企业业绩的最低尺度。

5.4.3　资本成本的计算

1）个别资本成本

个别资本成本是指各种长期资本的成本。企业的长期资本一般包括长期借款、长期债券、优先股、普通股和留存收益等，其中前两项是债务资本，后三者统称为权益资本。每一种筹资方式都有自己的筹资代价，即个别资本成本，财务人员有必要了解各种债务资本和权益资本在确定方法和计算结果上的差别，以便做出更好的融资决策。

（1）长期借款

长期借款的成本是指借款利息和筹资费用。在现行会计制度下，借款的利息可以作为资金使用者的费用计入成本在税前扣除，可以少缴纳所得税，因而借款利息具有抵税作用。长期借款资本成本的计算公式如下：

$$D_0（1-f）=\sum\frac{I_t(1-T)+D_t}{(1+K_d)^t} \tag{5.37}$$

如果不考虑货币的时间价值，长期借款的资本成本还可以表示为：

$$K_d=\frac{I_t(1-T)}{D_0(1-f)} \tag{5.38}$$

式中：I——每年支付的利息；

T——所得税税率；

f——筹资费用率；

K_d——银行借款的资本成本；

D_t——第t年年末的银行借款本金；

D_0——银行借款总额。

【例5-29】A公司向银行借入长期借款1 000万元，银行贷款利率为12%，期限为10年，每年年末付息，到期一次还本。其中，筹资费用率为3%，公司适用的企业所得税税率为25%，那么借款成本为：

$$1\,000\times(1-3\%)=\sum_{t=1}^{10}\frac{1\,000\times12\%\times(1-25\%)}{(1+K_d)^t}+\frac{1\,000}{(1+K_d)^{10}}$$

K_d=9.48%

（2）长期债券

采用发行债券的方式进行筹资时，从债券购买者的角度来看，资本成本就是投资债券的到期收益率。因此，可以使用到期收益率法计算债券的税前成本，即债券的资本成本是指使得发行债券筹集到的资本与预期未来现金流量的现值相等的折现率，其公式为：

$$B_0(1-f)=\sum\frac{I_t(1-T)+B_t}{(1+K_b)^t} \tag{5.39}$$

式中：B_0——债券的票面价值；

B_t——第t年年末偿还债券的本金；

I_t——第t年年末支付的债券利息；

K_b——债券的资本成本；

T——所得税税率。

【例5-30】A公司溢价发行面值为1 000元、票面利率为8%、期限为6年的每年年末付息的债券，发行费用率为4%，企业所得税税率为25%，发行价为1 080元，则该债券的资本成本为：

$$1\,080\times(1-4\%)=\sum_{t=1}^{6}\frac{1\,000\times8\%\times(1-25\%)}{(1+K_b)^t}+\frac{1\,000}{(1+K_b)^6}$$

解得K_b=5.27%。

【例5-31】A公司8年前发行了面值为1 000元、期限为30年的长期债券，利率为7%，每年付息一次，目前市价为900元。

900=1 000×7%×（P/A，K_d，22）+1 000×（P/F，K_d，22）

用内插法求解：

设折现率=8%，

1 000×7%×（P/A，8%，22）+1 000×（P/F，8%，22）=897.95

设折现率=7%，

1 000×7%×（P/A，7%，22）+1 000×（P/F，7%，22）=1 000

利率和对应的未来现金流入现值见表5-20。

表5-20 **利率和对应的未来现金流入现值**

利率	未来现金流入现值
7%	1 000
K_d	900
8%	897.95

解得：K_d=7.98%。

由于利息可以抵税，因此，负债的税后成本是税率的函数。利息的抵税作用使得负债的税后成本低于税前成本。债务的税后成本与税前成本的关系如下：

债务税后资本成本=债务税前资本成本×（1-所得税税率）

对于年内付息多次的债券，计算资本成本时首先要确定税前年有效资本成本，然后确定税后年资本成本。

续【例5-31】，假设其他条件不变，该债券每半年付息一次。

900=1 000×3.5%×（P/A，$K_{半}$，44）+1 000×（P/F，$K_{半}$，44）

用内插法求解：$K_{半}$=3.99%

债务税前年有效资本成本=（1+3.99%）^{2}-1=8.14%

假设企业适用的所得税税率为25%，那么：

债务税后资本成本=8.14%×（1-25%）=6.11%

【例5-32】A公司现有长期负债：面值1 000元，票面利率12%，每半年付息一次，为不可赎回债券；该债券还有5年到期，当前市价为1 051.19元；假设新发行长期债券时采用私募方式，不用考虑发行成本。已知企业所得税税率为40%，计算债券的税后资本成本。

1 000×6%×（P/A，$K_{半}$，10）+1 000×（P/F，$K_{半}$，10）=1 051.19

60×（P/A，$K_{半}$，10）+1 000×（P/F，$K_{半}$，10）=1 051.19

设$K_{半}$=5%：

60×7.7217+1 000×0.6139=1 077.20（元）

设$K_{半}$=6%：

60×7.3601+1 000×0.5584=1 000.01（元）

（$K_{半}$-5%）÷（6%-5%）=（1 051.19-1 077.20）÷（1 000.01-1 077.20）

$K_{半}$=5.34%

债券的年有效到期收益率=（1+5.34%）^{2}-1=10.97%

债券的税后资本成本=10.97%×（1-40%）=6.58%

（3）优先股

优先股是特殊的权益资本，是一种具有相对明确股利支付率的股票。对比普通股，优先股具有优先的利润分配权；对比债券，两者资本成本的估计方法类似，但优先股的收益不具有强制性，且分红在税后支付，因而其资本成本一般会高于债务资本成本。由于优先股没有到期日，其股利相对稳定，因此可将其视为永续年金，其资本成本的计算公式为：

$$K_p=\frac{D_p}{P_0(1-f)} \tag{5.40}$$

式中：K_p——优先股资本成本；

P_0——优先股筹资总额，按发行价计算；

D_p——优先股股利。

【例5-33】A公司计划发行优先股，每股价格40元，发行费用率6%，每股每年支付股利3元，则优先股的资本成本为：

$$K_p=\frac{3}{40\times(1-6\%)}$$

K_p=7.98%

【例5-34】A公司现有优先股：面值100元，股息率12%，每季付息，为永久性优先股。其当前市价为115元。如果新发行优先股，需要承担每股3元的发行成本。企业所得税税率为25%。优先股资本成本为：

年股利=100×12%=12（元）

季股利=12÷4 =3（元）

季优先股资本成本=3÷（115−3）=2.68%

年有效优先股资本成本=（1+2.68%）^{4}−1=11.16%

（4）普通股

同作为权益资本，普通股的资本成本计算方法与优先股基本相同。区别只是普通股的股利是不确定的，而是由经营状况和股利政策共同决定的。由于股东所获得的收益是在支付利息和税款之后，因此其承担的风险也最大，相应地，要求得到的资本成本的补偿也最高。普通股资本成本的计算公式为：

$$K_s=\frac{D_1}{P_0(1-f)}+g \tag{5.41}$$

式中：K_s——普通股的资本成本；

D_1——预计的下期股利；

P_0——股票的发行价格；

g——每年的股息预计年增长率。

【例5-35】A公司发行面值1元的普通股600万股，筹资总额为1 000万元，筹资费率为5%。已知第一年每股股利为0.15元，以后每年按3%的比率增长，则该股票的资本成本为：

$$K_s=\frac{600\times0.15}{1\,000\times(1-5\%)}+3\%$$

K_s=12.47%

（5）留存收益

公司的留存收益来源于净利润，归属于股东权益，是企业资金的一种重要来源。从表面上看，留存收益不需要现金流出，不花费资本成本，其实不然。留存收益的资本成本是一种机会成本，体现为股东追加投资要求的报酬率。因此，留存收益也需要计算资本成本，其计算方法和普通股相似，唯一区别是企业利用留存收益不需要资金筹集费用。其计算公式为：

$$K_e=\frac{D_1}{P_0}+g \tag{5.42}$$

式中：K_e——留存收益成本。

【小资料5-4】　众筹①

众筹（crowdfunding）由发起人、跟投人、平台构成，具有低门槛、多样性、依靠大众力量、注重创意的特征，是指一种向群众募资，以支持发起的个人或组织的行为，一般通过网络平台连接赞助者与提案者。群众募资被用来支持各种活动，包含灾害重建、民间集资、竞选活动、创业募资、艺术创作、自由软件、设计发明、科学研究以及公共专案等。

众筹作为一种商业模式，起源于美国。早在2001年，众筹先锋平台美国ArtistShare公司就已诞生，在该平台获得资助的音乐人多次获得格莱美奖。2006年，美国学者迈克尔·萨利文致力于建立一个名为Fundavlog的融资平台，第一次用“众筹”一词解释了Fundavlog的核心理念。2009年4月，世界上最负盛名的同时也是最大的众筹平台——Kickstarter网站正式上线。网站创立不久就为入驻的创意项目成功募集到资金。由此，这种全新的融资模式引起了社会的广泛关注。

根据世界银行发布的《发展中国家众筹等发展潜力报告》，2025年全世界众筹市场规模将达到3 000亿美元，发展中国家将达到960亿美元，其中有500亿美元在中国，众筹市场发展前景广阔。众筹融资在我国出现于2011年，受到社会各界的高度关注。但由于缺乏必要的管理规范，众筹融资活动在快速发展中也积累了一些问题和风险，比如众筹融资的法律地位不明确、众筹融资平台存在运营管理风险、投资易受欺诈风险等。2014年12月，中国证券业协会向社会发布了《私募股权众筹融资管理办法（试行）（征求意见稿）》，公开向社会征求意见。

2）综合资本成本

综合资本成本是企业以各种方式筹集的全部长期资本的平均成本。一般以各种长期资本占全部资本的比重为权数对个别资本成本进行加权平均确定，故而又称加权平均资本成本。其计算公式如下：

$$K_w=\sum K_j W_j \tag{5.43}$$

式中：K_w——综合资本成本；

K_j——第j种个别资本成本；

W_j——第j种个别资本成本占全部资本成本的比重。

---

① 肖本华. 美国众筹融资模式的发展及其对我国的启示［J］. 南方金融，2013（1）；徐小俊. 发展新三板股权众筹［J］. 中国金融，2015（3）.

根据加权平均资本成本的公式，计算加权平均资本成本不但需要确定个别资本成本，还需要确定各种资本来源的资本比重，即权数。计算公司的加权平均资本成本，有三种权重确定方法可供选择，即账面价值法、市场价值法和目标价值法。账面价值法是以公司期末编制的资产负债表作为确定权数依据的加权平均资本成本确定方法。市场价值法将当前各项资本来源的市场价值作为计算权数的依据。目标价值法则是根据自己公司的风险和收益来确定一个目标资本结构。

【例5-36】ABC企业按账面价值反映的长期资本共1 000万元，其中长期借款200万元、长期债券200万元、普通股500万元、留存收益100万元，其对应的个别资本成本分别为5.4%、6.8%、15.02%、15%。该企业按账面价值计算的综合资本成本为：

$$K_w=5.4\%\times\frac{200}{1\,000}+6.8\%\times\frac{200}{1\,000}+15.02\%\times\frac{500}{1\,000}+15\%\times\frac{100}{1\,000}=11.45\%$$

3）边际资本成本

在市场经济中，企业无法以某一固定的资本成本筹集无限的资本，当企业筹集的资本超过一定限度时，原来的资本成本就会增加。因此，企业在追加筹资时，必须了解筹资额达到什么数额便会引起资本成本的变化，这就需要计算边际资本成本。

边际资本成本是指每增加一个单位量的资本而增加的成本。边际资本成本采用加权平均法计算，其权数为市场价值权数，而不应使用账面价值权数。其计算公式如下：

$$K_m=\sum K_j W_j \tag{5.44}$$

式中：K_m——边际资本成本；

K_j——第j种个别资本成本；

W_j——第j种个别资本成本占全部资本成本的比重。

【例5-37】A公司现有长期资本总额1 000万元，其目标资本结构为：长期借款20%、优先股5%、普通股75%。现在欲追加300万元资本，保持目标资本结构不变。经测试，个别资本成本分别为：长期借款7.5%、优先股12%、普通股14.8%。边际资本成本计算表见表5-21。求追加投资的边际资本成本。

表5-21　**边际资本成本计算表**　金额单位：万元

资本种类	目标资本结构	追加筹资	个别资本成本	边际资本成本
长期借款	0.2	60	7.5%	1.5%
优先股	0.05	15	12%	0.6%
普通股	0.75	225	14.8%	11.1%
合计	1	300	—	13.2%

总结与结论

▶货币的时间价值是财务管理的基本观念之一。货币价值是客观存在的经济范畴。任何财务活动都是在特定的时空中进行的。离开了时间价值的因素，就无法正确计算不同时期的财务收支，也无法正确评价企业的盈亏。货币时间价值观念非常重要，因为它贯穿于所有的财务活动中。

▶货币的时间价值，是指运用中的货币在经历一定时间后所增加的价值。货币时间价值的基本表现形式有两种：终值与现值。货币时间价值的计算一般都按复利方式计算，有复利终值与现值计算和年金的终值与现值的计算两种形式。其中，年金又分普通年金、预付年金、递延年金和永续年金四种形式。普通年金是最基本的形式，其他形式的年金都可以转换成普通年金加以计算。

▶现金流量是指企业的现金流动及其以货币计量的数额，是企业按收付实现制反映的现金流入量、流出量和时间的总称。现金流量有两种不同内涵：一种是财务上所讲的资本投资决策中的现金流量，即企业长期投资中的现金流入和流出；另一种是会计中所讲的现金流量，即企业在生产经营过程中所发生的现金流入和流出。现金流量观念提供企业的现金流量信息，在业绩评价、企业估价和财务决策方面具有重要的功能。

▶在长期投资决策中所涉及的现金流量是指投资项目从筹划、计划、施工、投产直至报废为止的整个期间，由项目引起的各年现金流入与现金流出，具体包括初始现金流量、营业现金流量和终结点现金流量三部分。

▶基于会计基础的现金流量区别于会计利润，从收付实现制角度将企业的现金流量划分为经营活动现金流量、投资活动现金流量和筹资活动现金流量。

▶在财务管理中，无论决定价值，还是选择投资都需要考虑风险。承担风险就要求得到相应的额外收益，否则就不值得去冒险。实际上，证券估价与“风险与收益”权衡观念是理解企业价值最大化的基础。在进行财务管理时，必须研究风险，计量风险并设法控制风险，以求最大限度地增加企业价值。

▶单项资产一般利用标准差和变异系数衡量其风险。然而，实际上很少有人只选取一个投资项目。投资者往往将不同的投资结合在一起，以降低总投资的风险程度。这种将不同的投资结合在一起构成的总投资称为组合资产投资。

▶可以通过组合投资的方式来消除的个别投资的风险称为非系统风险、可分散风险或企业特有风险，是指某些个别因素对单只股票造成损失的可能性。系统风险又称不可分散风险或市场风险，是指某种因素使股票市场上所有的股票都出现价格变动的现象，给一切投资证券者都会带来损失的可能性。

▶β系数是用来衡量个别股票受包括股市价格变动在内的整个经济环境影响程度的指标。

▶资本资产定价模型讨论了风险与收益之间的关系。股票的必要收益率等于无风险收益率加上股票的风险报酬率。

▶套利定价理论是多因素定价模型，单因素APT模型同CAPM含义相同。

▶资本成本是在资本的所有权和使用权相分离的条件下，资金使用者为了获得资本的使用权而支付给资本所有者的费用，即资本筹资费用和使用费用。在财务管理中，资本成本既是资本的需求者为了获得资本所必须支付的最低价格，也是资本的提供者要求的最低收益率。因此，了解影响资本成本的因素，掌握资本成本计算方法，是做出正确的财务管理决策的前提条件。

▶按照资本成本的对象不同，资本成本可划分为个别资本成本和综合资本成本。个别资本成本又具体包括：长期借款的资本成本、长期债券的资本成本、优先股的资本成本、普通股的资本成本和留存收益的资本成本。综合资本成本则是企业各种资本成本的加权平均值。

练习题

1.某投资者拟购买一处房产，开发商提出了3个付款方案：

方案一：从现在起，15年内每年年末支付10万元；

方案二：从现在起，15年内每年年初支付9.5万元；

方案三：前5年不支付，从第6年起到第15年每年年末支付18万元。

假设银行贷款利率按10%复利计息，如果采用终值方式进行比较，那么哪一个付款方案对购买者有利？

练习题参考答案1

2.（1）某人拟在5年后还清10 000元债务，从现在起，每年年末等额存入银行一笔款项。假设银行存款利率为10%，每年需要存入多少元？

（2）假设以8%的利率借款20 000元，投资于某个寿命为10年的项目，每年至少要收回多少现金才是有利的？

练习题参考答案2

3.某企业按账面价值反映的长期资本共500万元，其中长期借款200万元、普通股300万元，长期借款对应的税前资本成本是6%，普通股对应的个别资本成本是15%，企业所得税税率是25%。计算该企业按账面价值计算的加权平均资本成本。

练习题参考答案3

4.ABC公司当前的普通股股利为每股4.2元，股价为每股53元，今后公司将保持7%的稳定的股利增长率。公司现在股票的β系数为1.28，当前无风险收益率为6.5%，预计资本市场平均收益率为15%。

要求：请分别运用股利固定增长模型和资本资产定价模型来估计该公司普通股的资本成本。

练习题参考答案4

5.一台旧设备的账面价值为30 000元，变现价值为32 000元。企业打算继续使用该设备，但由于物价上涨，估计需要增加经营性流动资产5 000元，增加经营性流动负债2 000元。假定企业所得税税率为25%，则继续使用设备的初始现金流出量为多少？

练习题参考答案5

6.假定甲、乙两项资产的历史收益率的有关资料见表5-22：

表5-22　　甲、乙两项资产的历史收益率

年份	甲资产收益率	乙资产收益率
2017	-10%	15%
2018	5%	10%
2019	10%	0
2020	15%	-10%
2021	20%	30%

要求：

（1）估算两项资产的预期收益率；

（2）估算两项资产的标准差；

（3）估算两项资产的变异系数。

练习题参考答案6

7.A公司持有A、B、C三只股票构成的证券组合，它们的β系数分别是0.6、1.3和2，在证券组合中所占的比重分别为20%、30%和50%。已知证券市场的平均收益率为12%，无风险收益率为5%。

要求：

（1）计算A、B、C三只股票各自的必要收益率。

（2）利用（1）中结果计算该证券组合的预期收益率。

（3）计算证券组合的β系数。

（4）利用（3）中结果计算该证券组合的预期收益率。

练习题参考答案7

8.A公司的当前股利为1元/股，股票的实际价格为25元/股。证券分析师预测，未来2年的增长率分别为8%、6%，第2年及以后年度增长率为6%，请根据股利折现模型计算股权资本成本。

练习题参考答案8

9.A公司债券面值为3 810万元，市场价值为面值的96.33%，约为3 670万元；优先股60万股，账面价值为1 500万元（60×25），根据优先股发行价格，市场价值约为1 453万元（60×24.22）；普通股账面价值为6 500万元（650×10），市场价值约为7 556万元（650×11.625）。A公司资本账面价值权数和市场价值权数见表5-23：

练习题参考答案9

表5-23　　A公司资本账面价值权数和市场价值权数　　金额单位：万元

证券	资本成本	账面价值	市场价值	账面价值权数	市场价值权数
债券	6.21%	3 810	3 670	32.26%	28.95%
优先股	8.33%	1 500	1 453	12.7%	11.46%
普通股	16.46%	6 500	7 556	55.04%	59.59%
合计	—	11 810	12 679	100.00%	100.00%

求加权平均资本成本。

案例分析题

等额本息还款和等额本金还款的争议[①]

目前，大多数银行采用的是“等额本息还款”和“等额本金还款”两种方式。等额本息还款法是指借款人每月始终以相等的金额偿还贷款本金和利息，偿还初期利息支出最大，本金就还得少，以后随着每月利息支出的逐步减少，归还本金逐步增加；等额本金还款法是指借款人每月以相等额度偿还贷款本金，利息随本金逐月递减，每月还款额也逐月递减。

2021年，大连某购房者购买首套住宅贷款150万元，贷款期限10年，当期贷款利率为4.90%。如果贷款期内利率未发生调整，选择等额本金还款法和等额本息还款法到期支付的利息总和分别为37.06万元和40.04万元，相差2.98万元。如果5年后贷款利率升为5.25%，则“等额本金还款法”和“等额本息还款法”到期支付的利息总和分别为39.70万元和43.13万元，相差3.43万元。可见，如果贷款期限更长，贷款金额更大，这种差距就会更明显。两种还贷方式在还款总额上存在差异，所以选哪种贷款更合算一直受到人们的关注和讨论。

分析：

（1）根据财务管理的基本原理，评价案例中的说法。

（2）你认为在两种方法选择中，应当考虑哪些因素。

案例分析题提示

① 官中明．等额本金和等额本息的贷款决策探析——基于数学和财务结合的方法［J］．广西质量监督导报，2019（6）：132．

第6章 财务估价

学习目标

了解与掌握财务估价的相关概念；掌握影响债券价值的因素；掌握债券估价的基本模型；掌握股票估价的基本模型以及固定股利、固定股利增长率、股利两阶段增长条件下的估价模型；理解企业价值评估的目的与意义；掌握企业价值评估的步骤与方法。

导言

近年来，经济金融化成为宏观经济形势最主要的特征，社会上的经济关系越来越表现为债权、债务关系，股权、股利关系和风险与保险关系等金融关系。投资与融资成为企业的核心话题，正确的投资决策取决于投资者对具有投资价值的证券或企业进行的有效估测，只有在正确的财务估价的基础上，才能了解企业的真实经济价值，从而做出科学的投资决策与融资决策，不断提高企业价值，增加所有者财富。因此，研究和掌握财务估价的相关问题具有重要的意义。

6.1 财务估价概述

财务估价是指对一项资产价值的估计。这里的资产可能是金融资产，也可能是一个企业。这里的价值是指资产的内在价值或经济价值，即按适当的折现率计算的资产预期未来现金流量的现值。它与资产的账面价值、清算价值和市场价值既有联系又有区别。

财务估价的基本方法是现金流量折现法，涉及时间价值、风险价值和现金流量三个基本财务概念。这些内容已在前面章节中详细阐述过，本章将结合具体估价对象讨论财务估价的问题，即债券估价、股票估价与企业价值评估。

1）债券估价

债券估价是为确定合理反映债券风险程度和收益能力的债券价格，而对债券未来收益做出的估算和评价。债券估价的基本问题是估算未来的现金流入。债券发行公司的财务实力、资产价值、经营管理水平等相关信息都是在估价时需考虑的因素。为此，选择反映上述情况的信息，估计债券的预期收益并预测未来的变动因素，是估价的基本手段。同时，估价时还要考察权衡影响债券价值的外部因素，如市场利率的变化、税制特点、公共机构的需求和市场效率等。在某些情况下，这常常成为债券收益的决定性因素。

2）股票估价

股票估价是指投资者通过对股票进行分析后确定的股票的估计价值，也称为股票的投资价值或内在价值。这里讨论的股票估价，是指普通股股票的估价。

普通股是最基本的一种股票形式，是相对于优先股的一种股票种类。它是指股份公司依法发行的具有表决权和剩余索取权的一类股票。普通股具有股票的最一般特征，每一份股权包含对公司的财产享有的平等权利。股票持有人往往不太关心股息和红利，而是对股价的变化更感兴趣。普通股股票的价值取决于股东希望获得的股票收益的现值。因此，普通股股票的价值就是指预期的未来股息的现值。

3）企业价值评估

企业价值评估是指把一个企业作为一个有机整体，依据其整体获利能力，并充分考虑影响企业获利能力诸因素，对其整体资产公允市场价值进行的综合性评估，并提供有关信息以帮助投资人和管理当局改善决策。企业作为整体虽然是由部分组成的，但是它不是各部分的简单相加，而是有机结合。这种有机的结合，使得企业总体具有它各部分所没有的整体性功能，所以整体价值不同于各部分的价值简单加和。

在进行企业价值评估之前，需要获取经济环境、所处行业、企业整体的背景信息，并据此预测与价值评估相关的各种财务变量和相关的资本市场数据，选择相应的价值评估方法，将财务信息、市场信息转化为价值信息。

6.2 债券估价

1）债券价值的决定因素

债券的价值是发行者按照合同规定从现在至债券到期日所支付的款项的现值。计算现值所需的要素是现金流量、折现率和时间，它们分别体现在不同的债券要素中，如图6-1所示。虽然债券种类繁多，但决定其内在价值的基本要素是各种债券共有的，它们共同影响债券的价值，缺一不可。

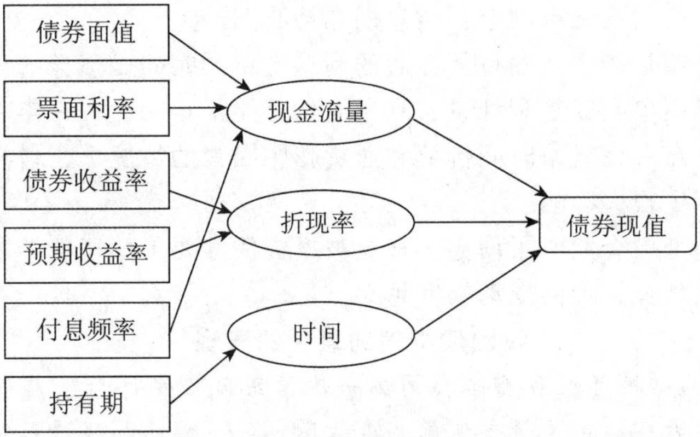

图6-1　债券价值决定因素关系图

（1）债券面值

债券面值是指设定的票面金额，它代表发行人借入并且承诺于未来某一特定日期偿还给债券持有人的金额。债券票面所载明的金额，是企业承诺在债券到期后给债券持有人偿还的本金数，也是企业向债券持有人按期支付利息的计算依据。债券的面值不一定是债券的实际发行价格，发行价格大于面值称为溢价发行，小于面值称为折价发行，等于面值称为平价发行。

（2）票面利率

债券票面利率是指债券发行者预计一年内向投资者支付的利息占票面金额的比率，是债券发行者向投资者计算支付利息的依据。票面利率的确定主要由银行利率、发行企业的资信情况、偿还期限及金融市场上资金的供求状况等因素决定。

（3）收益率

债券收益不同于债券利息。债券利息仅指债券票面利率与债券面值的乘积。但人们可以在债券持有期内进行买卖交易，赚取差价，因此，债券收益除利息收入外，还包括买卖盈亏差价。收益率与票面利率往往不相等。

在债券价值评估中常提到的收益率一般指两种，一种是债券收益率，另一种是投资者要求的收益率。

债券收益率，也是债券的内含收益率，是以已知市场价格为基础计算的债券收益与所投入本金的比率，通常以年利率表示。决定债券收益率的主要因素是债券的票面利率、期限、面值和购买价格。

当进行债券估价时，投资者有预期要求的收益率，也称为必要收益率，通常是市场利率。投资者将这个收益率与以当前市值计算的债券收益率进行比较，以决定是否进行投资。另一种方法是用投资者要求的收益率作为折现率，计算出投资者认可的债券价值，然后与实际市场价进行比较，决定买入还是卖出。

（4）期限

影响债券价值的期限有两个：付息期和持有期。

债券的付息期是指企业发行债券后的利息支付的时间。债券的计息和付息方式有多种，可能使用单利或复利计息，利息支付可能半年一次、一年一次或到期日一次总付。因此，在考虑货币时间价值和通货膨胀因素的情况下，付息期对债券投资者的实际收益产生很大影响。

债券持有期是指企业购买债券之日至被投资债券要求偿还债券本金之日的间隔期。一般持有期越长，价值变动幅度越大。

【小资料6-1】　　我国债券违约事件的表现①

自2006年福禧投资控股有限公司第一次信用风险事件后，监管部门一方面加大债券融资支持力度，完善债市体制制度建设；另一方面加强债券市场的风险管控力度，采用多元化手段对债券违约进行处置，推动债券市场规范化发展。我国发生的债券违约事件可以分为两类：一是债券到期时，债券发行人无法偿付本息；二是债券的信用等级大幅下降，从投资级别降到投机级别，导致市场密切关注。如果债券到期时，债券发行人既不能通过自身经营获得足够的偿债资金，也不能通过外部渠道筹集足够的偿债资金，最终导致债券的本息无法足额偿付，这就出现了实质性违约事件。综观这些违约事件，在所有权性质、行业、财务能力等方面均有明显的特征。第一，违约主体以民营企业为主。2019年7月以来，与上年同期比新增的违约债券主体有23家，其中民营企业22家，占比95%以上。第二，信用风险事件发生较多的行业有新能源、钢铁、煤炭、化工、机械、材料、食品。第三，从违约主体的杠杆水平来看，多数企业存在长期负债偏重的问题，短债长投，部分企业经营净现金流为负。此外，债券违约主体存在不同程度的财务报表粉饰情况，如康得新、天翔环境、众品股份、宝塔石化等。

2）债券估价的模型

（1）债券估价的基本模型

典型的债券是固定利率、每年计算并支付利息、到期归还本金。按照这种模式，债券价值计算的基本模型是：

$$PV=\frac{I_1}{(1+i)^1}+\frac{I_2}{(1+i)^2}+\cdots+\frac{I_n}{(1+i)^n}+\frac{M}{(1+i)^n}$$
$$=M\times i\times(P/A,\ r,\ n)+M\times(P/F,\ r,\ n) \tag{6.1}$$

式中：PV——债券价值；

I——每年利息；

M——面值；

i——年折现率，常采用当前等风险投资的市场利率或投资的必要报酬率；

① 马燕飞. 我国债券信用违约的原因及对策分析［J］. 财务与会计，2020（8）.

n——到期前的年数。

一般来说，债券内在价值既是发行者的发行价值，又是投资者的认购价值。如果市场是有效的，债券的内在价值与票面价值应该是一致的，即债券的票面价值可以公平地反映债券的真实价值。但债券的价值不是一成不变的，债券发行后，虽然债券的面值、票面利率和债券期限一般会依据债券契约保持不变，但必要收益率会随市场状况的变化而变化，由此引起债券的价值也会随之变化。

（2）债券估价的具体模型

由于各种债券还款付息方式的不同，未来现金流量的流入也表现出不同的形式，因而估价使用的具体模型存在一定差异，具体的模型如下：

①平息债券

平息债券是指利息在到期时间内平均支付的债券。支付的频率可能是一年一次、半年一次或每季度一次等。平息债券价值的计算公式如下：

$$PV=\sum_{t=1}^{m}\frac{I/m}{(1+i/m)^{t}}+\frac{M}{(1+i/m)^{t}} \tag{6.2}$$

式中：m——年付利息次数；

其他变量含义同上。

【例6-1】有一债券面值为1 000元，票面利率为8%，每半年支付一次利息，5年到期；假设年折现率为10%，该债券的价值是多少？

按惯例，票面利率为债券按年计算的报价利率，每半年计息时按票面利率的1/2计算利息，即按4%计息，每次支付40元。年折现率为市场按年计算的报价利率，每半年期的折现率按5%确定。该债券的价值为：

PV=40×（P/A，5%，10）+1 000×（P/F，5%，10）

=40×7.7217+1 000×0.6139

=922.77（元）

该债券的价值低于每年付息一次时的价值（924.28元）。折价发行的债券，加快付息频率，价值下降。溢价发行的债券，加快付息频率，价值上升。平价发行的债券，加快付息频率，价值不变。

②纯贴现债券

纯贴现债券是指承诺在未来某一确定日期按面值支付的债券。这种债券在到期日前，购买人不能得到任何现金支付，因此，也称为“零息债券”。零息债券没有标明利息计算规则的，通常采用按年计息的复利计算规则。

纯贴现债券价值的计算公式如下：

$$PV=\frac{F}{(1+i)^{n}} \tag{6.3}$$

式中：F——到期日支付额。

【例6-2】某3年期国债，面值为1 000元，票面利率为8%，单利计息，到期一次还本付息。假设折现率为10%（复利、按年计息），其价值为：

$$PV=\frac{1\ 000+1\ 000\times 8\%\times 3}{(1+10\%)^3}=931.63\text{（元）}$$

在到期日一次还本付息债券，实际上也是一种纯贴现债券，只不过到期日不是按票面金额支付而是按本利和单笔支付。

③永久债券

永久债券亦称“年金债券”，指的是没有到期日，无限期地定期支付利息的债券。永久债券一般附有息票，购买此债券的人不能要求还本，只能按期得到利息收入。现存唯一值得注意的永久债券，是英国财政部发行的统一公债。对于这种债券，通常政府都保留了回购债券的权利。优先股实际上也是一种永久债券，如果公司的股利支付没有问题，将会持续地支付固定的优先股股息。

永久债券的价值计算公式如下：

$$PV=\frac{I}{i} \tag{6.4}$$

式中：I——每年债券利息；

i——折现率。

④可赎回债券

可赎回债券亦称“可买回债券”，是指发行人有权在特定的时间按照某个价格强制从债券持有人手中将其赎回的债券，可视为债券与看涨期权的结合体。在市场利率跌至比可赎回债券的票面利率低得多的时候，债务人如果认为将债券赎回并且按照较低的利率重新发行债券，比按现有的债券票面利率继续支付利息要合算，就会将其赎回。在这种情况下，可赎回债券持有者的现金流量包括两部分：赎回前正常的利息收入和赎回价格。

【小资料6-2】　苏宁易购拟追加20亿至30亿元购回债券①

2020年11月23日，苏宁易购发布公告称，计划继续使用20亿元自有资金对此前发行的7只债券进行购回，共包含18苏宁01、18苏宁02、18苏宁03、18苏宁04、18苏宁05、18苏宁06、18苏宁07。

苏宁易购称，为持续增强投资者信心，维护公司债券价格稳定，促进公司长期稳定发展，在首次债券购回申购结果公告后，再次计划使用自有资金购回债券。公告显示，本次债券购回面向所有债券持有人，债券购回方式为现金购回，资金总额计划为20亿元。

11月12日，苏宁易购发布公告称，使用自有资金对18苏宁01等7只债券进行购回，资金总额为10亿元。苏宁易购计划累计使用30亿元自有资金购回债券，体现了公司对未来发展的信心。

市场人士分析指出，苏宁易购债券购回有效地提振了市场的信心，保障了投资

① 佚名．拟追加20亿至30亿购回债券 持续增强投资者信心［EB/OL］．［2020-11-23］．https://www.sohu.com/a/433786717_135869? scm=1019.e000a.v1.0&spm=smpc.csrpage.news-list.5.1614607538232ss0DpHz.

人的利益。加上此前公司用15亿元回售18苏宁06，更有效反映了苏宁易购现金流充裕，可快速响应债券市场变化。

最新财报数据显示，苏宁易购三季度实现归母净利润7.14亿元，开放平台商品交易规模820.66亿元，同比增长56.83%。双十一期间，苏宁易购表现同样不俗。通过自身品牌、金融、运营、物流等优势，苏宁易购积极赋能线下零售商，与线上销售实现良性互动。11月11日当天，苏宁易购全场景生态渠道用时19分钟GMV成功突破50亿元；11月1日至11日23时59分，线上订单量增长75%。

2020年11月20日，苏宁易购宣布本年度第二次大幅涨薪，受到市场广泛关注。相关市场人士认为，苏宁易购年内两度加薪，展示了其近期业务发展的向好，以及较为雄厚的资金实力。经营业绩不断向好，保证苏宁易购有充足的实力吸引行业顶尖人才；同时，优秀的人才队伍又对苏宁易购的智慧零售业务形成有力支撑，形成良性循环。

3）债券的收益率估价模型

使用上述模型估算债券价值时，是假设折现率已知，通过对债券的现金流量进行折现计算债券价值。而在收益率估价模型中，是债券当前的市场价格已知，计算折现率。这个折现率是指以特定价格购买债券并持有至到期日所能获得的报酬率，是使未来现金流量现值等于债券购入价格的折现率，也就是该项投资的内含报酬率。投资者可以通过这个指标进行决策，即如果算出来的收益率等于或大于投资者要求的收益率，则应该购买该债券，反之则应该放弃。

【例6-3】ABC公司2×21年1月1日以900元的价格购买一张面额为1 000元的5年期债券，票面利率为6%，每年1月1日支付一次利息，该公司持有债券至到期，计算其到期收益率。

900=60×（P/A，i，5）+1 000×（P/F，i，5）

用“内插法”解该方程。先用票面利率i=7%试算：

60×（P/A，7%，5）+1 000×（P/F，7%，5）=959.01（元）

由于i=7%时，等式右边等于959.01，大于900，可判断收益率高于7%。

当i=8%时，

60×（P/A，8%，5）+1 000×（P/F，8%，5）=920.16（元）

由于920.16仍然大于900，还应进一步提高折现率。

当i=9%时，

60×（P/A，9%，5）+1 000×（P/F，9%，5）=883.28（元）

883.28小于900，可判断收益率为8%~9%，用内插法计算近似值：

$$\frac{8\% - i}{920.16 - 900} = \frac{9\% - i}{883.28 - 900}$$

解得i=8.55%，如果必要收益率高于8.55%，则需拒绝该投资计划。

6.3 股票估价

1）股票价值的影响因素

同债券估价原理相似，股票的价值是股票预期未来现金流量的现值。普通股价值评估一般可以采用现金流量折现法，比较通用的估价模型是股利折现模型，该模型主要的因素仍旧是持有期限、预计的现金流量和折现率。以下将针对这三个要素进行介绍。

（1）持有期限

普通股可以分为长期持有和短期持有。一般而言，投资者投资股票，除了希望获得股利收入，还希望在未来出售时从股价上涨中获益。此时，持有股票具有一定的期限；但如果一个投资者的投资期限过长，趋近于无限，那么股票估值只能近似计算。

（2）预计的现金流量

股票带给持有者的现金流入包括两部分：股利收入和出售时的售价。如果股东永远持有股票，其只获得股利，是一个永续的现金流入。预期的股利一般分为三种情况，固定股利（预期股利增长率为零）、固定增长股利（预期股利增长率为常数g）和非固定增长股利（增长率分阶段）。但是如果投资者不打算永久地持有股票，而在一段时间后出售，他的未来现金流入是持有股票期间的股利和出售股票时的股价。

【小资料6-3】　　股权自由现金流量模型①

股利折现模型的假设是股东获得的所有现金流量都是股息，而股权自由现金流量折现法则对此做出了突破。所谓股权自由现金流量（FCFE），是指满足了全部财务要求（包括债务偿还、资本支出和营运资本支出）后的剩余现金流量，即支付完所有的利息和本金以及用于维持现有资产和增加新资产的资本支出后的剩余现金流量。

股权自由现金流量的计算公式为：

FCFE=净利润+折旧-资本支出-营运资本变动-归还本金+新债发行

当资本支出和营运资本可以依靠目标负债比率δ进行融资，同时本金的归还以新债发行支付时，则股权自由现金流量的表达式可以改写为如下形式：

FCFE=净利润-（1-δ）×（资本支出-折旧）-（1-δ）×营运资本变动

一般情形下，股票的价值可以用预期FCFE的现值来表示，即：

$$\text{股票价值} = \sum_{t=1}^{\infty}\frac{FCFE_t}{\left(1+K_e\right)^t}$$

---

① 佚名．股权自由现金流量折现模型_资本运作［EB/OL］．［2020-07-22］．http://www.guayunfan.com/baike/263101.html.

式中：$FCFE_t$——第t期股权自由现金流量；

K_e——股权资本成本。

（3）折现率

折现率的主要作用是把所有未来不同时间的现金流入折算为现在的价值。折现率应当是投资的必要报酬率。学术界有两种方法确定普通股投资的必要收益率：一是根据资本资产定价模型确定；二是根据预期收益率确定必要收益率。本章只介绍第二种方法。

假设股票价格是公平的市场价格，市场处于均衡状态；在任一时点证券价格都能完全反映有关该公司的任何可获得的公开信息，而且证券价格对新信息能迅速做出反应。此种假设条件下，股票的期望报酬率等于其必要报酬率。若股票的市场价格、预期股利及股利增长率已知，股票的预期收益率计算公式如下：

$$r=\frac{D_iv_1}{P_0}+g \tag{6.5}$$

式中：D_iv_1——股票第一期股利；

P_0——股票当期股价；

g——股利增长率。

（4）股利增长率

除上述三个必要因素外，股利增长率也是影响股票价值的重要因素。如果没有外来资本，股利增长的来源就是留存收益和留存收益带来的回报。在股利固定增长的情况下，股利增长率可以表示为公式（6.6）。

$$\begin{aligned}\text{股利增长率}&=（1-\text{股利支付率}）\times\text{净资产收益率}\\&=\text{留存收益比率}\times\text{净资产收益率}\end{aligned} \tag{6.6}$$

2）股票估价的模型

（1）股票估价的基本模型

利用股利折现模型对普通股进行价值评估的一般模型如下：

$$V=\frac{D_1}{(1+r)^1}+\frac{D_2}{(1+r)^2}+\cdots+\frac{D_n}{(1+r)^n}$$

$$=\sum\frac{D_n}{(1+r)^n}$$

式中：D_n——第n年的股利；

r——年折现率，一般采用资本成本或投资的必要报酬率；

n——折现期数。

（2）股票估价的具体模型

根据股利变化的情况，可将股票分为三类：零增长股、固定增长股和非固定增长股，分别采用固定股利模型、固定股利增长率模型和股利多阶段增长模型进行估值。

①固定股利模型

固定股利也称为零增长股利，假设未来股利不变，其支付过程是一个永续年金，则股票价值为：

$$P_0=\frac{D}{r} \tag{6.7}$$

②固定股利增长率模型

有些企业的股利是不断增长的。当公司进入可持续增长状态时，其增长率是固定的，各期股利以单一固定增长率（g）增加，假定公司上一年股利为D_0，则第一年年末股利为$D_1=D_0(1+g)$，第二年年末股利为$D_2=D_0(1+g)^2$，依此类推，第n年年末股利为$D_n=D_0(1+g)^n$，则公式为：

$$P_0=\sum\frac{D_0(1+g)^n}{(1+r)^n} \tag{6.8}$$

当g为常数，并且r>g时，上式可简化为：

$$P_0=\frac{D_0(1+g)}{r-g}=\frac{D_1}{r-g} \tag{6.9}$$

③股利多阶段增长模型

在现实生活中，有的公司股利是不固定的。例如，在一段时间里高速增长，在另一段时间里固定增长或固定不变。根据公司未来的增长情况，非固定增长股可分为两阶段模型、三阶段模型或更多阶段模型，只要最后将各个阶段的现值相加即可得出股票价值。

本章以两阶段增长模型为例，假设股利增长按增长率不同分为两个阶段，第一个阶段增长率为高增长率（g_1），第二个阶段增长率降为低增长率（g_2）即进入稳定增长阶段。此时，要分段计算才能确定股票价值。第一阶段股利现值为一个有限期间的股利现值，第二阶段为一个持续增长的固定股利增长率的现值。其计算公式为：

$$P_0=\sum_{t=1}^{n}\frac{D_t}{1+r}+\frac{P_n}{(1+r)^n} \tag{6.10}$$

其中，

$$P_n=\frac{D_{n+1}}{r-g}$$

式中：P_n——第n期期末的股票价值；

r——第n期以后股票投资必要收益率；

g——第n期以后股利稳定增长率。

运用该模型进行股权估价时，同样必须注意模型中的约束条件。稳定增长模型所要求的增长率约束条件或假设在两阶段增长模型中依然必须具备。除此之外，如何判断高速增长？如何划分高速增长阶段与稳定增长阶段？这也是实际工作中较难以把握的问题。

【例6-4】一个投资人持有ABC公司的股票，投资必要报酬率为15%。预计

ABC公司未来3年股利将高速增长，增长率为20%。在此以后转为正常增长，增长率为12%。公司最近支付的股利是2元。现计算该公司股票的价值。

根据已知资料，可以求解高速增长阶段每年股利值，结果见表6-1。

表6-1　　股利计算表　　单位：元

期间	0	第1年	第2年	第3年
股利	2	2×（1+20%）=2.4	2.4×（1+20%）=2.88	2.88×（1+20%）=3.456

该公司的股票价值为：

$$P_0=\frac{2.4}{1.15}+\frac{2.88}{(1.15)^2}+\frac{3.456}{(1.15)^3}+\frac{3.456\times1.12}{15\%-12\%}\times\frac{1}{(1.15)^3}=91.37\text{（元）}$$

【小资料6-4】　两阶段增长模型的适用性[①]

两阶段增长模型一般适合于具有这样特征的公司：公司当前处于高速增长阶段，并预期今后一段时期内仍保持这一较高的增长率，在此之后，支持高速增长率的因素消失。例如，某公司拥有一种在未来几年内能够生产出色盈利产品的专利权，在这段时间内，预期公司将实现超常增长，一旦专利到期，预计公司无法保持超常的增长率，从而进入稳定增长阶段。另一种情形是：一家公司处于一个超常增长的行业，而这个行业之所以能够超常增长，是因为存在很高的进入壁垒（国家政策、基础设施所限），并预计这一进入壁垒在今后几年内能够继续阻止新的进入者进入该行业。当然，我们在使用两阶段增长模型时，两阶段间增长率不能过度悬殊，要适中。如果公司运营从一个高速增长阶段陡然下降到稳定增长阶段，用这种模型进行估价就不太合理。

【小资料6-5】　石油巨头的股权投资经[②]

2020年10月10日，中石化新闻办披露，中国石化集团资本有限公司（中石化资本）、恩泽海河（天津）股权投资基金合伙企业（恩泽基金）及康明斯（中国）投资有限公司（康明斯中国）当天在北京签署合作意向书，将利用各方优势和资源，共同促进电解水制氢技术的开发及推广，推进绿氢产业发展。

记者查询得知，中石化资本于2018年7月在雄安注册成立，注册资本100亿元，由中国石油（601857）出资51%，中国石油化工股份有限公司出资49%。成立两年多，中石化资本已经投资数家企业，其中持有股权比例达20%的瑞丰新材和持股4.46%的浙江中控技术，已先后在科创板上市。

而上述的恩泽基金，则是中石化在2020年8月发起设立的第一只基金，总规模50亿元，一期规模20亿元。该基金三家投资方是——由国家发展改革委、财政部、工信部牵头发起的国家制造业转型升级基金、天津海河产业基金和佛山市南海金融

① 佚名．两阶段增长模型［EB/OL］．［2019-08-31］．http://wiki.pinggu.org/doc-view-22843.html.
② 佚名．卖完咖啡卖螺蛳粉，还携巨资入局股权投资，石油巨头中石化为何频频跨界？［EB/OL］．［2021-02-23］．http://news.hexun.com/2021-02-23/203061618.html.

高新区投资控股有限公司。

公开资料显示，中石化资本在2020年的资本动作频频，围绕新材料、光伏等产业展开了一系列投资行为。如2020年6月，中石化资本投资生物芯片行业企业——北京博奥晶典生物技术有限公司，该企业为清华大学布局生命健康领域的核心企业；9月，中石化资本联合连云港市地方国企合资设立江苏金凌创联新材料有限责任公司，布局高端石墨材料煅烧针状焦项目。

而从2020年12月以来，中石化资本的投资更加活跃，接连入股常州百佳年代薄膜科技股份有限公司（以下简称“百佳年代”）、浙江海正生物材料股份有限公司（以下简称“海正生物材料”），布局光伏材料、高端聚乳酸可降解材料。

百佳年代是中石化资本于2020年年内投资的第二家光伏材料公司，而海正生物材料是海正药业（600267）的兄弟公司，控股股东均为浙江海正集团有限公司。据了解，聚乳酸是全球市场份额最大的可降解塑料，海正生物材料是实现聚乳酸产业化的龙头企业。

川财证券分析师白竣天在其研报中认为，中石化投资这些新材料公司一方面有助于拓展中国石化高端化工材料产业链，提升产品附加值，加速从传统石油石化公司向综合性能源公司转型，另一方面或将加剧光伏胶膜行业竞争态势。

6.4 企业价值评估

延伸阅读6-1

独角兽企业的价值评估①

企业价值评估简称企业估值，目的是分析和衡量一个企业或一个经营单位的公平市场价值，并提供有关信息以帮助投资人和管理当局改善决策。对于投资者而言，企业价值评估可以帮助寻找被市场低估的证券或企业，以期获得高于必要报酬率的收益。对于经营者而言，企业价值评估可以用来进行战略分析与价值管理，它是评价某决策的基础，是改进企业一切重大决策的手段。

企业价值评估与债券价值和股票价值的估价不同，企业价值评估的一般对象是企业整体的经济价值。企业价值只有在整体中才能得到体现，并不是各个部分的简单相加。

企业的整体性功能表现为，它可以通过特定的生产经营活动为股东增加财富，这是任何单项资产所不具有的。企业是有组织的资源，资源的结合方式不同，就可以产生不同效率的企业。企业整体能够具有价值，在于它可以为投资人带来现金流量。这些现金流量是所有资产联合起来综合运用的结果，而不是资产分别出售获得的现金流量之和。同时，企业价值评估也有与债券估价和股票估价相同的地方，就是通常也采用现金流量折现来计量，而不单单是企业的会计账面价值或是现时的市

① 吕梅萌，杨银娥．我国独角兽企业价值评估影响因素分析［J］．中国资产评估，2019（2）．

场价格。

1）企业价值评估的步骤

企业价值评估通常分三步走：了解评估对象的背景、进行企业估值和根据评估价值进行决策。

（1）了解评估对象的背景

如果想要投资一个企业，就必须了解这个企业。了解一个企业，首先要进行整体的战略分析。战略分析是企业评估的基础，通常包括以下几方面：

① 一般宏观环境分析，包括企业的政治和法律环境、经济环境、社会文化环境和技术环境等。

② 行业环境分析，包括企业所在行业的生命周期、竞争状况等。

③ 经营环境分析，包括企业的产品市场状况、资本市场状况和劳动力市场状况等。

④ 企业资源分析，包括企业的有形资源、无形资源和组织资源等。

⑤ 企业能力分析，包括企业的研发能力、生产管理能力、营销能力、财务能力和组织管理能力等。

⑥ 企业竞争能力分析，包括产品的顾客价值分析、与竞争对手相比的优势分析以及这种优势的可持续性分析等。

（2）进行企业估值

企业的估值包括三个部分：收集信息、预测现金流量和将预测转化为估值。

① 收集信息。估值所需信息通常形式多样，来源广泛。一般可以从财务报表分析入手，提取有用的预测信息。此外，还需要在报表之外收集信息，包括消费者变化、技术变化和管理变化等。

② 预测现金流量，包括定义现金流量（使用自由现金流量还是经济利润等）和预测未来若干年的现金流量。

③ 将预测转化为估值，包括估计时间价值和风险价值，以及将现金流量转化为企业价值。

（3）根据评估价值进行决策

估值的目的是改善决策。外部投资者通过将估值与市场价格进行比较来决定是否进行交易，如购买股票。内部投资者通过将估值与成本进行比较来决定是否进行投资。决策时要考虑估值的假设前提与现实的差异，合理使用估值结果。此外，决策时还要考虑非计量因素和非财务因素的影响。

2）企业价值评估的模型

（1）现金流量折现模型

现金流量折现模型是企业价值评估使用最广泛、理论上最健全的模型。它的基本思想是增量现金流量原则和时间价值原则，也就是任何资产的价值是其产生的未来现金流量按照含有风险的折现率计算的现值。估价的基本公式为：

$$企业价值=\sum_{t=1}^{n}\frac{现金流量_t}{(1+资本成本)^t} \tag{6.11}$$

“现金流量”是指各期的预期现金流量，对于投资者来说，企业现金流量有三种：股利现金流量、股权现金流量和实体现金流量。具体现金流量的算法已在股票估计那一小节介绍了，在此不再赘述。由于股利分配政策有较大变动，股利现金流量很难预计，所以，股利现金流量模型在实务中很少被使用，本节只讨论后两种现金流量的估价模型。依据现金流量的不同种类，企业估价模型分股权现金流量模型和实体现金流量模型两种，具体公式见表6-2。

表6-2 现金流量公式表

种类	计算公式	现金流量
股权现金流量模型	企业价值=股权价值+净债务价值 $股权价值=\sum_{t=1}^{\infty}\frac{股权现金流量}{(1+股权资本成本)^t}$ $净债务价值=\sum_{t=1}^{\infty}\frac{偿还债务现金流量}{(1+等风险债务成本)^t}$	股权现金流量是指一定期间企业可以提供给股权投资人的现金流量
实体现金流量模型	$实体价值=\sum_{t=1}^{\infty}\frac{实体自由现金流量}{(1+加权平均资本成本)^t}$	实体自由现金流量是指企业全部现金流入扣除成本费用和必要的投资后剩余的部分，是企业一定期间可以提供给所有投资人的税后现金流量

由于股权现金流量模型计算出来的是股权价值，并不是整个企业的价值，因此，还需要加上净债务的价值才是完整的企业价值估价。

（2）经济利润模型

经济利润模型的基本思想是：如果每年的息前税后利润正好等于债权人和股东要求的收益，即经济利润等于零，则企业的价值没有增加也没有减少，仍然等于投资资本。

经济利润是指超过投资者要求报酬率的价值，也称为经济增加值。

经济利润=期初投资资本×（期初投资资本报酬率-加权平均资本成本）

=息前税后利润-全部资本费用

=息前税后利润-税后利息-股权资本费用

经济利润与会计利润的主要区别在于：经济利润扣除了股权资本费用，而不仅是债务费用；会计利润仅扣除债务利息，而没有扣除股权资本费用。因此，

企业价值=期初投资资本+预计经济利润的现值

（3）相对价值模型

相对价值法，也称市场比较法、价格乘数法或可比交易价值法等。这种方法是将目标企业与可比企业对比，用可比企业的价值衡量目标企业的价值。如果可比企业的价值被高估了，则目标企业的价值也会被高估。实际上，所得结论是相对于可

比企业来说的，以可比企业价值为基准，是一种相对价值，而非目标企业的内在价值。

其基本做法是：首先，寻找一个影响企业价值的关键变量；其次，确定一组可以比较的类似企业，计算可比企业的市价/关键变量的平均值；最后，根据目标企业的关键变量乘以得到的平均值，计算目标企业的评估价值。

相对价值模型分为两大类：一类是以股票市价为基础的模型，包括每股市价/每股收益、每股市价/每股净资产、每股市价/每股销售收入等模型。另一类是以企业实体价值为基础的模型，包括实体价值/息税折旧摊销前利润、实体价值/税后经营净利润、实体价值/实体现金流量、实体价值/投资资本、实体价值/销售收入等模型。我们这里只讨论三种最常用的股票市价模型。

①市盈率模型

市盈率是指普通股每股市价与每股收益的比率。

$$市盈率=\frac{每股市价}{每股收益}$$

运用市盈率估价的模型如下：

目标企业每股价值=可比企业平均市盈率×目标企业的每股收益

该模型假设每股市价是每股收益的一定倍数。每股收益越大，则每股价值越大。同类企业有类似的市盈率，所以目标企业的每股价值可以用每股收益乘以可比企业市盈率计算。

值得注意的是：在估价时目标企业“本期”每股收益必须要乘以可比企业“本期”市盈率，目标企业“预期”每股收益必须要乘以可比企业“预期”市盈率，两者必须匹配。这一原则也适用于市净率和市销率。

②市净率模型

市净率是指每股市价与每股净资产的比率。

$$市净率=\frac{每股市价}{每股净资产}$$

目标企业每股价值=可比企业平均市净率×目标企业每股净资产

这种方法假设股权价值是净资产的函数，类似企业有相同的市净率，净资产越大则股权价值越大。因此，股权价值是净资产的一定倍数，目标企业的每股价值可以用每股净资产乘以可比企业平均市净率计算。

③市销率模型

市销率是指每股市价与每股营业收入的比率。

$$市销率=\frac{每股市价}{每股营业收入}$$

目标企业每股价值=可比企业平均市销率×目标企业每股营业收入

这种方法是假设影响每股价值的关键变量是营业收入，每股价值是每股营业收入的函数，每股营业收入越大则每股价值越大。既然每股价值是每股营业收入的一定倍数，那么目标企业的每股价值可以用每股营业收入乘以可比企业市销率估计。

相对价值法应用的主要困难是选择可比企业。尤其是要求的可比条件较严格，或者同行业的上市企业很少的时候，经常找不到足够的可比企业。同时，类似企业中总有“不类似”的地方，类似企业的企业价值也不一定是公平市场价格。准确的评估还需要对计算结果进行另外的修正，而这种修正比一般人想象得要复杂。现金流量法的假设是明确显示的，而相对价值法的假设是隐含在比率内部的。因此，相对价值法看起来简单，实际应用却并不简单。

3）企业价值评估的调整

为了最终确定被评估的目标企业的价值，还需要考虑一些调整事项。价值评估结果的调整类型主要分为控制权溢价或折价调整以及流动性不足折价调整。因为每一种估值方法或程序都会产生不同的价值特征，所以并非所有的估值方法或程序所得到的评估结果都需要进行溢价或折价的调整，并且在进行价值调整时必须要具体考虑评估方法的特点。

【课程思政】　　精准投资与经济形势①

从国内外逆周期调节经济运行的经验来看，只有在经济增速主要受周期性因素影响而大幅低于预期增长目标且具备相应条件时，才能出台强刺激投资的政策，而这显然并不符合我国当前的实际情况。从经济形势来看，目前我国经济增速处于合理区间，只要能够维持战略定力，坚持稳中求进的工作态度，坚决落实党中央决策部署，就可以保持经济的健康发展。目前，我国经济放缓的主因是供给结构缺乏合理性，放缓的主要表现是经济发展质量有待提高、创新能力相对较弱、实体经济发展存在困难、发展的环境资源代价偏高、民生领域存在短板等。因此，解决我国经济下行压力的措施是进一步深化改革，破除影响总供给和总需求增长的结构性、体制性障碍。如果采用刺激投资的做法，带来的影响其实是有限的，而且这种影响也会在刺激效应过后逐渐减弱，难以从根本上解决我国的经济下行压力。

2019年底召开的中央经济工作会议指出，将继续实施积极的财政政策和稳健的货币政策；财政政策、货币政策要同消费、投资、就业、产业、区域等政策形成合力，引导资金投向供需共同受益、具有乘数效应的先进制造、民生建设、基础设施短板等领域，促进产业和消费“双升级”。这说明，我国不会搞“大水漫灌”式强刺激，稳投资、发挥投资关键作用的重点在于形成精准投资、有效投资。

总结与结论

▶财务估价的基本方法是现金流量折现法，该方法涉及三个基本的财务观念：

---

① 张长春．精准投资 有效投资（热点辨析）［EB/OL］．［2020-01-20］．https://baijiahao.baidu.com/s?id=1656194873569163687&wfr=spider&for=pc.

时间价值、风险价值和现金流量。本章结合具体估价对象讨论财务估价的问题，即债券股价、股票估价与企业价值评估。

▶债券价值计算的基本模型是：

$$PV=\frac{I_1}{(1+i)^1}+\frac{I_2}{(1+i)^2}+\cdots+\frac{I_n}{(1+i)^n}+\frac{M}{(1+i)^n}$$

▶平息债券价值的计算公式如下：

$$PV=\sum_{t=1}^{m}\frac{I/m}{(1+i/m)^t}+\frac{M}{(1+i/m)^t}$$

▶纯贴现债券的价值计算公式如下：

$$PV=\frac{F}{(1+i)^n}$$

▶永久债券的价值计算公式如下：

$$PV=\frac{利息额}{折现率}$$

▶股票估价的基本模型如下：

$$V=\frac{D_1}{(1+r)^1}+\frac{D_2}{(1+r)^2}+\cdots+\frac{D_n}{(1+r)^n}$$

$$=\sum\frac{D_n}{(1+r)^n}$$

▶固定股利模型如下：

$$P_0=\frac{D}{r}$$

▶固定股利增长率模型如下：

$$P_0=\sum\frac{D_0(1+g)^n}{(1+r)^n}$$

▶股利两阶段增长模型是两种模型的结合，第一阶段股利现值为一个有限期间的股利现值，第二阶段为一个持续增长的固定股利增长率的现值。

▶企业价值评估简称企业估值，目的是分析和衡量一个企业或一个经营单位的公平市场价值，并提供有效信息以帮助投资人和管理当局改善决策。企业价值评估通常分三步走：了解评估对象的背景、进行企业估值和根据评估价值进行决策。

▶企业价值评估的方法有：

（1）现金流量折现法

$$企业价值=\sum_{t=1}^{n}\frac{现金流量_t}{(1+资本成本)^t}$$

（2）经济利润法

企业价值=期初投资资本+预计经济利润的现值

（3）相对价值法

相对价值法是将目标企业与可比企业对比，用可比企业的价值衡量目标企业价值的方法。具体可分为市盈率模型、市净率模型、市销率模型三种。

思考题

1.影响债券价值评估的因素有哪些？债券、普通股价值评估模型有何不同？

2.企业价值评估的相对价值法分为哪些具体方法？各类方法的内容是什么？

3.如果一家公司招聘你进行股票估值，你是选择现金流量折现法，还是相对价值法？如果采用股利折现模型，你是选择固定增长模式，还是多阶段增长模式？思考决定股票价值的关键变量是什么？影响公司发展的原因又是什么？

练习题

1.某公司于2021年2月1日平价购买一张面额为1 000元的债券，票面利率为8%，每年2月1日计算并支付一次利息，并于5年后的1月31日到期。该公司持有该债券至到期日，则其到期收益率是多少？

练习题参考答案1

2.某公司报酬率为15%，年增长率为10%，D_0=2元，则该公司股票的内在价值是多少？

3.某普通股每股价格20元，预计下一期股利为1元，该股利将以10%的速度持续增长。该股票的期望报酬率是多少？

练习题参考答案2

案例分析题

ABC公司预计2021—2026年现金流量分别为614万元、663.12万元、716.17万元、773.46万元、835.34万元、1 142.4万元，自2027年进入稳定增长状态，永续增长率为5%。

练习题参考答案3

企业当前的加权平均资本成本为11%，2027年及以后年份资本成本降为10%。债务当前的市场价值为4 560万元，普通股当前每股市价12元，流通在外的普通股股数为1 000万股。

分析：

通过计算分析，说明该股票被市场高估还是低估了。

案例分析题提示

第7章 财务计划与财务预测

学习目标

财务计划是企业实现战略目标的关键因素之一。本章在介绍了财务计划的相关概念的基础上，以销售预测为起点，介绍了销售预测、预计财务报表、外部资金需要量的预测方法和程序。通过本章的学习，学生应该掌握财务计划的概念和基本内容，理解财务计划和企业战略的关系；掌握销售预测的影响因素和预测方法；掌握预计利润表、预计资产负债表、预计现金流量表的编制过程；掌握外部资金需求量的预测；掌握内含增长率、可持续增长率的计算方法。

导言

财务计划是对企业财务状况和现金流量的分析。古人云，“预则立，不预则废”，通过财务计划，可以预见企业各项投资决策、筹资决策以及股利决策的可能后果，权衡其利弊得失。财务计划的要领是分析企业的过去、现在和未来——不仅要预测可能结果，而且要分析偏离可能结果的程度。财务计划的优点在于它能促使管理部门考虑到偏离计划的种种可能。

不同企业选择的计划期间长短不一，大多数企业的计划期在1年以上。年度计划一般较为详细，而3~5年的计划相对粗略，有的企业甚至还要编制10年或更长时间的计划。财务计划的编制不在于形式上的完美，而在于实际上的可操作性和有用性。

7.1 财务计划与企业战略

7.1.1 财务计划

1）财务计划的概念和分类

（1）财务计划的概念

财务计划是企业以货币形式预计计划期内资金的取得与运用和各项经营收支及财务成果的书面文件。它是企业经营计划的重要组成部分，是进行财务管理、财务监督的主要依据。财务计划是在生产、销售、物资供应、劳动工资、设备维修、技术组织等计划的基础上编制的，其目的是确立财务管理上的奋斗目标。在企业内部实行经济责任制，使生产经营活动按计划协调进行，挖掘增产节约潜力，提高经济效益。

财务计划就是为企业未来的发展变化制定方针、政策。这些方针包括：①明确企业的财务目标；②分析企业目前财务状况与既定目标之间的差距；③指出企业未达到目标应采取的行动。正如通用汽车（GM）的一名董事会成员所说，“计划能使企业最大限度地免于在未来陷入衰退的过程”。

财务计划系统地阐述了实现财务目标的方法，包含两个要素：期限和汇总。

①期限

财务计划是对未来工作所做的安排。大多数决策都有很长的提前期，要花很长时间去试试这些决策。在不确定的环境下，决策指定要远远超前于具体实施。例如，企业要想在2021年投资一条新的产品生产线，可能在2019年就开始立项、论证、决策。那么，到底计划的期限多长为宜？或者说现在要计划多长时间以后的事项比较合适呢？基于这样的疑问，有必要将财务计划分为短期财务计划和长期财务计划。

②汇总

财务计划汇集了企业每一个项目的资本预算分析。实际上，财务计划要将企业每一个经营单位的较小的投资计划汇聚在一起，使之成为一个大的项目，这个过程就叫作汇总。

财务计划还要求就各种可能的情况做出假设，一般包括最好情形下的财务计划、一般情形下的财务计划、最差情形下的财务计划。

（2）财务计划的分类

财务计划按照计划时间的长短可以分为长期财务计划和短期财务计划。

长期财务计划是指1年以上的计划，通常企业制订为期5年的长期财务计划。制订长期财务计划应以公司的经营理念、业务领域、地域范围、定量的战略目标为基础，长期财务计划是实现公司战略的工具。

长期财务计划编制包括以下程序：编制预计财务报表；确认需要的资本；预测可用资本；建立控制资本分配和使用体系；制定修改计划的程序；建立激励报酬计划。

短期计划是指一年一度的财务预算。财务预算是以货币表示的预期结果，它是计划工作的终点，也是控制工作的起点，它把计划和控制联系起来。各企业预算的精密程度、实施范围和编制方式有很大差异。预算工作的主要好处是促使各级主管人员对自己的工作进行详细的思考和确切的计划。

2）财务计划的编制程序及功能

（1）财务计划的编制程序

① 由企业最高管理当局根据财务决策提出一定时期的经营目标，并向各级、各部门下达规划指标；

② 各级、各部门在规划指标范围内，编制本部门预算草案；

③ 由财务部门或预算委员会对各部门预算草案进行审核、协调，汇总编制总预算并报企业负责人、董事会批准；

④ 将批准的预算下达各级、各部门执行。

（2）财务计划的功能

企业自上而下需要花费大量的时间针对不同的情形准备计划，并以此作为编制财务计划的基础。由此可见，财务计划的编制会产生较大的成本，那么财务计划能够产生什么样的功能呢？

① 明确财务决策之间的相互关系。财务计划必须明确企业不同经营活动的投资计划与企业可行的融资选择之间的关系。例如，IBM的15%的增长目标与其融资计划密切相关。

② 提出备选方案。财务计划使企业能够清楚各种投资和融资的选择。在财务计划所列出的各种方案中，企业需要对每一种方案进行评估，并选出最优的方案。

③ 可行性分析。不同的计划必须适应于公司的战略目标，即为公司战略目标的实施而规划各种经营、财务活动。

④ 避免意外。财务计划能够指出如果某一特定事件的出现将会发生什么情况，即财务计划的目的之一就是避免意外。

3）财务计划的基本内容

不同的公司有不同的规模和不同的产品，其财务计划也不尽相同，但以下几个方面是财务计划的基本内容。

（1）销售额的预测

所有的财务计划都要求预测销售额。由于销售取决于未来的经济状况，而未来的经济状况又不是确定的，因此，要完全准确地预测销售额是不可能的。企业可借助于宏观经济方面的专家以及产业发展规划来进行销售预测。

（2）预测报表

财务计划还要求编制预测资产负债表、预测利润表和预测资金来源与运用表。这些报表称为预测报表，或预计报表。

（3）资产需要量

财务计划要确定计划的资本性支出以及计划的净营运资本支出。

（4）资金需要量

财务计划还要进行融资安排，包括股利政策和债务政策等。比如企业若要通过发行新股来增加权益，财务计划就应考虑发行何种证券，以什么方式发行。

（5）调节变量

如果财务计划编制人员假设销售收入、成本和利润将按一个特定的比率 g_1 增长，又要求资产和负债按照另一个不同的比率 g_2 增长，那么，必须有第三个变量来进行协调，否则这两个增长率将无法相容。例如，要使这两个增长率相互协调，则发行在外的股票就得按一个不同的比率 g_3 增长。这里，我们把发行在外的股票的增长率作为“调节变量”，即选择发行在外的股票的增长率来使利润表项目的增长率和资产负债表项目的增长率相适应。令人惊讶的是，即使这两个报表项目的增长率相同，也只有当发行在外的股票按一个不同的比率增长时，才能达成协调。当然，也可以不以发行在外的股票增长率作为调节变量。若要使利润表项目按 g_1 增长，资产、长期负债和发行在外的股票按 g_2 增长，为了让 g_1 和 g_2 相互协调，可以使短期负债的增长率为 g_3。

（6）经济假设

财务计划必须明确企业在整个计划期内所处的经济环境，并据此做出相应的假设。在诸多的经济假设中必须要确定的是利率水平。

7.1.2 财务计划与战略计划

延伸阅读 7-1

财务计划与财务预算的关系

1）战略计划

编制财务计划必须基于一个连贯的战略计划框架。一个连贯的战略计划包括许多因素。

（1）企业目标

战略计划以使命为起点，即以企业目标为起点，企业目标通常设为“增加股东的投资价值”。为了实现企业的总目标，负责经营的经理人还应该设定能够达到的具体目标。大多数企业都制定了数量目标和质量目标。例如，企业可能将其目标设定为销售增长率为8%、净资产收益率居于行业前三名、市场占有份额上升5%等。为了实现这些目标，企业的经理人必须详细设计其战略手段，从而实施战略。

（2）经营计划

经营计划主要来源于各个经营单位。以企业战略为基础的经营计划为管理层提供了详细的实施指南，有助于实现企业目标。经营计划可以根据不同时间跨年度编制，但大多数企业通常编制5年的经营计划。经营计划非常详细地解释了具体职责的负责人、每项任务的完成时间、销售目标和利润目标等。

（3）财务计划

战略计划的最后一个关键因素是财务计划。各个经营单位都编制财务计划，这些经营计划汇总在一起展示了整个企业的预期成效。财务计划的中心是各个经营单位和附属企业的预计财务报表。预计财务报表包括以这些报表为基础的各种比率。如果所有预测的假设都是正确的，那么预测期的预测值将展示各种预期的结果。然而，完全根据计划行事是很难实现的，因此，必须提供各种不同情境的预期结果，因为财务计划必须告诉管理层如果发生其他重大事件时该怎么办，即财务计划应该具备应对风险的作用。另外，财务计划应该具有评价各种战略和经营计划成效的作用。

2）财务计划对企业战略实施的作用

财务部门参与和配合公司战略的工作重点之一，即围绕战略目标而进行的财务计划活动。财务计划对企业战略的实施主要起到以下作用：

（1）财务计划有利于配置资源

财务计划是公司战略实施的中心活动之一。明确总体战略目标后，即要按年度分解目标，并有计划地配置企业资源。财务计划通常包括两个层面：经营计划和专项计划。经营计划主要通过财务预算解决经营活动中的资源配置问题；专项计划主要解决投资和融资活动中的资源配置问题。这两方面计划的制订和实施都必须以企业战略为导向。

（2）财务计划有利于制定企业“政策”

公司战略的实施需要有具体政策指导企业经营管理的日常工作。这里的“政策”包含了战略实施的具体准则、方法、程序、规则，以及支持和鼓励为实现战略目标而努力工作的各项管理活动。财务计划是公司战略实施的工具，通过财务计划的设定为员工的行为和企业的管理活动设立了边界、约束和极限，明确了公司期望，进而提高了成功实施公司战略的可行性。

（3）实施财务计划有利于建立年度目标

设定合理的年度目标是资源配置的基础，不仅如此，建立年度目标是所有管理者直接参与的战略分散化的活动，它突出了公司本部、下属公司和各项职能部门的工作重点，是评价管理者业绩的主要尺度。在年度目标的指导下实施财务计划，有利于筹集实施公司战略的配套资金，并且能够提供预算控制的工具。值得提出的一点是，财务计划是战略实施的重要技术，它可以使企业清晰地考察各种行为和方法的预期结果，并预测出战略实施的不同阶段对企业财务状况造成的影响。因此，财务计划不应被视为限制支出的工具，而应被看作最有效利用企业资源以获取最大利润的方法。

【课程思政】 国有资本投资公司改革要落实战略管控和授权放权①

2021年7月21日，国务院国资委召开深化国有资本投资公司改革工作推进会，深入学习贯彻习近平总书记“七一”重要讲话精神，落实党的十九届五中全会重要决策部署，按照国企改革三年行动要求，深入总结国有资本投资公司改革试点的进展成效，对下一步工作进行再聚焦、再部署、再推动。

党的十八届三中全会以来，国资委深入贯彻落实习近平总书记重要指示精神和党中央决策部署，指导推动三批19家国有资本投资公司改革试点企业提升效益质量、聚焦主业实业、强化资本运作、推进市场化改革、全面加强党的领导，各项工作取得积极成效。

试点企业要聚焦构建新发展格局，在落实国家创新驱动战略、完善产业链发展和服务实体经济中发挥更大作用；聚焦打造一流总部，将战略管控和授权放权落实到位，加快优化管控模式；聚焦发挥产业引领作用，进一步优化投资体系，加快培育战略性新兴产业；聚焦市场化改革，转机制增活力，加快打造一批更具活力的微观市场主体；聚焦提升管理效能，对标世界一流，持续加强核心能力建设。要进一步加强组织领导、层层压实责任，积极探索创新、加快在重点领域取得突破，开展考核评估、动态调整试点企业名单，深入总结宣传、发挥先进典型示范引领作用，确保投资公司改革扎实推进、各项任务落实落地。

7.2 销售预测

7.2.1 销售预测的含义与作用

1）销售预测的含义

销售计划的中心任务之一就是销售预测，无论企业规模大小、销售人员多少，销售预测影响包括计划、预算和销售额确定在内的销售管理的各方面工作。

销售预测是指对未来特定时间内，全部产品或特定产品的销售数量与销售金额的估计。销售预测是在充分考虑未来各种影响因素的基础上，结合本企业的销售实际，通过一定的分析方法提出切实可行的销售目标。

2）销售预测的作用

（1）通过销售预测，可以调动销售人员的积极性，促使产品尽早实现销售，以完成使用价值向价值的转变。

（2）企业可以销定产，根据销售预测资料，安排生产，避免产品积压。

（3）能合理有效管理产品库存，经过预测可对产品设立库存预警，对生产进度的安排具有指导意义。

① 佚名．国资委：国有资本投资公司改革要落实战略管控和授权放权［EB/OL］．［2021-7-22］．http://finance.eastmoney.com/a/202107222011182285.html.

（4）经过销售预测后，可对产品的补货安排提供参考数据。

7.2.2 销售预测的影响因素

尽管销售预测十分重要，但进行高质量的销售预测却并非易事。在进行预测和选择最合适的预测方法之前，了解对销售预测产生影响的各种因素是非常重要的。

一般来讲，在进行销售预测时要考虑两大类因素：

1）外界因素

（1）需求动向

需求是外界因素之中最重要的一项，如流行趋势、爱好变化、生活形态变化、人口流动等，均可成为产品（或服务）需求的质与量方面的影响因素，因此，必须加以分析与预测。企业应尽量收集有关对象的市场资料、市场调查机构资料、购买动机调查等统计资料。以掌握市场的需求动向。

（2）经济变动

销售收入受经济变动的影响，经济因素是影响商品销售的重要因素，为了提高销售预测的准确性，应特别关注商品市场中的供应和需求情况。尤其近几年科技、信息快速发展，更带来无法预测的影响因素，导致企业销售收入波动。因此，为了正确预测，需特别注意资源问题的未来发展、政府及财经界对经济政策的见解以及基础工业、加工业生产、经济增长率等指标变动情况，尤其要关注突发事件对经济的影响。

（3）同业竞争动向

销售额的高低深受同业竞争者的影响，古人云“知己知彼，百战不殆”。为了生存，必须掌握对手在市场中的所有活动。例如，竞争对手的目标市场在哪里，产品价格高低，促销与服务措施等。

（4）政府、消费者团体的动向

考虑政府的各种经济政策、方案措施以及消费者团体所提出的各种要求等。

2）内部因素

（1）营销策略

市场定位、产品政策、价格政策、渠道政策、广告及促销政策等变更对销售额所产生的影响。

（2）销售政策

考虑变更管理内容、交易条件或付款条件，销售方法等对销售额的影响。

（3）销售人员

销售活动是一种以人为核心的活动，所以人为因素对于销售额的实现具有相当深远的影响力，这是我们不能忽略的。

（4）生产状况

考虑货源是否充足，能否保证销售需要等。

7.2.3 销售预测的程序

销售预测可以看作一个系统，是由有关信息资料的输入、处理和预测结果的输出所组成的信息资料转换过程。对于复杂的预测对象，有时要把它进行分解，对分解后的子系统进行预测，在此基础上再对总的预测目标进行预测。

销售预测是一项很复杂的工作，要使这一复杂工作有条不紊地进行，就必须遵循一定的程序。销售预测的基本程序如下：

1）确定预测目标

销售预测是以产品的销售为中心的，产品的销售本身就是一个复杂的系统。有关的系统变量很多，如市场需求潜量、市场占有率、产品的售价等。而对于这些变量进行长期预测还是短期预测，这些变量对预测资料的要求，预测方法的选择都有所不同。所以，预测目标的确定是销售预测的主要问题。

2）收集和分析资料

在预测目标确定以后，为满足预测工作的要求，必须收集与预测目标有关的资料，所收集到的资料的充足与可靠程度对预测结果的准确度具有重要的影响。所以，对收集的资料必须进行分析，并满足以下条件：

（1）资料的针对性，即所收集的资料必须与预期目标的要求相一致。

（2）资料的真实性，即所收集的资料必须是从实际中得来的，并加以核实的资料。

（3）资料的完整性。这直接影响到销售预测工作的进行。所以，必须采取各种方法，以保证得到完整的资料。

（4）资料的可比性。对于同一种资料，来源不同，统计口径不同，也可能差别很大。所以在收集资料时，对所得到的资料必须进行分析，如剔除一些随机事件造成的不真实资料，对不具备可比性的资料通过分析进行调整等，以避免资料本身原因给预测结果带来误差。

7.2.4 销售预测的方法

1）销售预测的定性分析法

定性预测法是在预测人员具备丰富的实践经验和广泛的专业知识的基础上，根据其对事物的分析和主观判断能力对预测对象的性质和发展趋势做出推断的预测方法，如市场调研法和判断分析法。这类方法主要是在企业所掌握的数据资料不完备、不准确的情况下使用，以通过对经济形势、国内外科学技术发展水平、市场动态、产品特点和竞争对手等资料的分析研究，对本企业产品的未来销售情况做出质的判断。

（1）市场调研法

市场调研法就是通过对某种产品在市场上的供需情况变动进行详细调查，了解各因素对该产品市场销售的影响状况，并据以推测该种产品市场销售量的一种分析方法。

在这类方法下，其预测的基础是市场调查所取得的各种资料，然后根据产品销售的具体特点和调查所得资料情况，采用具体的预测方法进行预测。

（2）判断分析法

判断分析法主要是根据熟悉市场未来变化的专家的丰富实践经验和综合判断能力，在对预测期销售情况进行综合分析研究以后所做出的产品销售趋势的判断。参与判断预测的专家既可以是企业内部人员，如销售部门经理和销售人员，也可以是企业外界的人员，如有关推销商和经济分析专家等。判断分析法的具体方式一般可分为下列三种：

①意见汇集法

意见汇集法也称为主观判断法，它是由本企业熟悉销售业务、对于市场的未来发展变化的趋势比较敏感的领导人、主管人员和业务人员，根据其多年的实践经验集思广益，分析各种不同意见并对之进行综合分析评价后所进行的判断预测。这一方法的产生依据是，企业内部的各有关人员由于工作岗位和业务范围及分工有所不同，尽管他们对各自的业务都比较熟悉，对市场状况及企业在竞争中的地位也比较清楚，但其对问题理解的广度和深度却往往受到一定的限制。在这种情况下，就需要各有关人员既能对总的社会经济发展趋势和企业的发展战略有充分的认识，又能全面了解企业当前的销售情况，进行信息交流和互补，在此基础上，经过意见汇集和分析，就能做出比较全面客观的销售判断。按照意见来源不同又有如下几种方法：

第一，高级经理意见法。高级经理意见法是依据销售经理（经营者与销售管理者为中心）或其他高级经理的经验与直觉，通过一个人或所有参与者的平均意见求出销售预测值的方法。

第二，销售人员意见法。销售人员意见法是利用销售人员对未来销售进行预测。有时是由每个销售人员单独做出这些预测，有时则与销售经理共同讨论而做出这些预测。预测结果以地区或行政区划汇总，一级一级汇总，最后得出企业的销售预测结果。

第三，购买者期望法。许多企业经常关注新顾客、老顾客和潜在顾客未来的购买意向情况，如果存在少数重要的顾客占据企业大部分销售量这种情况，那么购买者期望法是很实用的。这种预测方法是通过征询顾客或客户的潜在需求或未来购买商品计划的情况，了解顾客购买商品的活动、变化及特征等，然后在收集消费者意见的基础上分析市场变化，预测未来市场需求。

②德尔菲法

德尔菲法又称专家调查法，它是一种客观判断法，由美国兰德公司在20世纪40年代首先倡导使用。它主要是采用通信的方式，通过向见识广、学有专长的各有关专家发出预测问题调查表的方式来搜集和征询专家们的意见，并经过多次反复，综合、整理、归纳各专家的意见以后，做出预测判断。

③专家小组法

专家小组法也属于一种客观判断法，它是由企业组织各有关方面的专家组成预测小组，通过召开各种形式座谈会的方式，进行充分广泛的调查研究和讨论，然后运用专家小组的集体科研成果做出最后的预测判断。

④模拟顾客综合判断法

先请各位专家模拟成各种类型的顾客，通过比较本企业和竞争对手的产品质量、售后服务和销售条件等做出购买决策，然后把这些“顾客”准备购买本企业产品的数量加以汇总，形成一个销售预测值。

2）销售预测的定量分析法

定量预测法主要是根据有关的历史资料，运用现代数学方法对历史资料进行分析加工处理，并通过建立预测模型来对产品的市场变动趋势进行研究并做出推测的预测方法，包括趋势预测分析法、时间序列分析法和因果预测分析法。这类方法是在拥有尽可能多的数据资料的前提下运用，以便能通过对数据类型的分析，确定具体适用的预测方法对产品的市场需求做出量的估计。

（1）趋势预测分析法

趋势预测分析法是应用事物发展的延续性原理来预测事物发展的趋势。该方法首先把本企业的历年销售资料按时间的顺序排列下来，然后运用数理统计的方法来预计、推测计划期间的销售数量或销售金额，故亦称“时间序列预测分析法”。这类方法的优点是收集信息方便、迅速，缺点是对市场供需情况的变动因素未加考虑。

趋势预测分析法根据所采用的具体数学方法的不同，又可分为算术平均法、移动加权平均法、指数平滑法、回归分析法和二次曲线法。

①算术平均法

算术平均法是以过去若干期的销售量或销售额的算术平均数作为计划期的销售预测数。其计算公式如下：

$$\bar{x} = \frac{\sum_{i=1}^{n} x_i}{n} \tag{7.1}$$

式中：$\bar{x}$——计划期间的销售预测值；

x_i——各期的销售量或销售额；

n——时期数。

该方法具有计算简单的优点，但由于该方法简单地将各月份的销售差异平均化，没有考虑到近期的变动趋势，因而可能导致预测数与实际数发生较大的误差。为了克服这个缺点，可以引入标准差，来预计未来的实际销售量将会在多大程度上偏离这个平均数。计算标准差的公式为：

$$\sigma=\sqrt{\frac{\sum_{i=1}^{n}(x_i - \bar{x})^2}{n - 1}} \tag{7.2}$$

标准差越大，说明未来实际销售量偏离平均值的程度越大，因此，利用算术平均法预测未来销售量的准确程度越低。因此，算术平均法只适用于预测期内销售量或销售额变化不大的公司的销售预测。

②移动加权平均法

移动加权平均法是先根据过去若干期的销售量或销售额，按其距离预测期的远近分别进行加权（近期的加权数大些，远期的加权数小些），然后计算其加权平均数，并以此作为计划期的销售预测值。所谓"移动"是指对计算平均数的时期不断向后推移。例如：预测7月份的销售量以4、5、6月份的历史资料为依据；若预测8月份的销售量，则以5、6、7月份的资料为准。一般情况下，预测数受近期实际销售的影响程度较大，因此，越接近预测期的实际销售情况，加权数应越大。

移动加权平均法的计算公式为：

$$\overline{x}=\frac{x_{t-1}+x_{t-2}+\cdots+x_{t-n}}{n} \tag{7.3}$$

式中：x_{t-1}，x_{t-2}，…，x_{t-n}——各期的销售量或销售额；

n——移动期。

【例7-1】长城公司2021年1—12月甲产品实际销售量和预测值见表7-1。

当n=3时，则4月份的预测值为：

x_4=（240+260+280）÷3=260（台）

当n=4时，5月份的预测值为：

x_5=（240+260+280+300）÷4=270（台）

表7-1　**甲产品实际销售量和预测值表**

月份	实际销量（台）	3个月移动平均值（n=3）	4个月移动平均值（n=4）
1	240	—	—
2	260	—	—
3	280	—	—
4	300	（240+260+280）÷3=260	—
5	320	（260+280+300）÷3=280	（240+260+280+300）÷4=270
6	330	（280+300+320）÷3=300	（260+280+300+320）÷4=290
7	340	（300+320+330）÷3=317	（280+300+320+330）÷4=307.5
8	320	（320+330+340）÷3=330	（300+320+330+340）÷4=322.5
9	330	（330+340+320）÷3=330	（320+330+340+320）÷4=327.5
10	340	（340+320+330）÷3=330	（330+340+320+330）÷4=330
11	350	（320+330+340）÷3=330	（340+320+330+340）÷4=332.5
12	360	（330+340+350）÷3=340	（320+330+340+350）÷4=335

该方法只适用于短期预测，而且前提是移动期内销售量变化不大，预测期仍然按照移动期的销售量变动趋势变动。

③指数平滑法

指数平滑法就是遵循“重近轻远”的原则，对全部历史数据采用逐步衰减的不等加权办法进行数据处理的一种预测方法。指数平滑法通过对历史时间序列进行逐层平滑计算，从而消除随机因素的影响，识别经济现象基本变化趋势，并以此预测未来。它是短期预测中最有效的方法。使用指数平滑法来进行预测，对近期的数据观察值赋予较大的权重，而对以前各个时期的数据观察值则顺序地赋予递减的权重。

指数平滑法被认为是同类预测法中最精确的。因为最近的观察值已经包含了最多的未来情况的信息。

采用指数平滑法预测计划期销售量或销售额时，需要导入平滑系数α进行运算。其计算公式为：

$$x_t=\alpha\cdot D_{t-1}+(1-\alpha)\cdot x_{t-1} \tag{7.4}$$

式中：α——平滑指数；

D_{t-1}——上期的实际销售量；

x_{t-1}——上期的预测销售量。

平滑指数的取值越大，则近期实际销售量对预测结果的影响也越大；反之，则越小。平滑指数的值大于0，小于1，一般取值0.3~0.7。

【例7-2】长城公司2021年1—8月电风扇的销售额见表7-2。如果假设平滑指数α为0.7，1月份销售额的预测值为500万元，则2—9月的销售额预测值见表7-2。

表7-2 实际销售额与预测销售额 单位：万元

月份t	实际销售额（D_{t-1}）	$\alpha\cdot D_{t-1}$ ①	（1−α）$\cdot x_{t-1}$ ②	x_t ③=①+②
1	480	—	—	500
2	500	0.7×480	（1−0.7）×500	486
3	520	0.7×500	（1−0.7）×486	496
4	540	0.7×520	（1−0.7）×496	513
5	550	0.7×540	（1−0.7）×513	532
6	570	0.7×550	（1−0.7）×532	545
7	580	0.7×570	（1−0.7）×545	562
8	600	0.7×580	（1−0.7）×562	575
9		0.7×600	（1−0.7）×575	592

（2）时间序列分析法

时间序列分析法是利用销售变量与时间存在的相关关系，通过对历史数据的分析建立预测模型，然后根据未来期间的变化来预测将来销售量或销售收入。在分析销售收入时，大家都懂得将销售收入按照年或月的次序排列下来，以观察其变化趋势。时间序列分析法现已成为销售预测中具有代表性的方法。

【例7-3】长城公司过去3年年销售量见表7-3，同时，通过对企业现有市场占有情况和用户需求调查发现，销售情况基本没有太大变化。所以，预测假定没有新的因素出现，销售量仍然按照过去的趋势变化，预测2022年的销售量。

表7-3　　**长城公司产品各期销售量**

序号	年份	甲产品销售量（台）	乙产品销售量（吨）
0	2019	8 000	4 000
1	2020	8 800	4 400
2	2021	9 680	4 800

根据过去3年的销售量资料，可以得出：

甲产品销售量的变动趋势模型为：

$x_n=x_0\times（1+10\%）^n=x_{n-1}\times（1+10\%）$

预测期甲产品销售量=8 000×（1+10%）^{3}=9 680×（1+10%）=10 648（台）

乙产品销售量的变动趋势模型为：

$x_n=x_0+400n$

因此：

预测期乙产品销售量=4 000+400×3=5 200（吨）

（3）因果预测分析法

因果预测分析法，是利用事物发展的因果关系来推测事物发展趋势的方法。它一般是根据过去掌握的历史资料，找出预测对象的变量与其相关变量之间的依存关系，来建立相应的因果预测的数学模型。然后通过对数学模型的求解来确定对象在计划期的销售量或销售额。

因果预测所采用的具体方法较多，最常用而且最简单的是回归分析法。回归分析法主要是研究事物变化中的两个或两个以上因素之间的因果关系，并找出其变化的规律，应用回归数学模型，预测事物未来的发展趋势。由于在现实的市场条件下，企业产品的销售量往往与某些变量因素（例如，国内生产总值、个人可支配的收入、人口、相关产业的销售量、需要的价格弹性或收入弹性等）之间存在着一定的函数关系，因此，可以利用这种关系，选择最恰当的相关因素建立起预测销售量或销售额的数学模型，这往往会比采用趋势预测分析法获得更为理想的预测结果。例如，轮胎与汽车，面料、辅料与服装，水泥与建筑之间存在着依存关系，而且都是前者的销售量取决于后者的销售量。所以，可以利用后者现成的销售预测的信息，采用回归分析的方法来推测前者的预计销售量（额）。这种方法的优点是简便易行，成本低廉。回归分析法主要包括一元回归直线法（预测对象的相关因素有一个）、多元回归法（预测对象的相关因素有两个或两个以上）和二次曲线法。

①一元回归直线法

一元回归直线法是用途较为广泛的一种预测方法。该方法是利用历史资料找出预期销售量或销售额的影响因素，从而建立一元线性回归模型，用来处理两个变量之间具有的线性关系。然后利用最小二乘法，估计模型的系数。其具体做法是：

首先，建立模型：

$$y=a+b\cdot x$$

然后，利用下列公式求出系数a和b的值：

$$a=\frac{\sum y-b\sum x}{n} \tag{7.5}$$

$$b=\frac{n\sum xy-\sum x\cdot\sum y}{n\sum x^2-\left(\sum x\right)^2} \tag{7.6}$$

【例7-4】嘉庆公司专门生产电动自行车专用电瓶，而决定电瓶销售量的主要因素是电动自行车的持有量。假设近5年该地区电动自行车的实际销售量和该公司电瓶的实际销量的统计资料见表7-4。经过市场调研，2022年该地区的电动自行车销售量预计为2 000万辆，则用最小二乘法预测电瓶的销售量见表7-4。

表7-4　　**实际销售量资料表**

年度	电瓶销售量（万只）y	电动自行车销售量（万辆）x	xy	x^2
2017	100	900	90 000	810 000
2018	140	1 050	147 000	1 102 500
2019	160	1 150	184 000	1 322 500
2020	192	1 300	249 600	1 690 000
2021	200	1 700	340 000	2 890 000
合计	792	6 100	1 010 600	7 815 000

由表7-4的历史资料可以求出：

$$b=\frac{5\times 1\,010\,600-6\,100\times 792}{5\times 7\,815\,000-6\,100^2}=0.1189$$

$$a=\frac{792-b\times 6\,100}{5}=13.3083$$

则可以建立回归模型：

$$y=13.3083+0.1189x$$

模型参数的估计也可以利用Excel表格的“回归”功能。

由于2022年该地区的电动自行车销售量预计为2 000万辆，则2022年电瓶的销售量预计为：

$y=13.3083+0.1189\times2\,000\approx251$（万只）

②多元回归法

企业的经营活动往往受多方面因素的影响，即一个因变量和几个自变量存在依存关系。例如，有的企业的产品是供应若干个其他企业生产用的零部件，因此，生产零部件的企业的产品销售量受其他企业生产量的影响。在因变量同时受两个或两个以上的自变量的影响的情况下，就要用多元回归预测法进行预测。多元回归法建立的模型如下：

$$y=a+b_1\cdot x_1+b_2\cdot x_2+\cdots+b_n\cdot x_n+\varepsilon$$

式中：x_1，x_2，…，x_n——影响销售量的因素；

ε——随机误差项。

③二次曲线法

该方法是利用一元二次曲线方程建立销售预测的“曲线回归数学模型”。当企业销售的历史资料明显地呈现二次曲线趋势时，可以采用此方法。二次曲线的基本公式为：

$$y=a+b\cdot x+c\cdot x^2$$

式中：y——销售量；

x——影响销售量的因素；

a，b，c——常数项。

7.3 财务报表预测

企业财务计划的制订是一个不断修正、连续进行的过程。预测财务报表是财务计划执行结果的一种外在表现，企业可以通过预测期末财务报表来对计划制订的最终效果进行度量。预测财务报表包括了很多重要业绩指标，例如，销售收入和净利润。另外，企业也可以根据预测财务报表进行弹性控制，制定异常事件处理预案，以使目标财务报表得以实现。

预计财务报表与实际的财务报表内容、格式相同，只不过是利用预计数据反映企业未来一定期间的财务状况。预计财务报表分为预计利润表、预计资产负债表和预计现金流量表。在编制预计财务报表时需要注意两点：一是资产负债表是否实现了平衡关系；二是各财务报表间是否存在有效的钩稽关系。

预计财务报表里的各个科目均与财务计划密切相关。例如，销售收入科目需要根据预测销售量、销售价格来填列。企业通过对财务计划的分析汇总就可以得到预测财务报表，最常用的预测方法是销售百分比法。

7.3.1 销售百分比法

销售百分比法是假定某资产负债表项目与销售额保持一定的百分比关系。随着预算年度销售的增长，这些资产和负债项目也需要随之增加，因此，该方法对销售额的依赖性较大。运用此法时，首先，要用统计方法计算或经过分析估计出计划期预计销售额；其次，判断各项目与销售额是否存在固定的比率关系，并且判断计划期这种固定比率关系与基期的比率是否一致，有无需要调整的项目，这也是成功运用此方法的关键；再次，计算出新增加的销售百分比，即用资产方的相关项目占销售收入的百分比，减去负债方相关项目占销售收入的百分比；最后，再用此比率乘以计划年销售额，减去预计新增利润的留存数就可计算出需要新筹措的资金。

1）销售百分比法的预测内容

销售百分比法主要用于编制预计资产负债表以及需要筹措资金的预测。采用销售百分比法进行预测时，要注意以下内容：

（1）流动资产和流动负债项目

销售属于经营性活动，流动资产和流动负债中属于经营活动部分的资产和负债，一般会随着销售量的增加而同比例增加，因此，要计算出基期这些项目占销售收入的百分比。在流动资产中除了交易性金融资产均属于经营性流动资产，在流动负债中，短期借款和交易性金融负债属于金融性流动负债，其余项目均属于经营性流动负债。

（2）固定资产类项目

固定资产类项目代表了企业的生产能力，如果企业生产能力饱和，在新的计划期内，就需要新增投资，这时固定资产类项目会与销售额成一定比例；反之，如果企业生产力不足，计划期不管是否需要增加销售量都不需要增加固定资产，此时，固定资产保持不变。

（3）无形资产、长期投资、其他资产、长期负债等项目

这些项目不能简单确认为与销售额成固定比率，对于这些项目的预测往往需要根据企业实际情况具体分析。比如，可以根据无形资产购置合同和企业战略判断无形资产是否发生变化，可以根据历史资料计算长期投资占总资产的比例，判断长期投资的变化趋势，可以根据长期投资类型判断该类资产可能的变动程度，还可以根据融资政策预测长期负债的变动情况。

（4）股利政策

股利支付既可以影响计划期留存收益的大小，也可以影响计划期的融资计划，因此，股利政策的预计是实现报表平衡和建立报表间钩稽关系的关键预测。股利政策类型包括：固定股利政策、固定支付率股利政策、固定增长股利政策、剩余股利政策。计划期内企业如何分配股利，取决于股东大会的决议。在预计财务报表时可以根据历史资料判断未来股利支付的趋势。一般而言，销售持续增长的情况下，股

利支付额也会不断增加。

2）销售百分比法的步骤

销售百分比法的计算步骤如下：

（1）计算各项资产、负债项目占销售额的百分比

$$\text{各项目销售百分比}=\frac{\text{基期该资产(或负债)项目}}{\text{基期的销售额}}\times 100\% \tag{7.7}$$

（2）计算计划期销售额预测数

$$\text{计划期销售额}=\text{基期销售额}\times（1+\text{销售额增长率}） \tag{7.8}$$

（3）计算新增外部融资额

$$\begin{matrix}\text{外部新增}\\\text{融资额}\end{matrix}=\begin{matrix}\text{新增}\\\text{销售额}\end{matrix}\times\left(\begin{matrix}\text{资产占}\\\text{销售百分比}\end{matrix}-\begin{matrix}\text{负债占}\\\text{销售百分比}\end{matrix}\right)-\begin{matrix}\text{计划}\\\text{销售额}\end{matrix}\times\begin{matrix}\text{基期销售}\\\text{净利率}\end{matrix}\times\left(1-\begin{matrix}\text{股利}\\\text{支付率}\end{matrix}\right) \tag{7.9}$$

【例7-5】长城公司2021年简化的资产负债表见表7-5。2021年销售收入为6 000 000万元。假设该公司在2022年销售收入将增加10%，计划期销售净利率为15%，股利支付率为60%，预测2022年新增外部融资额。

流动负债合计占销售收入百分比=27.03%

外部新增融资额=6 000 000×10%×（109.10%-27.03%）-6 000 000×（1+10%）×15%×（1-60%）

=96 420（万元）

表7-5　**长城公司资产负债表（简化式）**

2021年12月31日　　金额单位：万元

资产项目	期末余额	占销售额的百分比	负债和所有者权益项目	期末余额	占销售额的百分比
货币资金	120 000	2.00%	短期借款	900 000	15.00%
交易性金融资产	11 800	—	交易性金融负债	1 500	—
应收账款	2 700 000	45.00%	应付账款	720 000	12.00%
存货	1 980 000	33.00%	流动负债合计	1 621 500	27.03%
流动资产合计	4 811 800	80.20%	长期借款	2 800 000	—
长期股权投资	150 000	2.50%	专项应付款	1 800	0.03%
投资性房地产	36 000	0.60%	非流动负债合计	2 801 800	—
固定资产	1 560 000	26.00%	负债合计	4 423 300	—
非流动资产合计	1 746 000	29.10%	实收资本	200 000	
			资本公积	1 934 500	—
			所有者权益合计	2 134 500	—
资产总计	6 557 800	109.10%	负债和所有者权益总计	6 557 800	27.03%

7.3.2 预计利润表

预计利润表是对未来某一时期的收益进行的预算。销售预测是编制预计利润表的关键，它决定企业的生产以及各项成本消耗。对于销货成本，也许分析者希望能够确切地逐项预测其构成内容，包括直接材料费、人工费、制造费用等，以便使预测结果更准确，但通常都是根据销货成本与销售收入的经验比值进行估算的。

销售费用和管理费用的预测可以从事先编制的预算中得到有关这类费用的准确数额。销售费用和管理费用一般不会随着销售量的变化而变化，也就是说，这两类费用短期内对销售收入的变动不具有敏感性。在销售量下降的情况下，销售费用和管理费用往往也不会在短期内随之减少。

财务费用的预测可根据资产负债表的短期借款和长期借款按如下公式确定：

财务费用=短期借款×短期利率+长期借款×长期利率

对于借款较少、货币资金较多的企业来说，财务费用往往会是负数，此时，对于财务费用的预测，还应该考虑货币资金存款利息对财务费用的减项作用，此时财务费用的预测可按下列公式计算：

财务费用=短期借款×短期利率+长期借款×长期利率−货币资金×存款利率

预计利润表中的投资收益、公允价值变动损益、营业外收入、营业外支出等项目均不属于经营活动所产生的，因此，对于它们的预测相对比较复杂，可根据历史资料，判断这些项目对公司财务状况的影响程度，如果是重要的项目，应该单独进行预测，如果是不重要的项目，可以忽略。

【例7-6】长城公司2021年利润表见表7-6，表中第二栏列示了预测方法。为分析方便，假设：（1）在预测期内销售收入增长10%；（2）销售成本继续保持75%的比率，管理费用（包括折旧）预计增长5%，折旧费用预计增长10%，利息费用由借款数额与利率决定，短期借款利率为6%，长期借款利率为10%，所得税税率为25%；（3）目前股利支付率为60%。

表7-6 **实际与预计利润表** 单位：万元

项目	预测方法	2021年	2022年手动预测数	2022年自动预测数
销售收入	增长（10%）	6 000 000	6 600 000	6 600 000
销售成本	销售百分比（75%）	4 500 000	4 950 000	4 950 000
毛利	会计定义	1 500 000	1 650 000	1 650 000
管理费用	增长（5%）	200 000	210 000	210 000
折旧	增长（10%）	80 000	88 000	88 000
息税前利润	会计定义	1 220 000	1 440 000	1 440 000

续表

项目	预测方法	2021年	2022年手动预测数	2022年自动预测数
利息	短期借款×6%+长期借款×10%	334 000	334 000	496 070
税前利润	会计定义	886 000	1 106 000	943 930
所得税（25%）	会计定义	221 500	276 500	235 983
净利润	会计定义	664 500	829 500	707 948
股利	股利政策（60%）	398 700	331 800	424 769
留存收益	本年净利润-股利	265 800	497 700	283 179

在表7-6中利息保持不变，是因为利息需要根据资产负债表中短期借款和长期借款的预测来决定，当预计资产负债表中的短期借款和长期借款预测完成时，利息也会随之发生变化，这就是利润表和资产负债表的钩稽关系之一。

7.3.3　预计资产负债表

预计资产负债表可根据销售百分比法进行预测。但有些项目可根据销售百分比法进行推断得出，能够使得这些项目的预测依据更充分。这些项目包括应收账款、存货、应付账款。企业对应收账款的管理通常利用账龄分析法，应收账款的账面余额取决于企业的收账政策。因此，对于应收账款的预测可根据平均收账天数来预测，平均收账天数即为周转天数。根据应收账款周转天数预测应收账款实际上就是假设应收账款与销售收入成固定比例。应付账款的预测也是同样道理。存货包括原材料、在产品、半成品、产成品、库存商品，分别由购、产、销三个环节组成，因此，期末存货量的大小取决于购、产、销三个环节的协调和效率。一般地，在生产技术不变的情况下，由原材料到产成品的生产时间应该是固定的。因此，可以用存货周转天数来评价存货管理效率，从而可以利用存货周转天数来预测期末存货量。根据应收账款周转率的计算公式：

$$\text{应收账款周转率}=\frac{\text{销售收入净额}}{(\text{期初应收账款}+\text{期末应收账款})\div 2}$$

由上式可得出下列预测公式：

$$\text{期末应收账款平均余额}=\frac{\text{销售收入净额}}{365}\times\frac{\text{应收账款}}{\text{周转天数}}\times 2-\text{期初应收账款平均余额} \tag{7.10}$$

上式中，应收账款周转天数可根据历史资料平均值来确定。同样地，存货、应付账款的预测可根据下列公式进行：

$$\text{期末存货平均余额}=\frac{\text{销售成本}}{365}\times\frac{\text{存货}}{\text{周转天数}}\times 2-\text{期初存货平均余额} \tag{7.11}$$

$$\text{期末应付账款平均余额}=\frac{\text{销售收入净额}}{365}\times\frac{\text{应付账款}}{\text{周转天数}}\times 2-\text{期初应付账款平均余额} \tag{7.12}$$

【例7-7】承接【例7-6】假设长城公司2021年的资产负债表见表7-7第三栏，表中第二栏列示了预测方法。为分析方便，假设：（1）公司现金、固定资产净值与销售收入增长率相同；（2）各期提取折旧全部用于当年固定资产更新改造；（3）各期应收账款、存货、应付账款按周转天数预测；（4）交易性金融资产、长期股权投资、投资性房地产、交易性金融负债保持不变；（5）短期借款用于经营活动资金周转，与销售收入增长率相同；（6）长期借款暂时保持不变；（7）专项应付款的增长率与销售收入增长率相同；（8）累计留存收益等于上年留存收益加上本年净收益减本年支付的股利；（9）股本保持不变。

根据表7-7第二栏的预测方法可以得到2022年的预计资产负债表，但是预计资产负债表的资产总额为8 649 088万元，负债和所有者权益总计为7 082 392万元，资产总计大于负债和所有者权益总计，这说明2022年为了满足资产需求必须要进行外部融资，外部新增融资额为1 566 696万元（8 649 088−7 082 392）。那么，外部新增融资额以什么方式融资呢？融资方式的选择又会改变资产负债表中负债和所有者权益的结构。通常把融资方式作为调平资产负债表的调节变量。

表7-7 **实际与预计资产负债表** 单位：万元

项目	预测方法	2021年	2022年 手动预测数	2022年 自动预测数
资产项目				
货币资金	销售百分比（2%）	120 000	132 000	132 000
交易性金融资产	保持不变	11 800	11 800	11 800
应收账款	周转天数（160）	2 700 000	3 158 630	3 158 630
存货	周转天数（150）	1 980 000	3 444 658	3 444 658
流动资产合计		4 811 800	6 747 088	6 747 088
长期股权投资	保持不变	150 000	150 000	150 000
投资性房地产	保持不变	36 000	36 000	36 000
固定资产	销售百分比（26%）	1 560 000	1 716 000	1 716 000
非流动资产合计		1 746 000	1 902 000	1 902 000
资产总计		6 557 800	8 649 088	8 649 088
负债和所有者权益项目				
短期借款	销售百分比（15%）	900 000	990 000	990 000

续表

项目	预测方法	2021年	2022年 手动预测数	2022年 自动预测数
交易性金融负债	保持不变	1 500	1 500	1 500
应付账款	周转天数（60）	720 000	871 233	871 233
流动负债合计		1 621 500	1 862 733	1 862 733
长期借款	暂时保持不变	2 800 000	2 800 000	4 366 696
专项应付款	销售百分比（0.03%）	1 800	1 980	1 980
非流动负债合计		2 801 800	2 801 980	4 368 676
负债合计		4 423 300	4 664 713	6 231 409
股本	保持不变	200 000	200 000	200 000
累计留存收益	上年留存收益+本年留存收益	1 934 500	2 217 679	2 217 679
所有者权益合计		2 134 500	2 417 679	2 417 679
负债和所有者权益总计		6 557 800	7 082 392	8 649 088
外部融资额			1 566 696	0

从我国目前的资本市场融资情况看，发行股票和债券融资的门槛仍然很高，这意味着企业并不能随便进行证券融资。因此，外部新增融资额通常以银行借款来满足，由于已经假设了短期借款随着销售收入的增加而增加，因此，往往以长期借款满足外部新增融资额的需求。如果获得长期借款4 366 696万元，则财务费用会随之增加，净利润就会减少，留存收益会降低，则资产负债表的所有者权益减少，外部新增融资额又会增加，从而产生循环计算过程。为了能够实现资产负债表的平衡，对于循环计算可以利用Excel表中的“Excel选项”→“公式”→“启用迭代计算”来实现报表的自动平衡。表7-6，表7-7第四栏即以长期借款为调平项，利用Excel自动调平后的结果。表7-6中的利息的计算公式为：

利息=短期借款×6%+长期借款×10%

调平项长期借款的计算公式为：

长期借款=资产总额-流动负债-所有者权益-专项应付款-其他非流动负债

7.3.4 预计现金流量表

预计现金流量表用来预测企业财务活动中所涉及的现金流入和现金流出状况。在预计现金流量表时，以预计利润表和预计资产负债表为依据。在实务中，预计现金流量表往往以现金预算来代替。但根据我国会计准则，预计现金流量表应该由三部分组成：经营活动现金流量、投资活动现金流量和筹资活动现金流量。经营活动现金流量可根据预计利润表的净利润调整而得；投资活动现金流量是指预计资产负债表中非流动资产的变动额；筹资活动现金流量指借款增加和股东权益的增加。

【例 7-8】承接【例 7-6】和【例 7-7】，长城公司 2022 年预计现金流量表见表 7-8。

表7-8 **预计现金流量表** 单位：万元

项目	2022年预测数
经营活动现金流量	
净利润	707 948
折旧	88 000
财务费用	496 070
应收账款（增加）减少	-458 630
存货（增加）减少	-1 464 658
应付账款增加（减少）	151 233
专项应付款增加（减少）	180
经营活动现金净流量	-479 857
投资活动现金流量	
固定资产支出	-156 000
固定资产更新支出	-88 000
投资活动现金净流量	-244 000
筹资活动现金流量	
短期借款增加	90 000
长期借款增加	1 566 696
支付股利	-424 769
财务费用	-496 070
筹资活动现金净流量	735 857
现金净流量	12 000

表 7-8 中，专项应付款属于经营活动，因此，应在经营活动现金流量中予以列示。长城公司 2022 年现金净流量为 12 000 万元，恰好约等于预计资产负债表中货币资金期末与期初的差额（132 000-120 000），说明了预计现金流量表和预计资产

负债表实现了有效的钩稽关系。另外，经营活动现金净流量是在净利润基础上调整得出的，因此，预计现金流量表也与预计利润表实现了钩稽关系。

7.4 资金需要量预测

企业销售收入增长，就需要增加资产，而增加这些资产需要资金。企业的经营计划未必可以解决所需的资金问题。这就需要根据销售增长预测资金需要量。由预计财务报表的编制可以看出，资金需要量是资产增加超过负债及所有者权益增加的部分，该部分资金就是外部资金需要量（AFN），它表示企业为了支持其增长必须筹集的外部资金额。

7.4.1 外部资金需要量预测公式

由资金需要量的定义可以得出外部资金需要量的计算公式为：

外部资金需要量=预期资产增加额-自发性负债增加额-留存收益增加额

即：

$$AFN=(A^*/S_0)\Delta S-(L^*/S_0)\Delta S-MS_1(1-d) \qquad (7.13)$$

公式7.13与公式7.9是一样的。

式中：AFN——外部资金需要量；

A^*——与销售收入直接相关的资产，即销售收入增加而必须增加的那部分资产，如果企业的经营达到饱和，这时，A^*就表示全部资产；

S_0——上年的销售收入；

A^*/S_0——资产需求量占销售收入的百分比，即销售收入每增加1个单位而需要增加的资产；

L^*——随着销售收入增加而自发增加的负债，自发性负债包括应付账款和应计项目，但不包括银行借款和债券；

L^*/S_0——自发性负债占销售收入的百分比，也就是每增加销售收入1个单位而自发性产生的融资额；

S_1——下一年度预计的销售收入总额；

ΔS——销售收入的变动额，即S_1-S_0；

M——销售净利率；

d——股利支付率。

由外部资金需要量的计算公式可以看出，预测外部资金需要量的关键决定因素有：

（1）销售收入增长（ΔS）。如果其他条件保持不变，高速增长的企业需要增加大量的资产。

（2）资本强度（A^*/S_0）。一个单位的销售收入所需要的资产数额称为资本强度比率（capital intensity ratio）。该比率对资本需求量具有重要影响。如果已知销售收入增加额，资本强度越高的企业需要的资产就越多，因此，需要的外部融资额越多。

（3）自发性负债/销售收入比率（L^*/S_0）。从应付账款和应计项目中产生大量自发性资金的企业可以相应地减少外部融资需求量。

（4）销售净利率（M）。销售净利率越高，就有越多的净利润可以支持资产的增加，从而减少外部资金需要量。

（5）股利支付率（d）。股利支付率越高，说明企业将净利润中更多的部分用于支付股利，减少留存收益，从而增加了外部资金的需要量。

值得注意的是，由于上述任何一个关键决定因素发生变化，都有可能使外部资金需要量变为负值。这意味着企业产生多余的资金可以用于投资活动。

另外，在预测外部资金需要量时一定要注意冗余产能调整问题。外部资金需要量的公式假设资本强度比率（A^*/S_0）是一个常数。但如果A^*中的固定资产存在冗余产能，则需要重新调整固定资产资金需要量。

假设某公司2021年销售收入为30万元，固定资产为10万元，只运用了固定资产的96%的产能。这意味着如果固定资产的产能得到充分利用，2021年的销售收入可以从目前的30万元增加到31.25万元：

产能充分运用的销售收入=实际销售收入÷固定资产产能运用的百分比

=30÷96%=31.25（万元）

则目标固定资产与销售收入的比率应该是32%，而不应该是目前的33.3%。

目标固定资产与销售收入比率=实际固定资产数额÷产能充分运用的销售收入

=10÷31.25×100%=32%

这种情况下，即使固定资产没有增加，销售收入也可以增加到31.25万元，而销售收入增加到33万元所需要的固定资产降至10.56万元。

固定资产需要量=目标固定资产与销售收入比率×预计销售收入

=32%×33=10.56（万元）

预测外部资金需要量时，假设固定资产将与销售收入同比例增长10%，从10万元增加到11万元。从上面的计算我们可以看到，在生产力冗余的情况下，固定资产实际只需要从10万元增加到10.56万元，少增加了0.44万元。因此，外部资金需要量也将减少0.44万元。

7.4.2 内含增长率

在外部资金需要量的预测中，假设主要是通过外部融资（长期借款）和减少股利支付满足增加资产、扩大销售的资金需要。如果不增加外部融资额就会限制销售的增长，那么如果不追加外部资金，仅仅依靠新增的留存收益和自然融资形成的资金来源（假设折旧全部用于当年的更新改造），企业能够实现的最大增长率为多少呢？我们把此时的增长率称为内含增长率。这一增长率可根据外部资金需要量公式推出。

根据公式（7.13），如果无外部追加资金，即AFN=0，通过公式（7.13）即可求出内含增长率。

$$AFN=(A^*/S_0)S_0g-(L^*/S_0)S_0g-MS_0(1+g)(1-d)=0$$

$$g=\frac{M(1-d)}{A^*/S_0-L^*/S_0-M(1-d)} \tag{7.14}$$

内含增长率（不使用外部资金的最大增长率）与销售净利率M正相关，与股利支付率d负相关。销售净利率越高，内含增长率越高；股利支付率越高，内含增长率越低。公式中的分母是每单位增量销售收入所需追加的增量资金。

【例7-9】承接【例7-5】，根据表7-5有关资料，长城公司的内含增长率为：

$$g=\frac{15\%\times(1-60\%)}{109.10\%-27.03\%-15\%\times(1-60\%)}=7.89\%$$

上述计算结果表明，长城公司内部资金能使其维持在7.89%的增长水平上。超过这一增长水平，公司将不得不追加外部资金。

7.4.3　可持续增长率

如果不追加外部资金仅依靠内部资金，会限制企业的成长。为了实现公司经营战略，进行外部融资是必要的。但像预计资产负债表中设定调节变量那样，如果需要外部融资以银行借款来满足的话，销售收入的增加会使得公司的资产负债率不断提高，这就意味着企业在实现增长战略的同时不断增加财务风险，而财务风险增加又会为企业持续性的增长带来隐患。因此，如果企业满足增长的同时能够保持原有的资本结构，就能够将财务风险控制在一定水平上。在财务杠杆不变的条件下，运用内部资金和外部资金所能支持的销售最大增长率称为可持续增长率。

如果公司新增的股东权益仅来自留存收益，而留存收益的高低又取决于下一年度的销售收入、股利支付率、销售净利率，则：

留存收益增加额=净利润×（1-股利支付率）$=MS_0(1+g)(1-d)$

在长期负债与股东权益比率一定的情况下，公司追加借款数额取决于留存收益大小和财务杠杆比率（B/E，有息债务/股东权益）两个因素，即：

借款增加额=留存收益增加数×杠杆比率$=MS_0(1+g)(1-d)(B/E)$

资产需求增加额等于自然融资增加额、留存收益增加额与借款增加额之和，即：

$$(A^*/S_0)gS_0=(L^*/S_0)gS_0+MS_0(1+g)(1-d)+MS_0(1+g)(1-d)(B/E)$$
$$=(L^*/S_0)gS_0+MS_0(1+g)(1-d)(1+B/E)$$

整理上式后，增长率g可表示为与财务政策（财务杠杆比率、股利支付率等）相一致的最大的销售收入增长率，即可持续增长率，通常用g^*表示，即：

$$g^*=\frac{M(1-d)(1+B/E)}{A^*/S_0-L^*/S_0-M(1-d)(1+B/E)} \tag{7.15}$$

可持续增长率与财务杠杆比率（B/E）和销售净利率正相关，与股利支付率负相关。负债比率越大，增长率越高，利润率越高，增长越快。但股利支付率越高，增长率越低。

在其他因素一定的情况下，由于可持续增长率是运用内部和外部资金的最大增长率，因此，它一般高于内含增长率。

【例7-10】承接【例7-5】，根据表7-5的有关资料，假设长城公司保持原有的杠杆比率60%，销售净利率、股利支付率比率保持不变，则：

$$g^*=\frac{15\%\times(1-60\%)\times(1+50\%)}{109.10\%-27.03\%-15\%\times(1-60\%)\times(1+50\%)}=12.32\%$$

上述计算结果表明，在各种比率保持不变的条件下，公司运用内外部资金的最大可持续增长率为12.32%，高于预期销售增长率10%，公司必须调整经营计划或改变财务政策，以平衡发展与增长之间的关系。图7-1描述了增长率从0到20%变动时对外部资金需求的情况。如果没有外部资金，公司销售的最大增长率为7.89%；如果公司的销售净利率、财务杠杆比率、股利支付率等保持不变，公司利用内部和外部资金的最大增长率为12.32%；如果销售增长率超过12.32%，公司需要追加额外的资金。为平衡销售增长对资金需求的要求，公司可采取三种方法：（1）提高销售净利率；（2）增加负债与股权资本比率；（3）减少股利发放率。在这三个因素中，公司可以改变其中一个因素或几个因素。

延伸阅读7-2

可持续增长率与财务管理目标的选择①

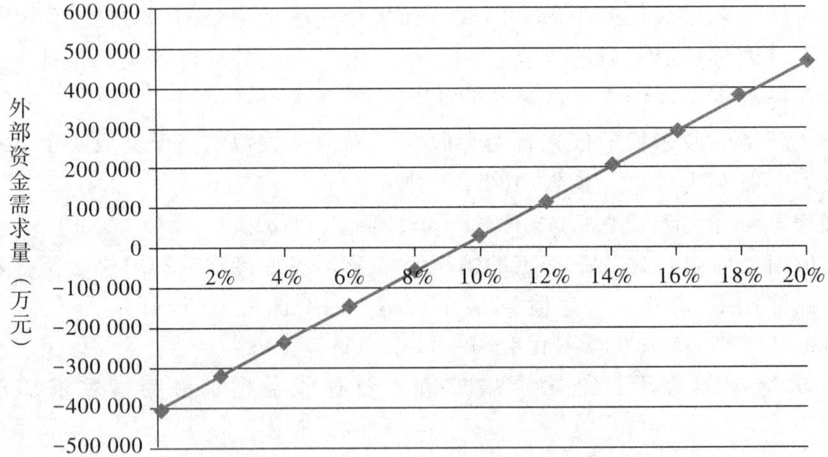

图7-1　增长率与外部资金需要量关系

总结与结论

►财务计划是企业以货币形式预计计划期内资金的取得与运用和各项经营收支及财务成果的书面文件。财务计划是在生产、销售、物资供应、劳动工资、设

① 邢俊英. 可持续增长率与财务管理目标相关性分析［J］. 中央财经大学学报，2006（9）.

备维修、技术组织等计划的基础上编制的，其目的是确立财务管理上的奋斗目标。

▶财务计划的基本内容包括：预测销售额、预测财务报表、预测资产需要量、预测资金需要量、确定调节变量、确定经济假设。

▶销售预测是指对未来特定时间内，全部产品或特定产品的销售数量与销售金额的估计。一般来讲，在进行销售预测时考虑两大类因素：一是外界因素，包括需求动向，经济变动，同业竞争动向，政府、消费者团体的动向；二是内部因素，包括营销策略、销售政策、销售人员、生产状况。

▶销售定量预测法主要是根据有关的历史资料，运用现代数学方法对历史资料进行分析加工处理，并通过建立预测模型来对产品的市场变动趋势进行研究并做出推测的预测方法，包括趋势预测分析法、时间序列分析法和因果预测分析法。

▶销售百分比法是假定某资产负债表项目与销售额保持一定的百分比率关系。随着预算年度销售的增长，这些资产和负债项目也需要随之增加，因此，该方法对销售额的依赖性较大。运用此法时，首先，要用统计方法计算或经过分析估计出计划期预计销售额；其次，判断各项目与销售额是否存在固定的比率关系，并且判断计划期这种固定比率关系与基期的比率是否一致，有无需要调整的项目，这也是运用此方法成功的关键；再次，计算出新增加的销售百分比，即用资产方的相关项目占销售收入百分比，减去负债方相关项目占销售收入的百分比；最后，再用此比率乘以计划年销售额，减去预计新增利润的留存数就可计算出需要新筹措的资金。

▶预计财务报表与实际的财务报表内容、格式相同，只不过是利用预计数据反映企业未来一定期间的财务状况。预计财务报表分为预计利润表、预计资产负债表和预计现金流量表。在编制预计财务报表时需要注意两点：一是资产负债表是否实现了平衡关系；二是各财务报表间是否存在有效的钩稽关系。

▶资金需要量是资产增加超过负债及所有者权益增加的部分，该部分资金就是外部资金需要量（AFN），它表示企业为了支持其增长必须筹集的外部资金额。

▶预测外部资金需要量的关键决定因素有：销售收入增长（ΔS）、资本强度（A^*/S_0）、自发性负债/销售收入比率（L^*/S_0）、销售净利率（M）、股利支付率（d）。另外，还需要考虑生产力冗余问题。

▶内含增长率是指不追加外部资金，仅仅依靠新增的留存收益和自然融资形成的资金来源（假设折旧全部用于当年的更新改造），企业能够实现的最大增长率。内含增长率（不使用外部资金的最大增长率）与销售净利率M正相关，与股利支付率d负相关。销售净利率越高，内含增长率越高；股利支付率越高，内含增长率越低。

▶在财务杠杆不变的条件下，运用内部资金和外部资金所能支持的销售最大增长率称为可持续增长率。可持续增长率与杠杆比率（B/E）和销售净利率正相关，与股利支付率负相关。负债比率越大，增长率越高，利润率越高，增长越快。但股利支付率越高，增长率越低。

思考题

1.什么是财务计划？它包含哪些基本内容？

2.财务计划和企业战略是什么关系？

3.销售预测的影响因素有哪些？

4.预测方法有哪些？

5.如何编制预计利润表、预计资产负债表、预计现金流量表？如何实现报表间的钩稽关系？

6.怎样预测外部资金需求量？它受哪些因素影响？

7.什么是内含增长率？如何计算内含增长率？

8.什么是可持续增长率？如何计算可持续增长率？

练习题

1.某公司2021年的实际销售额为500 000元，获净利30 000元，发放股利9 000元；预计2022年销售额增长20%，假定预测期销售盈利能力不变，仍按基期股利发放率支付股利，杠杆比率保持不变，当期折旧全部用于更新改造支出，厂房设备能力已经饱和，该企业简略的资产负债表见表7-9。

表7-9　**某公司2021年简略资产负债表**　单位：元

资产		负债及所有者权益	
货币资金	10 000	负债：	
应收账款	25 000	应付账款	20 000
存货	50 000	长期负债	80 000
固定资产	100 000	所有者权益：	
无形资产	50 000	股本	100 000
		留存收益	35 000
合计	235 000	合计	235 000

要求：

（1）用销售百分比法预测2022年外部资金需求量；

（2）计算该公司内含增长率；

（3）计算该公司可持续增长率。

练习题参考答案1

2.ABC公司2021年的利润表和资产负债表见表7-10、表7-11第三栏，表中第二栏列示了预测方法。

表7-10 **实际与预计利润表** 单位：万元

项　目	预测方法	2021年实际数
销售收入	增长（10%）	4 000.00
销售成本	销售百分比（75%）	3 000.00
毛利	会计定义	1 000.00
管理费用	增长（5%）	600.00
其中：折旧	增长（10%）	300.00
息税前利润	会计定义	400.00
利息（10%）	暂时保持不变	80.00
税前利润	会计定义	320.00
所得税（25%）	会计定义	80.00
净利润（税后利润）	会计定义	240.00
股利	股利政策（66.7%）	160.08
留存收益	会计定义	79.92

表7-11 **实际与预计资产负债表** 单位：万元

项目	预测方法	2021年实际数
资产		
现金	销售百分比（2%）	80.00
应收账款	周转天数（27.87天）	320.00
存货	周转天数（46.45天）	400.00
流动资产合计	会计定义	800.00
固定资产净值	销售百分比（40%）	1 600.00
资产总计	会计定义	2 400.00
负债及股东权益		
应付账款	周转天数（46.45天）	400.00
长期负债	暂时保持不变	800.00
股本	暂时保持不变	1 100.00
留存收益	技术变量	100.00
负债及股东权益总计	会计定义	2 400.00

要求：

（1）预测2022年外部资金需求量；

（2）计算该公司内含增长率；

（3）计算该公司可持续增长率。

练习题参考答案2

3.KHU公司2021年有关的财务数据见表7-12。

表7-12　**KHU公司财务数据表**　金额单位：万元

项目	金额	百分比
流动资产	1 400	35%
长期资产	2 600	65%
资产合计	4 000	
短期借款	600	无稳定关系
应付账款	400	10%
长期负债	1 000	无稳定关系
实收资本	1 200	无稳定关系
留存收益	800	无稳定关系
负债及所有者权益合计	4 000	
销售额	4 000	100%
净利润	200	5%
现金股利	60	

要求：

（1）假设2022年计划销售收入为5 000万元，需要补充多少外部融资（保持目前的股利支付率、销售净利率和资产周转率不变）？

（2）假设2022年不能增加借款，也不能发行新股，预计其可实现的销售增长率。

（3）若股利支付率为零，销售净利率提高到6%，目标销售额为4 500万元，需要筹集补充多少外部融资？

（4）假设该公司实收资本一直保持不变，并且公司在今后可以维持2021年的经营效率和财务政策，不断增长的产品能为市场所接受，不变的销售净利率可以涵盖不断增加的利息，预计其可实现的销售增长率，2022年可实现的销售额是多少？2022年的预期股利发放额是多少？

练习题参考答案3

4.X公司2021年12月31日有关资料见表7-13。

表7-13　**X公司简易资产负债表**　单位：万元

项目	金额	项目	金额
流动资产（经营）	240	短期借款	46
长期资产（经营）	80	应付职工薪酬	18
		应付账款	32
		长期借款	32
		股本	100
		资本公积	57
		留存收益	35
合计	320	合计	320

2021年度公司销售收入为4 000万元，所得税税率为25%，实现净利润100万元，分配股利60万元。

要求：

（1）若不打算发行股票，也不打算从外部借债，且销售净利率、股利支付率与2021年一致，2022年预期销售增长率为多少？

（2）若不打算发行股票，公司维持2021年销售净利率、股利支付率、资产负债率，则2022年预期销售增长率为多少？

（3）假设2022年计划销售增长率为30%，回答下列互不相关问题：

① 若保持2021年财务政策，则销售净利率应达到多少？

② 若不打算外部筹集股权资本，并保持2021年经营效率和资产负债率不变，则股利支付率应达到多少？

③ 若不打算外部筹集股权资本，并保持2021年经营效率和股利支付率不变，则资产负债率应达到多少？

④ 若想保持2021年经营效率和财务政策不变，需从外部筹集多少股权资本？

练习题参考答案4

案例分析题

程辉公司外部融资需求预测

程辉公司是东北地区的一家物流公司，2021年12月31日的简要资产负债表见表7-14。该公司2021年的销售收入为2 000万元，销售净利率为10%，公司将40%的收益分配给投资者。该公司预计2022年销售额能比2021年增长25%，销售净利率和股利支付率保持2021年的水平不变。资产负债表中，假定除长期待摊费用外的流动资产、固定资产、应付账款、应付票据、应付工资与销售收入之间存在稳定的百分比关系，其他项目与销售收入之间则不存在稳定的百分比关系。

表7-14　**程辉公司简要资产负债表（2021年12月31日）**　单位：万元

资产		负债及所有者权益	
货币资金	50	短期借款	100
应收账款	300	应付票据	50
存货	200	应付账款	300
长期待摊费用	50	应付职工薪酬	50
流动资产合计	600	流动负债合计	500
长期投资	200	实收资本	700
固定资产	600	资本公积	100
无形资产	100	未分配利润	200
资产总计	1 500	负债及所有者权益总计	1 500

分析：

由于预测2022年由销售增长带来的采购和生产的增加，势必会引起融资需求的增加，假设你是该公司财务总监，现要向董事会提交外部融资需求额方案，请完成下列工作：

（1）根据销售总额预测程辉公司2022年外部融资需求额。

（2）假定销售净利率不能保持2021年的水平，预期将发生变化，其他条件不变，则2022年销售净利率变为多少时，公司不需要从外部融资？

案例分析题提示

第8章 财务管理决策

学习目标

本章作为财务管理基础的重要内容之一，主要阐述了资本投资决策、融资决策、营运资本决策和收益分配决策等主要财务问题。学习本章内容，应重点明确投资项目现金流量的含义及估算方法，掌握投资项目评价指标及规则；了解融资动机及融资渠道与融资方式，掌握财务杠杆分析的一般原理以及资本结构决策的方法；掌握最佳现金持有量的决策模式、信用政策的内容以及存货批量控制方法；了解收益分配的原则与程序，理解股利理论主要观点，了解股利支付程序与支付方式，掌握股利分配政策的制定与实施。

导言

根据自利行为原则，任何个人或组织从事任何活动，都需要决策。决策是行动的前提，是获取财务利益的保证，企业财务管理也不例外。作为财务管理工作环节的重要组成部分，财务决策是决定财务管理成败的关键。在市场经济条件下，无论是企业的经营活动，还是企业的财务活动，都存在着很大的不确定性。尤其是企业的财务活动，大多都是在资本市场上进行的，面临着巨大的风险，同时，也给企业的财务决策造成了很大的困难。尽管在客观上决策存在着成与败两种情况，但是，财务管理决策一旦失误，就会给企业带来较大的损失，有时甚至是灭顶之灾。这就要求决策者要正确预见市场，分析各种可能，运用合理的手段，保证决策的科学化，从而保证财务目标的最终实现。

8.1 资本投资决策

【课程思政】 以新发展理念引领企业投资

习近平总书记指出："发展必须是科学发展，必须坚定不移地贯彻创新、协调、绿色、开放、共享的发展理念。"创新是引领发展的第一动力，绿色是永续发展的必要条件和人民对美好生活追求的重要体现，开放是国家繁荣发展的必由之路。企业发展离不开投资，投资是企业发展的前提基础和物质保证。企业在投资的过程中，一定要转变投资理念，杜绝以往的重复投资、盲目投资和非效率投资，要以新发展理念为指引，在资源有限的条件下，加大自主知识产权研发和科技创新领域的投资，加大低碳环保等绿色项目的投资，加大"一带一路"建设项目的投资。

8.1.1 资本投资管理程序

一般而言，资本投资是指具有资本支出属性的投资，即项目投资，包括厂房设备的新建、扩建与更新、新产品的研制与开发等。

延伸阅读 8-1

项目与投资类型的划分

资本投资是一项复杂的系统工程，它具有投资规模大、周期长、收益高、风险大、影响深远等特点。为了保证项目的合理性和财务上的可行性，应按照严密的程序进行，资本投资管理程序包括：

1）提出投资项目

提出投资项目，即立项，它是进行投资项目论证的起点。投资项目可以由企业管理当局或高层管理人员提出，也可由企业的各级管理部门或相关部门的领导提出。

2）占有和分析资料

投资项目的选择与决策，应以大量而翔实的资料分析为基础。这些资料包括：技术资料、市场调查资料、资源和环境状况资料、法律政策资料和财务资料等。

3）设计备选方案，进行可行性论证

在分析信息资料的基础上，进行备选方案的设计，并进行方案的论证，其论证内容包括：技术可行性、经济可行性、环保可行性以及财务可行性等。

4）做出投资项目决策

投资项目论证评价后，做出最后决策。一般来讲，其结论不外乎三种。一是接受投资项目，可以进行投资；二是拒绝投资项目，不能进行投资；三是发还给项目提出部门，重新论证后，再行处理。

5）投资项目执行与控制

经过批准，决定对项目进行投资后，要积极筹措资金，实施项目投资。在投资项目执行的过程中，一方面，要对项目周期、工程进度、工程质量、项目风险等进行全过程的监督和控制；另一方面，要对预算的执行情况进行跟踪检查，及时发现问题，及时进行修正或调整。

【小资料8-1】　　　　　　　项目与项目管理[①]

美国项目管理协会所著的《项目管理知识体系指南》给出的项目的定义是：项目是为创造独特的产品、服务或成果而进行的临时性工作。项目具有以下特点：

（1）独特性。尽管项目可能用到某些重复的生产要素，但项目工作本质上具有独特性，即项目存在不确定性或差异性。

（2）临时性。项目有明确的起点和终点，尽管有时候项目持续的时间较长。

项目管理，即基于项目的管理，项目管理包括：

1.项目生命周期的管理

2017年9月，财政部印发的《管理会计应用指引第502号——项目管理》，将项目管理过程分解为可行性研究、项目立项、项目计划、项目实施、项目验收和项目后评价六个阶段。尤其在项目可行性研究阶段特别强调项目的适配性，即项目是否符合企业的使命和目标及企业文化；项目的可接受性，即项目能否被主要利益相关者接受；项目的可行性，即企业是否拥有相应的财务资源、管理技巧、熟练的人员等实施项目。

2.项目的风险管理

《项目管理知识体系指南》认为，风险管理包括规划风险管理、识别风险、实施风险分析、规划风险应对和控制风险等。至于风险的类别可从政治风险、建设风险、运营风险、融资风险、技术风险、法律风险等方面考虑。

3.项目的财务管理

《项目管理指引》指出，项目的财务管理应从预算管理、成本控制、会计核算、资金管理、项目结算与决算、项目经济后评价等方面进行。

4.项目的信息化管理

项目信息化管理本身就是一个项目管理，包括专业团队的组建和软件的选择等。

8.1.2　资本投资决策主要参数的确定

资本投资决策涉及的一个主要问题就是确定有关系数，包括现金流量、折现率和折现期，其中，现金流量是关键。

1）投资项目现金流量

投资项目的现金流量是指接受或采纳某一投资项目或方案之后，在未来一定时期内引起的现金变动的数量。从现金流量的构成内容来看，投资项目的现金流量包括现金流出量、现金流入量以及现金流入量与现金流出量的差额，即现金净流量；从现金流量发生的时间序列来看，投资项目的现金流量包括初始现金流量、经营现

① 赵团结．财会人员如何有效参与项目管理——从《项目管理指引》《PMBOK指南》得到的启发［J］．财务与会计，2018（6）．

金流量和终结现金流量。初始现金流量往往表现为现金流出量，经营现金流量和终结现金流量通常表现为现金流入量。

对于项目投资而言，这里的“现金”是指广义的现金，它不仅包括各种货币资金，还包括项目需要投入的企业现有的非货币资源的变现价值。例如，一个项目需要使用原有的厂房、设备、材料等，则相关的现金流量是指它们的变现价值，而非账面价值。

在进行投资项目现金流量的判断与估计时，应关注以下问题：

（1）现金流量与会计利润既有区别，又有联系

会计利润是按权责发生制确认的，它仅反映某一会计期间的“应计现金流量”，而不是实际的现金流量，没有考虑现金收支的实际时间。现金流量是按收付实现制确认的，能够明确地反映每一笔现金收入与支出的具体时间。另外，在确认会计利润时，是将折旧费和无形资产的摊销等作为费用看待的，属于当期会计利润的抵减项目。但这种费用属于非付现性质的支出，并没有真正引起现金的流出，因而，在确认现金流量时，应将其作为现金流量的加项来考虑。

（2）使用未来价格和成本

现金流量的预测是面向未来的，因此，在估计投资项目的现金流量时，应使用未来价格和成本计算，而不是用现在的，尤其在面临较高的通货膨胀时，还要考虑调整通货膨胀对现金流量的影响。

（3）正确区分相关与非相关成本

从决策的角度来看，非相关成本是指与特定决策无关的成本，即使它们已经发生并存在着，但对未来决策不产生任何影响作用，因此，在预测现金流量时也就没有考虑的必要。沉没成本、历史成本、账面成本等属于典型的非相关成本，例如，市场调研费用、项目论证费用以及旧设备的折旧费用等。相关成本是指与特定决策有关的成本，无论其发生与否，都会对未来决策产生影响。因此，在预测现金流量时应给予充分关注。差额成本、未来成本、重置成本、机会成本等都属于典型的相关成本，尤其是重置成本和机会成本，对项目现金流量的影响非常广泛。

（4）考虑投资项目的附加效应

所谓附加效应是指当采纳一个新的项目后，该项目可能对公司其他项目造成有利或不利的影响。在进行附加效应分析时，要从两个方面来考虑：一是如果能够明确地确认原有项目的收入或获利水平的减少，确是新的项目的实施造成的，在这种情况下，估计新项目现金流量时，必须从中扣除这部分减少的现金流量；二是原有项目收入或获利水平的减少，纯属激烈的商业竞争所致，与新项目的实施与否并无多大关联，在这种情况下，可按全额估计新项目的现金流量，而不必做扣除的处理。实务中，这种情况很难准确计量，需要决策者谨慎分析与判断。

（5）考虑新增制造费用的归属

在确定项目的现金流量时，要对制造费用做明确的归属分析，只有那些与投资

项目相关的制造费用才能计入投资项目的现金流量当中。例如，因投资项目而增加的管理人员工资、增加的动力费用、租金支出等，而与投资项目无关的费用不应计入投资项目的现金流量当中。

（6）考虑折旧的影响

折旧对现金流量的影响应从以下两个方面考虑：其一，折旧作为非付现支出，虽抵减当期会计利润，但并不引起现金的流出，反而把它作为现金流入的一项来源；其二，折旧所产生的抵税额也可作为一项现金流入来看待。折旧抵税额的计算公式为：

折旧抵税额=折旧额×所得税税率

（7）考虑利息费用的处理

在项目投资中，如果项目所需资本的一部分是通过借款来解决的，在这种情况下，必然会产生利息费用。按照国际惯例，项目投资所产生的利息费用有两种处理方式：一是将利息费用视为费用支出，从现金流量中扣除；二是将其归于资本成本，即折现率之中。实务中，采用后一种方法的比较普遍。如果已从项目的现金流量中扣除利息费用，就不能再将其归于资本成本之中，否则就会出现重复计算的现象，从而影响决策结果的准确性。

（8）考虑所得税的影响

所得税也会对项目的现金流量产生影响。主要表现在：其一，所得税支出是一种付现支出，引起现金流出量的增加是必然的，只是流出多或少的问题；其二，所得税的存在而形成的节税额即少缴的部分应视为现金流入，导致多缴的部分应视为现金流出。以上情况在固定资产残值的计提、资产的出售处理等方面时有体现。

总之，在现金流量预测过程中，对上述问题考虑得越充分，判断得越准确，不仅可以保证现金流量在内容上的完整、全面，而且有助于现金流量预测结果准确度的提高，从而使决策更加科学可行。

2）投资项目的折现率

项目投资决策除了正确预测现金流量之外，还要选择一个恰当的折现率，并以此对项目的现金流量进行折现。这里所说的折现率，可以根据实际情况进行选择，可以选用资本成本、项目投资的必要报酬率，也可以选用项目投资的机会成本和行业基本收益率。通常情况下可以选择资本成本作为折现率。但是，以资本成本作为投资项目的折现率需要注意两个问题：

其一，如果拟投资项目的风险与公司当前资产的平均风险相同，并且打算继续采用相同的资本结构为新项目筹资，在此情况下，可以采用公司当前的资本成本作为项目的资本成本。

其二，如果拟投资项目的风险与公司现有资产的平均风险显著不同，则不能使用公司当前的资本成本，而应在正确估计项目系统风险之后，重新估算项目的资本成本。

3）投资项目的折现期

投资项目的折现期即项目的周期，包括项目的建设期和项目的有效使用期。在项目现金流量和折现率一定的条件下，项目折现期的长短直接影响项目现金流量现值的大小。

【小资料8-2】 "最经济铁路"的抉择①

交通乃文明之导线。修建于20世纪30年代的同蒲铁路曾被誉为"最经济的铁路"。当时的铁道管理部门称，同蒲铁路费用之省、进度之快，创了世界铁路开支史之纪录。

同蒲铁路贯穿山西南北，全长约850公里，北起山西省大同市，南至运城市蒲州镇，以太原为界，南同蒲约500公里，北同蒲约350公里。1933年5月1日开工建设，1937年"七七事变"前基本完成，历时4年时间。

同蒲铁路作为大型投资项目，其决策与实施面临两大选择：

1.宽轨还是窄轨的选择

同蒲铁路修建时，最大的争议是采用宽轨还是窄轨。根据测算，如果修建每米重38千克的标准宽轨铁路，全线总投资约9 000万元。经调查，当时同蒲铁路沿线货运量每年约4万吨/公里，客运量约7 500人/公里，年总收入约350万元。如果以铁路运量每年增加三成计算，除去利息等支出，50年内不仅赚不了钱，累计还要亏损37.43亿元。如果改用每米重15.9千克的窄轨，总投资约3 400万元，20年内除了能够收回全部投资外，还可盈利670万元，50年内将累计实现盈利30.63亿元。

2.分段运营还是全部完工后运营的选择

在这一方面的选择上，山西方面为了使铁路尽快取得经济效益，经过论证之后，采取了分段铺轨、分段运营和边修筑、边受益的办法，每铺轨一个段落，无论站房与其他设施完成与否，都要因陋就简，先行办理营业。1934年7月1日，太原至介休段竣工并营业，年运送旅客7.6万人，货物5.7万吨。1935年，随着铁路南北线的延长，客运人数达到27.5万人，货物运量达到43.5万吨，全年实现营业收入178.64万元。这种边修筑、边运营、边受益的做法，不仅能够通过实际运营及时发现和修正问题，而且增加了现金流量，使得这条铁路在项目投资额不变的前提下，实际投资回收期得以缩短，还规避了一定的投资风险。

【例8-1】远大公司2022年准备购入设备一台扩大生产能力，该设备的购入主要用于新产品的开发，前期发生调研费用20 000元，根据调研结果，相关部门提出了甲、乙两套方案，有关资料如下：

（1）甲方案。按甲方案实施需投资100 000元，设备使用寿命为5年，5年后无

① 卜海涛. 从"最经济铁路"看管理与决策智慧［J］. 财务与会计，2018（14）.

残值，采用直线法折旧。5年中每年可实现销售收入60 000元，每年付现成本20 000元。

（2）乙方案。按乙方案实施需投资120 000元，同时需在第1年垫付30 000元的营运资金。使用寿命为5年，5年后有残值20 000元，采用直线法折旧。5年中每年销售收入为80 000元，付现成本第1年为30 000元，以后随设备陈旧，将逐年增加修理费用4 000元。另外，采用该方案可利用公司一处闲置的生产车间，该车间厂房当前的市场价格为20 000元。

（3）公司适用25%的所得税税率，整个经营期保持不变。

（4）项目的折现率假设为8%。

根据上述资料，对甲、乙两方案的现金流量分析如下：

（1）前期发生的20 000元的调研费用，属于沉没成本，与投资决策无关。

（2）乙方案利用当前价格为20 000元的闲置车间，属于机会成本，与决策相关。

（3）甲方案年折旧额=100 000÷5=20 000（元）

乙方案年折旧额=（120 000−20 000）÷5=20 000（元）

（4）甲、乙两个方案经营现金流量计算见表8-1，项目现金流量计算见表8-2。

表8-1　**经营现金流量计算表**　单位：元

t	1	2	3	4	5
甲方案：					
销售收入	60 000	60 000	60 000	60 000	60 000
付现成本	20 000	20 000	20 000	20 000	20 000
折旧	20 000	20 000	20 000	20 000	20 000
税前利润	20 000	20 000	20 000	20 000	20 000
所得税	5 000	5 000	5 000	5 000	5 000
税后利润	15 000	15 000	15 000	15 000	15 000
经营现金流量	35 000	35 000	35 000	35 000	35 000
乙方案：					
销售收入	80 000	80 000	80 000	80 000	80 000
付现成本	30 000	34 000	38 000	42 000	46 000
折旧	20 000	20 000	20 000	20 000	20 000
税前利润	30 000	26 000	22 000	18 000	14 000
所得税	7 500	6 500	5 500	4 500	3 500
税后利润	22 500	19 500	16 500	13 500	10 500
经营现金流量	42 500	39 500	36 500	33 500	31 500

表8-2 投资项目现金流量计算表 单位：元

t	0	1	2	3	4	5
甲方案：						
设备投资	（100 000）					
经营现金流量		35 000	35 000	35 000	35 000	35 000
现金净流量	（100 000）	35 000	35 000	35 000	35 000	35 000
乙方案：						
设备投资	（120 000）					
垫支营运资金	（30 000）					
厂房机会成本	（20 000）					
经营现金流量		42 500	39 500	36 500	33 500	31 500
设备残值						20 000
营运资金回收						30 000
现金净流量	（170 000）	42 500	39 500	36 500	33 500	81 500

8.1.3 投资项目评价规则

投资项目评价按是否考虑时间价值可分为非折现评价法和折现评价法两种：非折现评价法包括投资回收期和会计收益率两个评价指标；折现评价法包括净现值、现值指数和内涵报酬率等评价指标。

1）非折现评价指标

（1）投资回收期（PP）

投资回收期是指收回投资项目全部初始投资所需要的时间，一般以年为单位计量。它可以用来衡量收回初始投资速度的快慢，一般来讲，回收投资的速度越快，用时越短，项目或方案越具有可行性。

通常情况下，投资回收期的计算可分为两种情况：

①若各年的投资回收额，即经营现金净流量（NCF）相等，则投资回收期可按下式计算：

$$投资回收期（PP）=\frac{项目初始投资额}{每年经营现金净流量(NCF)}$$

②若各年的经营现金净流量（NCF）不相等，那么，在计算投资回收期时，应将各年非等额的经营现金净流量进行逐年累计，直至累计回收额与项目初始投资额相等为止，能够使两者相等的年份，即为投资回收期，即满足下式即可：

$$\sum_{t=0}^{m} CO_t = \sum_{t=m+1}^{m} NCF_t$$

式中：CO_t——初始投资（现金流出量）。

依据表 8-2 的资料，远大公司的投资回收期为：

甲方案投资回收期（PP）=100 000÷35 000=2.857（年）

乙方案投资回收期（PP）=4+18 000÷81 500=4.22（年）

利用投资回收期进行投资项目评价的规则是：若项目或方案的投资回收期小于基准回收期，可接受该项目或方案；反之，则应放弃。这里的基准回收期可以是决策者主观期望的，或者是行业平均的，也可是可比项目的回收期。在进行互斥项目的比较分析时，应以回收期最短的方案作为最优方案。

投资回收期评价投资项目，方法简单，反映直观，易于接受，因而被广泛采用。但这种方法也存在明显的不足：第一，没有考虑货币时间价值和投资风险；第二，没有考虑收回投资后后续期的现金流量状况；第三，评价基准的选用具有一定的主观任意性。

（2）会计收益率（ARR）

会计收益率是指投资项目年平均会计净收益与原始投资额的比率，其计算公式为：

会计收益率（ARR）=年均净收益÷原始投资额×100%

依据表 8-1 的资料，远大公司的会计收益率为：

甲方案：

ARR=15 000÷100 000×100%=15%

乙方案：

$$ARR=\frac{(22\,500+19\,500+16\,500+13\,500+11\,500)\div 5}{170\,000}\times 100\%=9.82\%$$

利用会计收益率评价投资项目的规则是：若项目或方案的会计收益率大于基准会计收益率（公司自行确定或根据行业标准确定），可接受该项目或方案；反之，则应放弃。在有多个方案的互斥选择中应选择会计收益率最高的项目。

会计收益率指标的优点是计算简单，容易理解，并且将收益与投资结合考虑。其缺点在于：第一，没有考虑时间价值和风险价值；第二，基准收益率的确定仍具有主观任意性。

2）折现评价指标

（1）净现值（NPV）

净现值是指投资项目未来现金流入量的现值与未来现金流出量的现值之差，或者说是项目周期内各期现金净流量现值的代数和。净现值的计算公式为：

$$NPV=\sum_{t=1}^{n}\frac{CIF}{(1+i)^t}-\sum_{t=1}^{n}\frac{COF}{(1+i)^t}$$

或者：

$$NPV=\sum_{t=1}^{n}\frac{NCF}{(1+i)^t}$$

式中：NPV——项目净现值；

CIF——现金流入量；

COF——现金流出量；

NCF——现金净流量；

i——资本成本（折现率）。

依据表8-2的资料，远大公司投资项目的净现值为：

NPV（甲）=35 000×3.9927-100 000=39 744.5（元）

NPV（乙）=42 500×0.926+39 500×0.857+36 500×0.794+33 500×0.735+81 500×0.681-170 000
=12 311.5（元）

净现值指标的评价规则是：在只有一个备选方案的条件下，若方案的NPV>0，接受该方案；若NPV<0，则应放弃。在有多个备选方案的选择中，应选择NPV最大者。在上述计算中可见甲方案优于乙方案，故应该选择甲方案。

净现值指标不仅充分考虑了货币时间价值，而且能够反映各种投资方案的净收益，同时，也可根据投资风险选择适当的折现率。但该指标不能揭示各投资方案本身可能达到的实际报酬率是多少，尤其在独立方案决策时，如果各方案原始投资额不相等，有时无法做出正确决策。

（2）现值指数（PI）

现值指数亦称获利指数，是指投资项目未来现金流入量现值与初始投资现金流出量现值的比率，其计算公式为：

$$PI=\sum_{t=1}^{n}\frac{CIF}{(1+i)^t}\div\sum_{t=1}^{n}\frac{COF}{(1+i)^t}$$

依据表8-2的资料，远大公司投资项目的现值指数为：

$$PI_{甲}=\frac{139\ 744.5}{100\ 000}=1.3974$$

$$PI_{乙}=\frac{182\ 311.5}{170\ 000}=1.0724$$

采用现值指数指标的评价规则是：若项目的现值指数大于或等于1，则接受该项目；若现值指数小于1，则放弃该项目。在有多个备选方案的条件下，应选择现值指数最大者。

现值指数指标不仅考虑了时间价值，真实地反映项目的盈亏程度，而且克服了净现值指标不能用于独立项目评价的缺陷。在对同一项目进行评价时，两者得出的结论是一致的。

（3）内含报酬率（IRR）

内含报酬率又称内部收益率，是指能够使投资项目未来现金流入量现值与现金流出量现值相等，即净现值为零时的折现率，它反映的是投资项目本身可望达到的收益水平。

依据项目经营期内各期现金净流量相等与否，内含报酬率的计算亦有所不同。

如果各期的经营现金净流量相等，可采用简算法；如果各期的经营现金净流量不等，则可根据内插法原理，采用逐步逼近测试法计算。

根据表 8-2 的资料，远大公司甲方案的内含报酬率计算如下：

100 000=35 000×（P/A，IRR，5）

（P/A，IRR，5）=2.8571

查阅“年金现值系数表”，寻找 n=5 时，与 2.8571 相邻近的两个系数分别是 3.7908 和 3.8897，其对应的利率分别为 10% 和 9%，则用内插法计算的甲方案的内含报酬率为：

$$IRR_{甲}=9\%+(10\%-9\%)\times\frac{3.8897-2.8571}{3.8897-3.7908}=19.44\%$$

远大公司乙方案的内含报酬率计算从略。

内含报酬率指标的评价规则是：若项目的内含报酬率大于资本成本，则接受该项目；若项目的内含报酬率小于资本成本，则放弃该项目。在进行多个备选方案的互斥选择时，应选用内含报酬率超过资本成本最多的投资项目。

内含报酬率指标考虑了时间价值，不受基准收益率高低的影响，反映了投资项目的真实收益水平。但该指标在各年经营现金净流量不相等时计算较复杂。

8.1.4　投资项目风险来源

除无风险投资外，大多数投资项目都是有风险的，或者说盈利性是不确定的。投资项目的风险，一方面，来自项目本身即项目的特有风险，项目不同，风险程度不同。特有风险可以用项目预期收益率的波动性来反映。另一方面，来自外部因素，主要包括：

（1）项目收益风险，主要是指影响项目收入的不确定性因素，如价格波动、市场状况、消费者偏好、意外事故等。

（2）投资与经营成本风险，主要是指对项目建设投资以及交付使用后运营过程中各项费用的估计不足而产生的风险。

（3）融资风险，主要是指项目资本来源、供应状况、利率和汇率的变动等带来的风险。

（4）其他风险，主要是指社会、政治、经济的稳定程度，通货膨胀水平、国家相关法律、法规的调整、国家投资政策的变动等带来的风险。

8.2　融资决策

8.2.1　企业融资的基本问题

融资决策是企业财务决策的重要内容之一，在进行融资决策之前，首先应明确以下基本问题：

1）融资动机

企业融资的基本目的是自身更好地生存和发展。融资既是企业生产经营活动的前提，又是企业再生产顺利进行的保证，同时，也为企业投资提供了基础和保障。概括而言，企业融资的动机在于：

（1）创立型融资动机

按我国《企业财务通则》的规定，创办新企业都有最低法定注册资本的要求，企业为创办成功，必须通过筹资以满足其要求。

（2）维持型融资动机

维持型融资动机是指企业在日常经营过程中，为满足其季节性、临时性、周转性、结算性等需要，维持生产经营活动的正常运转而引起的融资行为。

（3）扩充型融资动机

企业在经营和发展过程中，一方面经营规模和资产规模的扩大会引起对资金的额外需求，另一方面对外兼并、收购、合并等资本扩张行为也会引起对资金的额外需求，由此产生了扩充型融资动机。

（4）调整型融资动机

调整型融资动机是指企业因现有的资本结构已极度不合理，通过筹资来达到调整和改善资本结构的目的。

（5）混合型融资动机

混合型融资动机是指企业同时既为扩张规模又为调整资本结构而产生的融资动机。

（6）恶化型融资动机

恶化型融资动机是指企业由于现有的支付能力不足以偿还到期旧债而被迫举债筹资，以新债偿旧债。这表明企业财务状况已经恶化。

总之，如果企业的融资动机是积极的，则有利于企业的生存和发展；如果是消极的，长此以往，企业将走向破产。

2）融资类型

企业融资可按不同标准进行分类，主要有：

（1）按资金使用期限划分

按资金使用期限长短，可将融资分为短期融资和长期融资。短期融资是指每次所筹资金的使用期限不超过1年的融资，如短期银行借款、商业信用等；长期融资是指每次所筹资金的使用期限在1年以上的融资，如长期银行借款、发行长期债券、发行股票等。

（2）按资金的权益特征划分

按资金的不同权益特征，可将融资分为权益融资和负债融资。权益是所有者或股东在企业净资产中所享有的经济利益，即所有者权益或股东权益，在数量上为资产减去负债后的余额，包括投资者投入企业的资本以及在持续经营中形成的积累等，此外，还包括通过吸收直接投资、发行股票等形成的资金。所有者权益一般不用归还，因而又称为自有资本、主权资本或权益资本。负债融资是企业向企业内部或企业外部有关个人或组织借入的资金，又称债务资本，负债融资需要到期还本付息。

（3）按资金的来源范围划分

按资金的来源范围不同，可将融资分为内部融资和外部融资。内部融资来自企业内部，是利用企业内部积累而形成的，是一种自动化的资本来源；外部融资主要来自企业外部的有关个人或组织。

上述融资类型的划分，从不同的方面体现了企业的资本构成或结构。

3）融资渠道

融资渠道是指客观存在的融通资金的来源方向与通道。目前，我国企业的融资渠道主要包括：

（1）国家财政资金

现有国有企业，特别是国有独资企业，其资金来源大多是国家财政的直接拨款或以国有资产入股的方式形成的，属于国家投入的资金，其产权归国家所有。

（2）银行信贷资金

银行信贷资金是我国目前各类企业的主要资金来源。商业银行为各类企业提供各种商业贷款，政策性银行为特定企业提供政策性贷款。

（3）非银行金融机构资金

非银行金融机构是指信托投资公司、保险公司、租赁公司、证券公司、财务公司等。它们所提供的金融服务，既包括信贷资金的投放，也包括物资的融通，还包括为企业承销证券等。

（4）其他企业资金

企业间的相互投资、拆借以及商业信用的存在，使其他企业资金也成为企业资金的重要来源。

（5）社会公众和个人资金

企业职工和居民个人的结余货币，可用于对企业的投资，形成民间资金来源，为企业所用。

（6）企业内部积累

企业内部积累又称企业留存收益，它是形成企业资金的内部来源。

（7）境外资金

境外资金是指我国境外投资者以及港、澳、台地区的投资者投入的资金。

4）融资方式

融资方式是指企业取得资金的具体形式或手段。我国企业目前融资方式主要包括：

（1）利用商业信用

商业信用筹资是企业通过赊购商品或劳务、预收货款等交易行为来筹集短期资金的一种融资方式，它是企业与企业之间的直接信用行为。

（2）利用银行借款

银行借款筹资是企业按照借款协议从银行等金融机构借入各种款项的融资方式，包括短期借款和长期借款两种基本形式。

（3）发行债券

发行债券筹资是企业或公司按照有关规定，在具备资格和符合条件的前提下，通过向社会公开发行债券进行资金筹措的一种融资方式。它包括信用债券、抵押债券等基本形式。

（4）租赁筹资

租赁筹资是企业按照租赁合同的规定，从其他企业或专业租赁公司租入资产从而筹集资本的一种特殊融资方式。

（5）吸收直接投资

吸收直接投资是企业按照有关协议通过吸收国家投资、法人投资和个人投资等而形成的一种资金来源，它是企业取得权益资本的主要融资方式之一。

（6）发行股票

发行股票筹资是股份制公司按照公司章程依法发行股票筹集股本的一种融资方式，它包括发行普通股股票和优先股股票等形式。

（7）利用留存收益

利用留存收益筹资是企业将实现的净利润的一部分留存在企业内部，形成企业内部资金来源的一种融资方式。

在以上的融资方式中，利用（1）~（4）融通的资金是企业的债务资本，利用（5）~（7）融通的资金为企业的权益资本。

5）融资决策内容

通常情况下，企业融资决策主要从三个方面进行，即融资成本决策、融资风险决策和融资结构决策。

【小资料8-3】　商业信用中的管理者效应①

商业信用是企业在商品购销活动中提供给客户或占用客户资金的信用。尽管现代金融市场较为发达，但从全球范围来看，商业信用依然获得广泛应用。在我国信贷歧视的环境下，公司资产中商业信用占比更高。因此，越来越多的学者认为，商业信用是企业管理者用于调整经营活动的重要手段，并在研究中发现，商业信用中确实存在管理者效应，这主要体现在以下几方面：

（1）能力强的管理者将提供商业信用视为有效的竞争手段而提供更多的商业信

① 何威风，刘巍．商业信用中的管理者效应：基于管理者能力的视角［J］．会计研究，2018（2）．

用。无论从经营还是从财务的角度看，提供商业信用会增加企业市场竞争力，获得更多收益。

（2）能力强的管理者构建的良好企业信任机制有助于增加企业商业信用。能力强的管理者所建立的信任机制将会向公司外部传递公司诚信品质，提高了公司间信任水平，有助于商业信用的使用。

（3）能力强的管理者将会通过构建较强的市场地位以获取较多的商业信用。能力强的管理者在激烈的市场竞争中，通过构建较高的市场地位形成较强的议价能力，从而要求供应商提供更多的延期付款或预收货款等商业信用。

（4）能力强的管理者会提供高质量的会计信息，促进商业信用使用。能力强的管理者通过发布更多更准确的盈余预测信息，报告公司高质量盈余，来提供高质量的会计信息，以促进商业信用的使用。

8.2.2　融资成本决策

融资成本决策即资本成本决策，正确进行资本成本决策，不仅可以避免不必要的融资损失，提高融资效益，而且也有利于资本结构优化。融资成本决策包括：个别资本成本决策、综合资本成本决策和边际资本成本决策三个方面。

1）个别资本成本决策

个别资本成本即单个融资方式的资本成本。融资方式不同，个别资本成本亦有很大差别，一般来讲，长期融资方式的资本成本高于短期融资方式的资本成本，权益融资方式的资本成本高于债务融资方式的资本成本。个别资本成本的决策，是通过估计和测算单个融资方式资本成本的高低，以资本成本最低者为最优融资方式。个别资本成本的决策主要适用于多种（两种以上）融资方式并存条件下的择一选择。

【例 8-2】远大公司 2022 年拟融资 1 000 万元用于新项目的开发，现有以下三种融资方式可供该公司选择，公司适用 25% 的所得税税率。与融资相关的资料如下：

（1）当地交通银行可提供年利率为 8% 的商业贷款，预计筹资费率为 2%。

（2）发行面值为 1 000 元，发行价格为 1 000 元，票面利率为 10%，期限为 5 年的公司债券。预计筹资费率为 3%。

（3）全部发行股票筹集，公司股票当前价格为 20 元/股，最近一期支付的股利为 3 元/股，预计股利增长率为 5%，预计筹资费率为 4%。

试问：远大公司选择上述哪种融资方式更为有利？

依据题意分析如下：

（1）计算银行贷款的资本成本。

$$K_d=\frac{8\%}{1-2\%}\times（1-25\%）=6.12\%$$

（2）计算发行债券的资本成本。

$$K_b=\frac{10\%}{1-3\%}\times(1-25\%)=7.73\%$$

（3）计算发行股票的资本成本。

$$K_s=\frac{3\times(1+5\%)}{20\times(1-4\%)}+5\%=21.41\%$$

计算结果证明，银行借款筹资资本成本最低，债券筹资次之，发行股票筹资资本成本最高，故应选择借款筹资。

2）综合资本成本决策

综合资本成本亦称加权平均资本成本。综合资本成本的高低取决于两个因素，一是个别资本成本，二是权数。在既定的筹资总额范围内，当个别资本成本一定的条件下，综合资本成本主要是由权数决定的。个别资本成本越高的筹资方式的权数越大，综合资本成本越高，反之，则相反。综合资本成本的决策主要适用于组合筹资的选择。所谓组合筹资是指在既定的筹资数额下，有多种筹资方案，且每种筹资方案包含两种以上的筹资方式。在这种情况下，通过估计和测算各个融资方案的综合资本成本，并以综合资本成本最低者作为最优筹资方案或最优筹资组合。

【例8-3】假设远大公司拟筹集的1 000万元资金有A、B、C三个筹资方案可供选择，有关资料如下：

A方案：以8%的利率向银行借款500万元，预计筹资费率为2%，以10%的票面利率发行债券筹资500万元，预计筹资费率为3%。

B方案：向银行借款500万元，同时发行股票筹资500万元，发行股票筹资相关资料与【例8-2】相同。

C方案：向银行借款500万元，发行债券300万元，利用内部留存收益200万元。

试问：应选择哪一个筹资方案？

依据题意分析如下：

（1）计算A方案的综合资本成本。

$$WACC_A=6.12\%\times50\%+7.73\%\times50\%=6.925\%$$

（2）计算B方案的综合资本成本。

$$WACC_B=6.12\%\times50\%+21.4\%\times50\%=13.76\%$$

（3）计算C方案的综合资本成本。

$$WACC_C=6.12\%\times50\%+7.73\%\times30\%+20.75\%\times20\%=9.53\%$$

计算结果表明，A方案的综合资本成本最低，其次是C方案，综合资本成本最高的是B方案，故应选择A方案筹资。

3）边际资本成本决策

由于风险的存在，任何个人或组织都不可能永远以一个固定不变的资本成本筹措无限的资金，随着筹资环境的变化，特别是筹资规模的扩大，资本成本也会随之发生变动。边际资本成本是指在筹资规模扩大的前提下，资本每增加一个单位而增加的成本。在这里，“一个单位”不是指一个特定的资本量，而是指一定范围的资本总额。边际资本成本的决策，是在既定的目标资本结构下，通过计算筹资总额的分界点，进而确定多个不同的筹资总额范围，然后，测算不同筹资总额范围的综合资本成本，并依次地进行前后比较，反映资本成本随筹资总额范围的变化到底发生了多大的变动。边际资本成本的决策主要适用于追加融资的决策选择，若利用追加的筹资所带来的额外收益即增量收益超过追加筹资而引起的资本成本增加，则追加筹资是可行的，反之，则不可行。

8.2.3　融资风险决策

融资风险主要与企业的融资活动有关，一般是指企业在融资过程中因不同程度地使用债务融资而导致企业未来支付能力和普通股每股收益所具有的不确定性。融资风险有时又称为狭义的财务风险。负债是形成融资风险的直接原因。具体来说，它又来自两个方面：一是负债资本与权益资本的比例安排及变化；二是息税前资本收益率和负债利率差额的变化。融资风险决策就是通过对上述两个方面的分析和选择，来衡量企业的风险程度，进而达到控制风险和提高普通股收益的目的。在财务实践中，除了依据财务报表利用资产负债率、权益乘数、权益净利率、资金安全率等财务指标进行融资风险分析之外，人们更多的是倾向于利用财务杠杆进行融资风险的决策分析。

1）财务杠杆

现代企业的资本是由权益资本和债务资本构成的，在资本结构一定的条件下，财务成本中的负债利息和优先股息是相对固定的，属于固定资本成本。因此，当企业的息税前利润变化时，每1元息税前利润所负担的固定资本成本就会相应变化，从而使普通股每股收益指标发生更大的变化。这种由于固定资本成本的存在而引起的普通股每股收益的变动幅度大于息税前利润变动的幅度（或者说息税前利润的变动引起每股收益更大幅度的变动）的现象称为财务杠杆。财务杠杆现象形成于企业的融资活动，它具有双重效应，既有存在利益的一面，又有存在风险的一面。在其他条件不变的情况下，固定的资本成本所占比重越大，财务杠杆效应越明显。

2）财务杠杆系数（DFL）

财务杠杆系数是指普通股每股收益变动率相当于息税前利润变动率的倍数，它可以用来衡量财务杠杆作用的大小。财务杠杆系数的计算公式为：

$$DFL=\frac{\Delta EPS/EPS}{\Delta EBIT/EBIT}$$

式中：EPS——每股收益；

EBIT——息税前利润。

上述公式还可以简化为（推导过程略）：

$$DFL=\frac{EBIT}{EBIT-I}$$

式中：I——负债利息。

在有优先股的条件下，上述公式也可改写为（推导过程略）：

$$DFL=\frac{EBIT}{EBIT-I-\frac{D}{1-T}}$$

式中：D——优先股利息；

T——所得税税率。

【例8-4】2021年A公司资本来源为：债券10万元，年利率为10%，普通股10万股，每股收益0.35元，优先股5 000股，每股面值100元，年股息率6%。公司所得税税率25%，当前息税前利润10万元。财务杠杆系数为多少？

依据题意，A公司财务杠杆系数计算如下：

$$DFL=\frac{100\,000}{100\,000-10\,000-\frac{30\,000}{1-25\%}}=2$$

计算结果表明，A公司的财务杠杆系数为2，即息税前利润增长1倍，普通股每股收益将增长2倍，表现出更大幅度的增长。

3）财务杠杆系数分析

财务杠杆系数分析不仅可以反映影响财务杠杆系数变动的因素，而且也可以利用财务杠杆系数揭示企业的财务风险程度。

【例8-5】假设2021年甲、乙、丙三个公司的有关资料见表8-3。

表8-3 **每股收益计算表** 金额单位：元

项　目	甲公司	乙公司	丙公司
息税前利润	100 000	100 000	100 000
资本总额	1 000 000	1 000 000	1000 000
其中：负债资本	—	500 000	800 000
权益资本	1 000 000	500 000	200 000
负债利率	—	8%	8%
所得税税率	30%	30%	30%
普通股股数	10 000	5 000	2 000
每股收益	7	8.4	12.6

注：为计算方便，假设三家公司的权益资本均来自股票发行，所得税税率均为30%。

由表8-3可以看出，甲、乙、丙三家公司除资本结构不同外，其他均相同。但每股收益的结果却截然不同，未运用负债的甲公司只取得了7元的每股收益，而运用负债50%和80%的乙、丙公司分别取得了8.4元和12.6元的每股收益，均高于甲公司。不仅如此，由于丙公司的负债规模大于乙公司，因而，丙公司的每股收益也远远大于乙公司。之所以出现这样的结果，是因为运用负债的乙、丙公司其息税前资本收益率均为10%，大于负债利率8%，在此情况下，负债比例越大，普通股每股收益越大，越能产生财务杠杆的正效应。

如果本例中，其他因素保持不变，负债利率提升至12%，则据此计算的乙、丙公司的每股收益分别为5.6元和1.4元，分别比原来降低了2.8元和11.2元，如果继续提升负债利率，甚至会出现每股收益为负数的现象。之所以出现这样的结果，是因为负债资本运用不当，未能获得超过负债利率水平的收益（10%＜12%），此时负债比例越大，普通股每股收益越小，甚至会出现负数，产生了财务杠杆的负效应。

以上分析旨在揭示企业是否运用负债，运用多少负债以及运用效果如何。

假设本例中，甲、乙、丙三个企业保持资本结构不变，预期2022年各企业的息税前利润分别由10万元增加到20万元，即息税前利润均增长100%。据此计算出各企业2022年的每股收益分别为14元、22.4元和47.6元，每股收益的增长幅度分别为100%、167%和278%。各企业的财务杠杆系数分别为：

$$DFL_{甲}=\frac{100\%}{100\%}=1$$

或者：

$$DFL_{甲}=\frac{100\,000}{100\,000-0}=1$$

$$DFL_{乙}=\frac{167\%}{100\%}=1.67$$

或者：

$$DFL_{乙}=\frac{100\,000}{100\,000-40\,000}=1.67$$

$$DFL_{丙}=\frac{278\%}{100\%}=2.78$$

或者：

$$DFL_{丙}=\frac{100\,000}{100\,000-64\,000}=2.78$$

计算结果表明，甲公司财务杠杆系数为1，即息税前利润变动的幅度与每股收益变动的幅度一致，未产生财务杠杆作用，因其负债为零，故无财务风险；乙公司财务杠杆系数为1.67，即息税前利润增长1倍引起每股收益以1.67倍较大幅度地增长，在产生较大财务杠杆作用的同时，也表现出较大的财务风险；丙公司的财务杠杆系数为2.78，即息税前利润增长1倍引起每股收益以2.78倍更大幅度地增长，表现出更大的财务杠杆作用和财务风险。当然，如果乙、丙公司的息税前利润以相同的幅度降低，那么，每股收益的降低幅度也会远远大于息税前利润的降低幅度。

4）财务杠杆系数揭示的问题

（1）财务杠杆系数反映了息税前利润变动与普通股每股收益变动之间的关系，息税前利润增长会引起普通股每股收益更大幅度地增长，息税前利润降低也会引起普通股每股收益更大幅度地下降。

（2）财务杠杆系数反映了财务杠杆作用程度的大小。财务杠杆系数越大，财务杠杆发挥作用的程度越大，反之，则越小。

（3）财务杠杆系数反映了企业财务风险的大小。财务杠杆系数越大，财务风险越大，反之，则越小。

（4）财务杠杆系数与负债规模之间的关系。在息税前利润一定的条件下，若企业无负债，财务杠杆系数通常为1；若有负债，负债规模越大，财务杠杆系数越大。

（5）财务杠杆系数为企业控制财务风险指明了方向。企业若想控制并降低财务风险，应合理安排负债比例，控制负债规模，并保证息税前资本收益率大于负债利率。

（6）财务杠杆系数为规划未来每股收益提供了依据。在已知财务杠杆系数和息税前利润变动幅度的条件下，预期每股收益可按下式计算：

预期每股收益=基期每股收益×（1±财务杠杆系数×息税前利润变动幅度）

5）经营杠杆、财务杠杆、总杠杆的关系

在融资决策过程中，人们总是想到杠杆效应问题，并常常把经营杠杆、财务杠杆和总杠杆一并加以说明，但真正与融资风险决策有关的只有财务杠杆。

首先，融资风险的定义描述已经非常明确地告诉我们，融资风险是因为企业使用负债融资而产生的财务风险，负债是形成财务风险的根本原因。正是因为企业使用了负债产生了固定的资本成本，才产生了财务杠杆效应，并可根据财务杠杆系数的大小衡量企业的财务风险。同时通过合理安排负债规模，有效地进行融资风险决策来达到控制并降低财务风险的目的。如果一个企业的资本完全来自权益资本，负债为零，则可视为无财务风险。无财务风险的企业不一定没有经营风险。

其次，经营杠杆是因为成本中存在一定比重的固定成本，它是以成本按性态分类为唯一前提条件的，如果企业未能对成本做出这种明确的划分，则经营杠杆无法体现，即使企业做了这种划分，能够体现经营杠杆，经营杠杆也只是用来衡量企业经营风险的，经营风险是指企业没有使用负债的情况下因经营上的原因而导致的息税前利润所具有的不确定性。无论从影响经营风险的内部因素来考察，还是从外部因素来考察，都与企业的融资活动无关。将经营风险和经营杠杆体现在融资决策范畴内，似乎显得牵强。对于一个企业来讲，由于它的经营活动是面向市场的，所以经营风险总是存在的，但有经营风险的企业不一定有财务风险（无负债）。我们只能客观地讲，企业一旦使用了负债资本，会加大企业的资本成本，从而加大企业的经营风险。

最后，总杠杆亦称联合杠杆，它是财务杠杆与经营杠杆的复合。它可以用来衡量企业的总风险程度。在数量上它是经营杠杆系数与财务杠杆系数的乘积。若某企业的经营杠杆系数为2，财务杠杆系数为1，则企业的总杠杆系数和总风险程度也为2，此时恰恰说明企业的总风险就是企业的经营风险，因为财务杠杆系数为1时，企业是不存在财务风险的。

【小资料8-4】　　产业链融资模式与风险管控①

产业链融资是指核心企业通过建立财务公司，对产业链条上下游的企业进行财务状况、经营状况、偿债能力等全方位的分析与考核，针对产业链上下游不同企业的需求，制定个性化融资方案，提供金融服务的一种融资模式。该种融资模式主要包括两种形式：

1）大客户融资模式

该模式主要针对产业链中经营状况良好、对资金需求大、信誉良好的集团型客户。该模式主要包括直接供应融资方案、代购产品融资方案和项目总包融资方案三种具体形式。大客户融资模式下，其风险控制主要集中在贷前（对大客户公司资质的审查）、贷中（对产业链内部和产业链外部借款方案的设定）和贷后（项目跟进与实施及资金流的有效运作）。

2）小微企业融资平台运作模式

该模式主要依托于ERP系统、信贷系统及海融易平台等，帮助产业链上下游中小型供应商、经销商解决融资难问题。在该融资模式下，由于参与方众多，产业链关系较为复杂，因此，其风险管控的重点主要集中在企业审查环节、信贷方案设定环节和资金集约化管理等方面。

8.2.4　融资结构决策

融资结构即资本结构，它是企业融资决策的核心问题。企业应综合考虑有关影响因素，运用适当的方法，通过合理的决策以保证资本结构的合理，甚至达到最优。

1）资本结构的内涵

资本结构是指企业各种资金的构成及比例关系，是企业一定时期筹资组合的结果。

在实务中，资本结构有广义和狭义之分。广义的资本结构是指企业全部资本的构成及比例关系。狭义的资本结构特指企业长期资本的构成及比例关系，尤其是指长期债务资本与权益资本之间的构成及比例关系。融资结构决策主要是针对狭义资本结构而言的，即如何合理安排负债比例问题。

在理论上，最优资本结构是存在的。所谓最优资本结构是指在一定条件下，能使企业综合资本成本最低、企业价值最大的资本结构。任何一个企业都应该权衡资

① 胡燕．康靖钰．关于产业链融资中风险控制的分析——以海尔集团为例［J］．财务与会计，2018（1）．

本成本和财务风险的关系，以确定最优资本结构。

在企业的资本结构决策中，合理地利用债务融资，科学地安排债务资本的比例，不仅可以降低企业的综合资本成本，获取财务杠杆利益，还可以增加企业的价值。

2）资本结构决策的方法

资本结构决策的方法包括定性分析法和定量分析法两种，以定量分析法为主。定性分析主要是分析影响资本结构决策的各种因素，包括企业财务目标、发展阶段、财务状况、投资者动机、债权人态度、经营者行为、税收政策、行业差别等。定量分析法包括资本成本比较法、每股收益无差别分析法和企业价值分析法。

（1）资本成本比较法

资本成本比较法是指在适度的财务风险条件下，通过测算可供选择的不同资本结构或筹资组合方案的综合资本成本，进而确定最优资本结构的一种方法。

该种方法确定最优资本结构是以综合资本成本是否最低作为判断标准的，但在综合资本成本最低时，每股收益不一定最大。

该种方法确定最优资本结构的适用条件是：在筹集某一固定数额的资本时，存在两个或两个以上的筹资方案，但在每一筹资方案下存在两种或两种以上的筹资方式，也就是说企业在采用多方案组合筹资时才可以使用该种方法。

该种方法确定最优资本结构的决策过程是：首先，计算不同筹资方案下个别筹资方式的个别资本成本；其次，确定不同筹资方案下个别筹资数额占筹资总额的比重，即权数；再次，根据个别资本成本和权数计算不同筹资方案的综合资本成本；最后，比较各方案的综合资本成本，并以综合资本成本最低者作为最优选择，即最优资本结构。

关于综合资本成本的确定与计算可参照前述内容，在此不再另行举例说明。

（2）每股收益无差别点分析法

每股收益无差别点分析法是利用每股收益无差别点来进行资本结构决策的方法。所谓每股收益无差别点亦称筹资无差别点，是指在两种筹资方案下能够使普通股每股收益相等的点，这个“点”可以用销售收入（S）来表示，也可用息税前利润（EBIT）来表示，即无差别点销售收入或无差别点息税前利润。也就是说，当企业的销售收入或息税前利润处在某一固定的点时，无论采用哪种方案融资，都能得到相同的每股收益，一旦这个点发生了变化，每股收益也随之发生变化，由此导致融资方案选择的不确定。实务中，采用无差别点息税前利润分析比较普遍。

该种方法确定最优资本结构是以每股收益是否最大作为判断标准，凡是能够提高每股收益的资本结构就是最优的，不能提高甚至导致每股收益下降的资本结构则不是最优的。但在每股收益最大时，综合资本成本不一定最低。

运用该种方法确定最优资本结构，一般适用于互斥融资方案的选择，即在筹集某一固定数额的资本时，只可进行两个方案之间的比较，或者全部利用债务融资，或者全部利用权益融资，即使存在第三种方案，也只能进行两两方案之间的比较。

该种方法确定最优资本结构的决策过程是：首先，测算无差别点息税前利润，并验证每股收益是否相等；其次，利用期望息税前利润与无差别点息税前利润进行比较，若期望的息税前利润大于无差别点息税前利润，则债务融资下的每股收益大于权益融资下的每股收益，此时，选择债务融资有利，反之，则相反；最后，反映采用某种融资方式后的资本结构状况。

根据上述每股收益无差别点的含义和相关分析，每股收益无差别点应是满足下列条件的息税前利润。

$$\frac{(\overline{EBIT}-I_1)\times(1-T)-D_1}{N_1}=\frac{(\overline{EBIT}-I_2)\times(1-T)-D_2}{N_2}$$

式中：$\overline{EBIT}$——无差别点息税前利润；

I_1、I_2——两种筹资方式下的债务利息；

D_1、D_2——两种筹资方式下的优先股股息；

N_1、N_2——两种筹资方式下的普通股股数；

T——所得税税率。

利用上述公式可以确定$\overline{EBIT}$，并与企业预计的EBIT进行比较，选择最优资本结构。

【例 8-6】W 公司 2021 年现有资本 700 万元，其中，长期债务 200 万元，负债利率 12%，普通股股本 500 万元，股数 10 万股，每股面值 50 元。该公司拟追加筹资 300 万元，现有 A、B 两个方案可供选择。A 方案，按票面利率 12% 全部发行债券；B 方案，按原面值全部增发股票。假设该公司无优先股，适用所得税税率为 25%。该公司期望增资后预计息税前利润能够达到 200 万元。试用无差别点分析法做出最优选择。

依据题意分析如下：

设无差别点息税前利润为$\overline{EBIT}$，则有：

$$\frac{(\overline{EBIT}-60)\times 0.75}{10}=\frac{(\overline{EBIT}-24)\times 0.75}{10+6}$$

将上式整理后得出：

$$\overline{EBIT}=120$$

计算结果表明无差别点息税前利润为 120 万元，将计算结果代入上式得出无差别点每股收益为 4.5 元，即当企业的息税前利润水平为 120 万元时，企业无论采用发行债券增资还是发行股票增资都能得到相同的 4.5 元的每股收益，此时，到底选择哪种融资方式完全取决于企业的偏好。

因为本例中，企业期望增资后预计的息税前利润水平大于无差别点水平，此时，企业选择发行债券增资更为有利，因为发行债券增资后的每股收益大于发行股票增资的每股收益。将 200 万元代入上式即可看出，发行债券后的每股收益为 10.5

元，发行股票后的每股收益为8.25元。

若企业增资后预计的息税前利润（100万元）小于无差别点息税前利润，则采用发行股票增资更为有利，因为发行股票的每股收益大于发行债券的每股收益，将100万元代入上式即可得出该结论（3.56>3）。

本例中，企业选择发行债券增资每股收益最大。融资后企业的资本总额达到1 000万元，其中，负债资本500万元，股本500万元，负债资本与权益资本各占50%，此结构即为企业所选择的最优结构。

（3）企业价值分析法

企业价值分析法是在充分考虑财务风险的前提下，以企业价值的大小为标准，经过测算确定企业最优资本结构的方法。它与资本成本比较法和无差别点分析法相比，充分体现了财务风险和资本成本等因素的影响。进行资本结构决策以企业价值最大为标准，符合财务目标的要求。但其决策过程比较复杂，通常适合于资本规模较大的上市公司。

企业的市场总价值是由股票的总价值和负债的总价值构成的，其计算公式为：

$$V=S+B$$

式中：V——企业总价值；

S——股票的总价值；

B——负债的总价值。

为了简化起见，假设负债B的市场价值等于它的面值，股票S的市场价值表现为未来净收益的折现值，其计算公式为：

$$S=\frac{(EBIT-I)\times(1-T)}{K_S}$$

式中：K_S——股票的资本成本，可用资本资产定价模型计算。

$$K_S=R_f+\beta\cdot(R_m-R_f)$$

企业的综合资本成本可按下式计算：

$$K_W=K_B\cdot\left(\frac{B}{V}\right)\cdot(1-T)+K_S\cdot\left(\frac{S}{V}\right)$$

式中：K_W——企业综合资本成本；

K_b——长期债务税前资本成本，可按长期债务年利息率计算。

运用上述原理测算企业的总价值和综合资本成本，就可以企业价值最大化为标准比较确定企业的最优资本结构。

以上资本结构的决策方法各有其适用条件和选择标准，在财务实践中，人们常常使用每股收益无差别点分析法来衡量筹资方式的优劣并对资本结构进行决策。但这种方法的缺陷在于没有考虑风险因素。从根本上讲，财务管理的目标是追求企业价值最大化和股价最大化。然而，只有在风险不变的情况下，每股收益的增长才会引起股价的上升，实际上经常是随着每股收益的增长，风险也随之加大。如果每股收益的增长不足以补偿风险增加所需的报酬，尽管每股收益增加，股价仍然会下降。所以，从理论上讲，企业的最佳资本结构应当是使企业价值最高，而不一定是每股收益最大的资本结构。同时，有关实证研究也表明，在企业价值最大的资本结构下，综合资本成本也是最低的。

8.3 营运资本决策

8.3.1 营运资本的特点及管理内容

1）营运资本的特点

前已述及，营运资本又称营运资金，营运资本具有以下特点：

（1）营运资本的来源具有多样性。与筹集长期资本的方式相比，企业筹集营运资本的方式较为灵活多样，通常有短期银行借款、短期融资券、商业信用、应交税费、应付股利、应付工资等。

（2）营运资本的数量具有波动性。流动资产的数量会随企业内外部条件的变化而变化，随着流动资产数量的变化，营运资本的数量也会发生相应变动，时高时低，波动很大。季节性企业如此，非季节性企业也如此。

（3）营运资本的周转具有短期性。通常会在一年或超过一年的一个营业周期内收回，对企业影响的时间比较短。

（4）营运资本的实物形式具有可转化性。在企业的经营活动过程中，营运资本一般按照“现金—原材料—在产品—产成品—应收账款—现金”的顺序转化。

2）营运资本管理内容

营运资本是流动资产和流动负债关系的总和，因此，营运资本管理的内容包括流动资产和流动负债两个方面的管理。其中，流动资产管理要解决企业应投放多少资金在流动资产上，即资金使用的管理，体现的是资本去向、占用或持有数量，包括现金管理、应收账款管理和存货管理。流动负债管理主要解决企业流动资产所需资金的问题，即资金筹措管理，包括短期借款和商业信用等的管理。从决策的角度看，营运资本决策既包括对流动资产占用或持有量的决策，也包括对其资本来源的融资决策。

8.3.2 营运资本主要项目的决策

1）现金决策

现金是指企业以各种货币形态占用的资产，包括库存现金、银行存款、银行本票、银行汇票以及其他货币资金等。现金决策主要是指现金持有量的决策。

延伸阅读 8-2

资金集中管理模式

（1）持有现金的动机与目标

企业持有一定量的现金，往往是出于以下动机：

①交易动机

交易动机是指企业为满足日常经营业务对现金支付的需求而引起的现金持有动

机。企业在经营过程中，由于支付材料价款、支付工资、支付税款、支付现金股利、偿付到期债务等原因，经常引起对现金的需求。但现金的流入与现金的流出在时间上和数量上很难做到同步，因此，企业必须持有一定量的现金以满足上述需要。

②预防动机

预防动机是指企业为了应付意外紧急事件或偶然情况对现金支付的需求而引起的现金持有动机。企业在经营过程中，因不确定性因素的存在，也不排除一些突发事件或偶然情况引起对现金的额外需求，因此，要求企业保持一定的现金持有量。企业用于预防性现金余额的多少主要取决于企业愿意承担风险的程度、临时举债能力、对现金需求预测的可靠程度等。

③投机动机

投机动机是指企业为把握市场上稍纵即逝的投资机会，以获取较大的投资收益而引发的现金持有动机。如价格低廉的原材料或其他资产的购买机会、价格有利的股票或其他有价证券的购买机会等。

现金是一项比较特殊的资产，其流动性最强，收益性最差。现金管理的目标就是在现金的流动性和收益性之间进行合理选择，在保证正常需要的同时，尽可能降低现金的持有量，以获取最大的资金使用效益。

（2）现金持有量决策模型

在现代财务管理理论中，用于确定最佳现金持有量的模型有很多，其中，应用较为广泛的主要有：成本分析模型、现金周转模型、存货模型和随机模型。

①成本分析模型

成本分析模型是根据持有现金的有关成本，分析预测使其总成本最低时的现金持有量的一种决策方法。通常情况下，企业持有现金会发生以下成本：

第一，管理成本，企业持有现金会发生一些管理费用，如管理人员的工资、安全措施费用等。这些因持有现金而发生的管理成本与持有量之间没有明显的关系，属于决策无关成本。

第二，机会成本。机会成本又称持有成本，是指企业因持有一定量的现金而失去的潜在投资机会的收益。机会成本与现金持有量正相关，现金持有量越大，机会成本越高，它属于决策相关成本。机会成本一般可按下式计算：

机会成本=现金持有量×有价证券利率

第三，短缺成本。短缺成本是指企业因现金持有量不足而产生的直接损失和间接损失等，如丧失的购买能力成本、信用损失成本、投机损失等。短缺成本与持有量负相关，现金持有量越大，短缺成本越低，它也属于决策相关成本。

利用成本分析模型，就是要找出能够使上述两项决策相关成本之和最小的值，此时的现金持有水平即为最佳现金持有量。

【例8-7】远大公司现有A、B、C、D四种现金持有方案，有关资料见表8-4。

表8-4　远大公司现金持有方案　金额单位：万元

项　目	A	B	C	D
现金持有量	50	80	100	120
有价证券利率	10%	10%	10%	10%
短缺成本	12	6.5	1.5	0

依据表8-4的资料测算远大公司最佳现金持有量，见表8-5。

表8-5　远大公司最佳现金持有量预测表　单位：万元

项　目	A	B	C	D
现金持有量	50	80	100	120
短缺成本	12	6.5	1.5	0
机会成本	5	8	10	12
相关总成本	17	14.5	11.5	12

根据表8-5的测算结果，应选择成本最低的C方案。

成本分析模型计算简单，易于理解。但要求企业能够确定决策相关成本与现金持有量之间的函数关系。

②现金周转模型

现金周转模型是通过确定现金周转期（天数），进而确定最佳现金持有量的一种决策方法。所谓现金周转期是指从现金投入生产经营开始，到产成品出售收回现金的时间，也就是现金每完成一次流出至流入所需要的时间。现金周转期可按以下公式计算：

现金周转期=应收账款周转期+存货周转期-应付账款周转期

现金周转期确定后，便可确定最佳现金持有量。其计算公式为：

最佳现金持有量=年现金需求量÷360×现金周转期

【例8-8】远大企业2022年全年的现金需求量为120万元，预计的应收账款周转期为95天，存货周转期为125天，应付账款周转期为100天。该企业的最佳现金持有量应为多少？

依据题意分析如下：

现金周转期=125+95-100=120（天）

现金周转次数=360÷120=3（次）

最佳现金持有量=120÷3=40（万元）

现金周转模型简单明了，易于操作，但其必须满足年度现金需求量是相对稳定的、未来年度与历史年度的周转效率基本一致或虽有变化但可以预计这样两个条件。否则，其预测的准确性会受到影响。

③存货模型

存货模型也称鲍摩尔模型，是1952年由美国经济学家威廉·鲍摩尔首先提出的。他认为现金持有量在许多方面与存货批量类似，因此，可用存货批量模型来确定企业的最佳现金持有量。该模型的建立是基于四个方面的假设：其一，企业持有现金与持有存货的目的是相同的；其二，企业在一定时期（1年）内对现金的需求量是可以预测并相对固定的；其三，存在一个完全的外部二级证券市场；其四，企业可以在二级证券市场频繁地进行现金到证券（买入）或证券到现金（卖出）的转换。

基于上述假设，利用该模型确定最佳现金持有量主要与两种成本有关，一是持有现金的机会成本，二是转换成本或交易成本。机会成本与持有量相关，持有量越大，机会成本越高；转换成本与持有量、转换次数以及每次转换成本相关，在每次转换成本一定的条件下，持有量越大，转换次数越少，转换总成本越低；反之，则相反。

最佳现金持有量就是能使上述两项成本之和最小的现金持有量，用公式表示为：

$$TC=\frac{C}{2}\times K+\frac{T}{C}\times F$$

式中：TC——总成本；

C——现金持有量；

T——一定时期内现金需求总量；

K——有价证券利率；

F——每次转换成本。

设C为变量，TC为C的函数，通过对上式求一阶导数，即可得到最佳现金持有量C^*的计算公式：

$$C^*=\sqrt{\frac{2TF}{K}}$$

【例8-9】远大企业2022年预计年现金需求量为200万元，有价证券的年利率为1%，现金与有价证券的转换交易成本为每次25元，则该企业最佳现金持有量应为多少？

$$C^*=\sqrt{\frac{2\times 25\times 2\,000\,000}{0.01}}=100\,000\text{（元）}$$

每年有价证券交易次数=2 000 000÷100 000=20（次）

存货模型是基于一系列的假设而建立起来的，而且要求现金均匀支出，因此，在实务中真正能够满足上述条件的企业并不多见。

④随机模型

随机模型又称米勒-奥尔模型，它是由美国经济学家默顿·米勒和丹尼尔·奥尔首先提出的，是一种基于现金需求量不确定性情况下的现金持有量分析模式。该模式假定企业每日的净现金流量为一随机变量，其变化近似地服从正态分布，而且现金与有价证券之间可以自由转换。模型假设企业的现金余额是随机波动的，但这种波动是有一个合理的控制范围的，企业可以根据历史经验和现实需要测算出一个现金持有量的控制范围。一般情况下，可利用简化的坐标图，通过三条线来体现，处在上端的H线代表现金持有量的上限，处在下端的L线代表现金持有量的下限，介于上、下限之间的R线代表最优现金返回线或最佳现金余额线。当现金持有量在H和L之间变动时，表明企业的现金持有水平处在一个合理的范围内，无须进行调整；当现金持有量升至H时，表明企业的现金余额过多，应将数额为H-R的现金转换为有价证券，使现金持有量降至R；当现金持有量降至L时，表明企业现金余额过少，应将数额为R-L的有价证券转换为现金，使现金持有量升至R。在实务中，对于下限L，通常企业可根据现金流量情况及管理者对风险的态度，取大于零的某一数值。根据随机模型，R和H分别按以下公式计算：

$$R=\sqrt[3]{\frac{3F\delta^2}{4K}}+L$$

$$H=3R-2L$$

式中：K——有价证券的日利率；

Q——每日现金余额变化的标准差。

【例8-10】远大公司规定的现金最低持有量为3 000元，公司持有的有价证券的年利率为10%，每次有价证券的转换成本为40元，每日现金余额波动的标准差为600元。要求：确定该公司的最佳现金持有量及现金的控制上限。

依据题意分析如下：

$$R=\sqrt[3]{\frac{3\times 40\times 600^2}{4\times 10\%\div 360}}+3\ 000=6\ 388\text{（元）}$$

$$H=3\times 6\ 388-2\times 3\ 000=13\ 164\text{（元）}$$

计算结果显示，该企业将现金持有量控制在3 000元至13 164元之间，6 388元为最优现金持有余额。当持有量降至3 000元时，应出售3 388元的有价证券，使其恢复到6 388元的水平上；当持有量升至13 164元，则应购买6 776元的有价证券，使其再降至6 388元的水平上。

随机模型计算相对复杂，不易操作，但其对现金的控制效果要好于经验控制。

需要指出的是，在现金的控制上，除了对其持有量进行控制之外，还应加强对现金的日常控制，以便更有效地提高现金的使用效率。现金日常控制的手段主要包括：加速收款、控制支出、力争现金流量同步、合理使用现金浮游量等。所谓现金浮游量是指企业银行存款账面上的现金余额与银行账户上的存款余额之间的差额。它是由企业与银行双方出账与入账的时间差造成的，如果企业能够正确地预测现金浮游量并加以利用，就可以节约一定量的现金，降低现金持有水平，从而极大地提高现金的利用效率。

2）应收账款的决策

（1）应收账款管理目标

应收账款是指企业因对外赊销商品或提供劳务等而形成的应收款项。它是由激烈的市场商业竞争和销售与收款的时间差等原因形成的。

企业应收账款的规模在一定程度上与企业采用的信用政策有关，是企业为扩大销售规模而采取的积极主动行为，可看作企业在应收账款上的一种投资。一般来讲，企业给予客户的信用政策越宽松，条件越优惠，不仅能稳定住现有的客户，而且也有利于吸纳更多潜在的客户，随着企业所拥有的客户的增加，不仅扩大了企业的市场份额，提高了企业的竞争能力，同时，也扩大了企业的销售规模，尤其是扩大了应收账款的规模，从而反映出企业较多的会计账面收入和会计账面利润。但同时也应该看到，随着应收账款规模的扩大，也会相应地增加一系列的信用成本，导致企业收益的减少。由此可见，企业在应收账款的管理中，面临着收益和成本的权衡问题。应收账款的管理目标就是要在实施应收账款信用政策所增加的收益和该政策所增加的成本之间做出权衡，通过科学合理地制定信用政策，有效控制应收账款的规模，降低资金占用水平，实现企业效益的最大化。应收账款决策的核心问题是信用政策的选择。

（2）应收账款信用成本

应收账款的信用成本包括管理成本、坏账成本和机会成本等。

① 管理成本，即企业为管理应收账款所发生的各种费用，如信息收集费用、客户信用状况调查费用、簿记费用、收账费用等。收账费用是构成管理成本的重要内容，它一般可按应收账款额的一定百分比来确定，应收账款规模越大，收账难度越高，估计的收账费用比例越大。

② 坏账成本，即坏账损失，是指企业的应收账款因故不能收回而发生的损失。它与应收账款的规模、质量以及风险程度密切相关。坏账成本一般可按赊销额的一定百分比来估计。

③ 机会成本，即企业的资金因被应收账款占用而失去的可能投资于其他方面所获取的收益。应收账款规模越大，机会成本越高。机会成本可按以下两种方法估计。

方法一：

机会成本=维持赊销业务所需的资金×资本成本

维持赊销业务所需的资金=应收账款平均余额×变动成本率

应收账款平均余额=年赊销额÷应收账款周转次数

应收账款周转次数=360÷应收账款周转期

方法二：

机会成本=年赊销额÷360×信用期×变动成本率×资本成本

以上两种方法，计算结果是相同的。

（3）应收账款信用政策

应收账款信用政策是企业对商业信用进行规划和控制而确定的基本原则和行为规范，主要包括信用标准、信用条件和收账政策三个方面的内容。

①信用标准

信用标准是客户获得商业信用所应具备的基本条件。企业对客户资信程度的考察一般可用“5C”评估法进行分析和判断。“5C”评估法的具体内容包括品德、能力、资本、抵押品、经济状况五个方面。品德是评价客户信誉品质的首要因素；能力是指客户的偿债能力；资本是指客户的财务实力；抵押品是指客户提供的可用作抵押的财产；经济状况是指可能影响客户偿债能力的各种经济环境。

②信用条件

信用条件是企业向客户提供商业信用的付款要求，包括信用期限、折扣期限和现金折扣。信用条件的基本表示方式为“2/10，N/30”。信用期限是企业允许客户从购货到支付货款的时间期限；折扣期限是企业规定客户可以享受现金折扣的付款时间；现金折扣是企业给予客户在折扣期内付款而享受的货款优惠。企业放宽信用条件，延长信用期限，虽然可以增加销售量，增加毛利，但随着信用期的延长，不仅延长了企业的平均收账期，加大了应收账款的资金占用，同时也会引起相应的信用成本的增加。因此，在实务中，企业经常面临着是否改变信用条件的抉择问题。如果企业改变信用条件后所增加的收益大于信用成本的增加，能够带来净收益，则选择改变；反之，则应放弃，仍维持原信用条件。关于是否改变信用条件的选择问题可以分别采用总量法和增量法来进行决策分析。下面举例说明。

【例8-11】远大公司采取赊销的方式进行产品销售，为此准备了三个信用条件的备选方案：A方案，维持现行的“N/30”的信用条件；B方案，将信用条件放宽到“N/60”；C方案，将信用条件放宽到“N/90”。假设该企业的固定成本总额不变，变动成本率为60%，资本成本为10%。各备选方案估计的赊销收入、坏账损失率和收账费用等数据见表8-6。

表8-6　**信用条件备选方案**　金额单位：万元

项　目	A（N/30）	B（N/60）	C（N/90）
年赊销额	120	150	180
应收账款周转次数	12	6	4
应收账款平均余额	120÷12=10	150÷6=25	180÷4=45
维持赊销所需资金	10×60%=6	25×60%=15	45×60%=27
坏账损失率	1%	1.5%	5%
坏账成本	120×1%=1.2	150×1.5%=2.25	180×5%=9
收账成本	0.8	1.25	6.5

根据上述资料分析该企业应选择哪一个备选方案？

依据题意，按总量法分析见表8-7。

表8-7　　信用成本与收益比较　　单位：万元

项　目	A（N/30）	B（N/60）	C（N/90）
①年赊销额	120	150	180
②变动成本（①×60%）	72	90	108
③信用成本前收益（①-②）	48	60	72
④信用成本			
机会成本	6×10%=0.6	15×10%=1.5	27×10%=2.7
坏账成本	1.2	2.25	9
收账成本	0.8	1.25	6.5
小计	2.6	5	18.2
⑤信用成本后收益	45.4	55	53.8

计算结果表明，B方案比A方案多获利9.6万元，C方案比A方案多获利8.4万元，B方案比C方案多获利1.2万元，故应选择B方案。

同理，依据上述资料也可按增量法进行分析。

首先，将B方案与A方案进行对比。

增量边际收益=（150-120）×（1-60%）=12（万元）

增量信用成本=（1.5-0.6）+（2.25-1.2）+（1.25-0.8）=2.4（万元）

增量净收益=12-2.4=9.6（万元）

其次，将C方案与A方案进行对比。

增量边际收益=（180-120）×（1-60%）=24（万元）

增量信用成本=18.2-2.6=15.6（万元）

增量净收益=24-15.6=8.4（万元）

计算结果同样表明与A方案相比，B方案比C方案多增加收益1.2万元，B方案仍然最优。

③收账政策

收账政策是指信用条件被客户违反时，企业所采取的收账策略。收账政策是否科学有效，直接关系到企业应收账款的安全性。一般情况下，企业制定收账政策应考虑以下问题：

第一，制定收账政策应以账龄分析表为依据。

通过账龄分析，可以使企业了解到有多少账款尚处于信用期内，有多少账款已超出信用期，超出信用期多长，不同账龄的账款余额为多少，占应收账款总额的比例多大，都有哪些客户等。据此，企业可以有针对性地制定经济灵活的收账政策，以保证应收账款的安全。

第二，制定收账政策应宽严适度。

过宽或过严的收账政策都不利于企业利润的增加。收账政策过于宽松，不仅不利于企业账款的及时回收，甚至可能出现大量的坏账损失；收账政策过于严厉，也可能使企业失去一些现有的或潜在的客户，影响企业的销售规模和市场份额。

第三，制定收账政策应根据情况区别对待。

企业的客户众多，情况复杂。对于那些确因客观环境导致的不能及时支付或需延期支付的客户，企业可适当给予展期甚至可放弃部分债权，使客户能够在财务上有一定的缓冲。对于那些有支付能力但却故意甚至恶意拖欠的客户，企业应加大收账力度，必要时可以诉诸法律。

第四，制定收账政策应权衡收账费用与坏账损失。

一般来讲，企业加大收账力度，增加收账费用，既可以减少应收账款上的资金占用，又可以减少坏账损失。但收账费用的增加与所减少的坏账损失之间并不是完全的线性关系，在投入收账费用的初期，通常只能减少很少的坏账损失，随着收账费用的进一步增加，对减少坏账损失才可能具有显著的效果，再进一步增加收账费用时可能对减少坏账损失几乎不起作用。也就是说，通过增加收账费用来减少坏账损失是有一个饱和点的，收账费用是不能超过这个饱和点的，否则，对减少坏账损失于事无补。

第五，制定收账政策应有切实可行的收账程序。

一般来讲，企业对未能如期付款的客户，通常可采用信函通知、电话催收、派专人与客户洽谈、对客户采取法律行动等程序进行收账。

【小资料8-5】　应收账款机会成本[①]

应收账款机会成本是指因应收账款占用资金而产生的利息支出或失去的再投资收益。其计算方法一般有三种：

（1）赊销收入法

应收账款机会成本=全年赊销额÷360×平均收款期×机会成本率

（2）全部成本法

应收账款机会成本=全年赊销额×销售成本费用率÷360×平均收款期×机会成本率

（3）变动成本法

应收账款机会成本=全年赊销额×变动成本率÷360×平均收款期×机会成本率

3）存货决策

（1）存货管理目标

存货是企业在生产经营过程中为满足生产和销售的需要而储备的各类流动资产物资，包括原材料、在产品、产成品等。

企业之所以持有存货，一方面是为了保证生产和销售的顺利进行，另一方面是为了获取规模效益。企业的进货批量越大，存货储备量越大，此时，虽然能够极大

① 吴有庆. 应收账款机会成本计算方法浅析［J］. 财务与会计，2018（1）.

限度地满足生产和销售的需要，但同时也加大了存货储存成本，增加了存货资金占用量，降低了资金使用效率；存货储备量过低，甚至出现短缺，虽然降低了存储成本，减少了资金占用量，但又会给企业带来不必要的缺货损失，降低企业收益。因此，存货管理目标就是在合理确定存货储备量的基础上，合理确定存货资金占用规模，并尽力在各种存货成本与存货效益之间做出权衡，在充分发挥存货功能的同时降低成本，增加收益，提高资金使用效率，达到两者的最佳结合。存货决策的主要内容是经济订货批量的确定。

（2）存货相关成本

与企业存货有关的成本主要包括取得成本、储存成本和缺货成本。

①取得成本

取得成本是指企业为取得某种存货而发生的成本，它包括购置成本和订货成本。购置成本是由存货需求数量（D）和单价（U）决定的；订货成本中一部分为订货固定成本（F_1），另一部分为订货变动成本，订货变动成本与订货次数和每次订货变动成本（K）有关，其中，订货次数是由存货年需求量（D）和每次进货批量（Q）之比决定的。购置成本与订货成本之和即存货的取得成本，其公式可表达为：

取得成本=购置成本+订货成本

$$TC_a=DU+F_1+\frac{D}{Q}\cdot K$$

②储存成本

储存成本是指企业在存货储存期间发生的成本，包括储存固定成本和储存变动成本。前者与存货数量多少无关，如库房折旧费、管理人员工资等；后者与存货数量有关，如存货资金的应计利息、存货毁损等。以F_2表示储存固定成本，K_C表示储存单位变动成本，则储存成本（TC_c）的计算公式为：

储存成本=储存固定成本+储存变动成本

$$TC_c=F_2+\frac{Q}{2}\cdot K_c$$

③缺货成本

缺货成本是指企业因存货储备不足而造成的损失，如停工损失、丧失销售机会的损失等。缺货成本可用TC_s表示。

上述三项成本之和即与存货相关的总成本（TC），用公式表示为：

$$TC=TC_a+TC_c+TC_s$$

（3）存货经济订货批量

订货批量即每次（批）订货的数量，订货批量不同，存货成本不同。经济订货批量是指能够使存货相关总成本最低的采购批量。根据上述存货相关成本的不同组合，可以视情况分别确定基本经济订货批量、存在商业折扣的经济订货批量、存货陆续供应和使用的经济订货批量、允许存在缺货的经济订货批量。其中，基本经济订货批量是基础，其他几种情况下的经济订货批量都是在基本经济订货批量的基础上扩展而成的。在此主要介绍基本经济订货批量。

存货基本经济订货批量通常是以一系列假设为前提的，这些假设包括：

① 一定时期对存货的需求量是能够确定的已知常量；

② 市场供应充足，需要时可立即得到补充，不存在缺货现象；

③ 存货能够集中到货，而非陆续入库；

④ 企业现金充足，不会因现金短缺而影响进货；

⑤ 存货单价不变，且为已知常量，不考虑现金折扣。

基于上述假设，存货相关总成本的计算公式为：

$$TC=F_1+\frac{D}{Q}\cdot K+DU+F_2+\frac{Q}{2}\cdot K_c$$

只要对上述公式求一阶导数，即可求出存货总成本TC的最小值，此时确定的订货批量即为基本经济订货批量，即：

$$Q^*=\sqrt{\frac{2KD}{K_c}}$$

根据基本经济订货批量（Q^*）模型，还可以进一步计算该批量下的其他相关指标。

存货总成本：

$$TC(Q^*)=\sqrt{2KDK_c}$$

最佳订货次数：

$$N^*=D/Q^*$$

最佳订货周期：

$$t^*=360/N^*$$

存货资金占用量：

$$I^*=\frac{Q^*}{2}\cdot U$$

【例8-12】远大公司2020年全年耗用甲材料1 200千克，每千克单价为80元，每次订货成本为150元，单位储存变动成本为4元。根据资料，计算甲材料的基本经济订货批量及其他有关指标。

依据题意，分析计算如下：

$$Q^*=\sqrt{\frac{2\times150\times1\,200}{4}}=300\text{（千克）}$$

$$TC(Q^*)=\sqrt{2\times150\times1\,200\times4}=1\,200\text{（元）}$$

$$N^*=1\,200\div300=4\text{（次）}$$

$$t^*=360\div4=90\text{（天）}$$

$$I^*=300\div2\times80=12\,000\text{（元）}$$

存货决策主要以经济订货批量决策为主，除此之外，在实务中，还可以采用其他一些手段，对存货实施日常管理，诸如：定额管理、归口分级管理、ABC分类管理、适时供应系统（JIT）控制等。

定额管理，就是通过核定生产经营过程中存货资金的占用定额来控制存货的一种手段，它需要分别确定原材料、在产品、产成品等存货的资金定额。

归口分级管理，是指在企业（公司）总部的领导下，以财务部门为核心，将所确定的各项存货资金定额指标，按职能部门所涉及的业务先归口，后分级，做到权责明确，落实到位。

ABC分类管理，是由意大利经济学家帕累托于19世纪首先提出来的，它是将全部存货根据耗用量的大小、金额的高低及重要程度，按金额标准，或者数量标准分为A、B、C三类，其中：A类存货品种数量占比较低（5%~10%），但资金量占比较大（70%左右），C类存货品种数量占比较大（50%~70%），但资金量占比较低（10%左右），介于A、C两类存货之间的可作为B类存货。对A类存货重点控制，B类存货一般控制，C类存货灵活掌握，总额控制。

适时供应系统，即JIT，是由日本丰田汽车公司副总裁大野耐一于20世纪70年代提出来的。JIT强调的是："只在需要的时间，按需要的量，生产需要的产品。"也就是说，保证企业生产不中断不是依靠企业自己持有存货，而是依靠供应商的"准时"供应。与传统的存货控制相比，JIT要求最大限度地降低存货，零库存是JIT的最高目标。

4）应付账款决策

应付账款是企业赊购商品暂时未付款而形成的对卖方的负债。对于买方（融资方）来说，延期付款则等于向卖方借用资金购进商品，满足其对短期资金的需求。应付账款决策包括应付账款融资成本和现金折扣利用两个方面。

（1）应付账款融资成本

应付账款融资按其是否支付代价，可分为"免费"融资和有代价融资两种。如果供应商提供的信用条件只规定信用期限，不提供现金折扣（如N/30），则购货方在信用期限（30天）内任何时间付款均无代价；如果供应商在提供信用期限的同时又规定了现金折扣期和现金折扣率，购货方在折扣期限内支付货款也没有融资代价；如果购货方虽然在规定的信用期限内付款，但却超过了规定的折扣期，则意味着放弃现金折扣的付款优惠，此时，利用应付账款融资便产生了代价。企业放弃现金折扣而产生的融资成本可以用放弃现金折扣的年成本率来表示。其计算公式为：

$$放弃现金折扣的年成本率=\frac{现金折扣率}{1-现金折扣率}\times\frac{360}{信用期-折扣期}\times100\%$$

【例8-13】假设远大公司按"2/10，N/30"的信用条件购入货物一批，价值为100万元。如果该企业在10天内付款，可获得现金折扣2万元（100×2%），免费信用额为98万元（100-2）。如果该企业放弃折扣优惠，在10天后（不超过30天）付款，便要承受因放弃折扣而产生的筹资成本。该企业放弃折扣的年成本率可按上式计算如下：

$$放弃现金折扣的年成本率=\frac{2\%}{1-2\%}\times\frac{360}{30-10}\times100\%=36.7\%$$

计算公式和计算结果表明，现金折扣率越大，放弃现金折扣的年成本率越高；现金折扣期越长，放弃现金折扣的年成本率越高。但是，信用期限越长，放弃现金折扣的年成本率则越低。

（2）现金折扣的利用

对于买方（融资方）而言，是否利用现金折扣需要一个简单的财务权衡，如果企业能以低于放弃现金折扣年成本率的利率借入短期资金，则应在现金折扣期内用借入的资金提前支付货款，享受现金折扣，反之，则应放弃；如果企业在折扣期内将应付账款所形成的资金来源用于短期投资，所得的投资收益率高于放弃现金折扣的年成本率，则应放弃现金折扣而去追求更高的收益；即使企业放弃现金折扣优惠是一个无奈的选择，也应将付款日推迟至信用期内的最后一天，以降低放弃现金折扣的成本。

对于持续正常经营的企业而言，应付账款融资是一种持续性的商业信用融资方式。这种融资方式不仅容易取得资金，而且在是否享受现金折扣方面也有较大的灵活性，同时，在融资规模上也可根据企业经营活动的变化而自动调节。但同时也应看到，应付账款融资不仅会产生融资成本，而且也存在一定的融资风险，尤其当企业过度延期支付时，可能会给企业带来信用损失、利息罚金支出，有时还会导致供货方停止供货，甚至还会利用某些法律手段迫使企业不得不寻求破产保护等。由此可见，应付账款融资决策不仅要对其融资成本与是否利用现金折扣进行结合分析，还要对其风险进行分析与控制。

8.3.3　营运资本管理政策

营运资本管理政策包括营运资本融资政策和营运资本持有政策两个方面。

1）营运资本融资政策

（1）流动资产与流动负债的匹配关系

企业的流动资产一般分为临时性流动资产和永久性流动资产两部分。前者是指由于季节性或临时性等原因占用的流动资产，如季节性存货、经营和销售旺季增加的应收账款等；后者是指那些企业处于经营低谷仍需保留的，用于满足企业长期稳定需要的流动资产，如保险储备中的存货或现金等。与此相对应，企业的资本需求也分为临时性资本需求和永久性资本需求两部分。企业一般通过流动负债（短期负债）筹资满足临时性流动资产需要，通过长期负债和股权资本筹资满足永久性流动资产和固定资产的需要。流动负债又可进一步分为临时性负债和自发性负债，临时性负债一般可利用短期借款形成，自发性负债是直接产生于企业持续经营中的负债，如商业信用形成的应付账款和日常运营中产生的其他应付款、应付工资、应付利息、应付税金等。

（2）营运资本融资政策类型

营运资本融资政策，主要是就如何安排临时性流动资产和永久性流动资产的资金来源而言的，一般可分为以下三种类型。

①配合型融资政策

配合型融资政策的特点是：对于临时性流动资产，运用临时性负债筹集资金满足其资金需求；对于永久性流动资产和固定资产（统称永久性资产，下同），运用长期负债、自发性负债和权益资本筹集资金满足其资金需求。

配合型融资政策要求企业制订严密的临时负债筹资计划，以实现现金流动与预期安排相一致。在经营淡季和低谷阶段，企业除了自发性负债外应该没有其他流动负债，只有在临时性流动资产需求的高峰期，企业才举借各种临时性债务。

配合型融资政策的基本思想是：将资产与负债的期间相配合，以降低企业不能偿还到期债务的风险和尽可能降低债务资本成本。但是，事实上由于资产使用寿命的不确定性，往往达不到资产与负债的完全配合，一旦企业生产经营高峰期内的销售不理想，未能取得销售现金收入，便会面临偿还临时性负债的困难。因此，配合型融资政策是一种理想的、对企业资金使用水平要求较高的营运资本融资政策。

②激进型融资政策

激进型融资政策的特点是：临时性负债不仅可以解决临时性流动资产的资金需求，还可以解决部分永久性资产的资金需求。

由于临时性负债的资本成本一般低于长期负债和权益资本的资本成本，而激进型融资政策下临时性负债所占比重较大，所以该政策下的综合资本成本较低。但另一方面，为了满足永久性资产的长期资金需求，企业必然要在临时性负债到期后重新举债或申请债务展期，使企业更为经常地举债和还债，从而加大了筹资的困难和风险，甚至还可能面临由于短期负债利率变动而增加资本成本的风险。所以这种政策是一种收益性和风险性均较高的营运资本融资政策，是比较冒险的选择。

③稳健型融资政策

稳健型融资政策的特点是：临时性负债只解决部分临时性流动资产的资金需求，另一部分临时性流动资产和全部永久性资产，则由长期负债、自发负债和权益资本作为资金来源。

该种政策下，由于临时性负债所占比重较小，所以企业无法偿还到期债务的风险较低，蒙受短期利率变动损失的风险也较低。然而，另一方面，却会因为长期负债资本成本高于临时性负债的资本成本，以及经营淡季仍需负担长期负债利息等原因，从而降低企业的收益。所以，该政策是一种收益性和风险性均较低的营运资本融资政策，是比较保守的选择。

一般来说，如果企业的管理基础比较好，财务管理水平比较高，驾驭资金的能力比较强，采用收益和风险配合得较为适中的配合型融资政策是较为有利的。

2）营运资本持有政策

根据流动性、收益性和风险性之间的权衡关系，通常可把营运资本的持有政策分为三种类型：

（1）宽松型的持有政策

该种政策的特点是：企业保持一个较高的营运资本持有水平，以增强资产的流动性和偿债能力，降低风险，但同时也降低了企业的收益。它是一种双低类型的持有政策，即低风险、低收益。

（2）紧缩型的持有政策

该种政策的特点是：企业保持一个较低的营运资本持有水平，以提高企业的收益，但同时也降低了资产的流动性和偿债能力，加大了企业的风险。它属于双高类型的持有政策，即高收益、高风险。

（3）适中型的持有政策

该种政策的特点是：企业保持一个适中的营运资本持有水平，持有量既不过高，也不过低，流入的现金恰恰满足支付的需要，存货也恰好满足生产和销售所需。它将流动性、收益性和风险性很好地进行了权衡，做到了风险和收益适中。

在理论上，适中型的持有政策比较符合财务管理总体目标的要求，是一种理想的选择。但在实务中，由于营运资本的持有水平受销售规模、存货水平、应收账款周转速度等多种因素的影响。因此，企业应根据自身的具体情况和环境条件，选择一个较为适当的营运资本持有政策。

【小资料8-6】　　　　营运资本管理：不得不知的矛盾①

众所周知，营运资本又称营运资金，有广义和狭义之分。对于营运资本，很多人都是爱恨交织、且喜且忧。之所以如此，是因为营运资本集五重矛盾于一身，可谓公司营运的命门与枢纽。

1）认识营运资本——资源还是浪费

一方面，营运资本对公司的业务开拓、渠道保持，提高经营的安全性和效率都是必需的，它对公司经营的作用主要是促进销售和降低成本；另一方面，营运资本占用了公司宝贵的经济资源，营运资本收益差、成本高，且存在坏账、减值、积压、毁损等风险，有时还会沦为企业调节利润的工具，是公司经营的隐患之一。

2）辨析营运资本——实力还是能力

一方面，营运资本是企业的资产，而且是流动资产的主体，意味着实力。另一方面，真正具有市场地位、管理良好的企业营运资金又往往低于平均水平，意味着能力。财务分析人员都有这种纠结：营运资本高了，偿债能力增强，但营运效率下降；营运资本低了，营运效率高了，但偿债能力不足。实力还是能力取决于营运资本形成的原因，如果是被动形成的，非但体现不了实力强，反而恰恰意味着能力

① 李小洛，王海燕．营运资本管理的思考［J］．财务与会计，2016（21）．

差。如果是主动管理的结果，则意味着公司产销能力卓越。

3）澄清营运资本——财务还是业务

营运资本本质上是一个业务问题，其高低首先取决于业务模式，如发展战略、供应链效率、生产组织形式、销售策略等，这些都是决定营运资本高低的根本原因，也是营运资本管理的着力点。所以说，控制营运资本，功夫在营运资本之外。但是，认定营运资本属于业务问题，并不否认财务在营运资本管理上的作用和责任。在策略既定的情况下，执行和跟踪非常关键，财务在这两方面都大有可为。

4）问源营运资本——主动还是被动

营运资本的形式或许有被动的因素，但管理必须积极主动。营运资本形成时，被动中有主动的因素，症结在企业逐利的天性和规模扩张的冲动上。营运资本形成后，主动管理尤为重要，要有切实可行的制度和机制。

5）对治营运资本——西药还是中药

对治营运资本，就是要在实现规模增长的同时，使周转效率更大程度地持续改善。具体而言，一是要降低占用，二是要控制风险。这两个目标看似简单，实则具有系统性和全局性。只有抓住问题的根源进行系统调理，机体整体才能步入良性循环，谓之吃中药。把营运资本管理理解为控制时点数，调整数字，甚至在会计准则中寻找完成营运资本管控目标的办法，简单粗暴，谓之吃西药。

8.4 收益分配决策

收益分配决策是关于企业对其经营及其他所得进行分配或留存，以用于再投资的选择决策，它是财务管理决策的重要内容之一。无论是上市公司，还是非上市公司都存在收益分配的决策问题，尤其是上市公司。因此，科学制定收益分配政策，合理安排留存与分配之间的比例，不仅可以权衡投资、融资、分配以及各利益相关者之间的关系，也有利于企业未来发展和价值最大化目标的实现。

8.4.1 收益分配的原则与程序

收益有税前收益和税后收益之分，税后收益亦称净利润或净收益。通常来讲，收益分配是指对企业净收益的分配。收益分配应遵循一定的原则和程序。

1）收益分配原则

企业收益的分配应遵循以下原则：

（1）依法分配原则

企业对收益进行分配时，其分配项目、分配比例、分配顺序等应符合国家相关政策法规的规定，依法进行分配。依法分配不仅是进行收益分配活动的前提，也是企业正确处理财务关系的准绳。

（2）资本保全原则

资本保全原则要求企业在进行收益分配时应首先保证资本的完整，不能因为收益分配的原因而减少企业的资本。确保向投资者分配的收益是投资者投入资本的增值部分，而不是投资者资本金的返还。这种资本保全措施不仅有利于企业承担风险和履行责任，也有利于企业有稳定的资本来持续经营和发展。

（3）兼顾各方利益原则

企业收益的分配涉及投资者、经营者及公司职工等各方面的利益，因此，企业必须统筹兼顾，制定合理的收益分配政策。既要考虑投资者的单边利益，又要兼顾其他利益相关者的合法权益，以确保企业内部财务关系的和谐稳定。

（4）分配与积累并重原则

在企业收益既定的情况下，分配与积累是矛盾的统一体。分配过多，会使企业失去可供未来发展的资金，丧失投资机会，减少收益；积累过多，会影响投资者的现实利益，使企业形象受损，打击投资者的信心。因此，收益分配应处理好积累与分配的关系，使企业的近期目标和长远发展得到更好的协调。

（5）投资与收益对等原则

企业向投资者分配收益时，应本着平等一致的原则，按照投资者投入资本的比例来进行，不允许发生任何一方随意多分多占的现象，防止大股东侵害中小股东的利益。这样才能真正做到收益分配的公平、公开、公正，有利于保护投资者的利益，提高投资者的积极性。

2）收益分配的程序

根据我国《公司法》的规定，企业收益分配应按以下顺序进行：

（1）弥补以前年度的亏损

企业以税前收益弥补亏损已达规定年限，剩余亏损可用税后收益继续弥补。

（2）提取法定盈余公积金

法定盈余公积金一般按当年税后净收益的10%计提，但若有亏损需要弥补，则以弥补亏损后的净收益为计提基数。

（3）提取任意盈余公积金

提取任意盈余公积金必须在提取法定盈余公积金之后，经股东大会或董事会决议，按照决议通过的比例提取。

（4）向股东（投资者）支付股利

向股东支付股利应按各股东的股份投资比例分配。原则上企业无盈利不得支付股利，即所谓“无利不分”。但为了维护其股票信誉，经股东大会特别决议，也可用盈余公积金支付股利。

8.4.2 股利理论与股利政策

股利理论是研究股利分配与公司价值、股票价格之间的关系，探讨公司应当如何制定股利政策的基本理论。股利政策是以股利理论为支撑，确定公司的净收益如何分配的方针与策略。

1）股利理论

关于股利理论，不同的学派有不同的观点，其中最具代表性的有：

（1）股利无关论

股利无关论是由米勒和莫迪格莱尼于1961年首次提出的，即MM理论。

MM理论的基本假设是：①公司的投资者和管理层可同等获得关于未来投资机会的信息；②公司的投资决策与股利政策彼此独立；③不存在个人或公司所得税；④不存在任何证券发行或交易费用。

基于上述假设，MM理论认为，在一个完善的资本市场条件下，投资者对股利和资本利得并无偏好，股利政策不会影响公司的价值。在资本结构一定的条件下，公司价值是由既定投资决策的获利能力和风险水平决定的，而与股利政策无关。

（2）股利相关论

与股利无关论持相反观点的股利相关论认为，股利政策与股票价格密切相关，对公司价值会产生重大影响。持这种观点的主要有：

①“一鸟在手”理论

“一鸟在手”理论的主要代表人物是麦伦·戈登和约翰·林特纳。该理论认为由于风险的存在，投资者对现金股利收益与资本利得收益是有偏好的，出于对风险的回避，大部分投资者更偏向于现金股利收益，他们宁愿现在收到较少但确定的现金股利，也不愿意等到未来收到可能较多但风险较大的资本利得好处。现金股利收益好比在手之鸟，抓在手中是飞不掉的，正所谓“双鸟在林，不如一鸟在手”。

②差别税收理论

差别税收理论是由莱森伯格和拉姆斯韦于1979年提出的。该理论认为，MM理论中关于不存在个人或公司所得税这一假设是不成立的。在现实生活中，这两种税都是存在的。一般来说，现金股利收入的税率高于资本利得的税率，这使得资本利得对于股东更为有利。即使现金股利与资本利得按相同的税率征税，但两者的支付时间不同，现金股利纳税是在收取股利的当时发生，而资本利得纳税只有在股票出售时才发生。因此，当存在税收差异时，企业采取高现金股利政策会损害股东的利益，而采取低现金股利政策则会提升股价，增加企业的价值。

③代理成本理论

代理成本理论认为，在现代企业中，股东与经理人之间、股东与债权人之间、控股股东与中小股东之间是存在利益冲突的。一方面，股东希望采取高现金股利政策，通过提高现金股利支付率，以减少经理人可自由支配的现金流量，从而减少股东和经理人之间的利益冲突，降低代理成本。另一方面，随着高额现金股利的支付，不仅减少了公司现金流量，增加了债权人风险，而且也使公司内部留存收益减少，增加了外部筹资成本；同时，控股股东也会利用其持股比例的优势控制董事会和管理层，利用其在公司中的控制权侵占公司利益，损害中小股东利益。通过提高现金股利，可以减少控股股东可支配的资本，降低掏空对公司利益的损害，从而保护中小股东的利益。由此可见，代理理论主张提高现金股利支付，不仅可以降低代理成本，提高公司价值，而且也有利于保护中小股东利益。但是，这种高现金股利支付也会带来外部筹资成本增加和股东税负增加的问题。因此，在实践中，需要在降低代理成本与增加筹资成本和税负之间权衡，以制定出符合股东利益的股利政策。

除上述比较有代表性的股利理论之外，还有诸如信号传递理论、客户效应理论等。

【小资料8-7】　双重股权结构①

双重股权结构是指上市公司将股票设置为高和低两种投票权。高投票权的股票有90%的表决权，每股具有2~10票投票权，主要由高级管理者持有。低投票权股票由一般股东持有，其投票权只占高投票权股票的10%或者更少，甚至没有投票权。双重股权制度是公司管理者通过分离现金流和控制权而对公司实行有效控制的一种手段。

2）股利政策

公司制定股利政策，既要考虑影响和制约股利政策的因素，又要合理选择适合自身情况的股利政策类型并加以实施。

（1）股利政策的影响因素

一般来说，影响股利政策的因素主要有：法律因素、公司自身因素、股东因素、其他因素等。

①法律因素

为了保护股东和债权人的利益。各国法律（如公司法、证券法等）都会对公司的股利分配进行一定的限制，这些法律限制包括：第一，资本保全限制，即规定公司不能用包括股本和资本公积等在内的资本发放股利，以保证资本的安全完整；第二，公司积累的限制，即规定公司必须按净收益的一定比例提取法定盈余公积金，以增强企业抵抗风险的能力；第三，净收益限制，即规定公司的净收益必须是在以前年度的亏损得到足额弥补后还有剩余的情况下，才能用于发放股利，以防止侵蚀权益资本；第四，偿债能力限制，即规定公司分配股利时，必须保持充分的偿债能力，以维护债权人的利益；第五，超额累积利润限制，即规定公司的留存收益如果超过法律许可的范围，将被加征额外税款，以防止利用累积利润使股价上涨来帮助股东避税。

②公司自身因素

公司出于自身的财务需要，也存在一些限制股利分配的因素，这些财务限制包

① 张继德．双重股权制度在我国实施的路径探讨［J］．财务与会计，2018（7）．

括：第一，资产的流动性。公司资产的流动性越好，变现能力越强，支付现金股利的能力越强。第二，盈余的稳定性。公司未来盈利能力越强，盈利的稳定性越好，就越倾向于采用高股利支付率政策，反之，则要采用低股利支付率政策。第三，举债能力。如果公司能够较容易地在资本市场上筹集到资本，未来举债筹资能力较强，就可以采取比较宽松的股利政策，适当提高股利支付水平，反之，则应采取较紧的股利政策。第四，现金持有量。公司是支付现金股利还是股票股利，在很大程度上受制于现金持有量，如果公司的现金持有量不充足，就会影响现金股利的支付水平。第五，投资机会。如果公司未来有较高回报的良好投资机会，则可考虑少发放现金股利，多增加留存，以满足投资所需。反之，可适当多发放现金股利。第六，资本成本。与发行新股筹资相比，公司利用留存收益筹资，其资本成本较低。如果公司未来有扩大资金的需要，则应采取低股利政策。第七，债务需要。如果公司具有较多债务偿还需要的话，也应尽量减少当期的股利支付。

③股东因素

股东出于自身经济利益的需要，对于股利分配也有一定的限制要求，来自股东的限制包括：第一，稳定的收入。公司留存收益过多，将会使股东收益减少，同时，资本利得又具有很大的不确定性。因此，对于要求稳定股利收入的股东而言，则希望多分得股利。第二，合理避税。许多国家的个人所得税税率采用累进税率，属于高收入阶层的股东为了避税往往反对公司发放较多的现金股利，属于低收入阶层的股东因个人税负较轻，则欢迎公司多分股利。我国税法规定，现金股利按20%的税率征收个人所得税，而股票交易尚未征收资本利得税。第三，控制权。公司举债筹资，虽然增加了财务风险，但却不会改变股东的控制权，一旦通过增募股本筹资，而现有的股东又没有足够的现金认购新股，他们的控制权就可能被稀释，因此，他们宁可公司不分配股利也不支持增募新股。

④其他因素

影响股利政策的其他因素包括债务合同的限制和通货膨胀等。例如，在公司的长期债务合同中，往往有限制公司现金支付程度的条款，使得企业只能采取低股利政策。又如，由于通货膨胀的原因，折旧基金的购买力水平下降，企业没有足够的资金来源重置固定资产，导致企业只能采取偏紧的股利政策。

（2）股利政策的类型与实施

在实务中，常见的股利政策类型主要有：

①剩余股利政策

剩余股利政策的基本思想是，在不改变公司最优资本结构的情况下，将企业的净收益首先用于报酬率超过资本成本的投资项目上，在满足了这些投资项目的资金需要之后，才将剩余的部分作为股利发放给股东，多剩多发，少剩少发，不剩不发。

剩余股利政策实施的基本程序是，首先，设定目标资本结构，即债务资本与权益资本各自的比例；其次，确定目标资本结构下投资所需的权益资本数额；再次，确定使用留存收益对投资所需权益资本的满足程度；最后，确定投资所需权益资本得到满足后的剩余，并将其作为股利发放给股东。

【例8-14】假设远大公司2021年提取公积金后的税后净收益为800万元，预计2022年的投资计划需要资金1 000万元。该企业目标资本结构为：权益资本占70%，负债资本占30%。试按剩余股利政策确定股利发放额。

依据题意，分析如下：

预计投资所需的权益资本=1 000×70%=700（万元）

股利发放额=800-700=100（万元）

采用剩余股利政策的理由是：不仅考虑了公司积累和未来发展的需要，而且也能使公司在目标资本结构下综合资本成本最低。但该种政策容易导致各期股利忽高忽低，极不稳定。

②固定或稳定增长的股利政策

固定或稳定增长股利政策的基本思想是：公司将每年发放的每股股利固定在某一特定的水平上，并在较长时间内保持不变，只有当公司认为未来收益会显著、不可逆转地增长时，才提高年度的股利发放额，并继续保持较长时间的稳定，等待下一次收益增长高峰的到来，再考虑适当提高股利。在持续经营过程中，公司股利的发放始终是在固定与增长中交替变换的。

采用该种政策的理由是：它不仅可以向市场或投资者传递公司经营状况稳定且增长的信息，树立公司的良好形象，有利于股票价格的稳定，而且也有利于投资者有规律地安排股利收入和支出。但该种政策极易导致股利支付与公司收益脱节，在资金短缺时，出现财务困境。

③固定股利支付率政策

固定股利支付率政策的基本思想是：公司将每年净收益的固定百分比作为股利发放给股东，这个固定百分比即固定股利支付率。股利支付率一经确定，各期保持不变，各期股利发放额随各期收益的变动而变动，收益高的年份股利发放额较高，收益低的年份股利发放额较低。

采用该政策的理由是：它可以使公司的股利支付与收益状况紧密衔接，真正体现多盈多分、少盈少分、不盈不分的股利分配原则。但这种政策由于股利支付极不稳定，可能向市场或投资者传递公司经营不稳定的信息，不利于树立公司良好形象，容易动摇投资者的信心，导致股价下跌，不利于实现公司价值最大化。

④低正常加额外股利政策

低正常加额外股利政策的基本思想是：公司每年都向股东支付固定的、较低的正常股利，当公司收益较多、资金较为充裕时，再根据实际情况向股东发放额外股利，但额外股利并不固定，也不意味着公司永久地提高了规定的股利率。它是一种介于固定股利政策与变动股利政策之间的折中政策。

采用该种政策的理由是：它具有较大的灵活性，可使公司具有较大的财务弹性，尤其是对那些收益水平在各年之间波动较大的公司，提供了一种较为理想的股利分配政策。它不仅克服了固定股利政策、固定股利支付率政策的缺点，而且也兼顾了股东稳定收入与股价的稳定、股利支付与收益的配合。它是一种集稳定性与灵活性于一体的股利政策，因而为许多企业所采用。

以上各种股利政策各有所长，公司在进行股利分配时，应充分理解各种股利政策的基本思想，制定适合自己实际情况的股利分配政策。

8.4.3 股利支付程序与支付方式

股利支付程序是股利政策具体实施的阶段，公司发放股利必须遵循一定的法律程序。与此同时，公司进行股利支付必须选择合适的方式。

1）股利支付程序

股利支付程序是公司向股东支付股利的过程。按我国《公司法》的规定，公司向股东支付股利应按以下程序进行：

（1）股利宣告日

股利宣告日即股东大会决议通过并由董事会宣告发放股利的日期。宣告的内容包括股利分配的年度、分配的范围、分配的方式、分配现金股利的金额或股票股利的数量，并公布股权登记日、除息日、股利支付日。

（2）股权登记日

股权登记日是有权领取本期股利的股东资格登记截止的日期。只有在股权登记日之前登记在册的股东才有资格分享本期股利。

（3）除息日

除息日也称除权日，是指领取股利的权利与股票彼此分开的日期。投资者只有在除息日之前购买股票，才能领取本次股利，在除息日当天或以后购买股票，则不能领取本次股利。之所以有这样的规定，是因为股票交易后，办理过户登记手续是需要时间的。在西方国家，按照证券业的传统惯例，除息日一般确定在股权登记日的前2个工作日或前4个工作日。目前，电子技术的应用使交割过户非常快速，除息日也可定为股权登记日的下一个工作日。

（4）股利支付日

股利支付日是公司将股利正式支付给股东的日期。在这一天，公司将股利邮寄给股东或直接打入股东在证券公司开立的资金账户。

【例8-15】远大股份有限公司2021年5月20日召开的股东大会已经审议通过了2020年度的股利分配方案。该公司于2021年6月18日正式宣告，公司于2021年7月1日向截止到2021年6月24日上午上海证券交易所收市后，在中国证券登记结算有限责任公司上海分公司登记在册的全体股东，每10股派发现金红利2元。

本例中，2021年6月18日为股利宣告日；2021年6月24日为股权登记日；

2021年6月25日为除息日；2021年7月1日为股利支付日。

2）股利支付方式

公司向股东派发股利的形式一般有现金股利、财产股利、负债股利和股票股利等，我国有关法律规定，公司只能采用现金股利和股票股利两种形式。

（1）现金股利

公司支付现金股利亦称派现，是指公司直接用现金来支付股利，是公司股利支付的主要形式。公司支付现金股利除了要有足够的留存收益外，还要有足够的现金流量。

（2）财产股利

财产股利是公司以现金以外的资产支付的股利，主要是以公司所拥有的其他企业的有价证券，如股票、债券等，作为股利支付给股东。

（3）负债股利

负债股利是公司以负债方式支付的股利，通常以应付票据支付给股东，在不得已的情况下也可以发行公司债券抵付股利。

财产股利和负债股利实际上是现金股利的替代，目前在我国公司实务中很少使用，但并非法律所禁止。

（4）股票股利

股票股利是公司利用增发股票代替现金而向股东支付的股利。它是根据现有股东所持股份的比例和公司规定的股票股利发放率来分配每个股东应得的新股的数量。发放股票股利，既不影响公司的资产和负债，也不增加股东权益总额，对股东财富没有任何改变，所以说股票股利不是实质性的资金使用。股票股利只是资本在股东权益内部的转移或调整，将公司未分配利润转为股本，在增加了股份数量和股本的同时，引起公司股东权益结构的改变，并由此使每股收益、每股市价和每股净资产降低，但股东持股比例保持不变。

【例8-16】假设远大上市公司发放股票股利前，股东权益数据见表8-8。

表8-8 **股东权益简化表** 单位：元

项 目	金 额
股本（10万股，每股面值1元）	100 000
资本公积	400 000
盈余公积	500 000
未分配利润	1 000 000
股东权益合计	2 000 000

假设远大公司以每10股送1股，即按10%发放股票股利，远大公司本年净收益为180万元，当前股票市价为20元/股。某股东原持有股份为10 000股。

试对该公司发放股票股利进行操作，并进行发放前后的比较。

依据上述资料分析如下：

公司增发股票数量=100 000×10%=10 000（股）

从未分配利润中转出资金=10 000×20=200 000（元）

其中：

转入股本部分=10 000×1=10 000（元）

转入资本公积部分=200 000-10 000=190 000（元）

发放股票股利后，股东权益见表8-9。

表8-9 发放股票股利后股东权益表 单位：元

项 目	金 额
股本（11万股，每股面值1元）	110 000
资本公积	590 000
盈余公积	500 000
未分配利润	800 000
股东权益合计	2 000 000

由此可见，发放股票股利，并未引起股东权益总额的改变，但改变了股东权益内部结构。

发放股票股利前后有关指标对比分析见表8-10。

表8-10 股票股利发放前后对照表 金额单位：元

项 目	发放前	发放后
股票数量（股）	100 000	110 000
股本总额	100 000	110 000
每股收益	1 800 000÷100 000=18	1 800 000÷110 000=16.36
每股净资产	2 000 000÷100 000=20	2 000 000÷110 000=18.18
每股市价	20	20÷（1+10%）=18.18
市价总值	100 000×20=2 000 000	110 000×18.18=1 999 800
持股比例	10 000÷100 000×100%=10%	11 000÷110 000×100%=10%

从上述分析可以看出，发行股票股利后，除股票市价总值和股东持股比例保持不变外，其他各项均发生了变化。

在实践中，发放股票股利对公司和股东都有着特殊的意义，对公司的意义在于：首先，发放股票股利避免了现金流出，可将留存的现金用于再投资，满足企业长期发展需要；其次，发放股票股利可以降低股价，从而吸引更多的投资者；再次，发放股票股利可以传递公司将会持续发展的信息，从而提高投资者的信心，稳定股票价格，但在某些情况下，发放股票股利也可能被认为是公司资金周转不灵的征兆，从而降低投资者的信心，加剧股价的下跌。

发放股票股利对股东的意义在于：首先，发放股票股利后，股价并不成比例下降。一般在发放少量股票股利后，大体不会引起股价的立即变动，这可使股东得到股票价值相对上升的好处；其次，发放股票股利通常是成长中的公司的行为，这预示着公司将会有较大发展，利润将大幅度上升，这种利好信息足以消除增发股票带来的不利影响，从而保持股价稳定甚至略有上升；最后，股东需要现金时，不仅可以通过出售分得的股票股利得到现金，而且还可以获得税负上的好处。

总结与结论

▶资本投资是指具有资本支出属性的投资，即项目投资。资本投资决策的关键问题是估计现金流量和选择评价指标。投资项目的现金流量包括现金流出量、现金流入量以及现金净流量；投资项目的评价指标包括投资回收期、会计收益率、净现值、现值指数和内含报酬率。

▶正确估计投资项目的现金流量应重点关注的问题是：注意区分现金流量与会计利润；使用未来价格和成本；区分相关与非相关成本；关注附加效应影响；确定制造费用归属；考虑折旧和所得税的影响以及利息费用的处理。在充分关注上述问题后，应对项目的初始现金流量、经营现金流量和终结现金流量分别估计。

▶无论采用贴现指标还是采用非贴现指标对投资项目进行评价，对某一特定项目或方案而言，只要项目指标值大于或小于设定的基准值，即可视为项目可行，反之，则不可行。对于互斥项目的选择，应以项目指标值最大者或最小者为最优。

▶投资项目是有风险的，其风险一方面来自项目本身，另一方面来自各种外部因素。

▶企业融资是一种筹措资本的财务行为。融资动机、融资渠道、融资方式以及融资的类型等是企业融资的主要内容。融资决策既包括融资方式的选择和融资成本的估计，也包括融资风险分析和融资结构优化等。

▶融资渠道是企业取得资金的来源通道，融资方式是企业取得资金的具体形式。企业从不同渠道，以不同的方式取得的资金，一部分形成了企业的债务资本，另一部分形成了企业的权益资本。企业融资既可以满足创办新企业的需要，又可以满足正常经营和扩充的需要。

▶融资成本包括个别资本成本、综合资本成本和边际资本成本。不同的资本成本内涵可以满足不同的融资成本决策要求。个别资本成本可用于单个融资方式的选择，综合资本成本可用于组合筹资的选择，边际资本成本可用于追加筹资的选择。

▶融资风险是企业因为使用债务融资而形成的一种财务风险，财务风险的大小可利用财务杠杆来衡量。财务杠杆系数是普通股每股收益变动率相当于息税前利润变动率的倍数。财务杠杆系数越大，财务风险越大。

▶融资结构即资本结构，主要是指企业长期资本的构成及比例关系。最优资本结构是能够使综合资本成本最低、公司价值最大的资本结构。最优资本结构的决策根据适用条件不同，可分别采用资本成本比较法、无差别点分析法和企业价值法等。

▶营运资本主要是指狭义的营运资本，它是流动资产与流动负债的差额。营运资本的管理决策主要包括现金、应收账款、存货和应付账款的持有量和日常的管理。

▶营运资本的特点是来源具有多样性、数量具有波动性、周转具有短期性、实物形态具有转化性。营运资本的管理内容包括流动资产和流动负债两个方面。

▶现金管理的目标是通过流动性和收益性的权衡，确定一个合理的现金持有量，以提高现金的使用效率。根据不同的假设条件，结合现实需要，企业现金持有量可采用现金周转模式、成本分析模式、存货模式和随机模式等确定。

▶应收账款管理应围绕着应收账款控制目标、信用成本以及信用政策的选择与实施等问题来进行。其中，信用政策分析是关键。

▶存货管理应正确确定存货相关成本，合理确定存货采购批量、合理库存量、合理存货资金占用量等，是存货决策的关键所在。

▶应付账款管理主要涉及应付账款融资成本和现金折扣政策的利用与选择。

▶收益分配主要是对净收益的分配。收益分配应遵循依法分配原则、资本保全原则、兼顾各方利益原则、分配与积累并重原则、投资与收益对等原则。收益分配应依次按弥补亏损、提取法定盈余公积金、提取任意盈余公积金、支付普通股股利的顺序进行。

▶股利理论是研究和探讨股利分配与公司价值、股票价格之间关系的理论，具有代表性的股利理论包括股利无关论、“一鸟在手”理论、税差理论以及代理成本理论等。公司应以股利理论为支撑制定股利政策，在制定股利政策过程中，应考虑包括法律、公司自身、股东及其他方面等在内的一系列影响因素，在此基础上，选择适合公司实际情况的股利政策。股利政策类型包括剩余股利政策、固定或稳定增长股利政策、固定股利支付率政策和低正常加额外股利政策，各种股利政策各有所长。

▶股利支付程序主要是确定与股利分配有关的几个具体日期，包括股利宣告日、股权登记日、除息日和股利支付日；股利支付方式是股利支付所采用的具体形式，包括现金股利、财产股利、负债股利和股票股利等，其中，现金股利和股票股利应用比较普遍。

思考题

1.投资项目的现金流量是如何构成的？估计投资项目现金流量时应注意哪些问题？如何估计？

2.折现评价指标主要有哪几个？运用这些指标进行评价的决策规则是什么？指出各种评价指标的优缺点。

3.既然净现值决策规则优于其他规则，那么是不是说对所有投资项目只使用净现值指标进行分析就可以了？为什么还要使用现值指数和内含报酬率指标？

4.企业融资的动机是什么？融资渠道与融资方式是什么关系？

5.从资本成本的角度如何进行融资决策？融资决策进行资本成本分析有何现实意义？

6.何谓财务杠杆？为什么说财务杠杆是一把“双刃剑”？财务杠杆是如何衡量财务风险的？

7.何谓资本结构？使用资本成本比较法、无差别点分析法和企业价值分析法决策资本结构有何异同之处？

8.何谓营运资本？你认为哪种营运资本持有政策较为理想？为什么？

9.营运资本有哪些特点？其管理内容和原则是什么？

10.企业持有现金的动机是什么？用于确定最佳现金持有量的各种模型在应用上有何不同？

11.应收账款的管理目标是什么？信用政策包括哪些主要内容？如何进行信用条件分析？

12.营运资本融资政策有哪几种类型？应付账款融资应主要考虑哪些问题？

13.常见的股利政策类型有哪些？你认为公司的股利政策是否必须保持稳定？如何评价股利政策是否合理？

14.发放股票股利对公司、对股东分别会产生怎样的影响？

练习题

1.远大公司2020年初投资100万元兴建某项目，该项目使用期限为5年，预计未来5年每年的经营状况如下：

（1）营业收入120万元；

（2）营业成本95万元（含折旧10万元）；

（3）所得税税率25%；

（4）预计最低投资报酬率为8%。

要求计算：

（1）投资回收期；

（2）会计收益率；

（3）净现值。

练习题参考答案1

2.某企业2020年投资15 500元购入一台设备，该设备预计残值为500元，可使用3年，按直线法折旧。设备投产后每年销售收入增加额分别为10 000元、20 000元和15 000元。除折旧外的费用增加额分别为400元、12 000元和5 000元。假设所得税税率为25%。要求的最低报酬率为10%，目前的年税后利润为20 000元。

要求：

（1）假设企业经营无其他变化，预测未来3年每年的税后利润；

（2）计算该投资方案的净现值。

练习题参考答案2

3.假定ABC公司认为任何时候其现金余额都不可低于2 000元，并根据以往的经验测算出现金余额波动的标准差为1 000元，每当现金有多余时则投资于有价证券，相反则出售有价证券。现金到有价证券的转换每次固定转换成本为60元，假定有价证券的年利率为12%。那么当该公司的现金余额达到控制上限时，将以多少现金去投资有价证券？

练习题参考答案3

4.某企业以往的销售方式为现金交易，每年销售产品12万件，单价15元，变动成本率60%，固定成本10万元，企业尚有40%的剩余生产能力，现准备通过给客户一定的信用政策，以期达到扩大销售的目的。经过测试可知：如果信用期限为30天，可以增加销售25%，坏账损失率为2.5%，收账费用为22 000元；如果信用期限为60天，可以增加销售32%，坏账损失率为4%，收账费用为30 000元。假定资金成本为20%。

要求：做出采用何种信用期限的决策。

练习题参考答案4

5.甲、乙两家企业除资本结构外，其他条件均相同，甲企业资本100万元，均为普通股，每股面值100元；乙企业资本100万元，其中，普通股50万元，每股面值100元，负债50万元，年利率8%。息税前利润均为10万元，假定所得税税率均为30%。

要求：若甲、乙两企业的息税前利润均增加到20万元，其财务杠杆系数各是多少？

练习题参考答案5

6.某公司目前发行在外的普通股为100万股，每股面值1元，已发行10%利率的债券400万元。该公司打算为一个新的投资项目融资500万元，新项目投产后公司每年息税前利润增加到200万元。现有两个方案可供选择：按12%的利率发行债券（方案一）；按每股20元发行新股（方案二）。假定公司适用25%的所得税税率。

要求：

（1）计算两个方案的每股收益；

（2）计算无差别点息税前利润；

（3）计算两个方案的财务杠杆系数；

（4）判断哪个方案更好。

练习题参考答案6

7.某公司以50%的资产负债率作为目标资本结构，公司当年的税后利润为500万元，预计公司未来的总资产要达到1 200万元，现有的权益资本为250万元。

要求采用剩余股利政策：

（1）计算当年股利支付率；

练习题参考答案7

（2）计算在市盈率为10、每股收益为2元的条件下增发股票数。

案例分析题

海天味业应收账款为零的背后[①]

在我国调味品行业中，有许多规模较大、知名度较高的企业，诸如：梅花生物、中炬高新、恒顺醋业、加加食品、莲花健康和海天味业等，海天味业是其中的佼佼者。

广东省佛山市海天味业食品股份有限公司（以下简称海天味业）是调味品行业的龙头。该企业与同行业大多数企业不同的是，从2010年起一直到2016年连续7年应收账款为零。而同行业的上述5家企业在这7年中应收账款的平均值分别为：4.39亿元、0.5亿元、0.89亿元、0.39亿元、4.65亿元。海天味业不仅没有应收账款，而且还可以预收经销商的货款，从2010年到2016年连续7年各年的预收账款分别是：7.23亿元、7.85亿元、16.49亿元、17.36亿元、20.22亿元、11.19亿元、18.09亿元，平均预收账款高达14.06亿元。海天味业流动负债的平均值是25.24亿元。预收账款平均值占流动负债平均值的比例约为55.87%。

尽管海天味业的应收账款为零，但是其收入、净利率、毛利率每年都稳步增长，并且显著高于同行业水平。仅2016年海天味业就实现营业收入124.59亿元，毛利润54.75亿元，净利润28.43亿元。这说明海天味业的盈利能力并没有受到严厉的信用政策的影响。

分析：

（1）何谓商业信用？它包括哪些内容？能帮助企业解决什么问题？

（2）对海天味业采取的信用政策做出评价。

（3）海天味业应收账款为零的积极意义是什么？

（4）海天味业应收账款为零的隐患是什么？

（5）本案例对你有何启示？

案例分析题提示

---

① 穆林娟，贾英然．海天味业应收账款为零的背后［J］．财务与会计，2018（1）．

第9章 财务控制

学习目标

学习本章，学生们应能掌握财务控制的含义；理解财务控制的本质和特征；了解财务控制的目标；熟悉财务控制的主体和客体；理解财务控制的原则；了解财务控制的意义；熟悉财务控制的类型；掌握财务控制的方法；掌握资产控制、负债控制、所有者权益控制、收入控制、费用控制和利润控制的内容；理解六大会计要素控制的特点和控制目标。

导言

在管理学当中，控制一直是管理的一个重要职能和组成部分，因此，财务控制在管理控制中具有相当重要的地位。它是财务管理的重要环节，并与财务预测、财务决策、财务分析等一起构成财务管理系统。本章主要讲述与财务控制有关的内容，包括财务控制的含义、本质和特征；财务控制的主体和客体；财务控制的原则和意义；财务控制的类型和方法；以及资产控制、负债控制、所有者权益控制、收入控制、费用控制和利润控制的内容、特点及控制目标等。

9.1 财务控制概述

9.1.1 财务控制的含义

1）财务控制的定义

财务控制是内部控制的重要组成部分，也是财务管理体系的重要环节。从管理的角度理解，财务控制就是从财务管理的角度实施管理控制。这是因为，内部控制所涉及的企业活动都是与企业的财务资源有关的，在内部控制的过程中，计划的制订、控制标准的设定以及对控制效果的评价等都与财务活动密不可分，因此，财务控制是内部控制的重要组成部分。

从财务管理的环节来看，财务管理主要分为财务预测、财务决策、财务计划、财务控制与财务分析，而财务控制在整个财务管理环节中起到了承上启下的作用。以财务预测和决策为基础的财务计划最终需要通过执行来完成，而要使实际执行情况达到预期的计划或目标，必须要有相应的财务控制作为保证；对于财务分析，其分析的对象就是财务活动的实际执行情况，是对财务控制效果的评价，并为下一轮财务控制反馈相关信息。

很多权威词典都对与财务控制相关的概念进行了阐述，尤其对内部财务控制的解释逐渐趋同[①]。

按照COSO（The Committee of Sponsoring Organizations of the Treadway Commission）报告，内部控制被定义为，“内部控制是由企业董事会、管理层以及其他员工为达到财务报告的可靠性、经营活动的效率和效果、相关法律法规的遵循等三个目标而提供合理保证的过程”。

按照《会计辞海》的解释，内部财务控制是指以政策、制度、计划（或目标）为依据对财务活动进行约束、指导和干预，使之符合原定要求的管理过程。

按照《新会计大词典》的解释，内部财务控制一般是指对企业、事业、行政单位各项财务活动，按照财务计划的要求进行严格监督，把财务活动限制在计划规定的范围之内。发现偏差，及时进行纠正，不断总结经验，改进工作，从而保证财务计划的实现。

按照《现代会计百科全书》的解释，内部财务控制是利用财务反馈信息影响与调节财务活动，使之按照预定目标运行的过程。

综上所述，本书将财务控制定义为：财务控制是指财务控制主体以法律、法规、制度、财务目标为依据，通过对财务活动进行约束、指导和干预，使之按既定的计划进行，确保企业战略目标实现的过程。它是内部控制的重要组成部分，是财务管理的重要环节，并与财务预测、财务决策、财务分析等一起构成财务管理系统。

2）财务控制的本质和特征

（1）财务控制的本质

财务控制就是对评估过程中发现的实际执行情况与控制标准之间的不利差异进行及时矫正或纠正[②]。控制的本质在于纠正偏差，这是保证控制标准和控制目标实现的关键，也是决定控制质量的根本要素。

但并不是任何偏差都需要采取更正措施，也不是任何人都能采取更正措施，只

① 韦德洪，张星文．财务控制学［M］．北京：国防工业出版社，2009：8.
② 张先治．财务学概论［M］．大连：东北财经大学出版社，2006：88.

是在偏差较大，并且影响到目标实现时才需要采取行动，也只有被授予权力的人员才能够采取行动。采取更正行动之前，必须仔细分析偏差产生的原因，这些原因可能包括计划目标制订错误、计划和组织不适应、人员不称职或培训强度不足、设备及技术条件的影响等，因此，着眼点应放在如何采取更正措施以防止今后偏差的再次发生上。

纠正偏差根据控制程度要求可分为“松控制”和“紧控制”。“松控制”通常是指允许实际报告与控制标准之间有较大的不利偏差（如5%）时才进行纠正；而“紧控制”是指当实际报告与控制标准之间有较小的不利偏差（如2%）时就要进行纠正。

（2）财务控制的特征

第一，财务控制是一种价值控制。它主要是借助价值手段进行控制。各项财务控制方法，不论是责任预算、责任报告、业绩考核、风险管理，还是企业内部各机构和人员之间的相互制约关系，都需要借助价值指标和价值手段进行衡量。

第二，财务控制是一种综合控制。因为财务控制是以价值形式为控制手段，将各种性质不同的业务综合在一起，因而财务控制并不是针对某一具体业务活动的分散控制，它不仅可以将各种性质不同的业务综合起来进行控制，也可以将不同岗位、不同部门以及不同层次的业务活动综合起来进行控制，因此，财务控制是一种综合控制，其控制内容都能够归结到各种综合价值指标上。

第三，财务控制是一种动态控制。财务控制应该随着企业环境、经营重心的变化而变化，并不要求企业的经营活动必须与战略或预算严格保持一致，这样才能够使公司适应外部环境的变化，同时也能够提高财务控制的适应性和有效性。

第四，财务控制是一种系统控制。财务控制并不是针对某一具体业务活动的分散控制，它实际上是存在于企业经营中的一系列控制活动，并且与企业经营过程结合在一起，促使经营过程正常运转和持续进行。

3）财务控制的总体目标

财务控制的总体目标是在确保法律法规和规章制度贯彻执行的基础上，优化企业整体资源的综合配置效益。制定财务控制目标、进行财务控制活动是企业理财活动的关键环节，也是确保实现理财目标的根本保证，因此，财务控制的总体目标与企业理财的总体目标应保持一致。

财务控制的总体目标包括：确保国家法律法规和企业内部规章制度的贯彻执行、确保实现企业的战略经营目标、保护企业财产的安全完整、确保提供的财务信息真实可靠、确保企业能够及时发现风险，并采取相应的措施对风险进行控制和管理等。

9.1.2 财务控制的主体与客体

1）财务控制的主体

财务控制的主体是对财务控制起决定作用的参与者，也就是财务控制的实施者。

按照委托代理理论，公司的股东、管理者、员工之间都存在着委托-代理关系，因此，财务控制的主体并不是一个简单的部门或个人，而应该是一个系统，即以公司董事会为中心，各级经营管理者为补充，由财务部门实施具体措施的一个综合的多层次的系统。

财务控制系统中的核心主体是公司的董事会。在现代企业制度下，公司法人治理结构框架的一个重要特点就是董事会强化对经营者的财务约束和控制。根据我国《公司法》有关规定，董事会由创立大会或股东大会选举产生。公司治理结构以董事会为中心构建，董事会对外代表公司进行各种活动，对内管理公司的财务和经营，只有董事会才能全方位负责财务决策与财务控制，从本质上决定公司的财务状况。

公司各级经营管理者是公司财务控制体系内的第二层次主体。在分权制下，公司经营管理者会将一部分财产交给下级经营管理者进行经营管理，也就出现了内部多层次经营管理的分权，从而出现了上级管理者和下级管理者之间、管理者与员工之间的委托-代理关系。因此，公司各级经营管理者有必要对下级进行约束和控制，以确保公司财产的安全完整、财务信息的真实可靠以及公司战略目标的实现，而这些活动也是公司整体财务控制活动的一个组成部分。

财务部门是财务控制的具体实施主体。在企业的经营活动中，财务部门处在企业管理的中心环节，企业活动的各个环节都要经过会计环节转化为会计信息，而财务人员处于全面掌握企业各种经济活动和企业财务状况的重要环节。通常情况下，财务部门的职责包括：财务制度建设、会计核算、资金管理、预算与成本费用管理、风险管控、绩效管理，并要完成公司领导交办或其他部门临时需要协助的工作。而上述内容，都是财务控制系统中必不可少的组成部分。

2）财务控制的客体

财务控制的客体是指财务控制的对象或要素。财务管理是对企业发生的各种财务活动以及在财务活动中所涉及的财务关系进行的管理。相应地，财务控制应控制的客体就是企业的财务活动及各种财务关系。

（1）财务活动

财务活动的载体是各种不同的财务资源，如资金、技术、信息、人力等，因此，在财务活动中，财务控制的客体通常是指包括人力资本和财务资本在内的企业资本以及与其相对应的资产。

人力资本强调的是人力资源在生产过程中的使用。当把人力资源作为获取利润的手段时，其就被赋予了人力资本的内涵。人力资本的载体是人力资本的真正所有者，即劳动力。人力资本的价值与财务资本有着截然不同的区别，因为人力资本的使用是其自身知识和技能的运用，并且在运用过程中可以创造出价值，同时还可能通过劳动经验的积累，或通过自身素质的提高而使价值得到增加。但由于人力资本是依附于其所有者的，二者不能严格分离出来，因此，对人力资本的控制，主要就是对人力资本所有者，也就是对“人”的控制。只有控制好“人”，人力资本才能够得到控制。

财务资本是指企业各类有形或无形资产用货币表现的价值。按照资本来源的不同，财务资本可以划分为债务资本和权益资本。财务资本是企业基本的财务资源，是指能够在运动中不断增值的价值，而这种价值通常表现为企业为开展生产经营活动所流出的现金。资本的最初形态表现为货币，企业使用货币购买各种生产经营要素，通过生产实现价值的转移和增值，通过销售完成价值的实现，从而使资本在再生产过程中得到循环和周转。

（2）财务关系

财务关系是指企业在组织资本运动过程中形成的与各方面利益关系人之间的经济关系。例如，企业与投资者以及企业与其投资对象之间存在着投资与被投资的关系、企业与债权人之间存在着债权债务关系、企业与员工之间存在着雇用与被雇用的关系等，同时，企业还要接受政府各管理部门的管理，并向政府税收部门交税。这些财务关系也是财务控制的客体。财务控制活动只有把这些财务关系作为重要的控制对象和控制内容，才能使企业的财务控制活动更加趋于完整和充实。

9.1.3 财务控制的原则和意义

1）财务控制的原则

在进行财务控制活动时，应遵循以下原则：

（1）合法性原则

财务控制制度应当符合国家有关法律法规的规定和企业的实际情况。合法性原则就是指企业财务控制制度的建立必须符合国家的法律法规和政策，必须把国家的法律法规和政策体现在财务控制制度中。这一原则是任何一家企业在建立财务控制制度时的前提条件。国家机关制定的法律法规，体现了广大人民群众的根本利益，并对企业的生产经营活动起到了强制性和指导性作用，因此，企业在建立、维护和修订其财务控制制度时，要以国家的法律法规和政策为依据。

由于每家企业的实际情况各不相同，因此，在现实中不存在一个完全固定的财务控制模式和制度。各企业在制定本企业的财务控制制度时，还必须结合自身的具体情况，不能照抄照搬其他企业的财务控制制度，也不能不顾企业的实际情况，造成制定出来的财务控制制度与实际情况无法有效地匹配，这样将难以发挥企业财务控制制度的作用。

（2）全面性原则

企业的财务控制制度应当涵盖企业内部涉及财务工作的各项经济业务及相关岗位，并针对业务处理过程中的关键控制点，将控制活动落实到政策、执行、监督、反馈等各个环节中去，也就是说，企业的财务控制应当遵循全面性原则。

全面性原则是指财务控制必须从会计核算、会计监督以及财务管理的角度出发，将财务控制活动深入到企业各项业务过程和各个操作环节，覆盖所有的部门和岗位，不能有所遗漏。财务控制的全面性包括两个方面的含义，即全过程性和全员性。财务控制是对企业的整个经营管理活动进行的监督和控制，它贯穿于企业经营活动的各个方面。也就是说，只要存在企业经济业务活动和经营管理，就需要有相应的财务控制制度。同时，由于企业中的所有部门和全体员工既是财务控制的主体，也是财务控制的客体，既要对其负责的活动实施控制，又受到其他人员或制度的监督与制约。因此，在制定财务控制制度时，必须充分调动各个部门及员工的积极性，这样才有利于做到每时每事每人都能遵循财务控制制度，才能够充分发挥财务控制制度的作用。

（3）协调性原则

协调性原则是在企业设计财务控制制度时，必须使各部门和各岗位形成既相互制约又具有纵横交错关系的统一整体，以保证各部门和各岗位都能够按照特定的目标相互协调地发挥作用，从而发挥财务控制系统的总体功能，实现财务控制的总体目标。

协调性原则的另一个含义是遵循内部牵制。内部牵制是指在部门与部门、员工与员工及各岗位间所建立的互相验证、互相制约的关系，是企业财务控制制度的一个重要组成部分。它的主要特征是将有关责任进行分配，使单独的一个人或一个部门对任何一项或多项经济业务活动都没有完全的处理权，必须经过其他部门或人员的查证核对。坚持内部牵制可以使每项业务的处理既不会被某一个人包办，也不会因为由于多人经手而没有相互牵制，从而确保每项经济业务都经过至少两个部门或人员的处理，达到相互监督、相互制约、纠错防弊的目的。

（4）经济性原则

财务控制制度要遵循经济性原则，以合理地控制成本，达到最佳的控制效果。企业在实施财务控制时，必须运用科学的经营管理方法以降低成本，提高经济效益，力争以最小的控制或管理成本获取最大的经济效益。

坚持经济性原则要求企业在实施财务控制时要注意以下两个方面：第一，要进行有选择的控制，也就是正确地选择控制点，以避免控制点过多而造成不经济，或控制点过少而使控制制度缺乏效果；第二，要努力降低控制的各种耗费，应尽量精简机构和人员，改进控制方法和手段，减少过于复杂的手续和程序，避免重复劳动，使企业能够因工作简化、效率提高而节省费用。

（5）及时性原则

及时性原则就是企业在实施财务控制时，应及时根据信息反馈的过程及各阶段的特征，在企业内部设置严密的记录和报告等，使各控制主体能够及时了解控制措施的执行情况，不失时机地行使权利，履行责任，调整生产经营活动，有效实现内部控制的目标。例如，在企业内部要建立严格的账务处理和凭证传递程序，确保及时并通畅的信息反馈；在信息反馈的关键点要有严格的控制手续，并建立经常性的核对制度，以便及时发现错误和舞弊；建立报告制度和分析制度，便于及时采取纠正措施，避免或减少可能造成的损失等。

（6）客观性原则

坚持客观性原则是指企业在实施财务控制的过程中，应根据各岗位和部门的职能和性质，明确各部门及人员应承担的责任范围，赋予其相应的权限，规定操作程序和处理手续，确定客观公正地追究、查处责任的措施及奖惩办法等。坚持客观性原则就是要求事事有人管、事事有人做、办事有标准，权有所属，责有所归，利有所享。客观公正地采取奖惩措施，就是贯彻以责任为中心、以权力为保证、以利益为手段，这也是确保企业财务控制发挥有效作用的重要前提。

2）财务控制的意义

不论对投资者还是经营者来说，实施财务控制都具有重要的意义。

（1）实施财务控制有利于切实保护投资者的利益

财务控制有利于企业贯彻实施有关财务会计法规，加强会计核算，提高财务会计信息质量，遏制财务会计造假行为，切实保护投资者的权益。

当前，我国企业经营中效率和效益低下、人为的损失浪费现象比较普遍，企业违规操作等不正当行为时有发生，部分企业甚至为了贪图短期之利，大肆进行财务会计造假，在企业中使用“两本账”，甚至“多本账”。这些行为不仅严重地损害了国家相关法律法规的严肃性和权威性，扰乱了正常的市场经济秩序，而且会使企业自身的经济效益低下，腐败现象更加严重，损害企业职工的利益，对社会稳定性也有相当不利的影响。为了杜绝这些违法乱纪的行为，抑制财务会计造假现象，国家有关部门制定了相关的法律法规，严厉打击各种会计造假行为，努力创造公平竞争的市场环境，确保企业、投资者、国家的利益都能够得到切实的保障，实现有关利益各方的多赢局面。同时，实施并加强企业内部的财务控制，建立健全各项财务控制制度，及时发现和制止企业内部的各种舞弊和会计造假行为，也能够达到防患于未然的目的，从而最终提高财务会计信息的质量，使企业能够在长期的竞争中立于不败之地。

（2）实施财务控制有利于规范经营者的行为

在现代企业制度下，由于企业的所有权和经营权相互分离，所有者与经营者之间存在着委托-代理关系，也就是说，企业的所有者并不能直接参与企业的日常经营管理，而是由管理者担负起管理企业的责任。因此，对于所有者而言，如果要实现他所关心的资本保值增值、投入资本具有安全性及收益性的目标，就必须对管理者提供的财务会计信息进行分析，以了解企业的财务状况和经营成果，并且在所有者利益受损时进行必要的干预。而所有者为了保证其利益不受损，必须要借助在企业中建立健全财务控制制度的方法。这是因为所有者和管理者之间存在着信息不对称现象，如果企业没有建立有效的财务控制制度，经营者就有可能出现“逆向选择”或者“道德风险”，例如，通过篡改财务数据，提供虚假的财务会计信息等手段使所有者的利益受损。而对于经营者而言，建立健全财务控制制度是其履行受托经济责任，实现公司经营目标的重要保证。

因此，建立健全有效的财务控制制度，不但能够规范经营者的行为，而且能够促使所有者建立一种科学合理的激励与约束机制，以调动经营者管理好企业、赚取利润的积极性，从而促使企业稳步协调发展。

9.2 财务控制的类型和方法

9.2.1 财务控制的类型

财务控制可以按照控制的内容、控制的环节、控制权的集中程度、控制的方式以及控制主体的层次进行不同的划分。

1）按控制内容划分

按照控制的内容，财务控制可以划分为资产控制、负债控制、所有者权益控制、收入控制、费用控制和利润控制。其中，资产控制又包括货币资金控制、应收款项控制、存货控制、投资控制、固定资产控制、无形资产控制及其他资产控制等。本章第3节将对这部分内容进行详细论述。

2）按控制环节划分

按照控制的环节，财务控制可以划分为反馈控制、实时控制和前馈控制。

（1）反馈控制

反馈控制是将实际工作成效与控制标准相比较，找出偏差并加以分析，拟订和执行纠偏方案，最后达到预期成果。反馈控制既可控制系统的最终成果，也可用于控制系统的中间成果。前者称为端部反馈，后者称为局部反馈。局部反馈对于改善管理控制系统的功能起着重要作用。反馈控制系统在管理中有一定的作用，但它很难做到实时控制。因为从取得信息，到比较、分析偏差，提出和执行纠偏方案等，需要很长的时间。

（2）实时控制

实时控制也称为现场控制，是指对实际执行过程的控制。实时控制通常是基层管理人员采用的控制方式，管理人员通过亲自指挥，监督控制下属人员的活动。实时控制内容包括：向下级指示正确的工作方法和工作过程；监督下级工作以保证计划目标实现；发现偏差立即采取措施进行纠正。实时控制的及时性对控制管理活动是十分有益的，但实时控制对环境及条件要求较高，因此，实时控制的成本水平相对反馈控制要高。

（3）前馈控制

前馈控制是指管理者能够对即将出现的偏差有所察觉，并及时采取措施防止偏差的出现，以保证计划目标的实现。前馈控制是一种面向未来的控制理论和控制方法。前馈控制作为对资源投入的控制，其控制内容包括人力资源投入控制、资本资源投入控制和物力资源投入控制。前馈控制的特点决定了前馈控制需要具备一定的条件和较高的要求。

3）按控制权的集中程度划分

按照控制权的集中程度，财务控制可以分为集中控制、分散控制和分级控制三种。

（1）集中控制

集中控制是指由一个控制中心对所有子系统的信息进行集中加工、处理，集中做出指令，操纵所有子系统的财务活动的一种控制方式。

（2）分散控制

分散控制是指由多个控制中心分别控制一定数量子系统的一种控制方式。

（3）分级控制

分级控制是指在一个最高控制中心的领导下，按照整个系统的内在结构层次，设立若干不同级别的控制中心，进行层层控制。

4）按控制的方式划分

按照控制的不同方式，财务控制可以分为直接控制和间接控制两大类。

（1）直接控制

直接控制是指不采用行政手段直接管理有关单位和人员，而是培养更好的管理人员，使他们能够应用管理的概念、技术和原理，用系统观点来看待管理工作和管理问题，从而消除由于管理不善造成的不良后果。

直接控制是相对于间接控制而言的，它是通过提高管理人员的素质进行事前预防控制。直接控制认为，合格的管理者能够观察到即将出现的问题，并能及时采取措施加以纠正。所谓合格的管理者是指能够熟练运用管理理念、原则和方法，系统进行管理工作的管理者。管理者及员工素质越高，直接控制方式运用得就越多。直接控制能够克服间接控制事后纠偏所带来的问题，做到防患于未然；同时，直接控制也有利于提高管理者的素质。

（2）间接控制

间接控制是指探寻出造成不良后果的原因，追溯其个人责任，并使他们在实践中改正。间接控制实际上是一种事后纠偏，人们在管理过程中没有事先察觉可能要出现的问题，没有及时适当地采取预防措施，而是在事后根据标准发现实际与标准的偏差，然后才进行纠正和控制。

实际与标准产生偏差的原因是多方面的，但主要有三种情况：一是标准制定得不合理或不正确；二是环境变化或存在不确定性；三是管理者的能力不足，如知识水平、判断能力不足等。间接控制主要可以解决由于管理者能力不足所产生的偏差，一方面可以纠正由于管理者能力差异造成的不利偏差，另一方面可以通过间接控制提高管理者的素质与能力。间接控制的缺点主要表现在事后纠偏，不利差异已经产生后才采取措施。这种控制虽然控制成本可能不高，但不利差异带来的损失成本可能会比较大。

传统的控制方法往往是间接控制。要有效地进行财务控制，从根本上说，应更重视直接控制。但是应当注意，直接控制对高级管理者及下属的素质要求是相当高的。在管理者素质达不到一定水平的情况下，直接控制不但不会取得理想的效果，甚至可能会造成较大的损失。

5）按控制主体的层次划分

按照控制主体的不同层次，财务控制可以分为高层控制、中层控制和基层控制。

（1）高层控制

高层控制是由公司管理高层（如董事会、总经理等）通过审议决定公司的财务发展规划及重大财务方案，制定和分解财务预算指标，拟订和颁布财务管理制度，确定重大财务偏差的调节等形式对公司财务所实施的控制。

（2）中层控制

中层控制是由受公司管理高层领导的中层管理人员，根据高层控制的目标和指令，进行分解落实与执行控制。

（3）基层控制

基层控制是由基层业务人员在日常的工作活动中，根据上级分解下来的财务控制目标和指令，执行具体的预算、分析、考核等控制活动。

上述三个层次的控制是相互联系、相辅相成的，上层控制为下层控制提供控制的目标和依据，下层控制则是上层控制的深化和具体。

9.2.2　财务控制的方法

1）法规制度控制

法规制度控制是指在实施财务控制时，要严格遵循国家的相关法律法规的要求，如《会计法》《票据法》《公司法》等。其中涉及的主要内容有：

（1）制定适合本企业的会计制度

企业要根据《会计法》和《企业会计准则——基本准则》的相关要求和国家统一的会计制度，制定适合本企业的会计制度，建立本企业的会计系统控制，明确会计凭证、会计账簿和财务会计报告的处理程序，建立和完善会计档案保管和会计工作交接办法，实行会计人员岗位责任制，充分发挥会计的监督职能。

建立企业会计系统的目的就是以货币为计量单位，对企业经济活动进行记录、计算、反映和控制。其对内能够向管理层提供经营管理活动的诸多信息，对外可以向投资者、债权人等提供用于投资等决策的信息，是企业内部控制的组成部分。会计系统控制的主要内容包括：建立会计工作的岗位责任制，对会计人员进行科学合理的分工，使其相互监督和制约；按规定取得和填制原始凭证；设计良好的凭证格式；对凭证进行连续编号；规定合理的凭证传递程序；明确凭证的装订和保管手续及责任；合理设置账户，登记会计账簿，进行复式记账；按照《会计法》和国家统一会计制度的要求编制、报送、保管财务会计报告等。

（2）确保公司财产安全完整

企业要限制未经授权的人员对财产的直接接触和处置，采取财产记录、实物保管、定期盘点、账实核对、财产保险等措施，确保财产的安全完整。为达到这一目标，企业可以采取的具体控制方式主要包括以下几个方面：

第一，接近控制。

接近控制就是严格限制无关人员对实物资产的接触，只有经过授权批准的人员才可以接触资产。接近控制既包括对资产本身的直接接触，也包括通过文件批准对资产使用或分配的直接接触。一般情况下，对货币资金、有价证券、存货等变现能力较强的资产必须限制无关人员的直接接触，间接接触的限制可以通过保管、批准、记录及分别设置不相容职务和授权书控制来实现。

第二，定期盘点。

定期盘点是指定期对实物资产进行盘点，并将盘点结果与会计记录进行比较，进行账物核实。如果盘点结果与会计记录不一致，则说明资产管理上可能出现了错误、浪费、损失或其他的不正常现象，应当及时采取相应的措施加强管理。企业内部控制中保管职责与记录职责的划分，只有通过定期盘点进行控制才有意义。

延伸阅读9-1

存货盘点的步骤[1]

第三，妥善保管会计记录。

首先，应该严格限制接近会计记录的人员，以保持保管、批准和记录职务分别设置的有效性；其次，会计记录应妥善保存，以便减少遭受损失、被盗或被毁坏的可能；最后，对某些重要资料（如定期的财务报告）应留有备份记录，以便在遭受意外损失或被毁坏时重新恢复。在使用计算机处理账务的情况下，备份记录更加重要。

第四，投保。

通过对资产投保，比如火灾险、盗窃险、责任险等，或其他途径来减少实物资产受损的程度和可能，从而保护企业实物资产的安全。企业高级管理人员应该根据企业经营水平和业务性质的变化，做出保险覆盖率水平的决策，并应定期对该项覆盖率水平是否正确做出重新评估。

（3）不相容职务分离

企业应该根据不相容职务分离的原则，合理设置会计及相关工作岗位，明确职责权限，形成相互制衡的机制。根据财政部发布的《内部会计控制规范》，不相容职务是指那些如果由一个人担任，既可能发生错误和舞弊行为，又可能掩盖其错误

① 引自东奥会计在线（https：//www.dongao.com/shuiwushi/cwykj/201905071018740.shtml）。作者有删改。

和弊端行为的职务。不相容职务分离的核心是“内部牵制”，它要求每项经济业务都要经过两个或两个以上的部门或人员的处理，使得每个人或部门的工作必须与其他人或部门的工作相一致或相联系，并受其监督和制约。

一般情况下，企业的经济业务活动通常可以划分为授权、签发、核准、执行和记录五个步骤。如果上述每一个步骤都由相对独立的人员或部门分别实施或执行，就能够保证不相容职务的分离，从而有利于财务控制作用的发挥。

概括而言，在单位内部应加以分离的主要不相容职务有：

第一，授权进行某项经济业务和执行该项业务的职务要分离，如有权决定或审批材料采购的人员不能同时兼任采购员职务；

第二，执行某些经济业务和审核这些经济业务的职务要分离，如填写销货发票的人员不能兼任审核人员；

第三，执行某项经济业务和记录该项业务的职务要分离，如销货人员不能同时兼任会计记账工作；

第四，保管某些财产物资和对其进行记录的职务要分离，如会计部门的出纳员与记账员要分离，不能兼任；

第五，保管某些财产物资和核实实存数与账存数的职务要分离；

第六，记录明细账和记录总账的职务要分离；

第七，登记日记账和登记总账的职务要分离等。

2）授权书控制

授权书控制是指在某项财务活动发生之前，按照既定的程序对其正确性、合理性、合法性加以核准，并确定是否准予其发生所进行的控制。授权书控制是一种事前控制，它的具体方法是通过授权通知书来明确授权事项和使用资金的限额。授权管理的原则是对在授权范围内的行为给予充分信任，但对授权之外的行为不予认可。授权通知书除授权人持有外，还要下达到企业相关的部门，这些部门应一律按照授权范围严格执行。

从理论上分析，授权一般可以分为一般授权和特别授权两种形式：

（1）一般授权

一般授权是对办理常规性的经济业务的权利、条件和有关责任者做出的规定，这些规定在管理部门中采用的是文件形式，或者是在经济业务中规定一般性交易办理的条件、范围和对该项交易的责任关系。例如，管理层规定某些赊销政策。当符合这些政策的客户申请赊销时，业务人员就可按这些政策的授权办理赊销业务。再比如，企业在日常业务处理中可以按照规定的权限范围和有关职责自行办理，如制定产品销售价格的权力、购买固定资产的权力或招聘员工的权力等。

（2）特别授权

与一般授权不同，特别授权是指授权处理非常规性交易事件。特别授权的对象是某些例外的经济业务。这些例外的经济业务往往是个别的、特殊的，一般没有既定的预算、计划等标准作为依据，需要根据具体情况进行具体的分析。例如，授权购买一件重要设备、授权降价出售特定商品等。

企业的授权控制应能做到以下几点：第一，企业所有人员不经合法授权，不能行使相应权力。这是最基本的要求。不经合法授权，任何人不能审批。有权授权的人应该在规定的权限范围内行使授权，不能越权授权。第二，企业的所有业务不经授权不能执行。第三，财务业务一经授权必须予以执行。

【案例9-1】　瑞银（UBS）因一人巨亏23亿美元

——未授权交易引发的灾难[①]

“需要奇迹出现”，这是加纳籍交易员科维库·阿杜伯利（Kweku Adoboli）在社交网站上最后的留言。

2011年9月18日，瑞银将阿杜伯利未授权交易对其造成的损失由20亿美元上调至23亿美元，声明指出，该项损失是过去三个月以来对标准普尔500指数、德国DAX指数和EuroStoxx指数期货交易造成的亏损。

在该声明发布的三天前，一手酿成此项巨亏的交易员阿杜伯利在法庭上被控两项罪名：伪造账目及滥用职权构成欺诈。而此事发生前，阿杜伯利还是一个年收入高达60万英镑的“明星交易员”。

据报道，事发前，阿杜伯利在瑞银的“Delta One”交易小组工作，该小组隶属于瑞银的欧洲股市交易部门。“Delta One”是一种衍生产品交易，是投行仅剩的几种可用自营资本进行大笔押注的交易之一，这类业务虽然发展迅速，却处于监管的灰色地带，主要是交易一些密切跟踪某类标的资产（如股票）的证券，往往牵涉交易所交易基金和互换合约。但是，阿杜伯利所在的“Delta One”交易小组，主要负责管理客户和银行自己的交易，一般在买入一种资产的同时，购买另外一种资产来对冲损失。

瑞银在18日的声明中指出，阿杜伯利涉及在交易系统中通过伪造账户进行大量未授权交易，造成银行的巨亏，即通过采取违法的虚拟现金ETF头寸制造虚假的对冲交易，越过他所授权的风险限额。而根据欧洲市场惯例，一些主要的经纪商并没有发送ETF交易确认的义务。

本次损失的发生主要来自阿杜伯利从事未经授权的对标准普尔500指数、德国DAX指数和EuroStoxx指数期货的投机交易，他一边倒地押注这些指数会上涨。但是在2011年6—9月的几个月中，德国股市DAX指数跌幅超过20%，美国标准普尔500指数下跌超过7%。而阿杜伯利被认为已经建立了总额约100亿美元的交易头寸。

瑞银声明表示，集团董事会已经成立了一个特殊委员会，对这项交易及相关风控环节进行独立调查。该委员会由高级独立董事戴维·西德维尔（David Sidwell）

---

① 王勇，关晶奇，隋鹏达. 金融风险管理［M］. 北京：机械工业出版社，2020：7.

牵头，并直接向董事会汇报。英国及瑞士金融监管机构也对瑞银事件展开联合外部调查。

2011年9月24日，瑞银的CEO Oswald Grübel宣布辞职，他称“对这次未经授权的交易丑闻负有责任”。10月5日，瑞银全球股票部门的联席主管Francois Gouws和Yassine Bouhara也宣布辞职。2011年10月，过渡时期的CEO Sergio Ermotti承认瑞银的计算机系统事先已经检测到阿杜伯利的未经授权的交易活动，并发出了警告，但该银行没有对警告采取行动。

2012年11月26日，由于瑞银系统和内控失效，使得阿杜伯利在伦敦可以通过未授权的交易造成超过20亿美元的损失，对于这一事件，英国金融监管当局对瑞银开出2 970万英镑（约合4 760万美元）的罚单。阿杜伯利本人也在2011年最终被判定为伪造账目和滥用职权构成欺诈，并被判入狱7年，但阿杜伯利在2015年6月被释放。尽管事件可能导致瑞银在下一季度出现净亏损，但瑞银称遭受的损失是“可控的”。截至2011年6月，瑞银净收益为64亿美元，2011年第三季度毛利润约为11亿美元。在阿杜伯利被捕的9月15日，瑞银股价收盘下跌10.8%，而其他欧洲银行股票价格上涨3%~6%。

瑞银声称在这次的丑闻中没有客户资金损失，但根据《每日电讯报》的报道，瑞银的声誉会遭受巨大损失，而且瑞银损失的资金金额与计划裁减3 500个岗位而节省下来的资金金额几乎相当。

3）预算控制

预算最重要和最基本的功能就在于控制。预算控制是指通过预算的形式规范组织的目标和经济行为过程，调整与修正管理行为与目标偏差，保证各级目标、策略、政策和规划的实现。

预算是以金额、数量、其他价值形式或几种形式的综合方式反映企业未来（通常为1年）业务的详细计划。预算控制也称为全面预算控制，是内部控制的重要组成部分，其内容可以涵盖企业经营活动的全过程，包括筹资、采购、生产、销售、投资等多方面。通过预算的编制和检查预算的执行情况，可以比较分析内部各单位未完成预算的原因，并对未完成预算的不良后果采取改进措施，确保各项预算的严格执行。预算既可以控制各项业务的支出，也能控制整个业务的处理。

一般情况下，预算控制应包括以下几个方面的内容：预算编制控制、预算执行控制、预算调整控制、预算分析与考核控制。控制是预算最基本的功能，预算的控制作用贯穿于整个经营活动过程中。预算编制是一种事前控制，预算执行是一种事中控制，预算分析与考评是一种事后控制。尤其是通过预算执行结果反馈以及与预算目标的差异分析，有助于发现经营和管理的薄弱环节，并纠正不利差异，从而改进工作、实现目标。例如，费用报销、资金拨付和会计核算等业务的进行都要以预算目标为依据。如果属于预算内项目，且符合预算目标要求，则费用可以报销，资金可以拨付，会计核算可以进行；如果属于超预算或预算外支出，则需要重新进行审批。

预算控制的作用主要体现在以下几个方面：确定企业的整体目标，制订为达到这一目标所应有的各类业务计划和为配合业务计划而应有的财务收支计划；在业务执行和收支执行的过程中，随时注意不与原计划脱节，并在必要时对计划进行调整，以确保计划的可执行性；及时和定期做出反映实际和预算的业绩报告，以公正考核工作成果，并及时纠正偏差，确保预定目标的实现；通过预算划分权责，使企业高层管理当局保持集中控制的效力，同时赋予各级管理人员一定的责任。

当然，在预算的工作岗位设置中也要注意不相容岗位的相互分离。预算工作不相容岗位一般包括：预算编制（含预算调整）与预算审批；预算审批与预算执行；预算执行与预算考核。

4）内部报告控制

内部报告控制要求企业建立和完善内部报告制度，明确相关信息的收集、分析、报告和处理程序，及时提供业务活动中的重要信息，全面反映经济活动情况，增强内部管理的时效性和针对性。

企业的经营管理方针政策是否得到贯彻落实，管理层的各项决策是否得到有效执行，企业经营管理中存在哪些需要改进和完善的方面等，这些都需要及时反馈到企业高层管理当局，以便其做出正确的判断和决策。但通常情况下，企业对外编制的资产负债表和利润表并不能完全真实地反映企业的实际情况，这种或多或少修饰过的对外报告在管理中很难满足企业管理当局的需要。而企业的内部报告则能够提供管理当局所需的相关信息，起到“下情上传”的作用。

内部报告的编制要求包括：第一，内部报告的编制必须与企业的组织结构相结合，以明确各部门主管人员的责任；第二，内部报告的内容应符合“例外管理”原则，凡是属于不正常，或在可控范围以外的事项，应予以反映或加以强调；第三，内部报告的格式和内容必须简明扼要、通俗易懂、统筹规划、避免重复；第四，内部报告的编制必须及时。

内部报告的种类由各企业根据各自的实际情况自行设计，可以由财务人员负责，也可以由财务、业务和管理人员共同完成。一般情况下，企业需要编制的内部报告包括：成本报表和成本分析报告；各种明细表，如管理费用明细表、销售费用明细表等；财务状况分析报告、各种考核报告、各种可行性报告和调查报告等。

利用内部报告实施控制时，最关键的是把握好以下三点：第一，内部报告要及时、随时报送。不要求内部报告一定要像对外报告那样分成月报、季报和年报。内部报告可以是日报、周报、月报或年报等。第二，内部报告要真实、细致。第三，内部报告的内容要灵活，形式要多样化。除此之外，还要考虑的因素主要有：报告责任的划分；可控制和不可控制项目的划分；报告与计划的差异；报告建议或说明等。

5）财务结算中心控制

财务结算中心是办理内部各成员，或分、子公司现金收付和往来结算业务的专门机构。它通常设立于财务部门内，是一个独立运行的职能机构。

财务结算中心的业务主要包括：

（1）账户管理

为子公司在财务计算中心设立内部结算账户，进行统一管理，并对各子公司在银行独立开设的资金账户实行审核和备案管理，对该类资金账户进行管理和监控。

（2）内部资金调配

财务结算中心负责制定企业集团及各子公司内部资金调度、配置、使用的管理制度和管理流程。根据集团公司决策和财务部指令，对企业集团的资金进行统一管理、统一调度、统一配置和统一使用，保证资金在体系内的高效循环和流转，从整体上保证资金使用的最大效益。

（3）内部结算

办理企业集团内部相互之间的资金往来和资金结算业务。为在财务结算中心开设内部结算账户的各子公司及时办理对内对外资金往来和资金结算业务，及时计算各子公司的内部存贷款利息。

（4）对外业务

负责从企业集团层面上与银行等金融机构展开合作，负责银行等金融机构对企业集团层面上的整体授信工作。

（5）资金管理

财务结算中心负责实时监控和掌握体系内资金的流转信息，及时发现资金流转中出现的异常状况，向集团公司管理层上报并及时采取相关措施。

财务结算中心的这些职责对增强企业活力、强化资金管理、控制财务收支、正确处理业务管理与资金管理的关系、完善企业经营机制等发挥着不可低估的作用。

9.3　财务控制的内容

9.3.1　资产的财务控制

根据《企业会计准则——基本准则》第三章的规定，资产是指企业过去的交易或者事项形成的、由企业拥有或者控制的、预期会给企业带来经济利益的资源。其中，“企业过去的交易或者事项”包括购买、生产、建造行为或其他交易或者事项，预期在未来发生的交易或者事项不形成资产；“由企业拥有或者控制”是指企业享有某项资源的所有权，或者虽然不享有某项资源的所有权，但该资源能被企业所控制；“预期会给企业带来经济利益”是指直接或者间接导致现金和现金等价物流入企业的潜力。

符合资产定义的资源，在同时满足以下条件时，确认为资产：第一，与该资源有关的经济利益很可能流入企业；第二，该资源的成本或者价值能够可靠地计量。

1）资产控制的内容

根据资产的表现形式不同，资产控制的内容应包括：现金控制、银行存款控制、应收款项控制、存货控制、长期投资控制、固定资产控制、无形资产控制及其他资产控制等。

其中，在现金控制和银行存款控制中，主要包括现金和银行存款的收入、支出、余额及安全性控制；在应收款项控制中，主要应包括应收款项的信用政策控制，如对信用标准、信用期限、折扣条件、收账政策等的控制，以及应收款项的会计核算控制、应收款项的余额控制以及对坏账的控制等；在存货控制中，主要包括对存货的采购、生产、销售以及对存货保管环节的控制等；在长期投资控制中，主要应关注对投资的事前可行性分析、投资的审批、投资的决策、投资的取得、投资的核算、投资的保管以及投资的处置等方面的控制；而在固定资产、无形资产及其他资产的控制中，应主要关注在资产的取得、资产的使用及资产的退出环节中对相关内容的控制。

【小资料9-1】 黑龙江北大荒农业股份有限公司固定资产管理制度①

第三章　固定资产的取得

第十条　公司及企业的固定资产主要通过外购、自行建造（包括改建和扩建)、置换、投资者投入等方式取得。

第十一条　公司及企业增置固定资产应列入年度预算和年度投资计划。其中：农业分公司当年自行增置的固定资产不能超过分公司当年“固定资产投资来源”总额，并在“固定资产投资来源总额”内安排年度预算和年度投资计划。农业分公司当年固定资产投资来源构成：一是上年固定资产投资来源节余；二是按当年现金流节余与当年非付现成本（折旧、摊销、减值等）孰低额；三是分公司上年度实现超利，公司视情况给予适当返还。

第十二条　公司及企业外购固定资产，应根据采购规模、市场情况和资产特点，按照公司《采购管理制度》的规定合理选择采购方式，履行相关程序。

第十三条　公司及企业自行建造固定资产，应严格执行公司《工程项目管理制度》的规定。

第十四条　公司及企业使用非货币性资产置换固定资产，应履行资产评估程序，确定合理对价，避免资产损失。

第十五条　公司及企业应于固定资产交付使用时进行验收，确保增置的固定资

① 巨潮资讯网：北大荒（600598）固定资产管理制度，选取第三章。其他各章分别为：第一章总则，第二章固定资产管理、使用部门及职责，第四章固定资产的运行和维护，第五章固定资产盘点，第六章固定资产处置，第七章固定资产折旧，第八章固定资产减值，第九章固定资产投保以及第十章附则。

产符合规定的质量标准、计划的使用要求和合同的其他有关内容。外购的固定资产应根据合同、供应商发货单等对所购固定资产的品种、规格、数量、质量、技术要求及其他内容进行验收，并出具书面验收报告。投资建造的固定资产的验收应按照公司《工程项目管理制度》中有关竣工验收的规定执行。验收由固定资产管理部门和使用部门及有关部门一同进行，并向财务部提交所需凭据。

第十六条　不需要安装的固定资产，经验收合格后即可交付有关部门投入使用；需要安装的固定资产，固定资产到货后经初步验收合格后进行安装调试，安装完成后必须进行第二次验收，合格后方可交付使用。

第十七条　对于具有权属证明的固定资产，取得时必须有合法的权属证书。需要办理权属登记的固定资产，应及时办理权属关系手续及相关材料，权属证书及相关证明文件要交由办公室妥善保管，并建立登记簿记录备查。

第十八条　办公室负责登记非生产经营用固定资产，编制固定资产目录，记录固定资产的编号、名称、种类、所在地点、使用部门、责任人、数量、账面价值、使用年限、损耗等内容。企业应指定某个职能部门负责管理本企业的生产经营用固定资产，编制固定资产目录。固定资产管理部门负责按照统一形式制作固定资产标签或标牌等，粘贴或置于资产规定位置或醒目处。

第十九条　财务部应于取得固定资产及验收凭据等后及时进行账务处理，建立固定资产台账，由固定资产管理部门按单项资产建立固定资产卡片，详细记录固定资产的来源、验收、使用地点、责任单位和责任人、运转、维修、改造、折旧、盘点等相关内容。

2）资产控制的特点

资产控制的特点体现在以下几个方面：

（1）资产控制的全面性

由于任何企业中资产的表现形式都不可能仅有一种，因此，对资产进行控制的一个重要特点就是要对各类资产实现全面控制，也就是对货币资金、应收款项、存货、长期投资、固定资产、无形资产及其他资产等都要进行财务控制。实际上，由于各种资产形式不同，控制的重点和具体方法也应有所区别。

（2）资产控制的全程性

一般情况下，企业的资产都具有周期性的特点，即首先资产形成，然后将其运用到生产过程中，最后形成收入。以应收款项为例，企业采取赊销的方式销售商品，扩大销售收入，形成一项债权，一段时间后再收回应收账款，得到流动资金，从而实现了一个循环过程。为使资产有效地发挥作用，为企业创造价值，企业应抓住资产的形成、运用、收回等环节进行全程控制。

（3）流动资产控制和非流动资产控制的差别性

流动资产和非流动资产的占用形式不同，作用有所不同，其控制重点也应有所不同。其中，流动资产应重点关注安全性及流动性，尽量缩短周转期，这样可使企业在占有流动资产数额不变的前提下创造更多的收入；而非流动资产则应关注控制的范围、控制的风险以及控制资产的周期长度。因为非流动资产的单位价值都较高，且周转期都很长，因此，控制难度通常会更大。

3）资产控制的目标

（1）保证资产的安全和完整

保证资产的安全和完整是对资产进行财务控制最重要的目标。所有的企业只有在保证各项资产安全完整的前提下，才能让资产为企业创造价值，不论是流动资产，还是固定资产或无形资产。因此，资产控制的首要目标就是必须保证资产的安全和完整，如保证货币资金的安全性、保证存货的实际存在性、保证固定资产的完整性并对其进行定期保养维修等。

（2）保证资产计价的正确性

资产计价的正确与否能够影响企业资产负债表上反映的企业财务状况，因此，在对资产进行财务控制时必须保证资产计价的正确性，如对货币资金要做到账实相符、对存货要保证合理确定存货的价值、保证销货成本的正确核算、对固定资产原值及计提折旧计价要准确等。

（3）提高资产使用效率

提高资产的使用效率，可以在资产占用相同金额的情况下获得更多的营业收入，或在营业收入相同的情况下减少资产的占用。因此，企业应尽量争取提高资产的使用效率。如在不影响企业销售收入的前提下提高应收款项的回收速度；通过对存货的购进、耗用、保管和生产、销售等环节的控制来加速存货的周转，实现在保证企业生产的同时节约企业资金，提高资金使用效率的目的。

（4）合理确定流动资产的持有量

一般情况下，企业资产的流动性与其盈利性是成反比的。以现金为例，如果不将其投入到周转使用中，企业手中持有的现金不会发生增值，有时甚至会由于通货膨胀的原因发生贬值。因此，对于流动资产，一个重要的控制目标就是合理确定流动资产的持有量，包括确定企业最佳现金持有量、制定最适合企业的应收账款的信用政策以及确定能够使得存货总成本达到最低的存货经济采购批量等。

9.3.2 负债的财务控制

根据《企业会计准则——基本准则》第四章的规定，负债是指企业过去的交易或者事项形成的、预期会导致经济利益流出企业的现时义务，其中，现时义务是指企业在现行条件下已承担的义务。未来发生的交易或者事项形成的义务，不属于现时义务，不应当确认为负债。

符合负债定义的义务，在同时满足以下条件时，确认为负债：第一，与该义务有关的经济利益很可能流出企业；第二，未来流出的经济利益的金额能够可靠地计量。

1）负债控制的内容

负债控制的内容包括对负债总额的控制、负债期限结构的控制、负债成本的控制以及负债风险的控制。

（1）负债总额的控制

简单地说，企业对负债总额进行控制就是对企业资本结构进行安排。企业一旦确定要进行负债经营，就要正确把握负债的量与度。负债具有资本成本低、能够抵税及财务杠杆效用等优点，因此，不利用负债将会丧失这些好处；但负债总额不能过高，因为负债总额过高往往是发生财务危机的主要原因，而且还会影响企业的再融资能力和企业信誉。另外，负债总额过高，不仅会增加财务风险，而且也会影响到权益资本的稳定收益，危及到权益资本的安全，动摇投资者对经营者的信任。所以，经营者应权衡利弊得失，既要考虑负债经营的收益性，又要考虑负债经营的风险性，采用适度的负债战略，把风险降到最低。

（2）负债期限结构的控制

负债的期限结构是指长、短期负债分别占企业负债总额的比重。长、短期负债在企业中的作用是不同的，且有各自的优缺点，例如：长期负债的资金成本比短期负债的成本高，而短期负债的财务风险比长期负债的大；就难易程度来说，短期负债的取得比较容易，而长期负债的取得比较困难。因此，企业应根据自身的资本运作情况，确定合理的长、短期借款期限。

以同属于采矿行业的国城矿业股份有限责任公司和中矿资源集团股份有限公司为例[①]，2019年，国城矿业流动负债占负债合计金额的百分比为93.61%，公司无长期借款，而中矿资源流动负债占负债合计金额的百分比仅为60.17%，公司有长期借款，且长期借款占负债合计金额的百分比高达29.84%。

（3）长期负债成本的控制

企业所需资金是企业生存和发展的重要基础，企业拥有的大部分资金来源于债权人和股东提供的中长期资金。但取得任何资金都是要付出代价的，这种代价就是资本成本，而不同来源的资金，资本成本是不同的，因此，做好企业资本成本的控制工作，关系到企业是否能用更具有竞争力的低成本资金创造出最大的企业价值，这对企业的生存和发展至关重要。

（4）负债风险的控制

负债风险包括两个方面：不能按期还本付息的风险及担保风险。负债的还本付息义务是法定的，无论企业当年是否盈利、盈利多少，都必须定时足额偿还债务本金和利息，否则可能会引发企业破产。担保风险是指企业在担保业务运作过程中，由于各种不确定性因素的影响而遭受损失的可能性。企业在为受保企业提供担保

---

① 数据来源于两家公司2019年年度报告。具体数据为：国城矿业流动负债49 962.78万元，负债合计53 372.76万元，长期借款0；中矿资源流动负债83 375.98万元，长期借款41 350.41万元，负债合计138 571.96万元。

后，就必须承担起受保企业带来的经营者素质和竞争力风险、信用风险、市场风险、技术风险等。

2）负债控制的特点

（1）负债的不同形式决定负债控制的重点

企业的负债有已发生负债和或有负债两大类。已发生负债是指由企业过去的交易、事项形成的现时义务，履行该义务将会导致企业的经济利益流出；或有负债是指由过去的交易或事项形成的潜在义务，如企业提供的对外担保等。或有负债最终是否构成企业的真正负债，取决于未来不确定事项是否发生或金额是否能够可靠计量。基于上述情况，企业对负债进行财务控制也要区分已发生负债和或有负债：对已发生负债应重点控制它们的规模和结构；而对或有负债则应重点控制它们发生的可能性，以及或有负债一旦发生，企业的风险预警系统和风险分担体系的有效性。

（2）负债总额直接决定企业面临的财务风险

如上所述，企业对负债总额的控制实际上就是对企业资本结构的安排。为有效利用负债资金，企业需要合理确定负债资金比重。负债是一把双刃剑，过大的负债总额会加大企业的破产风险，会影响投资者对企业的信心，因此，企业应确定适当的资本结构，即借入适当的负债资金。

（3）企业的实际情况决定企业负债的方式和结构

企业的实际情况，如管理层对风险的态度、企业所处的发展阶段等，决定了企业负债的方式和结构。比如，保守的企业管理层倾向于低负债融资，以降低公司风险，且通常比较倾向于长期负债；而勇于冒险的企业管理层则倾向于较高的负债总额，其目的是想获得更高的利润回报，同时这样的管理层对负债风险的控制也较为宽松。

3）负债控制的目标

（1）确保企业选择合适的资本结构

企业在负债融资前，要进行利弊分析，实施负债融资业务预算和审批控制，把企业的负债总额和负债结构控制在合理的范围内。

（2）确保及时足额地筹集到负债资金

确保及时足额地筹集到负债资金，是负债控制的最基本目标。当然，企业的各项负债必须是在法律允许的范围内进行的，不能超越法律的约束进行负债融资。

（3）确保及时足额还本付息

确保及时足额还本付息是企业作为债务人的法定义务。同时，获取利息是债权人进行投资的主要目的之一，因此，及时足额支付利息也是企业维系与债权人良好关系的一个重要因素。

（4）降低负债融资的成本和风险

负债融资成本越低，企业的净价值就越高，因此，企业要通过控制负债总额、负债结构和单项负债融资成本的方式尽量降低负债的融资成本。同时，企业应当根据自身的经营业绩状况合理控制负债的总额和结构，以降低负债融资的风险。

9.3.3　所有者权益的财务控制

根据《企业会计准则——基本准则》第五章的规定，所有者权益是指企业资产扣除负债后由所有者享有的剩余权益。公司的所有者权益又称为股东权益。

所有者权益的来源包括所有者投入的资本、直接计入所有者权益的利得和损失、留存收益等。其中，直接计入所有者权益的利得和损失，是指不应计入当期损益、会导致所有者权益发生增减变动的、与所有者投入资本或者向所有者分配利润无关的利得或者损失；利得是指由企业非日常活动所形成的、会导致所有者权益增加的、与所有者投入资本无关的经济利益的流入；而损失是指由企业非日常活动所发生的、会导致所有者权益减少的、与向所有者分配利润无关的经济利益的流出。

1）所有者权益控制的内容

从所有者权益的来源看，所有者权益控制的内容应该包括所有者投入资本的控制、直接计入所有者权益的利得和损失的控制和留存收益的控制等。但在现代公司制企业中，所有权和经营权的分离使得所有者权益控制实际上变成了经营者和出资人的双重控制。因此，所有者权益控制的内容可以从经营者和出资人这两个控制主体的角度来加以分析[①]。

（1）经营者的所有者权益控制

经营者的所有者权益控制包括对实收资本，即股本的控制、资本公积的控制、盈余公积的控制以及未分配利润的控制。

（2）出资人的所有者权益控制

企业中，由于所有权和经营权相互分离使得作为委托人的所有者和作为受托人的经营者之间往往会存在目标不一致的情况，而这会引发代理问题的产生。比如，当有多种会计方法可供选择时，管理层往往选择对管理者有利的方法，而使财务会计的目标及其所提供的会计信息的相关性更偏重管理者的需要。由此常常产生诸如道德风险、逆向选择和内部人控制等一系列问题，表现为经营者实施短期行为、为牟取个人私利伤害委托人利益、会计信息失真等。因此，出资人必须运用其权力进行监督控制，以保证资产的安全性和保值增值，保证所有者权益不被稀释和侵害。出资人的所有者权益控制主要应包括出资人对资本运作的控制、出资人对经营者的控制以及出资人对盈余管理行为的控制等。

2）所有者权益控制的特点

（1）所有者权益控制主体的双重性

公司制企业产权关系的主要特征是企业的财产所有权分离为两种权利：出资人的所有权和企业的法人财产权，拥有所有权的出资者和拥有法人财产权的公司法人在法律上形成了两个对等的权利主体。出资人称为“外部人”，主要职能是监督经

---

①　韦德洪，张星．财务控制学［M］．北京：国防工业出版社，2009：197.

营者；经营者是企业的“内部人”，主要负责企业的决策和经营活动。

（2）所有者权益控制内容的复杂性

所有者权益控制既包括经营者对所有者权益的控制，也包括出资者对所有者权益的控制，既包括对所有者权益会计信息的控制，也包括对所有者权益增减变动活动的控制，因此，控制内容比较复杂。

（3）所有者权益控制与资产、负债控制的关联性

根据资产负债表的平衡原理，所有者权益在数量上等于企业的全部资产减去全部负债后的余额，即企业净资产数额。因此，所有者权益控制与资产控制和负债控制具有特殊的关联性，所有者权益信息的正确性在某种程度上也取决于资产信息和负债信息的正确性。

3）所有者权益控制的目标

（1）保证出资人资产的安全和有效运作

在所有权与经营权分离的状态下保证出资人资产的安全和有效运作，保护所有者权益，为全体股东创造更多财富，是所有者权益控制的首要目标。保证权益资本的安全和有效运作是实现资本保值增值的前提和关键。

（2）保证所有者权益信息的合法性、真实性和完整性

所有者权益控制要保证投入资本、资本公积的形成、增减及其他有关经济业务会计记录的合法性和真实性，为投资者及其他有关方面研究企业的财务结构、进行投资决策提供依据；保证盈余公积和未分配利润的形成和增减变动的合法性、真实性，为投资者及其他有关方面了解企业的增值、积累情况等提供资料；保证会计报表上所有者权益的反映真实完整。

（3）实现所有者和经营者权力的制衡

出资者与经营者通过委托-代理这种形式联系起来，双方具有不同的利益：作为委托人，出资者的目标一般是追求利润最大化；而作为代理人，经营者的目标一般是个人货币收入和效用的最大化。因而，出资者对于经营者不仅要激励，还要予以监督和约束，以实现权力和利益的制衡。所有者权益控制制度要根据公司治理结构的需要和生产经营活动的特征设计，以维持公司治理结构中相关利益主体之间的相互制衡。

9.3.4　收入的财务控制

根据《企业会计准则——基本准则》第六章的规定，收入是指企业在日常活动中形成的、会导致所有者权益增加的、与所有者投入资本无关的经济利益的总流入。收入只有在经济利益很可能流入，从而导致企业资产增加或者负债减少，且经济利益的流入额能够可靠计量时才能予以确认。

1）收入控制的内容

收入按照来源不同，可以分为商品销售收入、提供劳务收入和其他收入，因

此，收入控制的内容将覆盖这三个方面。

（1）商品销售收入控制

商品销售收入是企业营业收入的最重要来源。商品销售收入控制是建立在商品销售收入预测的基础上进行的一项财务控制活动。其控制内容应主要包括：控制产品的品种及结构、制定良好的销售价格政策、制定适合本企业应用的信用政策、控制销售合同的签订和执行、对销售发票实行严格控制等。

【小资料9-2】　有关“企业销售商品收入的确认条件”会计准则与税法规定的区别

根据《企业会计准则第14号——收入》的“第二章　确认”的规定：

第五条　当企业与客户之间的合同同时满足下列条件时，企业应当在客户取得相关商品控制权时确认收入：

（一）合同各方已批准该合同并承诺将履行各自义务；

（二）该合同明确了合同各方与所转让商品或提供劳务（以下简称“转让商品”）相关的权利和义务；

（三）该合同有明确的与所转让商品相关的支付条款；

（四）该合同具有商业实质，即履行该合同将改变企业未来现金流量的风险、时间分布或金额；

（五）企业因向客户转让商品而有权取得的对价很可能收回。

而根据（国税函〔2008〕875号）“国家税务总局关于确认企业所得税收入若干问题的通知”中第一条的规定：

除企业所得税法及实施条例另有规定外，企业销售收入的确认，必须遵循权责发生制原则和实质重于形式原则。

企业销售商品同时满足下列条件的，应确认收入的实现：

1.商品销售合同已经签订，企业已将商品所有权相关的主要风险和报酬转移给购货方；

2.企业对已售出的商品既没有保留通常与所有权相联系的继续管理权，也没有实施有效控制；

3.收入的金额能够可靠地计量；

4.已发生或将发生的销售方的成本能够可靠地核算。

由此可以看出二者的区别，会计准则中除税法规定的四个条件以外，还把“企业因向客户转让商品而有权取得的对价很可能收回”作为企业确认收入的必要条件。

（2）提供劳务收入控制

提供劳务收入主要是指企业在提供旅游、运输、饮食、广告、咨询、代理、培训、产品安装以及技术服务等各种劳务时取得的收入。对劳务收入的控制重点在于根据提供的劳务种类及劳务完成时间准确地确认和计量劳务收入，防止企业利用劳务收入的确认任意调节利润。

（3）其他收入控制

其他收入控制是指对企业获取的除商品销售收入和提供劳务收入以外的收入进行财务控制。以让渡资产使用权获取的利息收入和使用费收入为例，其控制重点应为：控制让渡资产使用权的数额和期限，在不影响企业正常生产经营的情况下获得更多的收入；控制让渡资产使用权的种类和对象，不应影响企业的正常生产经营，不能损害企业声誉；要定期对让渡资产使用权的收益情况及对企业产生的影响进行考核。

2）收入控制的特点

（1）收入控制的全程性

企业，特别是生产性企业，其整个业务过程就是投入成本，获得收入，进而实现利润的过程。从收入控制的内容可以看出，收入控制贯穿于企业整个生产经营活动，涉及的范围比较广。从产品开发、生产，一直到最终的收入实现，货款的收回，需要整个过程中各个程序的相互配合，对各个程序进行科学、合理的控制，才能最终实现企业的收入控制目标。

（2）收入控制的可预测性

从收入控制的内容和过程可以看出，整个收入控制是根据对市场的调查和对经营能力的分析来制定本年度收入控制的目标的，信用标准基本上也是根据制定的目标以及客户的信用情况确定，因此，对这些因素根据以往的情况进行合理估计，基本上就可以预测出本年度有可能实现的收入将是多少。

（3）收入控制的重要性

企业最终的经营成果是以收入减去为取得收入而付出的成本费用得到的。企业要想获得最大的收益，必须要有一定的合理收入才能实现。所以，企业的收入控制关系着企业经营目标的实现以及企业最终的经营成果。也就是说，收入控制对企业影响相对比较大，如果收入控制得不好，可能会对企业整个的经营活动产生影响。

3）收入控制的目标

（1）确保产品定价合理

企业获得的收入主要取决于商品或劳务的定价以及销售的商品或提供的劳务的数量两个方面。一方面，价格和数量之间存在着反比变动的关系，价格的高低直接影响企业销售量的高低，进而影响企业收入的多少；另一方面，在销售的商品或提供的劳务数量一定的情况下，价格越高则获得的收入越多，价格越低则获得的收入越少。因此，对产品定价实行严格控制，确保其合理性，不仅是收入控制要达到的一个基本目标，也是实现收入控制其他目标的重要保障。

（2）保证收入确认与计量的真实性

企业要保证收入确认与计量的真实性、合理性和完整性。由于收入贯穿于企业整个经营过程中，收入的真实、完整与否直接影响着企业当期，甚至以后期间的经营成果的真实性，进而对企业后期的决策可能也会产生影响。

（3）严格控制销售业务中可能出现的违纪行为

企业的销售业务涉及的范围及金额比较大，与企业的经营成果密切相关，而收入控制又是一项复杂的工作，涉及的业务比较多，非常容易出现各种错误、欺诈和舞弊行为。对收入进行严格的控制，应能防止并及时发现、纠正在销售业务中可能出现的各种违法乱纪和侵吞企业利益的行为，维护企业资产的安全和完整。

【课程思政】　　会计人员应当遵守职业道德规范

会计人员职业道德规范主要包括爱岗敬业、诚实守信、廉洁自律、客观公正、坚持准则、提高技能、参与管理、强化服务等。

但纵观国际国内、远期近期，会计人员违反职业道德规范、会计造假事件时有发生，从违反爱岗敬业的巴林银行破产、违反诚实守信的蓝田股份造假（主要通过虚增收入、虚减成本的手段），到违反廉洁自律的北京中诚会计师事务所出具虚假验资报告、违反客观公正的猴王集团疯狂扩张，再到违反坚持准则的美国施乐公司会计欺诈等，会计人员违背职业道德给投资者、债权人、公司，乃至整个经济社会都造成了严重的不利影响。

会计职业道德是规范会计行为的基础，是实现会计目标的重要保证，是对会计人员提高素质的内在要求，是所有会计人员应遵循的职业行为准则和规范。

中国国务院前总理朱镕基为我国二个国家会计学院题词："诚信为本，操守为重，坚持准则，不做假账"。

9.3.5　费用的财务控制

根据《企业会计准则——基本准则》第七章的规定，费用是指企业在日常活动中发生的、会导致所有者权益减少的、与向所有者分配利润无关的经济利益的总流出。费用只有在经济利益很可能流出，从而导致企业资产减少或者负债增加，且经济利益的流出额能够可靠计量时才能予以确认。

企业为生产产品、提供劳务等发生的可归属于产品成本、劳务成本等的费用，应当在确认产品销售收入、劳务收入等时，将已销售产品、已提供劳务的成本等计入当期损益；企业发生的支出不产生经济利益的，或者即使能够产生经济利益，但不符合或者不再符合资产确认条件的，应当在发生时确认为费用，计入当期损益；企业发生的交易或者事项导致其承担了一项负债，而又不确认为一项资产的，应当在发生时确认为费用，计入当期损益。

1）费用控制的内容

根据上述规定，本章中所讨论的"费用控制"包含了生产成本控制和期间费用控制。

（1）生产成本控制

生产成本是指企业为生产产品而发生的各项费用，主要包括直接材料、直接人工和制造费用三项，因此，生产成本控制的内容主要包括直接材料控制、直接人工控制和制造费用控制三项。

（2）期间费用控制

期间费用控制包括管理费用控制、销售费用控制和财务费用控制三大项。其中，管理费用是指为组织和管理企业生产经营而发生的各项费用；销售费用是指企业为销售产品而支出的各种费用；财务费用是指企业为筹集生产经营所需资金等而发生的各项费用。

2）费用控制的特点

（1）成本费用控制直接关系到企业净利润的水平

成本费用控制的直接结果就是成本费用的发生情况。在企业收入金额确定的情况下，成本费用的发生额越小，企业净利润水平就越高；而成本费用发生额越大，净利润就越低。因此，对成本费用的控制会直接影响企业的净利润水平。

（2）成本费用控制的内容比较繁杂

成本费用控制既包括生产成本控制，也包括期间费用控制，其内容多，项目细。尤其是生产型企业，其生产成本中涉及的直接材料控制就可能涉及几百，甚至上千种材料的耗费；而管理费用一般也会有几十个二级明细项目，每个二级明细项目又有若干个三级明细项目等，因此，涉及的内容相当多，而且细致。同时，成本费用的控制涉及企业内部的每一个部门和单位，需要这些部门和单位相互协作。只有各个部门和单位协调合作，成本费用控制才有可能达到预定的目标。

当然，在实务中，各公司进行成本费用控制的着重点是不一样的。比如，美的公司注重对物流成本的控制，重庆美心集团主要关注采购成本的控制，格兰仕集团采用的是通过合理整合全球家电产品生产力的方式来降低成本，邯钢集团则在成本控制中引入市场竞争手段，将指标责任与奖惩挂钩，强制实现成本目标，而小米科技有限责任公司的成本控制更加关注成本费用的控制意识，实现公司的低成本运营（详见章后案例）。

3）费用控制的目标

（1）确保成本费用发生的合法性

国家的法律法规明确规定了成本费用的开支范围、归集项目、确认条件、计量标准、记录规则、报告条例等。企业必须依据这些规定来进行成本费用的控制，通过控制成本费用发生过程中的各项手续、程序、各种文件记录以及账面的反映和财务报表的披露等，使成本费用的发生符合国家法律法规的规定。

（2）确保成本费用发生的合理性和必要性

国家的相关法律法规做了原则性的规定，规定了企业的成本费用哪些应该发生，哪些不应该发生。对此，企业的规章制度也有明确的规定。成本费用的控制必须保证成本费用发生的合理性和必要性，应该发生的允许其发生，不应该发生的坚决杜绝其发生。

（3）确保成本费用记录和报告的真实性

成本费用的记录不仅涉及明细账、总账等会计信息载体的可靠性，而且还涉及财务报表的正确性。企业每天进行账务处理，划分年度、季度、月度进行财务报表的编制，目的是要利用真实、有用的会计信息为企业的生产经营服务。成本费用信息的真实性是其有用性的重要前提，虚假的信息是无用的信息。企业应采取各种控制措施，加强对生产经营活动过程中成本费用的控制，确保成本费用记录和报告的真实性，从而保证成本费用信息的有用性。

9.3.6　利润的财务控制

根据《企业会计准则——基本准则》第八章的规定，利润是指企业在一定会计期间内的经营成果。利润包括收入减去费用后的净额、直接计入当期利润的利得和损失等。其中，直接计入当期利润的利得和损失，是指应当计入当期损益、会导致所有者权益发生增减变动的、与所有者投入资本或者向所有者分配利润无关的利得或者损失。

1）利润控制的内容

利润控制的内容主要包括利润总额控制、利润构成控制、净利润控制和利润分配控制等。

（1）利润总额控制

利润总额是企业在一定时期内实现盈亏的总额，集中反映企业生产经营活动各方面的效益，是企业最终的财务成果，是衡量企业生产经营管理的重要综合指标。利润总额如果是正数，表示企业盈利；如果是负数，则表示企业亏损。如果亏损的企业不能及时消除不利因素实现扭亏为盈，最终将会面临破产或者被兼并的命运。因此，任何单位在生产经营活动中都不能忽视对利润总额的财务控制。

（2）利润构成控制

企业的利润总额一般包括四项：营业利润、投资净收益、营业外收支净额和补贴收入。其中：营业利润是企业生产经营活动产生的经营成果，由主营业务利润、其他业务利润和期间费用构成；投资净收益是企业对外投资所获得的投资收入扣除投资损失后的余额；营业外收支净额是指与企业的生产经营活动没有直接关系的各项收支；补贴收入是指企业收到的各种补贴，包括国家拨入的亏损补贴、退还的增值税等。

（3）净利润控制

企业的净利润等于利润总额减掉所得税。按照现行财务制度的规定，企业利润总额按照国家规定的调整项目进行相应调整后要依法缴纳所得税。因此，企业对净利润进行控制主要就是要对所得税进行控制。

（4）利润分配控制

利润分配是将企业实现的净利润，按照国家财务制度规定的分配形式和分配顺序，在企业和投资者之间进行分配。按照《中华人民共和国公司法》等有关法律法规的规定，企业当年实现的净利润一般应按照下列顺序进行分配：第一，计算可供分配的利润。如果可供分配的利润为负，则不能进行后续分配。第二，提取法定盈余公积金。法定盈余公积金已达注册资本的50%时可不再提取。第三，提取任意盈余公积金。其计提标准由股东大会确定，如确因需要，经股东大会同意后，也可用于分配。第四，向投资者分配利润。

【小资料9-3】 北京清水爱派建筑设计股份有限公司利润分配制度①

第一章 总则

第一条 为规范北京清水爱派建筑设计股份有限公司（以下简称“公司”）的利润分配行为，建立科学、持续、稳定的分配机制，增强利润分配的透明度，保障公司长远可持续发展，保护中小投资者的合法权益，根据《中华人民共和国公司法》《中华人民共和国证券法》等有关法律法规以及《北京清水爱派建筑设计股份有限公司章程》（以下简称《公司章程》）的规定，结合公司实际情况，制定本制度。

第二条 公司制定利润分配政策尤其是现金分红政策时，应当履行必要的决策程序。董事会应当就股东回报事宜进行专项研究讨论，详细说明规划安排的理由等情况。公司应当通过多种渠道（包括但不限于电话、传真、邮箱、互动平台等）充分听取中小股东的意见，做好现金分红事项的信息披露。

第二章 利润分配顺序

第三条 公司应当重视投资者特别是中小投资者的合理投资回报，制定持续、稳定的利润分配政策。

根据有关法律、法规和《公司章程》，公司税后利润按下列顺序分配：

1.公司分配当年税后利润时，应当提取利润的10%列入公司法定公积金。公司法定公积金累计额为公司注册资本的50%以上的，可以不再提取。

公司的法定公积金不足以弥补以前年度亏损的，在依照前款规定提取法定公积金之前，应当先用当年利润弥补亏损。

2.公司从税后利润提取法定公积金后，经股东大会决议，还可以从税后利润中提取任意公积金。

3.公司弥补亏损和提取公积金后所余税后利润，按照股东持有的股份比例分配，但《公司章程》规定不按持股比例分配的除外。

股东大会违反前款规定，在公司弥补亏损和提取法定公积金之前向股东分配利润的，股东必须将违反规定分配的利润退还公司。

4.公司持有的本公司股份不参与分配利润。

第四条 公司的公积金用于弥补公司的亏损、扩大公司生产经营或者转为增加公司资本。但是，资本公积金将不用于弥补公司的亏损。

---

① 北京清水爱派建筑设计股份有限公司成立于1995年，具有建筑工程设计甲级资质、城乡规划乙级资质，通过了ISO9001：2015国际质量管理体系认证，2014年获得高新技术企业证书，2015年挂牌新三板，证券代码：834857。资料摘自该公司官网。

法定公积金转为资本时，所留存的该项公积金将不少于转增前公司注册资本的25%。

第五条　利润分配应以每10股表述分红派息、转增股本的比例，股本基数应当以方案实施前公司的实际股本为准。

第六条　利润分配如涉及扣税的，应在每10股实际分派的金额、数量后注明是否含税。

第三章　利润分配政策

第七条　利润分配原则

公司利润分配方案应从公司盈利情况和战略发展的实际需要出发，兼顾股东的即期利益和长远利益，应保持持续、稳定的利润分配政策，重视对投资者稳定、合理的回报。公司的利润分配不得超过累计可分配利润的范围，不得损害公司持续经营能力，并坚持如下原则：

1.按法定顺序分配的原则；

2.存在未弥补亏损，不得分配的原则；

3.公司持有的本公司股份不得分配利润的原则；

4.公司分配的利润不得超过累计可分配利润，不得影响公司持续经营能力的原则。

第八条　利润分配的形式、条件及比例

（一）公司利润分配的形式：公司采用现金、股票或者现金与股票相结合或者法律、法规允许的其他方式分配利润。公司进行利润分配时，公司董事会应当综合考虑所处行业特点、发展阶段、自身经营模式、盈利水平以及是否有重大资金支出安排等因素，制订合理的利润分配方案。当年未分配的可分配利润可留待以后年度进行分配。

（二）公司实施现金分红的条件：

1.当年合并报表后的可分配利润（即公司弥补亏损、提取公积金后所余的税后利润）为正值，且现金流充裕，不存在影响利润分配的重大投资计划或重大现金支出事项，实施现金分红不会影响公司后续持续经营；

2.当年合并报表后经营活动产生的现金流量净额为正值；

3.审计机构对该年度财务报告出具标准无保留意见的审计报告。

公司是否进行现金方式分配利润以及每次以现金方式分配的利润占母公司可分配利润的比例须由公司股东大会审议通过。

（三）公司发放股票股利的条件：在保证公司股本规模和股权结构合理的前提下，基于回报投资者和分享企业价值考虑，当公司股票估值处于合理范围内，公司可以发放股票股利，具体方案需经公司董事会审议后提交公司股东大会批准。

第九条　利润分配方案的审议程序

公司在进行利润分配时，公司董事会应先根据盈利情况、资金供给和需求情况提出、拟定利润分配预案，并对其合理性进行充分讨论，董事会审议现金分红具体方案时，应当认真研究和论证公司现金分红的时机、条件和最低比例等事宜。

利润分配预案经董事会、监事会审议通过后提交股东大会审议，股东大会审议利润分配方案时，公司应当通过各种渠道主动与股东特别是中小股东进行沟通和交流，充分听取中小股东的意见和诉求，并及时回复中小股东关心的问题。

第十条　利润分配政策的调整

公司根据行业监管政策、自身经营情况、投资规划和长期发展的需要，或者根据外部经营环境发生重大变化而确需调整利润分配政策的，调整后的利润分配政策不得违反中国证监会和全国中小企业股份转让系统的有关规定。

有关调整利润分配政策的议案由董事会制定，在董事会审议通过后提交股东大会批准。

第四章　利润分配监督约束机制

第十一条　董事会和管理层执行公司利润分配政策情况及决策程序接受监事会的监督。

第十二条　董事会在决策和形成利润分配预案时，要详细记录管理层建议、参会董事的发言要点、董事会投票表决情况等内容，并形成书面记录作为公司档案妥善保存。

第十三条　公司如因外部环境或自身经营状况发生重大变化而需调整利润分配政策的，应以股东权益保护为出发点，详细论证和说明原因后，履行相应的决策程序，并由董事会提交议案通过股东大会进行表决。

第五章　利润分配的执行及信息披露

第十四条　公司股东大会对利润分配方案做出决议后，公司董事会须在股东大会召开后2个月内完成股利（或股份）的派发事项。

第十五条　公司应当严格执行《公司章程》确定的现金分红政策以及股东大会审议批准的现金分红具体方案。确有必要对公司章程确定的现金分红政策进行调整或者变更的，应当满足公司章程规定的条件，经过详细论证后，履行相应的决策程序。

第十六条　公司应严格按照有关规定在年度报告、半年度报告中详细披露利润分配方案和现金分红政策执行情况，说明是否符合《公司章程》的规定或者股东大会决议的要求，分红标准和比例是否明确和清晰，相关的决策程序和机制是否完备。对现金分红政策进行调整或变更的，需详细说明调整或变更的条件和程序是否合规、透明。

第十七条　公司董事会未做出现金利润分配预案时，应当在定期报告中披露原因，并说明未用于分红的资金留存公司的用途和使用计划。

第十八条　存在股东违规占用资金情况的，公司有权扣减该股东所分配的现金红利，以偿还其占用的资金。

第六章　附则

第十九条　本制度未尽事宜或本制度与国家日后颁布的法律、法规、规范性文件或经合法程序修改后的《公司章程》相抵触时，依照国家法律、法规、规范性文件和《公司章程》的规定执行。出现此种情形后，公司董事会应及时对本制度进行修订并报公司股东大会审议批准。

第二十条　本制度由董事会制定，自公司股东大会审议通过之日起生效。

第二十一条　本制度由公司董事会负责解释。

2）利润控制的特点

利润控制具有灵活性、综合性和目的性的特点。

（1）灵活性

企业的利润总额受多种因素的影响。例如，营业收入会受市场供求关系、产品质量、信誉、税收等因素的影响，费用会受原材料价格、产品设计人员的技术水平等因素的影响，而这些因素还会受到诸如国家经济政策、社会环境等宏观因素的影响。综上所述，企业的利润额往往不会是一成不变的，企业的利润总额会随着企业生产经营状况的变化而发生变化，具有非常明显的不稳定性，因此，这也要求企业在对利润进行财务控制时要具有灵活性的特点，要能够根据企业内外部环境的变化及时调整利润控制的目标或控制方法。

（2）综合性

企业的利润总额是一个综合性的指标，它包括了企业经营过程中的营业利润、投资收益和营业外收支净额等。它是企业生产经营活动、投资活动、筹资活动效率与效益的综合表现，因此，利润不仅是企业经营管理水平、获利水平高低的标志，而且能够综合考核和衡量企业的经营成果与经济效益。

（3）目的性

投资者对企业投资的最终目的是获取投资收益。企业取得的利润在缴纳所得税及按规定提取公积金后的剩余金额就是属于投资者的权益，对此，投资者有权做出用于企业发展还是分配利润的决定。因此，企业管理当局在制定利润分配的控制措施时，一定要充分尊重投资者的意愿，并要体现投资者的权益。

3）利润控制的目标

企业利润控制的目标是多样的，具体体现在，针对不同的控制内容其控制目标也应有所区别。首先，在利润总额控制中要保证目标利润的实现，因为只有保证目标利润的实现，才能够实现企业的经营业绩目标，保证后续经营正常进行。其次，在利润构成控制中，要保证利润构成的合理性。一般情况下，营业利润这一指标能够恰当地代表企业管理者的经营业绩，因此，应是利润的主要构成内容。再次，在净利润控制中，要保证企业依法纳税、合理节税和避税。因为税收是无偿性的，而它是利润构成中一项较大的抵减项目，因此，企业必须在遵守税法和其他法规的前提下，对自身的经济活动进行事先的筹划和安排，以达到涉税零风险及减轻税收负担的目的。最后，在利润分配控制中，要保证利润分配的合法性和合理性。对缴纳所得税后的企业利润，企业必须按照规定的项目和程序进行分配，同时，向股东分配利润时必须考虑全体投资者的利益，保证资本金的完整，不得用资本金支付股利，也不能影响企业的偿债能力，也就是要合理处理股东当前利益和公司长远发展之间的关系。

总结与结论

▶财务控制是指财务控制主体以法律、法规、制度、财务目标为依据，通过对财务活动进行约束、指导和干预，使之按既定的计划进行，确保企业战略目标实现的过程。它是内部控制的重要组成部分，是财务管理的重要环节，并与财务预测、财务决策、财务分析等一起构成财务管理系统。

▶财务控制就是对评估过程中发现的实际执行情况与控制标准之间的不利差异进行及时矫正或纠正。控制的本质在于纠正偏差，这是保证控制标准和控制目标实现的关键，也是决定控制质量的根本要素。

▶财务控制的特征为财务控制是一种价值控制、综合控制、动态控制和系统控制。

▶财务控制的总体目标是在确保法律法规和规章制度贯彻执行的基础上，优化企业整体资源的综合配置效益。

▶财务控制的主体是对财务控制起决定作用的参与者，也就是财务控制的实施者，是以公司董事会为中心，各级经营管理者为补充，由财务部门实施具体措施的一个综合的多层次的系统；财务控制的客体是企业的财务活动及各种财务关系。

▶在实施财务控制时，应遵循合法性原则、全面性原则、协调性原则、经济性原则、及时性原则和客观性原则。

▶不论对投资者还是经营者来说，实施财务控制都具有重要的意义。首先，实施财务控制有利于切实保护投资者的利益；其次，实施财务控制有利于规范经营者的行为。

▶财务控制可以按照控制的内容、控制的环节、控制权的集中程度、控制的方式以及控制主体的层次进行不同的划分。按照控制的内容，财务控制可以划分为资产控制、负债控制、所有者权益控制、收入控制、费用控制和利润控制；按照控制的环节，财务控制可以划分为反馈控制、实时控制和前馈控制；按照控制权的集中程度，财务控制可以分为集中控制、分散控制和分级控制三种；按照控制的不同方式，财务控制可以分为直接控制和间接控制两大类；按照控制主体的不同层次，财务控制可以分为高层控制、中层控制和基层控制。

▶实施财务控制的方法包括法规制度控制、授权书控制、预算控制、内部报告控制及财务结算中心控制。

▶根据资产的表现形式不同，资产控制的内容应包括：现金控制、银行存款控制、应收款项控制、存货控制、长期投资控制、固定资产控制、无形资产控制及其他资产控制等。资产控制的特点表现在：资产控制的全面性、全程性以及流动资产控制和非流动资产控制的差别性。资产控制的目标为保证资产的安全和完整、保证资产计价的正确性、提高资产使用效率以及合理确定流动资产的持有量。

▶负债控制的内容包括对负债总额的控制、负债期限结构的控制、负债成本的控制以及负债风险的控制。负债控制的重点表现在：负债的不同形式决定负债控制的重点、负债总额直接决定企业面临的财务风险以及企业的实际情况决定企业负债的方式和结构。负债控制的目标包括：确保企业选择合适的资本结构、确保及时足额地筹集到负债资金、确保及时足额还本付息以及降低负债融资的成本和风险。

▶所有者权益控制的内容可以从经营者和出资人这两个控制主体的角度来加以分析，包括经营者的所有者权益控制和出资人的所有者权益控制。所有者权益控制的特点有：所有者权益控制主体的双重性、所有者权益控制与资产控制和负债控制的关联性以及所有者权益控制内容的复杂性。所有者权益控制的目标包括：保证出资人资产的安全和有效运作，保证所有者权益信息的合法性、真实性和完整性，实现所有者和经营者权力的制衡。

▶收入控制的内容包括商品销售收入控制、提供劳务收入控制以及其他收入控制。收入控制的特点是：收入控制具有全程性、可预测性和重要性。收入控制的目标包括：确保产品定价合理、保证收入确认与计量的真实性以及严格控制销售业务中可能出现的违纪行为。

▶费用控制包括生产成本控制和期间费用控制。费用控制的特点有：成本费用控制直接关系到企业净利润的水平以及成本费用控制的内容比较繁杂。费用控制的目标是：确保成本费用发生的合法性、确保成本费用发生的合理性和必要性以及确保成本费用记录和报告的真实性。

▶利润控制的内容主要包括利润总额控制、利润构成控制、净利润控制和利润分配控制等。利润控制具有灵活性、综合性和目的性的特点。

思考题

1. 什么是财务控制？企业实施财务控制有什么意义？
2. 企业实施财务控制应遵循什么原则？
3. 企业在进行财务控制时可以采用哪些方法？
4. 财务控制的类型有哪些？
5. 收入控制和利润控制的特点和目标分别是什么？

案例分析题

小米的成本费用控制意识[①]

2018年7月9日，小米在港交所敲钟上市！创立仅仅8年，小米就从一家仅有13人的小公司，发展成为了估值543亿美元的上市企业。小米能够成长得如此迅速，离不开其在产品技术层面的不断精益，也离不开雷军极强的成本费用控制意识。

5%净利润率是小米给自己规定的一条红线。在上市前夕的全球发售新闻发布会上，小米创始人雷军再次承诺了这一点，这样无论在什么情况下，小米都可以保持竞争力。使产品达到如此极致的性价比靠的是什么？如何实现公司的低成本运营？通过在小米的实践，雷军总结出了五个办法：

（1）建立全员成本意识老板要以身作则，成本意识要从公司创建时开始建立

在互联网泡沫时期，创业公司比较容易融到钱，有些创业者以为未来会一帆风顺，就开始大把烧钱，然而市场环境发生剧烈变化时这类公司最容易倒闭。

成本意识只有从老板开始，才有可能贯彻全员。如果老板不反复强调，公司的成本管理会非常混乱，公司也不容易成功。柳传志认为，联想的成功在于把毛巾拧干，说明联想的成本控制做得非常出色。

省钱就是赚钱，省一元钱就是赚三元钱。现金短缺的时候，所有管理者的方案都是增收节流，但增收难以短期见效，而节流则相对容易办到，只要努力强化管理控制，成本很容易降下来。

（2）在成本管理上严格把控

控制成本实施的要领是：该花的钱一定要花，不该花的钱一分钱都不能花。省钱不是不花钱，不花钱可能造成更大的浪费，所以，该花的钱一定要花，这是不能打折的事情。

比如，办公室可以租用便宜的，但办公室不可以非常拥挤混乱，这样的话，员工工作起来可能没有效率，造成更大的浪费。而不该花的钱一分钱也不能花，要从每件小事做起。

（3）把费用分成固定费用和变动费用两部分

企业的费用大致分两类，一类是固定费用，每月都必须支付的，另一类是变动费用。固定费用一旦开始花，就一般不会想到取消，所以公司应该高度重视固定成本；变动费用每项看上去并不多，但长期累积起来总数并不小，因此，也是财务分析的重点。

这样分类的好处在于，企业必须花的钱相对可控。一旦遇到危机，先停掉所有的变动费用，再分析固定成本，逐项消减，进而一步步控制整个成本。

---

① 佚名．小米雷军：我用这五个办法管控成本，创造价值！［EB/OL］．［2018-08-13］．https：//www.sohu.com/a/246815407_100139567.

（4）严管应收款和库存两个基本点

大企业首要关心的是现金流，如果当月赚钱但是现金流是负的，一定要认真核查。这个差距一般在应收与库存上。管理现金流就是管理应收款和库存。

公司应该严格管理应收款，修改销售政策，尽量现款销售，甚至可以成立专门小组负责催收应收款，以此来控制应收款的增长；对于库存管理，业务主管应该及时解决库存相关问题，加大库存处理的力度和速度，保持库存的周转效率。

（5）省钱有技巧要靠群策群力

智冠董事长王俊博是中国台湾游戏业泰斗级的人物。他这样描述公司成本的控制：比如请客，要让客人满意还要控制成本，怎么办？在最贵的地方点最便宜的菜，在便宜的地方点最贵的菜。

这一句话把控制成本同时还要做好事情的精髓说出来了。

对于现金充沛的企业，在市场环境不好的情况下要大胆扩张。此时各种运作成本都很低，可以用较低成本建立较高的竞争门槛；对于现金严重不足的企业，要严格控制成本，每项固定成本都要复核一下是否可以节约，变动成本则应尽量取消。

在雷军的带领下，小米非常重视成本管控，才得以为“感动人心，厚道价格”的口号提供坚实的支撑。

分析：

请问该案例给我们提供了哪些启示？

案例分析题提示

第10章

国际财务管理

学习目标

通过本章的学习，了解并掌握国际财务管理的概念、特点及内容，理解外汇风险的相关知识及其管理方法，并能够具体应用。了解国际财务管理中投资的特点和方式，理解融资过程中的特点及其具体方式，并熟悉境外现金管理的具体内容。

导言

资本市场和货币市场全球一体化进程的加快，使得企业的筹资、投资、分配等财务活动超越国界，与其他国家、地区的有关企业、单位和个人发生千丝万缕的联系。因国际间的资金运动而形成的财务管理活动，使得国际财务管理成为企业在国际舞台上求得生存和发展的重要管理工作之一。

10.1 国际财务管理概述

国际财务管理的原理是风险与收益相均衡，目的是通过协调国际企业的资金流，充分利用国际经营机遇，积极应对国际经营风险，进而实现企业价值最大化。国际财务管理的主要主体是跨国公司，跨国公司是指以本国为基地，通过对外直接投资，在世界各地设立分支机构或子公司，从事国际化生产和经营活动的企业。因此，国际财务管理主要研究跨国公司从事跨国性生产经营活动所面临的诸多方面的问题，以及跨国公司在国际市场中如何对其资金运营活动及财务关系进行管理，是国内财务管理走向国际经营的扩展和延伸。

10.1.1　国际财务管理的内容

国际财务管理是现代财务管理的一个新领域。作为财务管理的重要分支，国际财务管理与财务管理的内容存在诸多相同之处，如筹资决策、投资决策、营运资金的管理等。然而，跨国公司处于风云变幻的国际市场中，与其他国家和地区的有关企业、单位和个人会发生财务关系，因而，跨国公司面临着特殊的政治风险和外汇风险，这些特殊性又决定了国际财务管理研究的独特内容。

1）外汇风险管理

外汇风险，也称汇率风险或外汇经营风险，是指一个经济实体（可以是一国政府、银行、企业或团体）或个人，在参与国际经济、贸易、金融等活动的一定时期内，其以外币计价的资产（债权）或负债（债务）因外币汇率的上涨或下降而引起价值增减变化的可能性。随着经营的全球化，众多跨国企业在进行筹资、投资和分配等活动时不可避免地会在国际范围内收付大量外汇，随之会给跨国经营公司带来很大的不确定性。因此，国际财务管理体系中，企业应该对外汇风险进行有效的管理，避免外汇变动带来的亏损风险。

【小资料10-1】　央行下调远期售汇业务的外汇风险准备金率至零[①]

为保持人民币汇率在合理均衡水平上的基本稳定，中国人民银行2020年10月10日宣布，自2020年10月12日起，将远期售汇业务的外汇风险准备金率从20%下调为0。

中国人民银行表示，2020年以来，人民币汇率以市场供求为基础双向浮动，弹性增强，市场预期平稳，跨境资本流动有序，外汇市场运行保持稳定，市场供求平衡。为此，中国人民银行决定将远期售汇业务的外汇风险准备金率从20%下调为0。下一步，将继续保持人民币汇率弹性，稳定市场预期，保持人民币汇率在合理均衡水平上的基本稳定。

远期售汇业务，是银行对企业提供的一种汇率避险衍生产品。企业通过远期购汇能在一定程度上规避未来汇率风险，但由于企业并不立刻购汇，而银行相应需要在即期市场购入外汇，这会影响即期汇率，进而又会影响企业的远期购汇行为。这种顺周期行为易演变成“羊群效应”。

什么是外汇风险准备金率？这项被业内人士视为外汇市场“自动稳定器”的工具，本质上是一种价格手段，即通过影响汇率远期价格，调节远期购汇行为。一般来说，当人民币贬值预期较强时，上调外汇风险准备金率；当人民币升值预期较强时，下调外汇风险准备金率。

“外汇风险准备金率属于逆周期调节工具，通过调整，防止人民币过度升值或贬值，实现人民币兑美元汇率在合理均衡水平下的双向波动”，中国民生银行首席研究员温彬表示，2020年以来，人民币兑美元汇率波动加大，总体呈现由贬转升

① 佚名．央行下调远期售汇业务　外汇风险准备金率至零——稳定市场预期 降低购汇成本［EB/OL］．［2020-10-12］．http：//www.gov.cn/xinwen/2020-10/12/content_5550447.htm.

的走势，特别是随着中国经济基本面持续向好，近期人民币兑美元升值显著，此时将外汇风险准备金率下调为0，一方面有助于人民币兑美元汇率继续保持在合理均衡水平，另一方面也有助于银行降低远期售汇成本，增加企业对此产品的需求，以更好地利用衍生品管理汇率风险。

招商证券首席宏观分析师谢亚轩认为，调低远期售汇业务的风险准备金率是为了减少对远期外汇行为的约束，或者说是增加外汇市场的需求。"这显然是央行根据当前的外汇市场形势做出的决定，即在人民币汇率快速上升的情况下，放松对远期购汇行为的限制，目的还是希望由外汇市场来决定人民币汇率。"

举例来看，原先准备金率为20%时，假设某银行要做100万美元的远期售汇业务，需要计提20万美元的外汇风险准备金，这笔资金将以零利息在中国人民银行存放一年。此种情况下，银行会把损失的利息，转嫁为做远期售汇业务的成本，最终将由与银行签订远期合约的客户承担，客户远期购汇的积极性就会因此下降。而准备金率降至0后，对于有实际贸易需求的企业来说，将能够以较低的成本实现购汇。

实际上，这并不是外汇风险准备金率的第一次调整。2017年9月中国人民银行及时调整前期为抑制外汇市场顺周期波动出台的逆周期宏观审慎管理措施，将外汇风险准备金率调整为0；2018年，受贸易摩擦和国际汇市变化等因素影响，外汇市场出现了一些顺周期波动的迹象，为加强宏观审慎管理，中国人民银行决定自2018年8月6日起，将远期售汇业务的外汇风险准备金率从0调整为20%。

中银证券全球首席经济学家管涛表示，2018年8月至2020年8月，银行代客未到期远期售汇余额减少1 137亿美元，未到期远期结汇增加163亿美元，自2019年8月起银行代客未到期远期结售汇差额由净购汇转为净结汇。如果重新将外汇风险准备金率降至0，有助于释放远期购汇的需求，进一步促进外汇供求平衡。

2）国际投资管理

随着国际贸易的发展，商品在全球范围内的流动带动了生产要素的流动，促进了国际投资的发展。国际投资可分为直接投资和间接投资。与国内投资不同，国际投资面临更复杂的商业环境和影响因素，是多种制度、文化和行为方式之间的融合和协商。因此，在进行国际投资时，企业需要制订切实的投资方案，通过可行性研究论证，选择有利的投资方式，坚持对投资活动进行系统科学的管理，有效地驾驭投资风险。

【小资料10-2】　《国有企业境外投资财务管理办法》出台[①]

改革开放以来，国有企业作为境外投资的排头兵和主力军，"走出去"步伐不断加快，投资规模持续扩大，在保障国家安全、拓展海外市场、获取先进技术和管理经验等方面取得了较好成效。近年来，随着"走出去"战略和"一带一路"倡议的实施推进，国有企业境外投资呈现多元化和高端化态势，从原来单一的矿产能源

① 佚名. 财政部资产管理司有关负责人就印发《国有企业境外投资财务管理办法》答记者问［EB/OL］.［2017-08-04］. https: //www.sohu.com/a/162156285_653379.

行业向科技电信、汽车运输、工程施工、基础设施等行业拓展，投资额逐年攀升。为了加强国有企业境外投资财务管理，防范境外投资财务风险，提高投资效益，提升国有资本服务于“一带一路”“走出去”等国家策略的能力，2017年财政部制定了《国有企业境外投资财务管理办法》。

《国有企业境外投资财务管理办法》根据《中华人民共和国公司法》《企业财务通则》等规定，在尊重企业产权关系、内部治理结构和经营自主权前提下，明晰各方财务管理职责，同时将财务管理从事中运营和事后监督延伸至前期投资决策和后期绩效评价，有的放矢地对境外投资全过程涉及的重要财务问题做出规范，主要包括以下五个方面内容：

一是明晰境外投资财务管理职责。分别界定了直接开展境外投资的国有企业、国有企业集团公司和各级人民政府财政部门的财务管理职责。

二是构建境外投资事前决策合理机制。要求境外投资事前决策必须考虑财务可行性，对财务尽职调查和可行性研究的形式和内容做出规定，同时强调履行决策职责的书面纪要、申请回避等程序，以利于遏制违规决策和盲目决策等问题。

三是规范境外投资事中运营财务管理。对资金管控、成本费用控制、股利分配、外汇业务、财务信息管理、会计资料保存等财务管理事项提出明确要求，以利于增强事中约束。

四是加强境外投资财务监督。要求国有企业采取建立健全内部财务监督和审计制度、开展实地监督检查等多种方式强化监督，同时依法接受主管财政机关的财务监督检查和国家审计机关的审计监督。要求各级财政部门依托现有国有企业财务会计决算报送系统建立境外投资财务报告数据库，分析监测国有企业境外投资财务运行状况，制定完善相关政策措施。

五是建立健全境外投资绩效评价机制。要求国有企业以集团为单位开展境外投资绩效评价，以利于加强追踪问效。绩效评价结果作为企业内部优化配置资源和相关部门评估“走出去”政策实施效果、制定完善相关政策、进行国有资本注资等行为的重要依据。

3）国际融资管理

跨国公司建立了全球性的错综复杂的经营网，从而产生了全球性的资金需求。与国内融资决策相比，国际融资决策不仅需要进行成本估算、成本分析和偿债能力分析，还须考虑国际融资环境及融资特点、法律规定、有关币种的汇率等。国际融资决策比国内融资决策要复杂得多，其筹资方式更加灵活多变，主要有国际股票融资、国际债券融资、项目融资、国际租赁和补偿贸易融资等。面对国际金融市场多样的资金来源，公司应在各种因素之间进行权衡，做出正确的决策，选出最佳的融资方案。

4）境外资金管理

在跨国企业进行经营活动的过程中，由于国与国之间的资金转移支付，不可避免地会产生大量的现金转移和现金结余。境外现金管理的目标是在保证国际企业经营活动现金充足的情况下，尽可能减少资金持有量，剩余部分用于再投资，以获取企业的最大收益。从国际角度来看，因为涉及国与国之间的现金转移，从而触及不同国家的法律规定，使得现金管理更加繁杂。因此，境外资金管理便成为国际财务管理的一项重要内容。

【小资料10-3】　　探索“境外资金管理平台”[①]

随着中资企业“走出去”的步伐逐步加快，如何加强境外资金集中管理，防范多国家、多时区、多银行、多币种等问题带来的政策风险和汇率风险，提升资金使用效率，降低财务管理成本，成为众多中资企业在全球化经营发展中面临的新课题。由于集团总部无法为位于全球不同时区的集团所有子公司提供服务，企业往往需要根据业务布局和所覆盖的时区建立海外资金管理平台。深入了解不同地域资金管理平台的运营环境与架构模式，有利于中资企业确立适合自身的境外资金管理平台。

英国智库机构通过商业环境、金融业发展、基础设施、人力资本、声誉与一般性因素五大指标构成的全球金融中心指数显示，全球排名前五的城市分别为伦敦、纽约、新加坡、香港和东京。表10-1列示了全球主要财资管理中心的相关信息。许多国家、地区为吸引跨国企业集团设立财资管理中心，经常出台各类税收及优惠政策。企业在具体选择海外财资中心设立地点时，除了国家安全因素之外往往还需要考虑所在地的税收政策、监管政策、货币兑换、国家评级、流动性管理工具及时差等多项因素。

表10-1　　**全球主要财资管理中心相关信息简表**

区域	亚太区		欧洲区		美洲区	
城市	香港	新加坡	伦敦	阿姆斯特丹	纽约	多伦多
预提所得税-利息	0	0~15%	0~20%	0~15%	0~30%	0~25%
企业所得税	8.25%~16.5%	8%~17%	19%	20%~25%	7.1%	联邦公司15% 省公司10%~16%
外汇申报要求	没有	没有	没有	没有	没有	没有
货币自由兑换	没有限制	没有限制	没有限制	没有限制	没有限制	没有限制
国家评级标准普尔	AAA级	AAA级	AA级	AAA级	AA+级	AA级
政局稳定性标准普尔	展望稳定	展望稳定	展望稳定	展望稳定	展望稳定	展望稳定
流动性流动资金管理工具	本外币、实体虚拟资金池均可	本外币、实体虚拟资金池均可	本外币、实体虚拟资金池均可	本外币、实体虚拟资金池均可	本外币、实体虚拟资金池均可	本外币、实体虚拟资金池均可
时区	中国时间	中国时间	中国时间-8	中国时间-7	中国时间-12	中国时间-12

资料来源：标准普尔及PWC Worldwide Tax Summaries网站整理而得。

① 王冰玲，卢回．“探路”海外资金管理平台［J］．中国外汇．2017（16）．

10.1.2　国际财务管理的影响因素

企业经营范围的国际化，必然要求企业从国际的角度来看待财务管理问题。与国内财务管理相比，国际财务管理是在一个更为复杂的环境中进行的，影响国际财务管理的重要因素有以下几种。

延伸阅读10-1

继续高质量共建“一带一路”①

1）经济因素

金融市场、金融机构的完善程度及东道国的通货膨胀水平影响到在该国投资和融资的难易程度，因此，要关注东道国实行的金融政策，深入了解其汇率政策、货币政策、税收政策等，把握好市场状况。东道国的产业政策、对外贸易政策等，也会对企业的财务管理产生重大影响。

2）政治因素

政治因素可以从东道国的政治体制及其政权的稳定性、对外资的政策及其稳定性、国际关系等方面考虑。如果东道国政局不稳定，势必会影响到企业的经营，给其收益带来巨大的不确定性。比如发生政变，许多跨国企业的经营场所被查封，将给企业带来巨大损失。所以，企业应当仔细分析有关国家的政治环境，充分评估该国政治环境带来的风险。

【课程思政】　当代中国国际关系研究以自信自觉开辟新路径②

中华人民共和国成立后，我国在世界舞台上发挥着越来越重要的作用，与其他国家的联系和交往日益密切，亟须建立专门机构研究对外关系、培养外交专业人才。20世纪50年代，我国创办外交学院，国家有关部门组织力量对苏、美、日和欧洲主要国家进行研究，60年代又建立了一批国际问题研究机构。这一时期的研究主要是评价国际共产主义运动形势，宣传社会主义优越性，并开始对亚非拉地区的国家进行研究。我国学者从马克思主义经典作家的外交理论出发，探讨国家主权原则、“三个世界”理论等议题，推出了一系列服务国际政治和外交需要的对策性研究成果。

改革开放后，我国国际关系研究进入快速发展时期。这一时期，我国做出和平与发展是时代主题的科学研判，坚持走和平发展道路，在对外关系中坚持独立自主的外交政策，中国的发展与世界日益紧密地联系在一起。

党的十八大以来，面对世界百年未有之大变局和实现中华民族伟大复兴的历史使命，经过知识和理论积累，我国国际关系研究立足本国国情和世界发展态势，理论自信和创新勇气日益增强，对外来理论和方法进行批判式吸收借鉴，对本国重大外交实践经验进行概括提炼和理论升华，形成大量有价值的研究成果。学者们力图打破国际关系研究中西方话语的束缚，加快构建中国特色国际关系理论。中国特色大国外交、构建人类命运共同体、共建“一带一路”、共商共建共享的全球治理观等成为我国国际关系研究的重要命题，我国国际关系研究的主体意识、学科自觉、

① 人民日报评论员．继续高质量共建“一带一路”——论习近平主席在博鳌亚洲论坛2021年年会开幕式上的视频主旨演讲［N］．人民日报，2021-04-22（01）．

② 吴志成．展示当代中国国际关系研究的独特魅力［N］．人民日报，2019-06-10．

学术自觉显著增强。

3）法律因素

不同的国家和地区有不同的法律规范和要求，有时两个国家有相反的法律规范。因此，国际财务管理需要对不同国家和地区的法律因素进行深入分析。考虑东道国涉及外商投资的法律是否完备、法治是否稳定、执法力度是否坚决，这是对东道国的内部考察。考察东道国与重要国际组织的关系，其签署的国际性的条约和协议及执行情况，这是对东道国的外部评价。

4）文化因素

除了经济、政治和法律环境会影响到国际企业的财务管理以外，社会文化环境也对其有不可忽视的广泛影响。它包括教育、科学、文学艺术、信念、道德、风俗以及同社会制度相适应的权利义务观念、道德观念、价值观念等相当广泛的内容。一般而言，比较重要的影响因素包括文化水平、文明程度、文化传统以及宗教信仰等方面。

10.1.3 国际财务管理的特点

国际财务管理面临着新的环境因素、新的风险来源和新的经济机会。

延伸阅读 10-2

共享经济全球化和世界经济增长成果

1）新的环境因素[①]

在国际公司理财中，要遵循国际惯例，执行有关国家的法律、政策、制度，使用外国货币，要了解有关国家的利率、税率、汇率、通货膨胀率等。因此，国际公司理财的范围更为广泛，环境更为复杂。

2）新的风险来源

公司进行跨国生产经营活动，除了面临经营风险和财务风险以外，还存在政治风险、外汇风险等。

政治风险是指由于政治方面的原因给公司造成损失的风险。其主要有外国政府政策变动风险、战争暴动风险。

外汇风险是指由于汇率发生变动而对公司财务收支和成果产生影响的风险。例如，企业在出口时，由于发出货物和收到货款存在时间差，这段时间内汇率就有可能发生变化，从而有给企业带来损失的可能。因此，进行公司理财工作必须充分考虑外汇风险。

3）新的经济机会

各个国家的政治、经济情况存在着许多差别，比如货币有软有硬、税种有多有少、税率和利率有高有低，劳动力和商品价格也存在一定的差距，外汇和外贸管制的宽严程度也不相同。因而，企业有更多的选择机会和更多的获利机会。例如，公司可以向利润率最高和税率最低的国家投资；到劳动力和原材料价格低廉的国家建厂，就地生产和销售以获取更多的利润；在原材料价格最低的国家进口原材料，生

① 人民日报评论员．让各国人民共享经济全球化和世界经济增长成果——论习近平主席在首届中国国际进口博览会开幕式上主旨演讲［N］．人民日报，2018-11-09（01）．

产产品到价格最高的国家销售等，此外还可从整个公司集团内部各单位的统筹调配中获得新的经济机会。

国际财务管理上述三个特点是相互联系的，新的环境因素产生新的经济机会和新的风险来源。机遇和风险是并存的。跨国经营公司只有适应新的环境，善于抓住新的机遇，注意防范新的风险，才能达到提高经济效益的目的。

【小资料10-4】　　世界经济论坛：2020年全球风险报告①

2020年1月15日，世界经济论坛携手Marsh & McLennan Companies联合发布《2020年全球风险报告》(The Global Risks Report 2020)，报告广泛深入地分析了2020年以及未来十年可能对世界产生影响的重大风险问题，并着重分析了全球风险格局中的主要风险。国家之间和国家内部的对抗进一步加剧，在应对某些关键的全球性问题上，全球各国的紧迫感不断增强。

世界新的风险格局：

(1) 地缘政治动荡

很多国家的政治出现分化和"倒退"，国际关系进一步恶化。这些动荡可能持续存在，导致各国在关键优先领域的合作努力受到挑战。

(2) 经济风险

随着大国之间经济对抗的日益加剧，全球经济呈现出一致放缓的迹象。

(3) 气候问题应对不足

自然巨灾频发，其造成的影响也愈加深远，在此背景下，国际公约的约束力不强，给投资者和公众的行动带来了压力。对于各国来说，2020年是关键的一年，各国应当以此为契机加速实现重大减排目标并推动适应性投资蓬勃发展。

(4) 生物多样性丧失的影响

许多生态系统都在衰退甚至面临灭绝的风险。生物多样性的丧失将给社会、经济和地球健康带来不可逆转的后果。

(5) 技术治理不足

新兴技术风险可能破坏社交网络、危害经济稳定、加剧地缘战略竞争并给国家和国际安全带来压力。要更好地应对系统性风险，需要在各个层面对技术治理实行重大调整和更新。

(6) 艰难运行中的卫生体系

不断变化的社会、环境、人口和技术趋势正在使全球卫生体系承压。虽然变革性技术、药品和保险可以改善医疗保健水平，但它们也带来了新的风险，迫使人们不得不做出新的权衡取舍。

2020年全球风险展望：

据《2020年全球风险报告》当时预测，未来一年国内和国际分化风险以及经

① https://author.baidu.com/home? from=bjh_article&app_id=1642383032504386。

济放缓风险将进一步加剧。78%的调查受访者表示，他们预计“经济对抗”和“国内政治分化”风险将在2020年进一步增加。全球专家还认为，极端高温天气、自然生态系统破坏以及旨在破坏运营和基础设施或者窃取数据或金钱的网络攻击风险也将进一步加剧。

10.2 外汇风险及其管理

跨国公司的许多决策都会受到汇率预期的影响，汇率是货币在外汇市场的相对价格，汇率对于跨国公司进行进出口贸易或国际货币资金流动具有重大影响，因此，跨国公司合理预测汇率变动对保持或提升跨国公司价值十分关键。影响汇率波动的因素十分复杂，任何技术都不能保证准确预测未来汇率的变化。为了能够合理预期汇率变动，首先需要了解汇率波动的基本经济因素和基本原理。

10.2.1 汇率的决定

随着经济环境的变化，汇率可能会大幅度变化，汇率的波动影响跨国公司资产价值。

1）汇率均衡理论

汇率代表了某一时点外币的货币价格，与市场上销售的其他商品一样，外币的货币价格也是由货币的供给相对于货币需求的关系决定的。在任一时点上，外汇的货币价格都应该是外汇供给等于外汇需求时的价格，即所谓的均衡汇率。图10-1描述了美元在不同汇率价格时点的供给和需求关系。在汇率为0.150美元时，美元需求数超过了可供出售的美元供给数，即供不应求。此时，提供外汇服务的银行在该汇率时将产生美元的短缺风险，因此，银行会提高美元售价。当汇率为0.158美元时，美元需求量小于可供出售的美元供给量，即供过于求，此时提供外汇服务的银行在该汇率时会有美元盈余，因此，银行会降低美元售价。在0.155美元时，美元的需求量恰好等于供给量，此时达到汇率均衡状态，因此，0.155美元即为此时的均衡汇率。

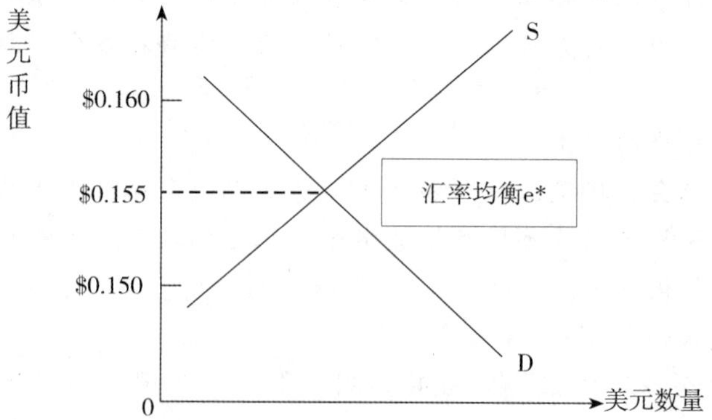

图10-1 美元供给需求均衡图

对所有货币而言，均衡汇率是通过在外汇市场的交易达到的，外汇均衡状态的调整取决于外汇的流动性，因为外汇的流动性影响到汇率对某些交易的敏感性。如果外汇的现汇市场流动性强，它的汇的率将不会对单笔大额货币的购买或销售有很强的敏感性，因此，均衡汇率的变动是相对较小的。在众多有意向的外汇买方和卖方的情况下，外汇交易的供求关系是很容易被调节的。相反，如果外汇的现汇市场是非流动性的，它的汇率对单笔大额货币的购买或销售将会有很强的敏感性。若调节外汇交易的外汇买方和卖方不足，就意味着外汇的价格必须被调整，才能使得外汇的供给和需求重新达到平衡。因此，当外汇的均衡价格即使是在供求条件下微小地调整时，流动性不强的外汇趋于表现为更不稳定的汇率波动。

2）汇率的预测与计量

跨国公司的每项经营活动都会受到汇率变化的影响，合理预测汇率的变化对企业实行以下决策产生重要影响。

（1）套期保值决策

跨国公司常常面对是否对未来外币应付项目和应收项目套期保值的决策问题。企业是否套期保值取决于企业对外币价值的预测，通常在预期未来汇率变动会给企业造成损失时进行套期保值决策。

（2）外币投资决策

企业外币投资决策可分为短期投资和长期投资。当企业短期内有大量的闲置资金时，可以利用高额的外币储蓄进行短期投资。进行外币短期投资决策选择币种的标准主要取决于两个方面，一是利率高，二是投资期间货币升值。企业进行国际长期投资时，通常需要考虑对外投资计划的预期货币兑换需求。在进行资本预算时，只有将所有的预期现金流量折算为母公司本国货币，资本预算才能有效和彻底地进行。

（3）外币融资决策

企业进行外币融资时需要考虑外币币种的选择、期限选择以及融资成本的测算，这些决策都会受到汇率的影响。在短期外币融资决策中，选择外币短期借款的决策标准既要满足利率低，又要实现融资期间货币贬值。在长期外币融资决策中，无论是长期外币借款还是发行外币债券，其决策标准如同短期外币借款一样，期望借入的币种会相对于销售收到的币种贬值。在估算长期外币融资资本成本时，需要对未来外币现金流出折算成母公司本国货币才能够进行资本成本测算。

（4）收益汇回决策

跨国公司在决策是否将子公司收益再投资或汇回母公司时，必须考虑到汇率预测的影响。如果外币预期会发生剧烈贬值，则母公司会加速对子公司收益的回收行为，以避免外币贬值给企业带来的损失。汇率预测在预测跨国公司收益时也发挥作用，因为子公司的收益要合并折算为母公司所在国的货币，编制合并报表报告跨国公司的收益。

跨国公司预测汇率的动机会通过影响现金流和资本成本来影响企业价值，其中，套期保值决策、外币投资决策、收益汇回决策是通过增加本国货币现金流量来增加企业价值，外币融资决策是通过降低融资资本成本来增加企业价值。具体如图10-2所示。

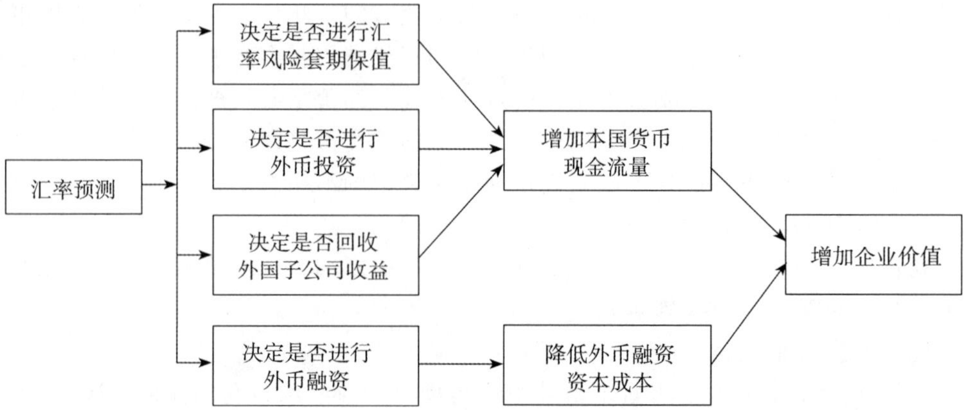

图10-2 跨国公司汇率预测的动机

3）预测汇率的方法

预测汇率的方法有很多，大体分为以下四类：技术预测法、基本预测法、市场预测法、混合预测法。

技术预测法（technical forecasting）是指利用历史的汇率数据来预测未来汇率。某种货币一段时间内的连续日汇率可能存在同方向的升降变化，这表明可利用该汇率未来的变化方向来预测未来汇率。在某些情形下，存在一定的技术因素表明某种货币的历史趋势发生改变，因此，可能导致预期汇率预测结果发生变化。技术因素有时被看作改变投机头寸的主要原因，这些头寸导致某种货币价值的调整。主要有以下原因可能导致某种货币汇率剧烈变动：（1）技术因素压倒了经济消息；（2）技术因素触发抛售该种货币；（3）技术因素显示该种货币最近超卖，从而触发买进该货币。

【例10-1】假设明天A公司需要1 000万英镑支付其所购买的货物的货款。今天，英镑兑美元的汇率升值3%。A公司可以选择今天支付货款以避免明天英镑的继续升值带来的损失。基于对历史数据的时间序列分析，A公司已经确定如果英镑当天的升值超过1%，第二天则会贬值达到其增值率的60%，即：当$e_t>1\%$，$e_{t+1}=e_t\cdot(-60\%)$，则应用该预测方法，A公司预测明天的汇率将会变动如下：

$$e_{t+1}=e_t\cdot(-60\%)=3\%\times(-60\%)=-1.8\%$$

从跨国公司角度看，技术预测法有其局限性，主要体现在以下几个方面：一是该方法只适用于短期汇率预测，不利于长期汇率预测。由于汇率变动的模式在短期内更为系统化，大多数技术预测法应用于非常短的期间，通常只有一天。因此，汇率变动的系统模式在预测未来一个季度、一年或者五年时，结果缺乏一定的可靠性，在预测远期汇率变动时的有用性也较低。因此，对需要预测远期汇率的跨国公司而言，技术预测模型并不是最合适的选择。二是技术预测模型的有效性具有时间性。在某个期间起作用的模型不一定在另一个期间起作用，如果货币价值的变化呈现随机的特点，某一期间的技术预测模型就不再适用。如果汇率变动的历史趋势不确定，那么货币汇率历史变动的探索对预测未来汇率的有用性就大大降低了。

基本预测法（fundamental forecasting）是指根据经济变量与汇率间的基本关系进行预测。货币即期汇率的变动会受以下因素的影响：

$$e=f(\Delta INF, \Delta INT, \Delta INC, \Delta GC, \Delta EXP)$$

其中，e为即期汇率的变化率，ΔINF是某国和外国通货膨胀率差额变化率，ΔINT是某国和外国利率差异变化率，ΔINC是某国和外国收入水平差异变化率，ΔGC是国家控制的变化，ΔEXP是未来汇率预期的变化。依据这些变量的现值及其对货币币值的历史影响，企业就可以进行汇率预测。

市场预测法（market-based forecasting）是一种直接根据市场中的汇率价格预测未来汇率的一种方法，也是非金融企业主要使用的预测方法。

由于各种汇率预测法各有其优缺点，所以混合预测法（mixed forecasting）是综合运用各种预测方法对汇率价格进行预测的综合性方法。

10.2.2　外汇风险

跨国公司的许多决策都会受到汇率预期的影响，要了解外汇风险，进行汇率预测，根据预测结果有效管理外汇风险，从而实现企业价值最大化。

1）外汇风险的含义

外汇风险（foreign exchange risk），也称汇率风险（exchange rate risk）或外汇暴露，指一个经济实体（可以是一国政府、银行、企业或团体）或个人，在参与国际经贸易活动的一定时期内，以外币计价的资产（债权）或负债（债务）因外币汇率的变化而引起价值增减的可能性。

外汇风险一般是由外币、时间和汇率变动三个因素共同构成的。以产品出口为例，如果产品外销的应收货款以本币计价结算，成交到收款的时间不论多长，由于不涉及外币，故不存在外汇风险；如果产品外销的货款虽以外币计价结算，但成交日立即收到货款（不存在时间因素），汇率无变动，也不存在外汇风险；如果产品外销的应收货款以外币计价结算，成交到收款经过一段时间，但在这一段时间内汇率无变动，也不存在外汇风险；所以，只有产品外销的应收货款以外币计价结算，成交到收款经过一段时间，而且在这一期间汇率发生了变动，这三个因素同时存在，才形成外汇风险。

外汇风险管理就是通过对汇率变化方向、变动幅度的预测，对承受风险的外币资产或负债项目进行调整或保值，从而使公司可能发生外汇损失的风险降低到最低程度。

2）外汇风险的种类

外汇风险按照其形成原因可以分为：交易风险（transaction exposure）、经济风险（economic exposure）和折算风险（translation exposure）。交易风险指在约定以外币计价成交的交易过程中，由于结算时的汇率与交易发生即签订合同时的汇率不同而引起的风险。经济风险指外汇汇率意外的变动对公司价值或股票价格的影响。折算风险是指企业把外币余额折算为本国货币时，由于汇率变动导致会计报表中的有关项目发生变动的风险。外汇风险管理就是对不同风险采取相应措施进行管理。交易风险、经济风险和折算风险在概念上的区分如图10-3所示。

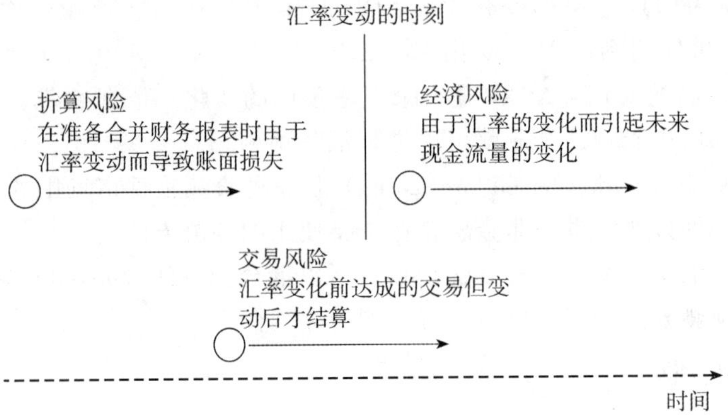

图10-3　三种外汇风险的概念比较

外汇风险按主体不同分为企业外汇风险、银行外汇风险、国家外汇储备风险。企业外汇风险通常包括了前述的交易风险、经济风险和折算风险。银行外汇风险包括外汇买卖风险和外汇信用风险。在人民币坚挺升值时，外汇多头损失、空头赢利；在人民币疲软贬值时，外汇多头赢利、空头损失。国家外汇储备风险包括国家外汇库存风险和国家外汇储备投资风险。

3）外汇风险的管理策略

外汇风险的管理策略有资产负债表避险策略、合约性避险策略和经营性避险策略。

（1）资产负债表避险策略

资产负债表避险策略是通过调整公司暴露资产和暴露负债的大小来降低风险。由于折算风险的根源在于用同一种外币计量的净资产和净负债不匹配，一般可以采用资产负债表抵补保值，即调整处于不平衡状态的外币资产与负债，使暴露资产与暴露负债达到均衡。当预期子公司所在国货币相对于母公司所在国货币升值时，应尽可能增加资产和减少负债；反之，应尽可能减少资产和增加负债，并尽可能减少暴露在外汇风险中的净资产。运用该策略，当子公司所在国货币预期贬值时，对于交易风险和经济风险的规避的方法是保持维持公司当前经营活动所需的最低水平的当地货币现金余额，将超过资本扩张所需的利润转移到母公司，加速当地货币应收账款的收款，延迟当地货币应付账款的付款，将过量资金投资于当地货币存货或其他受货币贬值影响较小的资产，投资于较坚挺的外币资产。当子公司所在国货币预期升值时应采取相反的措施。

（2）合约性避险策略

合约性避险策略是公司利用金融工具进行保值避险活动，包括以外汇期货交易避险、以远期外汇交易避险、以外汇期权交易避险、以外汇掉期交易避险和货币市场避险。其中，外汇期货交易避险和远期外汇交易避险都是通过锁定购买者在未来某一时点支付的货币价格，使得公司未来的现金流入变得更确定，从而达到规避外汇风险的目的。不同的是，外汇期货交易是标准化合约，交割日和每张合同金额都是确定的，而远期合约可以根据公司个体的特殊需要具体订立。使用外汇期货交易避险和远期外汇交易避险能否有好的效果关键在于现时远期汇率（锁定价格）与未来即期汇率的偏差大小，实际上只要这一偏差小于现时即期汇率与未来即期汇率的偏差，那么避险就是有效的。事实上，由于外汇市场上存在众多套利投机者，几乎接近完全竞争市场的远期汇率，反映了整个市场对未来即期汇率的预期，应该可以在相当大的程度上规避外汇波动风险。以外汇期权交易避险，通过购买外汇期权获得在未来选择是否执行合约规定的权利，从而在锁定最大亏损的情况下，一旦汇率朝有利方向波动的幅度大于期权汇率，公司还可以盈利。

（3）经营性避险策略

外汇风险对于跨国公司长期经营的影响，要比对资产负债表和短期交易的影响显著得多。比起前面两种避险策略较多用于短期规避风险，经营性避险策略主要是针对经济风险。经济风险的管理本质是追求风险的最小化而非利润的最大化，应该立足于公司的长远发展，在全球范围内积极推行多元化战略。

10.2.3 交易风险管理

交易风险指一个经济实体在以外币计价的跨国交易中，由于签约日和履约日之间汇率变动导致的应收资产或应付债务价值变动的风险。例如，发生的以外币计价达成合同的外币事项，如应收应付账款、外币借贷款项、远期外汇合约以及已经签订的贸易合同或订单等。

1）交易风险的表现形式

（1）商品进出口交易的外汇风险

商品进出口交易的外汇风险是指公司在商品、劳务进出口交易过程中，用外币计价结算，由于成交日到结算日汇率变动，使公司以本币计算的收入和支出数额产生的不确定性。一方面是出口交易中的外汇风险，如出口以美元计价结算，当人民币贬值时，收回的美元货款折合为人民币的数额会增加；当人民币升值时，则收回的美元货款折合为人民币的数额会减少。另一方面是进口交易中的外汇风险，其原理与出口相同，只是方向相反。如进口以美元计价结算，当美元升值时，付出的人民币会增加，当美元贬值时，则付出的人民币会减少。

（2）外汇借款的汇率风险

外汇借款的汇率风险是指公司借入某种外汇，由于借入日到偿还日汇率变动，使公司还本付息折合本币数额产生的不确定性。例如，我国某公司从银行借款100万美元，期限1年，年利息率10%，借款时汇率为1美元=6.4875元人民币，还款时汇率可能有三种情况：若汇率未变，此时汇兑损益为零；若美元升值，则1美元>6.4875元人民币，那么本息的汇兑损益为亏损；若美元贬值，则1美元<6.4875元人民币，那么本息的汇兑损益为盈利。

（3）远期外汇交易的汇率风险

远期外汇交易的汇率风险是指在远期外汇交易中，由于合约规定的远期汇率与合约到期日的即期汇率不一致，而使按远期汇率付出的货币数额多于或少于按即期汇率付出的货币数额而发生的风险。例如，某公司于6月1日与银行签订用人民币买美元的远期外汇交易合约，期限半年。远期汇率为1美元=6.8090元人民币，金额为680.90万元人民币买100万美元。12月1日合约到期时，即期汇率为1美元=6.7090元人民币，如果该公司不签订远期外汇交易合约，按即期汇率用670.90万元人民币可买入100万美元，进行远期外汇交易反而多付了10万元人民币。但如果12月1日的即期汇率为1美元=6.9090元人民币，按此汇率买入100万美元需付690.90万元人民币，进行远期外汇交易只需付680.90万元人民币，节省了10万元人民币。

企业管理交易风险面临三项任务：第一，测定交易风险的程度；第二，决定是否对该风险套期保值；第三，如果决定部分或全部地对风险进行套期保值，则需要选择合适的套期保值的方法。

2）管理交易风险的方法

企业对以外币标价的部分或者全部应收和应付项目进行套期保值，以避免外币币值变动带来的影响，通常情况下可以选择远期合约套期保值、货币市场套期保值、货币期权套期保值等。

（1）远期合约套期保值

远期合约套期保值允许跨国公司锁定其购买某种货币的特定汇率，从而帮助公司规避该货币各种应付项目的外汇风险。远期合约由公司与特定的金融机构签署，如商业银行。远期合约明确规定的项目有公司需要支付的货币、公司将要收到的货币、公司收到的货币金额、跨国公司进行货币兑换的汇率（远期汇率）、货币兑换的日期。

【例10-2】A公司是一家跨国企业，该公司财务总监预计1年后需要支付200 000美元给其关联方。财务总监打算通过远期合约在1年后购买美元，合约约定1年期远期汇率为1美元=6.4869人民币。如果财务总监购买了1年期远期合约，则：

1年后支付的人民币金额=应付美元金额×远期汇率=200 000×6.4869=1 297 380（元）

（2）货币市场套期保值

货币市场套期保值是指用货币市场头寸抵补未来应付款或应收款头寸。如果企业拥有闲置现金，可以进行货币市场套期保值。

【例10-3】假设中国的甲公司1年后需要支付200 000英镑，公司财务总监考虑公司所持现金状况，将人民币兑换为英镑，并办理1年期的储蓄。假设银行1年期定期存款利率为1.6%，则公司需要存入多少英镑？

甲公司应该套期保值的储蓄额=200 000÷（1+1.6%）=196 850.39（英镑）

假设英镑的即期汇率为1英镑=8.8196元人民币，则需要的人民币金额计算如下：

甲公司人民币储蓄金额=196 850.39×8.8196=1 736 141.70（元）

应该实施远期合约套期保值，还是货币市场套期保值以抵补未来应付款呢？两种方法的结果都可以提前确定，因此，企业应该选择更可行的方案。如果利率平价理论成立，且交易成本不存在，那么货币市场套期保值产生的结果同远期套期保值一样。这是因为远期汇率的远期升水体现两种货币间的利率差异，用远期买入对未来应付款套期保值等同于以本国利率举债而以外国利率投资，用远期出售对未来应收款套期保值等同于以外国利率举债而以本国利率投资。即使远期升水能够用国家间的利率差异来加以反映，交易成本的存在也可能导致远期套期保值的结果不同于货币市场套期保值。

（3）货币期权套期保值

在应付项目货币贬值或应收项目货币升值时，远期套期保值和货币市场套期保值这两种方法不能实现套期保值。在这种情况下，不套期保值的策略将可能比远期套期保值或货币市场套期保值更有利。理想的套期保值方法会使公司摆脱不利的利率波动，并且使公司从有利的汇率波动中受益。货币期权有这种功能，但公司要考虑货币期权套期保值的收益是否超过所付出的代价（期权费）。在实施货币期权套期保值过程中，要注意如下三方面内容：

第一，以货币买入期权对应付项目套期保值。货币买入期权提供在一定时间内，按执行汇率购买一定数量某种货币的权利。不像远期合约，货币买入期权持有者不负有以执行汇率购买货币的义务。如果期权存续期内外币即期汇率低于执行汇率，则公司可以让期权失效，以目前的即期汇率购买外币。但是，如果外币即期汇率升值，买入期权允许公司以执行汇率购买外币。也就是说，拥有买入期权的公司已锁定了购买货币的最高价格（执行汇率）。该公司也有让期权失效和以当前即期汇率取得货币用于付款的灵活性。

第二，基于或有曲线的买入期权套期保值成本。采用买入期权进行套期保值的成本，在购买期权时并不能够确定。只有当应付项目到期，且那时的即期汇率已知时才能确定。因此，可通过分析应付项目到期时可能的外币汇率，来确定是否买入期权进行套期保值及其成本。该成本既包括购买货币支付的成本，也包括买入期权的期权费用。如果应付项目到期时的货币即期汇率低于执行汇率，则可以选择让该期权失效，而以当前即期汇率购买外币。如果外币即期汇率等于或高于执行汇率，可以执行期权，购买外币。可以通过绘制或有曲线来确定不同汇率情况下，通过买入期权进行套期保值的成本。如果即期汇率波动幅度较大，这种方法将会更有效。

第三，基于货币预测的买入期权套期保值成本。或有曲线虽然能够确定应付项目到期时，不同汇率情况下的套期保值成本，却并没有考虑币值预测。因此，它并不能帮助决策是否采用货币期权进行期权保值。可以进行货币币值预测，其能够更准确地估计货币期权的成本。

【例10-4】中国A公司希望对其1年期的100 000美元应付项目进行套期保值。公司可以购买100 000美元的买入期权。假设买入期权的执行汇率为6.8500元人民币/美元，期权费为0.01元人民币/美元，1年后到期。假设公司对1年后即期汇率的预测见表10-2。

表10-2　**1年后美元即期汇率预测**

1年后即期汇率（元人民币/美元）	6.8200	6.8600	6.8900
概率	20%	70%	10%

每一种汇率情形下的套期保值成本见表10-3。

表10-3　**应用货币买入期权对美元应付款套期保值**

情形	到期日即期汇率	期权费	执行汇率	期权总成本（含期权费）	支付人民币（元）
1	6.8200	0.01	6.8200	6.8300	683 000
2	6.8600	0.01	6.8500	6.8600	686 000
3	6.8900	0.01	6.8500	6.8600	686 000

由表10-3可知，当到期即期汇率低于6.85时，公司会选择放弃期权。当到期即期汇率高于6.85时，公司会选择执行期权。公司可以选择不同种类的买入期权，对于给定的货币种类和到期日，这些买入期权具有不同的执行价格和期权费用。需要在较低的执行价格和较高的期权费用之间做出权衡。或者选择较低的期权费用，但要支付较高的执行价格。

【小资料10-5】新金融工具准则：《企业会计准则第24号——套期会计》①

2016年8月，财政部发布了《企业会计准则第24号——套期会计（修订）（征求意见稿）》公开征求意见。2017年4月6日，财政部正式发布了《关于印发修订〈企业会计准则第24号——套期会计〉的通知》（财会〔2017〕9号）。新修订的套期会计准则将准则名称由“套期保值”改为“套期会计”，核心理念是将套期会计

① 参考财政部会计司官网：http://www.gov.cn/xinwen/2017-04/06/content_5183799.htm。致同解读：《CAS 24套期会计》，www.grantthornton.cn。

和风险管理紧密结合，使企业的风险管理活动能够恰当地体现在财务报告中。

套期会计准则拓宽了套期工具和被套期项目的范围，增加了允许将以公允价值计量且其变动计入当期损益的非衍生金融工具指定为套期工具。拓宽了可以被指定的被套期项目的范围，增加了以下符合条件的被套期项目：一是允许将非金融项目的组成部分指定为被套期项目；二是允许将一组项目的风险总敞口和风险净敞口指定为被套期项目，并且对于风险净敞口套期的列报做出了单独的要求；三是允许将包括衍生工具在内的汇总风险敞口指定为被套期项目。

新准则改进了套期有效性评估。定性的套期有效性要求的重点是，套期工具和被套期项目之间应当具有经济关系，使得套期工具和被套期项目的价值因面临相同的被套期风险而发生方向相反的变动，并且套期关系的套期比率不应当反映被套期项目和套期工具相对权重的失衡，否则会产生套期无效以及与套期会计目标不一致的会计结果。

新准则引入了灵活的套期关系“再平衡”机制。如果套期关系由于套期比率的原因而不再满足套期有效性要求，但指定该套期关系的风险管理目标没有改变的，企业可以进行套期关系再平衡，通过调整套期关系的套期比率，使其重新满足套期有效性要求，从而延续套期关系。

新准则期权时间价值的公允价值变动应当首先计入其他综合收益，后续的会计处理取决于被套期项目的性质。被套期项目与交易相关的，对其进行套期的期权时间价值具备交易成本的特征，累计计入其他综合收益的金额应当采用与现金流量套期储备金额相同的会计处理方法进行处理；被套期项目与时间段相关的，对其进行套期的期权时间价值具备为保护企业在特定时间段内规避风险所需支付成本的特征，累计计入其他综合收益的金额应当按照系统、合理的方法，在套期关系影响损益（或其他综合收益）的期间内摊销，计入当期损益。

新准则增加了信用风险敞口的公允价值选择权。新准则规定，符合一定条件时，企业可以在金融工具初始确认时、后续计量中或尚未确认（如贷款承诺）时，将金融工具的信用风险敞口指定为以公允价值计量且其变动计入当期损益的金融工具；当条件不再符合时，应当撤销指定。

10.2.4　经济风险和折算风险管理

1）经济风险管理

经济风险是指由于汇率变动对公司产销数量、价格、成本等产生影响，从而引起公司未来一定时期利润和现金净流量的不确定性。经济风险的影响是长期的，而交易风险和折算风险都是一次性的。一般来说，经济风险的大小取决于市场竞争结构以及这些市场如何受汇率变动的影响，而这种影响又取决于一系列经济因素，如产品的价格弹性、汇率变动对市场的直接影响（通过价格）及间接影响（通过收入）等。

一个公司即使没有任何跨国经营活动也会面临经济风险，因为绝大多数国家的商品与金融市场是相互联系并相互影响的。例如，如果本国货币升值，将会对一个只在国内生产销售的公司产生不利影响，因为来自国外的竞争加强了，进口原材料的竞争对手也处于有利的地位。

经济风险涉及面广，不仅包括财务内容，还涉及市场营销、供应和生产等各个方面，因此，其风险由整个公司管理层承担，而交易风险和折算风险由财务人员承担。经济风险的管理目标，是预测汇率变动对未来现金流量的影响，并采取必要的措施避免风险，减少损失。对从事跨国经营的公司来说，经济风险管理的重要方法就是实现多元化，即经营多元化和财务多元化。

（1）经营多元化

经营多元化是指不仅在不同业务领域经营，而且也在不同地区、不同国家经营。经营的多元化要求公司管理人员对不同国家或地区的差别和变化予以关注和了解，以迅速采取措施对其经营策略加以调整，从而增强其竞争力。

如果国际公司经营行业的范围及跨越的地区、国家相当广泛，由于资产组合效应，汇率变化的风险可以在不同国家和地区之间部分或全部抵消，即汇率改变对公司现金流量的影响可能会因多元化经营而减少。

（2）财务多元化

财务多元化主要是指融资多元化和投资多元化，即公司可以从多个国家的金融市场筹集资金，用多种货币计算，如果有的外币贬值，而有的外币升值，就可以使外汇风险相互抵消。同时，公司可以向多个国家投资，创造多种外汇收入，就可以适当避免单一投资带来的风险。

另外，公司还可以将外币应收款与外币应付款进行配合。例如，使美元应收款与美元应付款的数额基本上相等，如果美元贬值，使应收款的实值减少，而应付款的实值也相应减少，使风险抵消。财务多元化不仅可以避免外汇风险，还可以降低资金成本，减少政治风险。

2）折算风险管理

为了编制合并报表，集团企业需把每个子公司的财务数据折算为本国货币，这时就会产生折算风险。即使折算时不影响现金流量，许多公司仍关心折算风险，因为其会影响公司的合并利润从而影响公司的股价。因此，许多公司会考虑对其折算风险进行套期保值。

（1）远期合约套期保值

企业可运用远期合约对折算风险进行套期保值。具体来说，可以卖出子公司所在国的货币远期合约，构造现金流出，与未来将要收到的利润收入相抵。下面举例说明远期合约对折算风险套期保值。

【例10-5】A公司是中国公司在美国的子公司，存在风险资产1 200万美元，存在风险负债600万美元。当人民币兑美元汇率由6.4860上升到6.6166时，公司的风险净资产是多少？由美元升值引起的折算利得或损失是多少？

风险净资产=1 200-600=600（万美元）

折算利得=600×（6.6166-6.4860）=78.36（万元人民币）

（2）折算风险套期保值的局限性

对折算风险套期保值有四个局限性。第一，收益预测值不准确。子公司对年末收益的预测值是存在误差的，但如果实际收益高于预测值，而且子公司计价外币在当年大幅贬值，折算损失可能会超过远期合约策略产生的收益。第二，某些货币无远期合约。现实中并不是所有的货币都有远期合约，在一些国家无法得到该国货币的远期合约。第三，会计信息的扭曲。远期汇率利得或损失反映了远期汇率和将来即期汇率的差异，而折算利得或损失体现这一期间的平均汇率。另外，折算损失不能抵税，而用于对折算风险套期保值的远期合约的利得需要纳税。第四，交易风险增加。套期保值使企业可能增加交易风险。例如，如果子公司货币升值，就会产生折算利得，如果企业在年初实施套期保值策略，产生的交易损失将一定程度地抵消折算利得。

10.3　国际投资管理

跨国公司通过与外国企业合资、收购外国企业或组建新的国外分支机构来进行直接对外投资。国际直接投资的迅速增长，已成为世界经济中最活跃的因素之一。国际直接投资不是资本在国际间的简单转移，而是企业从母公司所在国向东道国的实际扩张，包括资本、技术以及先进的管理方法都在向东道国转移，然后与当地的生产要素相结合，开拓市场，向当地及其他国家提供产品。

10.3.1　国际投资的含义

国际投资是指投资者为获得比国内投资更高的收益而投放资本于国外的行为。各个国家为了实现经济发展目标而利用外资、增加就业、推进新技术革命并进行产业结构调整，促进了资源的优化配置，推动了本国经济的发展。

10.3.2　国际投资的特点

1）投资动机的多元性

不同公司的投资动机各不相同，如为了获得高额利润，维护和扩大国际市场，充分利用现有设备、技术和人力；带动机器设备、成品、半成品和劳务的出口，扩大对外贸易；开发和利用国外自然资源，增加外汇收入，取得和利用国外的先进技术和科学管理经验，降低投资风险等。但国际投资的直接动机就是为了增加收益和减少风险，即为了获得高于国内经营的利润率，减少实现预期收益的风险。

2）资金流动的多样性

由于国际资本具有双向流动性，既包括本国对外国投资，又包括外国对本国投资，这导致投资资金来源的多样性和资金投放的多种选择。资金来源既可以是公司的净资产，也可以是各国政府、单位和个人的资金，以及向当地金融市场和国际金融市场筹集的资金。投资选择面也很宽泛，可以直接在国外投资办企业，也可以购买各种外国债券、股票、国际基金等分散资金风险。在投资的行业上也可以打破国家和地区的限制，可以投资一些国外需求很大同时在本国有较大的资源或劳动力优势的行业。

3）投资主体代表的民族性

进行国际投资的主体为数众多，有国家、政府、公司和各种经济组织及个人等。对于东道国来说，其来自不同的国家和民族，要受东道国政府的管辖，要向东道国政府纳税，可能会受到贸易保护主义和民族异己主义分子的歧视。

4）投资计价货币的多样性

在国际投资中，要采用可以自由兑换的货币或可以向第三国办理支付业务的货币及支付手段，如美元、欧元等。

5）投资风险的多重性

国际投资的风险性包括国际投资中的政治风险、外汇风险和经营风险，如前已述。

6）投资环境的复杂性

国际投资涉及的地域广泛，在不同国家和地区，其政治、经济、金融体制、自然环境千差万别。即使在地域接近的国家和地区，不同国家和地区的经济发展程度不一致，其经济制度和市场化程度也不同。而这些因素综合起来就加大了投资环境的复杂性。不同国家的税收、利润分配制度、商业法律和惯例等方面无不存在着很大的差异，在财务投资决策时必须要注意到这些差异并对这些差异进行调整。在国外建立公司登记注册时，接受投资国政府管辖，向被投资国政府依法纳税，遵守和执行投资国的方针政策、法律和有关规定。国际投资要受到各方面条件的制约，在复杂的经济条件下协调各方面的利益。

10.3.3 国际投资的种类及方式

国际投资分为直接投资和间接投资。

1）国际直接投资

国际直接投资，是指投资者在国外所投资的公司中拥有足够所有权或控制权的投资。

（1）直接投资的方式

国际直接投资方式主要有两种；一是在国外建立新企业，即跨国创建，又称“绿地投资”。新建企业可以采取合资经营、独资经营或合作经营等多种组织形式。选择不同的组织形式将会对跨国企业未来发展产生不同影响。二是通过跨国并购获得国外企业的控制权，即跨国并购。跨国并购包括跨国收购和跨国合并两种方式。

跨国收购是购买另一国企业的整个资产或足以行使经营控制权的股份，以获得该企业的控制权。跨国合并则是原来属于两个不同国家企业的资产和经营被组合成一个新的法人实体。在全球的跨国并购中，收购占了大部分，合并占跨国并购的比例不足3%。

（2）直接投资的动因

企业进行国际直接投资通常出于以下五个方面的动机。

第一，打破国际贸易壁垒。各国政府出于政治考虑，往往通过设置关税壁垒、进出口配额等方式来限制商品、服务以及自然资源的自由流动。有时，为了保护本国弱势产业，大力扶持和发展民族产业，或者其他目的，政府甚至禁止某种商品在国际间的流动。贸易壁垒对产品在国际间的自由流动设置了障碍，会增加企业出口产品的成本和费用，进而提高进口企业产品在国际市场上的价格，削弱产品的竞争力。在这种情况下，企业利用国际直接投资，以资本、技术、中间产品等形式在国外投资生产，有利于突破贸易壁垒，寻求新的商业机会，维护和扩大国际市场，使企业能够在日益激烈的市场竞争中求得生存和发展。例如，美国对日本进口的汽车征收高关税后，日本的本田、丰田、日产等汽车公司纷纷在美国建厂，以绕过美国进口配额的限制。

第二，充分开发和利用国外的资源。由于各国的自然资源、地理环境的禀赋不同，在国外直接投资开办工厂，可以直接利用各国具有竞争优势的资源以追求最大利润。有数据显示，我国人均石油和天然气拥有量分别不到世界人均拥有量的1/8和1/20，并且关系到国计民生的大部分矿种难以满足需要，资源短缺已成为我国经济发展的制约因素。通过对外直接投资，开发和利用国外的自然资源，可以较好地缓解国内某些资源的不足。同时，在各要素市场中，劳动力市场是最不完善的要素市场，一国的劳动力价格可能被严重地低估，而劳动力的转移受到较大的限制。因此，企业可以选择要素价格水平较低的国家和地区进行直接投资，以国外廉价的资源获得较高的投资收益率。比如丰田、通用、福特、索尼、松下等公司，在劳动力价格低廉的国家，如墨西哥、印度尼西亚、马来西亚、中国、泰国等投资建厂。

第三，纵向一体化。跨国公司为了保持其产品的原材料供应充足，往往在原材料供应国进行直接投资，垄断了这一原材料的供应，对其他厂家设置进入壁垒，进而攫取利润。跨国公司对自然资源加工领域，如提炼、矿物开采、森林开采等进行直接投资就是出于这种考虑。同时把这些自然资源的后续加工产业也设在当地，可以节约运输成本。例如，荷兰的皇家壳牌集团给其提炼精油的部门提供原材料，从拥有石油资源的沙特阿拉伯购进原油。原油垄断国的公司拥有很高的议价能力，壳牌公司不得不用较高的价格购买原油。原油的价格变动很大，公司对其上下游产业进行纵向合并，可以很好地解决这个问题。

第四，延长产品生命周期。产品生命周期理论是市场营销学中的概念，是指产品像任何事物一样，有一个诞生、成长、成熟、衰退的过程。生命周期理论认为，每种新技术产品都要经历创始阶段、产品成熟阶段、产品标准化阶段、产品衰退阶段。在产品生命周期成熟阶段，尤其是标准化阶段，竞争的关键是降低成本，而企业在本国所具有的优势已开始下降，因此，企业进行直接投资，在国外建厂生产，可以提高市场占有率，抢占海外市场份额，提升企业竞争力，延长产品的生命周期。在不同阶段，企业应采取不同的投资战略，在产品成熟尤其是标准化以后，应以直接投资的方式将生产转移到工资低、成本小的地区。

第五，利用投资组合分散风险。投资组合原理表明，如果把相关系数较小的投资项目组合起来，可以有效地降低非系统风险对收益的影响。由于国际资本流动的限制，投资者往往不能在国际形成有效的投资组合。跨国公司却可以通过分散的国际投资，为其股东提供分散化的服务，降低公司经营风险。例如，日本丰田汽车公司在2000—2001年，因其在欧洲的子公司销售业绩良好，从而减轻了亚洲金融危机带给它的冲击。有些企业由于所在国政局不稳或经济衰退，在本国投资风险较大，因而向投资环境良好的国家进行投资，就有利于分散和减少投资风险。

【小资料10-6】　　430亿美元中国最大海外并购案[①]

在2016年2月同先正达签署收购协议后，中国最大的化工企业中国化工集团公司（以下简称“中国化工”）6月8日在北京宣布，已经完成对先正达的交割，并拥有先正达股份94.7%。至此，这项总交易金额430亿美元（折合人民币2 924亿元）的项目，是迄今为止中国所实施的最大规模的一单海外企业并购。

目前，全球农化和种子行业的市场价值达1 000亿美元，而中国化工收购先正达是影响农业及化工行业竞争格局的三笔关键交易之一。凭借此次并购，中国企业将正式进入全球农化企业第一梯队，以更好地服务于中国国内的农业供给侧结构性改革，并彻底改写全球化工领域的市场竞争格局。

长期以来，全球农化行业第一梯队呈现“六巨头”格局，分别是先正达、孟山都、拜耳、陶氏、杜邦和巴斯夫六家跨国公司。从2015年开始，全球农化行业出现20年来的第二次大整合。其中，陶氏与杜邦的1 400亿美元合并案是第一笔被宣布的交易，拜耳660亿美元收购孟山都一案也备受市场关注，而中国化工收购先正达则让中国企业一步跨入了全球农化并购的第一线。早在中国化工之前，已有多家农化巨头向先正达表达了“联姻”愿望，但均遭先正达拒绝。正是在这一背景下，从2009年起就密切关注先正达的中国化工，对先正达展开了为期7个多月的艰苦谈判和交流，并在2016年2月3日正式签署了总计达430亿美元的收购协议。先正达是全球第一大农药、第三大种子农化高科技公司，已有250多年的历史。其拥有农药、种子、草坪和园艺三大业务板块，是全球最具价值的农化品牌。公司2016年销售收入900亿元，净利润84亿元。其中，农药和种子分别占全球市场份额的20%和8%。中国化工则是中国最大的化工企业，在《财富》500强中位列第234

① 佚名. 430亿美元中国最大海外并购收官 中国化工牵手先正达将发挥协同效应［EB/OL］.［2017-06-08］. http://finance.sina.com.cn/roll/2017-06-08/doc-ifyfzhpq6274790.shtml.

位，2016年资产总额3 776亿元、销售收入3 001亿元。

2017年3月31日，美国另一家农化上市公司富美时（FMC）宣布，将用现金加资产的方式收购陶氏和杜邦剥离的资产。另一化工巨头巴斯夫也被视为剥离资产的最重要竞购参与者，因为此次巴斯夫并没有参与到本轮农化行业的整合重组中来。美国农业部高级经济学家盖勒在媒体上指出，一方面，中国希望拥有最好的技术，但与此同时，中国也不希望自己的市场被孟山都、杜邦或拜耳等国际公司所主导。因此，购买技术就是实现这一目标的最便捷的方法。现在看起来这倒成了中国的战略。

由于农业是关乎欧美政治和经济的重要领域，因此，欧美监管机构对这三大并购的审批都格外审慎，希望维持各自农业领域内有效竞争的市场格局，并确保未来合并之后新企业的产品能够合格、合规地进入欧美市场。2017年3月27日，欧盟首先批准了陶氏与杜邦之间的合并交易，但条件是两家公司必须剥离杀虫剂、除草剂和部分待研发产品和基础设施。对于中国化工收购先正达的交易，也同样经历了欧美的严格筛查。2016年8月22日，这项交易首先获得了美国海外投资委员会（CFIUS）的批准。当地时间2017年4月4日、4月5日，美国联邦贸易委员会（FTC）和欧盟委员会分别通过了对中国化工和先正达交易的反垄断审查。其中，美国联邦贸易委员会对中国化工与先正达的并购项目，提出了剥离出售阿维菌素、百菌清和百草枯3个产品的要求，涉及销售收入0.29亿美元，并确定美国Amvac农药公司为潜在收购方。欧盟则要求，中国化工与先正达最终需要剥离的农药产品有57个，涉及销售收入1.94亿美元。根据欧盟反垄断规定，剥离资产须在交割后6个月内完成出售。

收购虽然比较顺利，但未来的整合仍然任重道远。

2）国际间接投资

间接投资是指投资者不直接掌握被投资公司的动产或不动产的所有权，或在投资对象中没有足够控制权的投资。国际间接投资通常也称为国际证券投资，是指投资者在国际金融市场上购买其他国家政府、金融机构和公司发行的债券以及公司股票的行为。它一般不涉及对投资所形成的资产的经营和管理，只是按规定获得利息，以资本增值为目的。证券投资具有选择面宽、资产分散的特点，因而许多投资者往往采用证券投资组合来降低和分散投资风险。证券投资是除现金之外最具有流动性和变现性的资产，因此，投资者通过证券投资来保持资产的流动性，也是其主要目的之一。

10.4 国际融资管理

国际融资是指通过国际金融市场来筹集企业发展所需的流动资金、中长期资金。其目的是进入资金成本更优惠的市场，扩大企业发展资金的可获取性，降低资金成本。在融资问题上，如何趋利避害是跨国公司财务管理的重要课题。国际融资管理，则是指企业通过科学地谋划和合理地组合，以最有利的条件筹措资金，寻求并建立最佳资本结构。对于跨国公司来说，它们需要在做出最终决策之前考虑哪种融资方式更具有价值。为了实现价值最大化，要比较各种国际融资方式的优劣，从中选择适合的国际融资方式。

10.4.1 国际融资特点

与国内融资相比，国际融资的特点主要表现在以下几个方面。

1）融资风险大

跨国公司在融资过程中受不同国家或地区的汇率、利率和税率等因素的影响，还受到各国经济发展方式、政治环境、法律环境、文化背景等多重因素的影响。因此，其融资有相当大的不确定性。不确定性越大，其风险越大。

2）资金成本可降空间大

在不同的国家或地区进行融资可以分散风险，还可充分利用不同国家的金融市场谋求更低成本的融资渠道。跨国公司可以利用国际贸易融资、国际租赁融资和国际项目融资等专业性融资方式，降低资金成本。由于其经营规模和多样化的特征，跨国公司很容易利用趋于国际一体化的国际资本市场，利用内部转移定价机制将资金从一个公司转移到另一个公司，规避金融市场分割对企业的不利影响，获得较低的资金成本。

3）融资规模效应明显

跨国公司可以在国外市场筹集债务资金、在各国资本市场上发行股票或通过子公司在东道国进行融资。市场流动性的增强导致资金边际成本在一个更大的资金预算范围内保持不变，从而使跨国公司能以与原先同样低的边际资金成本筹集到更多的资金，而使更多的投资项目满足资本预算要求，实现显著的融资规模效应。

4）融资管制和信息透明度要求高

在国际金融市场上进行融资，一般都有严格的融资管制和信息透明度要求。成熟的投资者也要求跨国公司在国际融资时进行充分的信息披露。若信息披露违规，将会受到较严厉的惩罚。

10.4.2 国际融资来源

与国内融资相同的是，国际融资也分为国际股权融资和国际债务融资。但国际融资因其自身特性，也存在独特的融资新渠道。

1）国际股权融资

国际股权融资是企业在国际资本市场上发行股票或接受东道国私人股权投资进行融资的一种重要方式。随着各国资本市场对外开放程度越来越高，这种方式也越来越重要。通过国际资本市场融资，跨国公司可以获取稳定的资金以满足长期健康发展的需要。

（1）境外上市

境外上市是指国内股份有限公司向境外投资者发行股票，并在境外证券交易所公开上市。境外上市的优势有适用法律更易被各方接受、审批程序更为简单、可流通股票的范围广、股权运作方便以及税务豁免等。企业直接在境外上市不仅拓展了融资渠道，同时扩大了宣传，提高了公司的知名度。需要注意的是，境外上市公司受到的监管更为严格，发行成本和维护成本也较高。

（2）利用国际股票分销网络

国际企业可以与投资银行等金融机构联系，由投资银行等金融机构承购新发的股票，然后通过广泛的通信网络和销售集团，将股票向世界各国投资者销售，利用分销网络较大规模地发售股票，利用全球各地的资金。

（3）证券存托凭证融资

证券存托凭证融资又称为“存股证”，它是由一国存托银行向该国投资者发行的一种代表其他国家公司证券的可转让凭证，是为方便证券跨国界交易和结算而创制的。存托凭证所代替的基础证券通常为其他国家公司的普通股股票，目前已扩展至优先股和债券，最常见的存托凭证主要为美国存托凭证（ADR）及欧洲存托凭证（EDR）。我国目前已在境外上市的上海石化、上海二纺机、马鞍山钢铁等公司均采取ADR境外上市融资。

（4）通过国际私募进行股权融资

私募是相对于公募而言的，是指向小规模数量合格投资者出售股票，通过对非上市企业进行的权益性投资，在交易实施过程中附带考虑了将来的退出机制，即通过上市、并购或管理层回购等方式，出售持股获利。私募资金比较偏向于已形成一定规模和产生稳定现金流的成形企业，投资期限一般为中长期。国际上较为著名的私募基金有黑石基金、CVC等。

2）国际债务融资

国际债务融资是指跨国公司通过银行贷款、发行债券等形式进行资金筹集。与国际股权融资不同的是，国际债务融资并不涉及所有权的问题，借款公司主要是通过自身的信誉和偿债能力向国际市场筹集资金。通常，国际债务融资可以通过向国际商业银行借贷和在国际市场发行公司债券取得。

3）国际融资新渠道

除了股权融资和债务融资外，还可以通过利率互换、货币互换及国际融资租赁等新渠道筹集资金。

（1）利率互换

利率互换是指交易双方以一定的名义本金为基础，将该本金产生的以一种利率计算的利息收入（支出）与对方的以另一种利率计算的利息收入（支出）相交换。交换的只是不同特征的利息，没有实质本金的互换。利率互换可以有多种形式，最常见的利率互换是在固定利率与浮动利率之间进行转换。

【小资料 10-7】 **全国银行间同业拆借中心：利率互换曲线计算方案调整**[①]

为进一步体现全国银行间同业拆借中心（以下简称交易中心）利率互换曲线的基准性，提升其价格代表性，交易中心于2017年4月10日发布《关于调整交易中心利率互换曲线计算方案的通知》称，对利率互换曲线（包括利率互换定盘/收盘曲线和利率互换行情曲线）计算方案进行了完善，并将于2017年4月10日发布基于新方案的利率互换曲线。

相比原有方案，调整要点如下：

第一，利率互换定盘/收盘曲线数据样本由只包括报价行双向报价调整为包括X-Swap报价、货币经纪可成交报价和报价行双向报价。

第二，利率互换定盘/收盘曲线算法调整为根据X-Swap报价和货币经纪可成交报价计算出可成交代表性价格，根据利率互换双向报价按原定盘/收盘曲线算法计算出双向报价代表性价格，优先选用可成交代表性价格，可成交代表性价格缺失或价差过大时，选用双向报价代表性数据。

第三，利率互换行情曲线发布时间调整为9:30~11:30及12:30~16:00，每30分钟发布一次，原有12:00和16:30利率互换行情曲线不再发布。

第四，利率互换行情曲线数据样本由只包括X-Swap报价和货币经纪意向报价调整为包括X-Swap报价、货币经纪可成交报价和货币经纪意向报价。

第五，利率互换行情曲线算法调整为根据X-Swap报价和货币经纪可成交报价计算出可成交代表性价格，优先选用可成交代表性价格，可成交代表性价格缺失时，选用货币经纪意向报价。

（2）货币互换

货币互换（又称货币掉期）是指两笔金额相同、期限相同、计算利率方法相同，但货币不同的债务资金之间的调换，同时也进行不同利息额的货币调换。货币互换双方互换的是货币，它们之间各自的债权债务关系并没有改变。初次互换的汇率为协定的即期汇率。

交易方采用货币互换的两个主要原因，一是可在利息成本降低的情况下利用互换来的货币进行债务融资，这是由于交易双方在其各自的国内资本市场上具有比较优势，二是通过货币互换可得到规避长期外币风险的好处。

（3）国际融资租赁

国际融资租赁是指国际出租人按照承租人的要求购买租赁物并租赁给承租人，由承租人按约定支付租金，在租期结束时，承租人支付租赁物象征性余值并取得租赁物所有权的交易。近代融资租赁活动始于第二次世界大战后的美国。20世纪60年代后，国际租赁业务蓬勃发展，欧洲各国、日本等相继出现国际租赁公司，国际

① 佚名．全国银行间同业拆借中心：利率互换曲线计算方案调整［EB/OL］．［2017-04-10］．https://finance.sina.com.cn/roll/2017-04-10/doc-ifyecfnu7954553.shtml.

融资租赁成为跨国企业融资渠道。

10.5 国际现金管理

现金是国际企业正常运转的“润滑剂”，其流动性强，盈利能力差。如果企业缺乏足够的现金，就面临周转不灵的风险。如果企业持有过量的现金，在降低财务风险的同时也会降低企业的收益。所以，跨国企业在现金管理方面的目标就是在国际环境中保证生产经营活动所需现金的前提下，尽量减少现金的持有量，充分利用资金获取更多收益。

10.5.1 国际现金管理的内容

“现金管理”一词从广义上理解，一是对流动资金的优化与配置，二是对剩余资金的再投资。在国际环境中，经常涉及国与国之间的资金转移支付，而不同的国家法律规定不同，使得现金管理变得烦琐复杂。

国际企业在现金管理方面至少要包括以下两个方面的内容：

1）确定现金的持有形式、持有时间以及币种

现金持有形式是指现金余额在纸币、活期存款、定期存款或存款证、有价证券等形式之间如何分配；持有时间即各种形式的现金持有多久。国际企业在这两个方面的管理上与国内企业方法相似。一般情况下，各子公司的现金主要是所在地国家的货币，但如果当地通货膨胀或货币贬值，持有当地货币可能会蒙受损失。因此，国际企业要求其国外子公司所持有的当地货币现金余额以能够应付交易需要为限，其余现金汇往现金管理中心，由该管理中心负责安排持有这些现金的币种。

2）合理调度和转移现金

在调度和转移现金方面，国际企业较国内企业复杂的是其不仅要涉及转移成本和利息损失问题，同时还要面临汇率风险，因此，国际企业必须考虑设计符合全球业务活动需要的现金调度和转移网络，以便能从企业整体利益出发，统一调度现金，减少风险。

10.5.2 集中现金管理

国际现金管理有集中和分散两种方法可供选择。集中形式是指将资金集中在中央现金库，以便统一调度；分散形式是指由子公司保留和管理各自的流动资金，以供它们自己使用。由于在国际环境下受到汇率和利率波动等复杂因素的影响，国际企业通常都会选择高度集中的现金管理体制。

集中现金管理是指信息、报告、分析，尤其是现金流动、转移与投资的决策过程的集中化。即国际企业从整体利益出发对母、子公司的现金进行统一调度，集合所有子公司的超额现金进行最有利的投资。

1）建立现金管理中心

属于同一家国际企业的一个或多个子公司的银行账户现金余额实际转移到一个主账户中，主账户通常由企业总部控制，子公司用款时需从主账户中获取资金对外支付，现金管理中心即管理这个主账户的机构，它是国际企业中唯一有权决定现金持有形式和持有币种的现金管理机构。国际企业持有现金的目的在于满足其交易性需要和预防性需要，前者指要满足支付日常的生产经营开支的现金，后者指需要持有现金用于防范意外。设立现金管理中心即要求各子公司将除了满足日常生产经营所需数额以外的超额现金全部汇往其中，这里的超额现金也包括了预防动机的现金余额。通常现金管理中心可以设立在国际企业母公司所在国，也可以设在其他国家或地区，其所在地的选择主要满足以下条件：政治稳定、资金进出自由、资本市场活跃、外汇市场有效、税收政策宽松、通信网络发达。

2）实行净额结算制度

净额结算也是现金集中化管理的一种表现形式，它是国际企业集中化的现金管理组织或子公司联合采用的优化现金流动的技术方法，在所有子公司之间互相抵消彼此的应收款和应付款，最后仅将销售净额在互相之间进行转移。这一体系建立的原因是许多国际企业的产品零部件生产分布在不同国家和地区，随着生产经营活动的进行，必将导致大量的企业内部交易。此时国际现金流动的成本就会随之大量增加，从而会降低企业的总利润。在净额支付体系下，即便各子公司之间的交易频繁也不需要每笔业务即期计算并支付，而只需在一段时间以后支付交易净额。

国际企业的现金集中管理目前已在许多公司中得到推广，其主要作用可归纳如下：

第一，现金集中管理有利于控制国际企业的现金流量，调剂各子公司之间的资金余缺，保证各子公司生产经营活动对现金的需求。现金集中后，可使现金管理中心拥有应付各种突发情况所需要的现金。当各地子公司发生资金短缺时，中央现金库即可以电汇方式融通资金，或经由某一世界性银行在各地的分行对当地子公司进行临时垫付。

第二，现金集中管理能够将整个国际企业的现金持有量降到最低。管理中心集中持有各子公司出于预防动机而置存的现金余额，使得企业整体应付各种情况所需的现金余额远远低于各子公司独立控制此现金时所需的总额，节约的现金就可以用来进行投资。另外，资产总额的减少也降低了筹资成本，提高了整个企业的盈利能力。

第三，现金集中管理能够缩小资金转移规模，降低资金转移成本并有效规避汇率变动风险。国际企业各子公司之间大规模的资金往来结算不仅会产生大量的结算成本，而且面临着很大的汇率变动风险，而净额结算能够在减少汇率变动风险的同时，把本来由各子公司独自承担的风险集中起来由企业统一承担，有利于加强风险管理。国际企业的内部交易越多、金额越大，就越能体现出现金集中管理的作用。

第四，现金集中管理能为企业提供充足的信息。现金集中管理中心的规模庞大、专业性强且积累了各种货币市场上的操作经验，具有信息优势。有关各种货币的收益率、风险信息、方便执行指令设施等都是企业调度资金时要考虑的问题，营运大笔资金时，现金管理中心能够从银行、经纪人以及其他金融机构获得更多更有用的信息，同时获得更优良的指令执行服务。

第五，现金集中管理有利于企业的宏观调控。公司总部管理人员能从公司经营活动的总体出发，发现单个经营实体所察觉不到的问题和机会，以公司的整体利益为准则做出决策。利用现金管理中心统一调拨企业的全球资金，在全球范围内选择成本最低的资金来源以及闲置资金的最佳用途，形成规模效应和整体优势。

【小资料10-8】　国家外汇管理局关于印发

《跨国公司跨境资金集中运营管理规定》的通知[①]

国家外汇管理局各省、自治区、直辖市分局、外汇管理部，深圳、大连、青岛、厦门、宁波市分局；各全国性中资银行：

为进一步促进贸易投资便利化，服务实体经济，国家外汇管理局对《跨国公司外汇资金集中运营管理规定》（汇发〔2015〕36号，以下简称36号文）进行了修订。现就有关事项通知如下：

一、实施外债和境外放款宏观审慎管理。跨国公司可根据宏观审慎原则，集中境内成员企业外债额度和（或）境外放款额度，并在集中额度的规模内遵循商业惯例自行开展借用外债业务和（或）境外放款业务。

二、大幅简化外债和境外放款登记。主办企业所在地国家外汇管理局分支局（以下简称所在地外汇局）向主办企业出具备案通知书时，根据经备案集中的额度为其办理一次性外债登记和（或）境外放款登记，主办企业无需分币种、分债权人（或债务人）逐笔办理外债（或境外放款）登记；银行和企业无需报送36号文规定的3张手工报表。

三、实行资本项目外汇收入结汇支付便利化。跨国公司主办企业在办理国内资金主账户内资本项目外汇收入支付使用时，无需事前向合作银行逐笔提供真实性证明材料；合作银行应按照展业原则进行真实合规性审核。

四、完善准入退出机制。主办企业应在取得跨国公司备案通知书后一年内开立国内资金主账户，并实际办理跨境资金集中运营相关业务，否则备案通知书自颁发满一年之日起失效。跨国公司可在经外汇局备案后，停止办理跨国公司跨境资金集中运营业务。

① 国家外汇管理局. 国家外汇管理局关于印发《跨国公司跨境资金集中运营管理规定》的通知［EB/OL］.［2019-03-18］. https: //www.safe.gov.cn/safe/2019/0318/12717.html.

五、调整优化账户功能。跨国公司以主办企业国内资金主账户为主办理跨境资金集中运营各项业务；确有需要的，可以选择一家境外成员企业开立NRA账户集中运营管理境外成员企业资金。国内资金主账户币种不设限制，为多币种（含人民币）账户，开户数量不予限制。

本通知下发前开立的代码为“3600”的国际资金主账户内的资金，应于本通知下发后六个月内，按照资金性质将账户内资金划转至国内资金主账户或者按照本通知规定开立的NRA账户，并将划转情况报所在地外汇局备案。

六、加强事中事后监管。所在地外汇局应定期或不定期进行风险评估，强化非现场监测与现场核查检查，做好银行、企业风险提示和指导工作。

总结与结论

▶国际财务管理以风险与收益均衡为原理，目的是通过协调国际企业的资金流，充分利用国际经营机遇，积极应对国际经营风险，实现企业价值最大化。

▶国际财务管理面临着新的环境因素、新的风险来源和新的经济机会。上述三个特点是相互联系的，新的环境因素产生新的经济机会和新的风险来源。机遇和风险是并存的。跨国经营公司只有适应新的环境，善于抓住新的机遇，注意防范新的风险，才能达到提高经济效益的目的。

▶汇率代表了某一时点外币的货币价格，与市场上销售的其他商品一样，外币的货币价格也是由货币的供给相对于货币需求的关系决定的。在任一时点上，外汇的货币价格都应该是外汇供给等于外汇需求时的价格，即所谓的均衡汇率。

▶预测汇率的方法有很多，大体可以分为：技术预测法、基本预测法、市场预测法、混合预测法。

▶外汇风险按照其形成原因可以分为：交易风险、经济风险和折算风险。

▶交易风险指在约定以外币计价成交的交易过程中，由于结算时的汇率与交易发生时，即签订合同时的汇率不同而引起的风险。

▶经济风险指外汇汇率意外的变动对公司价值或股票价格的影响。

▶折算风险是指企业把外币余额折算为本国货币时，由于汇率变动导致会计报表中的有关项目发生变动的风险。

▶外汇风险的管理措施有资产负债表避险策略、合约性避险策略和经营性避险策略。

▶管理交易风险面临三项任务：第一，测定交易风险的程度；第二，决定是否对该风险套期保值；第三，选择适合的套期保值的方法。

▶企业可以选择远期合约套期保值、货币市场套期保值、货币期权套期保值等方法对交易风险进行有效管理。

▶经济风险涉及面广，不仅包括财务内容，还涉及市场营销、供应和生产等各个方面，因此，其风险由整个公司管理层承担，而交易风险和折算风险由财务人员承担。

▶国际投资是指投资者为获得比国内投资更高的收益而投放资本于国外的行为。国际直接投资是指投资者在国外所投资的公司中拥有足够所有权或控制权的投资，主要包括在国外建立新企业和跨国收购。

▶国际融资渠道包括国际股权融资、国际债务融资和国际融资新渠道。

▶国际现金管理有集中和分散两种方法可供选择。国际企业通常都会选择高度集中的现金管理体制。

思考题

1. 如何理解国际财务管理？它与国内财务管理有何异同？

2. 国际财务管理有何特点？其影响因素有哪些？

3. 如何管理交易风险？

4. 比较经济风险和折算风险？

5. 什么是国际投资？国际投资有何特点？

6. 国际直接投资的主要动机是什么？

7. 国际融资有什么特点？比较不同国际融资来源。

8. 如何理解国际现金集中管理？

练习题

1. 某中国跨国企业从美国进口商品，3个月后需要100万美元，当时美元的即期汇率是1美元=6.1605元人民币，3个月的远期汇率是1美元=6.1367元人民币，如果该企业签订买入美元的远期合约，有什么好处？又有什么风险？

练习题参考答案1

2. 中国某大型汽车制造商与欧盟成员国签订协议约定，每个月从欧盟进口价值1亿欧元的发动机零部件。由于欧元涨势凶猛，该公司亏损巨大。为抵消汇率亏损，该公司决定买入3份远期外汇合约，合约规定该公司有权利而非义务，分别在本年度6月1日、7月1日和8月1日以1欧元=1.14美元的价格合计买入1亿欧元。合约签订后，欧元依然保持增长态势，达到1欧元=1.17美元。

要求：根据上述资料回答：

（1）该公司签订远期外汇合约时希望应对哪类外汇风险？

（2）当即期汇率1欧元=1.17美元时，该公司的3份远期外汇合约预计节约多少美元？当美元兑人民币价格维持在1美元=6.45元人民币时，该公司预计节约多少人民币？

（3）签订该外汇远期合约会给公司带来哪些风险？如何看待这种风险？

练习题参考答案2

案例分析题

万科海外收购普洛斯[①]

万科企业股份有限公司（以下简称“万科”）由王石创立于1984年，总部设立在深圳。经过三十余载的发展，万科从一个小的民营企业逐渐成长为国内优秀、行业领先的房地产开发公司。万科是全国最先实现年销售额超过千亿元的房地产公司，其主要经营范围涵盖了房地产开发业、物资供销业、商业等。2016年万科首次跻身于《财富》“世界500强”，位于356位，从其2018年发布的年报显示，万科2017年实现营业收入2 429亿元，上缴税金566亿元。2017年7月14日，以万科为首的中国财团，以约790亿元人民币收购了新加坡物流巨头上市公司普洛斯，我国与新加坡具有良好的合作、贸易关系。根据交易披露的信息，在持股比例方面，万科出资168亿元人民币为第一大股东，占股21.4%，厚朴投资占股21.3%，高瓴资本占股21.2%，中银集团占股15%，普洛斯管理层占股21.2%。2018年1月22日，普洛斯在新加坡交易所主板的退市表明了私有化进程的完成。

在融创、万达刚刚创下631亿元并购纪录的时候，万科不声不响，参与并主导了亚洲最大的私募股权并购，用168亿元撬动了3 000多亿元的资产，其进入的是传统开发商很少染指的物流地产。并购对象普洛斯在中国物流地产的地位，甚至超过了万科在住宅地产中的地位，其市场份额超过第2到第10名的总和。同时，普洛斯在日本、巴西的市场份额均排名第一，在美国排名第二。通过此次收购，万科的物流地产行业地位得到了大幅提升。下面我们将对万科进行分析：

（一）规模竞争激烈，千亿房企加速奔跑

2017年前后，房企间的规模之争愈演愈烈。万科在2004年销售额突破100亿元，之后首次提出了千亿目标，在2010年成功突破1 000亿元。之后在短短几年内，万科开始指数型增长，2014年突破2 000亿元，2016年突破3 000亿元，2017年上半年已经完成销售2 771.8亿元。

万科的发展速度并不是最快的，恒大在2016年达到3 733.7亿元的销售额成功登顶。2017年碧桂园突然发力，上半年的销售额达到2 889.1亿元，成为了新的行业第一。按照这个速度，在2017年底，碧桂园、恒大、万科都将超过5 000亿元大关，直奔6 000亿元而去。

（二）投身多元业务，成为行业全能手

在做大的过程中，万科的运作思路和其他房企还有所不同。当其他房企在住宅开发销售方面高歌猛进的时候，万科则成为了一个全能选手。一方面在2017年出资551亿元收购了广信，拿到广州市核心区域约211万平方米的可开发土地，进一步夯实了万科的土储规模。另一方面又大手笔投身物流地产，成为国内该领域新的

① 丁祖昱．做大又做强——评万科参与并购普洛斯［J］．沪港经济．2017（8）．

领头羊。

在商业地产领域，万科于2010年进入，在2016年8月联合其他投资方，收购了全国第三大商业管理集团——印力集团96.55%的股权，获得了其在上海和长三角、珠三角等二三线城市超过70个商业地产项目，总建筑面积近600万平方米。万科完成收购印力后，加上印力成熟的商业开发管理能力，以及大量长期稳定的优质客户资源，其商业规模也成功跻身国内前三。

万科还在2009年进入养老地产，2015年正式成立养老事业。如今，万科在全国重点城市开业运营已超过110个养老项目。其幸福家、智汇坊、随园嘉树等项目已形成盈利，在养老行业也具有相当高的知名度，尤其是智汇坊、随园嘉树项目，经常出现在各类养老企业的PPT上。

在长租公寓领域，万科在2014年进入，目前已形成品牌。截至2016年底，万科泊寓共进入18个城市，已开业项目44个。目前一些租赁政策的引导，以及自持用地的不断推出，万科对这块市场自然更为重视，目前在全国已拿下5宗自持用地，加上对其他租赁项目的收并购或者轻资产管理，万科将来在长租公寓方面做到数一数二也不会令人惊异。

更为引人注目的是万科物业，在2015年开始走出去，向外输出管理，承接各家房企项目。截至2016年底，管理面积已达到3.56亿平方米，在国内排名第二。同时，其物业收入也达到了42.6亿元，实现净利率17.22%。随着其住宅项目的增加和物管的持续输出，万科物业将有潜力成为行业内新的龙头。

（三）公司管理出众，未来潜力无限

这一切，都使得万科在解决股权纷争之后，股价先跌再涨，重新回到25元之上，这当中少了那些炒作因素，而多了实实在在的价值回归，通过多元化发力，使得万科的资本价值得以体现。

分析：

1.万科海外并购成功的原因有哪些？中国企业海外并购面临的风险可能有哪些？

2.谈谈万科海外并购对我们有什么启示？

案例分析题提示

附录　终值、现值系数表

附录一　　复利终值系数表（F/P，i，n）

n\i%	1	2	3	4	5	6	7	8	9	10	11	12	13
1	1.0100	1.0200	1.0300	1.0400	1.0500	1.0600	1.0700	1.0800	1.0900	1.1000	1.1100	1.1200	1.1300
2	1.0201	1.0404	1.0609	1.0816	1.1025	1.1236	1.1449	1.1664	1.1881	1.2100	1.2321	1.2544	1.2769
3	1.0303	1.0612	1.0927	1.1249	1.1576	1.1910	1.2250	1.2597	1.2950	1.3310	1.3676	1.4049	1.4429
4	1.0406	1.0824	1.1255	1.1699	1.2155	1.2625	1.3108	1.3605	1.4116	1.4641	1.5181	1.5735	1.6305
5	1.0510	1.1041	1.1593	1.2167	1.2763	1.3382	1.4026	1.4693	1.5386	1.6105	1.6851	1.7623	1.8424
6	1.0615	1.1262	1.1941	1.2653	1.3401	1.4185	1.5007	1.5868	1.6771	1.7716	1.8704	1.9738	2.0820
7	1.0721	1.1487	1.2299	1.3159	1.4071	1.5036	1.6058	1.7138	1.8280	1.9487	2.0762	2.2107	2.3526
8	1.0829	1.1717	1.2668	1.3686	1.4775	1.5938	1.7182	1.8509	1.9926	2.1436	2.3045	2.4760	2.6584
9	1.0937	1.1951	1.3048	1.4233	1.5513	1.6895	1.8385	1.9990	2.1719	2.3579	2.5580	2.7731	3.0040
10	1.1046	1.2190	1.3439	1.4802	1.6289	1.7908	1.9672	2.1589	2.3674	2.5937	2.8394	3.1058	3.3946
11	1.1157	1.2434	1.3842	1.5395	1.7103	1.8983	2.1049	2.3316	2.5804	2.8531	3.1518	3.4785	3.8359
12	1.1268	1.2682	1.4258	1.6010	1.7959	2.0122	2.2522	2.5182	2.8127	3.1384	3.4985	3.8960	4.3345
13	1.1381	1.2936	1.4685	1.6651	1.8856	2.1329	2.4098	2.7196	3.0658	3.4523	3.8833	4.3635	4.8980
14	1.1495	1.3195	1.5126	1.7317	1.9799	2.2609	2.5785	2.9372	3.3417	3.7975	4.3104	4.8871	5.5348
15	1.1610	1.3459	1.5580	1.8009	2.0789	2.3966	2.7590	3.1722	3.6425	4.1772	4.7846	5.4736	6.2543
16	1.1726	1.3728	1.6047	1.8730	2.1829	2.5404	2.9522	3.4259	3.9703	4.5950	5.3109	6.1304	7.0673
17	1.1843	1.4002	1.6528	1.9479	2.2920	2.6928	3.1588	3.7000	4.3276	5.0545	5.8951	6.8660	7.9861
18	1.1961	1.4282	1.7024	2.0258	2.4066	2.8543	3.3799	3.9960	4.7171	5.5599	6.5436	7.6900	9.0243
19	1.2081	1.4568	1.7535	2.1068	2.5270	3.0256	3.6165	4.3157	5.1417	6.1159	7.2633	8.6128	10.197
20	1.2202	1.4859	1.8061	2.1911	2.6533	3.2071	3.8697	4.6610	5.6044	6.7275	8.0623	9.6463	11.523
21	1.2324	1.5157	1.8603	2.2788	2.7860	3.3996	4.1406	5.0338	6.1088	7.4002	8.9492	10.804	13.021
22	1.2447	1.5460	1.9161	2.3699	2.9253	3.6035	4.4304	5.4365	6.6586	8.1403	9.9336	12.100	14.714
23	1.2572	1.5769	1.9736	2.4647	3.0715	3.8197	4.7405	5.8715	7.2579	8.2543	11.026	13.552	16.627
24	1.2697	1.6084	2.0328	2.5633	3.2251	4.0489	5.0724	6.3412	7.9111	9.8497	12.239	15.179	18.788
25	1.2824	1.6406	2.0938	2.6658	3.3864	4.2919	5.4274	6.8485	8.6231	10.835	13.585	17.000	21.231
26	1.2953	1.6734	2.1566	2.7725	3.5557	4.5494	5.8074	7.3964	9.3992	11.918	15.080	19.040	23.991
27	1.3082	1.7069	2.2213	2.8834	3.7335	4.8823	6.2139	7.9881	10.245	13.110	16.739	21.325	27.109
28	1.3213	1.7410	2.2879	2.9987	3.9201	5.1117	6.6489	8.6271	11.167	14.421	18.580	23.884	30.633
29	1.3345	1.7758	2.3566	3.1187	4.1161	5.4184	7.1143	9.3173	12.172	15.863	20.624	26.750	34.616
30	1.3478	1.8114	2.4273	3.2434	4.3219	5.7435	7.6123	10.063	13.268	17.449	22.892	29.960	39.116
40	1.4889	2.2080	3.2620	4.8010	7.0400	10.286	14.974	21.725	31.409	45.259	65.001	93.051	132.78
50	1.6446	2.6916	4.3839	7.1067	11.467	18.420	29.457	46.902	74.358	117.39	184.56	289.00	450.74
60	1.8167	3.2810	5.8916	10.520	18.679	32.988	57.946	101.26	176.03	304.48	524.06	897.60	1 530.1

续表

n\i%	14	15	16	17	18	19	20	24	25	28	30	32	36
1	1.1400	1.1500	1.1600	1.1700	1.1800	1.1900	1.2000	1.2400	1.2500	1.2800	1.3000	1.3200	1.3600
2	1.2996	1.3225	1.3456	1.3689	1.3924	1.4161	1.4400	1.5376	1.5625	1.6384	1.6900	1.7424	1.8496
3	1.4815	1.5209	1.5609	1.6016	1.6430	1.6852	1.7280	1.9066	1.9531	2.0972	2.1970	2.3000	2.5155
4	1.6890	1.7490	1.8106	1.8739	1.9388	2.0053	2.0736	2.3642	2.4414	2.6844	2.8561	3.0360	3.4210
5	1.9254	2.0114	2.1003	2.1924	2.2878	2.3864	2.4883	2.9316	3.0518	3.4360	3.7129	4.0075	4.6526
6	2.1950	2.3131	2.4364	2.5652	2.6996	2.8398	2.9860	3.6352	3.8147	4.3980	4.8268	5.2899	6.3275
7	2.5023	2.6600	2.8262	3.0012	3.1855	3.3793	3.5832	4.5077	4.7684	5.6295	6.2749	6.9826	8.6054
8	2.8526	3.0590	3.2784	3.5115	3.7589	4.0214	4.2998	5.5895	5.9605	7.2058	8.1573	9.2170	11.703
9	3.2519	3.5179	3.8030	4.1084	4.4355	4.7854	5.1598	6.9310	7.4506	9.2234	10.604	12.166	15.917
10	3.7072	4.0456	4.4114	4.8068	5.2338	5.6947	6.1917	8.5944	9.3132	11.806	13.786	16.060	21.647
11	4.2262	4.6524	5.1173	5.6240	6.1759	6.7767	7.4301	10.657	11.642	15.112	17.922	21.199	29.439
12	4.8179	5.3503	5.9360	6.5801	7.2876	8.0642	8.9161	13.215	14.552	19.343	23.298	27.983	40.037
13	5.4924	6.1528	6.8858	7.6987	8.5994	9.5964	10.699	16.386	18.190	24.759	30.288	36.937	54.451
14	6.2613	7.0757	7.9875	9.0075	10.147	11.420	12.839	20.319	22.737	31.691	39.374	48.757	74.053
15	7.1379	8.1371	9.2655	10.539	11.974	13.590	15.407	25.196	28.422	40.565	51.186	64.359	100.71
16	8.1372	9.3576	10.748	12.330	14.129	16.172	18.488	31.243	35.527	51.923	66.542	84.954	136.97
17	9.2765	10.761	12.468	14.426	16.672	19.244	22.186	38.741	44.409	66.461	86.504	112.14	186.28
18	10.575	12.375	14.463	16.879	19.673	22.901	26.623	48.039	55.511	86.071	112.46	148.02	253.34
19	12.056	14.232	16.777	19.748	23.214	27.252	31.948	59.568	69.389	108.89	146.19	195.39	344.54
20	13.743	16.367	19.461	23.106	27.393	32.429	38.338	73.864	86.736	139.38	190.05	257.92	468.57
21	15.668	18.822	22.574	27.034	32.324	38.591	46.005	91.592	108.42	178.41	247.06	340.45	637.26
22	17.861	21.645	26.186	31.629	38.142	45.953	55.206	113.57	135.53	228.36	321.18	449.39	866.67
23	20.362	24.891	30.376	37.006	45.008	54.649	66.247	140.83	169.41	292.30	417.54	593.20	1 178.7
24	23.212	28.625	35.236	43.297	53.109	65.032	79.497	174.63	211.76	374.14	542.80	783.02	1 603.0
25	26.462	32.919	40.874	50.658	62.669	77.388	95.396	216.54	264.70	478.90	705.64	1 033.6	2 180.1
26	30.167	37.857	47.414	59.270	73.949	92.092	114.48	268.51	330.87	613.00	917.33	1 364.3	2 964.9
27	34.390	43.535	55.000	69.345	87.260	109.59	137.37	332.95	413.59	784.64	1 192.5	1 800.9	4 032.3
28	39.204	50.066	63.800	81.134	102.97	130.41	164.84	412.86	516.99	1004.3	1 550.3	2 377.2	5 483.9
29	44.693	57.575	74.009	94.927	121.50	155.19	197.81	511.95	646.23	1 285.6	2 015.4	3 137.9	7 458.1
30	50.950	66.212	85.850	111.07	143.37	184.68	237.38	634.82	807.79	1 645.5	2 620.0	4 142.1	10 143
40	188.88	267.86	378.72	533.87	750.38	1 051.7	1 469.8	5 455.9	7 523.2	19 427	36 119	66 521	*
50	700.23	1 083.7	1 670.7	2 566.2	3 927.4	5 988.9	9 100.4	46 890	70 065	*	*	*	*
60	2 595.9	4 384.0	7 370.2	12 335	20 555	34 105	56 348	*	*	*	*	*	*

附录二　　复利现值系数表（P/F，i，n）

n\i%	1	2	3	4	5	6	7	8	9	10	11	12	13	14	15
1	0.9901	0.9804	0.9709	0.9615	0.9524	0.9434	0.9346	0.9259	0.9174	0.9091	0.9009	0.8929	0.8850	0.8772	0.8696
2	0.9803	0.9612	0.9426	0.9246	0.9070	0.8900	0.8734	0.8573	0.8417	0.8264	0.8116	0.7972	0.7831	0.7695	0.7561
3	0.9706	0.9423	0.9151	0.8890	0.8638	0.8396	0.8163	0.7938	0.7722	0.7513	0.7312	0.7118	0.6931	0.6750	0.6575
4	0.9610	0.9238	0.8885	0.8548	0.8227	0.7921	0.7629	0.7350	0.7084	0.6830	0.6587	0.6355	0.6133	0.5921	0.5718
5	0.9515	0.9057	0.8626	0.8219	0.7835	0.7473	0.7130	0.6806	0.6499	0.6209	0.5935	0.5674	0.5428	0.5194	0.4972
6	0.9420	0.8880	0.8375	0.7903	0.7462	0.7050	0.6663	0.6302	0.5963	0.5645	0.5346	0.5066	0.4803	0.4556	0.4323
7	0.9327	0.8706	0.8131	0.7599	0.7107	0.6651	0.6227	0.5835	0.5470	0.5132	0.4817	0.4523	0.4251	0.3996	0.3759
8	0.9235	0.8535	0.7894	0.7307	0.6768	0.6274	0.5820	0.5403	0.5019	0.4665	0.4339	0.4039	0.3762	0.3506	0.3269
9	0.9143	0.8368	0.7664	0.7026	0.6446	0.5919	0.5439	0.5002	0.4604	0.4241	0.3909	0.3606	0.3329	0.3075	0.2843
10	0.9053	0.8203	0.7441	0.6756	0.6139	0.5584	0.5083	0.4632	04224	0.3855	0.3522	0.3220	0.2946	0.2697	0.2472
11	0.8963	0.8043	0.7224	0.6496	0.5847	0.5268	0.4751	0.4289	0.3875	0.3505	0.3173	0.2875	0.2607	0.2366	0.2149
12	0.8874	0.7885	0.7014	0.6246	0.5568	0.4970	0.4440	0.3971	0.3555	0.3186	0.2858	0.2567	0.2307	0.2076	0.1869
13	0.8787	0.7730	0.6810	0.6006	0.5303	0.4688	0.4150	0.3677	0.3262	0.2897	0.2575	0.2292	0.2042	0.1821	0.1625
14	0.8700	0.7579	0.6611	0.5775	0.5051	0.4423	0.3878	0.3405	0.2992	0.2633	0.2320	0.2046	0.1807	0.1597	0.1413
15	0.8613	0.7430	0.6419	0.5553	0.4810	0.4173	0.3624	0.3152	0.2745	0.2394	0.2090	0.1827	0.1599	0.1401	0.1229
16	0.8528	0.7284	0.6232	0.5339	0.4581	0.3936	0.3387	0.2919	0.2519	0.2176	0.1883	0.1631	0.1415	0.1229	0.1069
17	0.8444	0.7142	0.6050	0.5134	0.4363	0.3714	0.3166	0.2703	0.2311	0.1978	0.1696	0.1456	0.1252	0.1078	0.0929
18	0.8360	0.7002	0.5874	0.4936	0.4155	0.3503	0.2959	0.2502	0.2120	0.1799	0.1528	0.1300	0.1108	0.0946	0.0808
19	0.8277	0.6864	0.5703	0.4746	0.3957	0.3305	0.2765	0.2317	0.1945	0.1635	0.1377	0.1161	0.0981	0.0829	0.0703
20	0.8195	0.6730	0.5537	0.4564	0.3769	0.3118	0.2584	0.2145	0.1784	0.1486	0.1240	0.1037	0.0868	0.0728	0.0611
21	0.8114	0.6598	0.5375	0.4388	0.3589	0.2942	0.2415	0.1987	0.1637	0.1351	0.1117	0.0926	0.0768	0.0638	0.0531
22	0.8034	0.6468	0.5219	0.4220	0.3418	0.2775	0.2257	0.1839	0.1502	0.1228	0.1007	0.0826	0.0680	0.0560	0.0462
23	0.7954	0.6342	0.5067	0.4057	0.3256	0.2618	0.2109	0.1703	0.1378	0.1117	0.0907	0.0738	0.0601	0.0491	0.0402
24	0.7876	0.6217	0.4919	0.3901	0.3101	0.2470	0.1971	0.1577	0.1264	0.1015	0.0817	0.0659	0.0532	0.0431	0.0349
25	0.7798	0.695	0.4776	0.3751	0.2953	0.2330	0.1842	0.1460	0.1160	0.0923	0.0736	0.0588	0.0471	0.0378	0.0304
26	0.7720	0.5976	0.4637	0.3604	0.2812	0.2198	0.1722	0.1352	0.1064	0.0839	0.0663	0.0525	0.0417	0.0331	0.0264
27	0.7644	0.5859	0.4502	0.3468	0.2678	0.2074	0.1609	0.1252	0.0976	0.0763	0.0597	0.0469	0.0369	0.0291	0.0230
28	0.7568	0.5744	0.4371	0.3335	0.2551	0.1956	0.1504	0.1159	0.0895	0.0693	0.0538	0.0419	0.0326	0.0255	0.0200
29	0.7493	0.5631	0.4243	0.3207	0.2429	0.1846	0.1406	0.1073	0.0822	0.0630	0.0485	0.0374	0.0289	0.0224	0.0174
30	0.7419	0.5521	0.4120	0.3083	0.2314	0.1741	0.1314	0.0994	0.0754	0.0573	0.0437	0.0334	0.0256	0.0196	0.0151
35	0.7059	0.5000	0.3554	0.2534	0.1813	0.1301	0.0937	0.0676	0.0490	0.0356	0.0259	0.0189	0.0139	0.0102	0.0075
40	0.6717	0.4529	0.3066	0.2083	0.1420	0.0972	0.0668	0.0460	0.0318	0.0221	0.0154	0.0107	0.0075	0.0053	0.0037
45	0.6391	0.4102	0.2644	0.1712	0.1113	0.0727	0.0476	0.0313	0.0207	0.0137	0.0091	0.0061	0.0041	0.0027	0.0019
50	0.6080	0.3715	0.2281	0.1407	0.0872	0.0543	0.0339	0.0213	0.0134	0.0085	0.0054	0.0035	0.0022	0.0014	0.0009
55	0.5785	0.3365	0.1968	0.1157	0.0683	0.0406	0.0242	0.0145	0.0087	0.0053	0.0032	0.0020	0.0012	0.0007	0.0005

续表

n\i%	16	17	18	19	20	24	25	28	30	32	35	36	40	50
1	0.8621	0.8547	0.8475	0.8403	0.8333	0.8065	0.8000	0.7813	0.7692	0.7576	0.7407	0.7353	0.7143	0.6667
2	0.7432	0.7305	0.7182	0.7062	0.6944	0.6504	0.6400	0.6104	0.5917	0.5739	0.5487	0.5407	0.5102	0.4444
3	0.6407	0.6244	0.6086	0.5934	0.5787	0.5245	0.5120	0.4768	0.4552	.04348	0.4064	0.3975	0.3644	0.2963
4	0.5523	0.5337	0.5158	0.4987	0.4823	0.4230	0.4096	0.3725	0.3501	0.3294	0.3011	0.2923	0.2603	0.1975
5	0.4762	0.4561	0.4371	0.4190	0.4019	0.3411	0.3277	0.2910	0.2693	0.2495	0.2230	0.2149	0.1859	0.1317
6	0.4104	0.3898	0.3704	0.3521	0.3349	0.2751	0.2621	0.2274	0.2072	0.1890	0.1652	0.1580	0.1328	0.0878
7	0.3538	0.3332	0.3139	0.2959	0.2791	0.2218	0.2097	0.1776	0.1594	0.1432	0.1224	0.1162	0.0949	0.0585
8	0.3050	0.2848	0.2660	0.2487	0.2326	0.1789	0.1677	0.1388	0.1226	0.1085	0.0906	0.0854	0.0678	0.0390
9	0.2630	0.2434	0.2255	0.2090	0.1938	0.1443	0.1342	0.1084	0.0943	0.0822	0.0671	0.0628	0.0484	0.0260
10	0.2267	0.2080	0.1911	0.1756	0.1615	0.1164	0.1074	0.0847	0.0725	0.0623	0.0497	0.0462	0.0346	0.0173
11	0.1954	0.1778	0.1619	0.1476	0.1346	0.0938	0.0859	0.0662	0.0558	0.0472	0.0368	0.0340	0.0247	0.0116
12	0.1685	0.1520	0.1373	0.1240	0.1122	0.0757	0.0687	0.0517	0.0429	0.0357	0.0273	0.0250	0.0176	0.0077
13	0.1452	0.1299	0.1163	0.1042	0.0935	0.0610	0.0550	0.0404	0.0330	0.0271	0.0202	0.0184	0.0126	0.0051
14	0.1252	0.1110	0.0985	0.0876	0.0779	0.0492	0.0440	0.0316	0.0254	0.0205	0.0150	0.0135	0.0090	0.0034
15	0.1079	0.0949	0.0835	0.0736	0.0649	0.0397	0.0352	0.0247	0.0195	0.0155	0.0111	0.0099	0.0064	0.0023
16	0.0930	0.0811	0.0709	0.0618	0.0541	0.0320	0.0281	0.0193	0.0150	0.0118	0.0082	0.0073	0.0046	0.0015
17	0.0802	0.0693	0.0600	0.0520	0.0451	0.0259	0.0225	0.0150	0.0116	0.0089	0.0061	0.0054	0.0033	0.0010
18	0.0691	0.0592	0.0508	0.0437	0.0376	0.0208	0.0180	0.0118	0.0089	0.0068	0.0045	0.0039	0.0023	0.0007
19	0.0596	0.0506	0.0431	0.0367	0.0313	0.0168	0.0144	0.0092	0.0068	0.0051	0.0033	0.0029	0.0017	0.0005
20	0.0514	0.0433	0.0365	0.0308	0.0261	0.0135	0.0115	0.0072	0.0053	0.0039	0.0025	0.0021	0.0012	0.0003
21	0.0443	0.0370	0.0309	0.0259	0.0217	0.0109	0.0092	0.0056	0.0040	0.0029	0.0018	0.0016	0.0009	0.0002
22	0.0382	0.0316	0.0262	0.0218	0.0181	0.0088	0.0074	0.0044	0.0031	0.0022	0.0014	0.0012	0.0006	0.0001
23	0.0329	0.0270	0.0222	0.0183	0.0151	0.0071	0.0059	0.0034	0.0024	0.0017	0.0010	0.0008	0.0004	0.0001
24	0.0284	0.0231	0.0188	0.0154	0.0126	0.0057	0.0047	0.0027	0.0018	0.0013	0.0007	0.0006	0.0003	0.0001
25	0.0245	0.0197	0.0160	0.0129	0.0105	0.0046	0.0038	0.0021	0.0014	0.0010	0.0006	0.0005	0.0002	*
26	0.0211	0.0169	0.0135	0.0109	0.0087	0.0037	0.0030	0.0016	0.0011	0.0007	0.0004	0.0003	0.0002	*
27	0.0182	0.0144	0.0115	0.0091	0.0073	0.0030	0.0024	0.0013	0.0008	0.0006	0.0003	0.0002	0.0001	*
28	0.0157	0.0123	0.0097	0.0077	0.0061	0.0024	0.0019	0.0010	0.0006	0.0004	0.0002	0.0002	0.0001	*
29	0.0135	0.0105	0.0082	0.0064	0.0051	0.0020	0.0015	0.0008	0.0005	0.0003	0.0002	0.0001	0.0001	*
30	0.0116	0.0090	0.0070	0.0054	0.0042	0.0016	0.0012	0.0006	0.0004	0.0002	0.0001	0.0001	*	*
35	0.0055	0.0041	0.0030	0.0023	0.0017	0.0005	0.0004	0.0002	0.0001	0.0001	*	*	*	*
40	0.0026	0.0019	0.0013	0.0010	0.0007	0.0002	0.0001	0.0001	*	*	*	*	*	*
45	0.0013	0.0009	0.0006	0.0004	0.0003	0.0001	*	*	*	*	*	*	*	*
50	0.0006	0.0004	0.0003	0.0002	0.0001	*	*	*	*	*	*	*	*	*
55	0.0003	0.0002	0.0001	0.0001	*	*	*	*	*	*	*	*	*	*

附录三　　年金终值系数表（F/A，i，n）

n\i%	1	2	3	4	5	6	7	8	9	10	11	12	13
1	1.0000	1.0000	1.0000	1.0000	1.0000	1.0000	1.0000	1.0000	1.0000	1.0000	1.000	1.0000	1.000
2	2.0100	2.0200	2.0300	2.0400	2.0500	2.0600	2.0700	2.0800	2.0900	2.1000	2.110	2.1200	2.130
3	3.0301	3.0604	3.0909	3.1216	3.1525	3.1836	3.2149	3.2464	3.2781	3.3100	3.342	2.3744	3.407
4	4.0604	4.1216	4.1836	4.2465	4.3101	4.3746	4.4399	4.5061	4.5731	4.6410	4.710	4.7793	4.850
5	5.1010	5.2040	5.3091	5.4163	5.5256	5.6371	5.7507	5.8666	5.9847	6.1051	6.228	6.3528	6.480
6	6.1520	6.3081	6.4684	6.6330	6.8019	6.9753	7.1533	7.3359	7.523	7.7156	7.913	8.1152	8.323
7	7.2135	7.4343	7.6625	7.8983	8.1420	8.3938	8.6540	8.9228	9.200	9.4872	9.783	10.089	10.405
8	8.2857	8.5830	8.8923	9.2142	9.5491	9.8975	10.260	10.637	11.028	11.436	11.859	12.300	12.757
9	9.3685	9.7546	10.159	10.583	11.027	11.491	11.978	12.488	13.021	13.579	14.164	14.776	15.416
10	10.462	10.950	11.464	12.006	12.578	13.181	13.816	14.487	15.193	15.937	16.722	17.549	18.420
11	11.567	12.169	12.808	13.486	14.207	14.972	15.784	16.645	17.560	18.531	19.561	20.655	21.814
12	12.683	13.412	14.192	15.026	15.917	16.870	17.888	18.977	20.141	21.384	22.713	24.133	25.650
13	13.809	14.680	15.618	16.627	17.713	18.882	20.141	21.495	22.953	24.523	26.212	28.029	29.985
14	14.947	15.974	17.086	18.292	19.599	21.015	22.550	24.215	26.019	27.975	30.095	32.393	34.883
15	16.097	17.293	18.599	20.024	21.579	23.276	25.129	27.152	29.361	31.772	34.405	37.280	40.417
16	17.258	18.639	20.157	21.825	23.657	25.673	27.888	30.324	33.003	35.950	39.190	42.753	46.672
17	18.430	20.012	21.762	23.698	25.840	28.213	30.840	33.750	36.974	40.545	44.501	48.884	53.739
18	19.615	21.412	23.414	25.645	28.132	30.906	33.999	37.450	41.301	45.599	50.396	55.750	61.725
19	20.811	22.841	25.117	27.671	30.539	33.760	37.379	41.446	46.018	51.159	56.939	63.440	70.749
20	22.019	24.297	26.870	29.778	33.066	36.786	40.995	45.762	51.160	57.275	64.203	72.052	80.947
21	23.239	25.783	28.676	31.969	35.719	39.993	44.865	50.423	56.765	64.002	72.265	81.699	92.470
22	24.472	27.299	30.537	34.248	38.505	43.392	49.006	55.457	62.873	71.403	81.214	92.503	105.49
23	25.716	28.845	32.453	36.618	41.430	46.996	53.436	60.883	69.532	79.543	91.148	104.60	120.20
24	26.973	30.422	34.426	39.083	44.502	50.816	58.177	66.765	76.790	88.497	102.17	118.16	136.83
25	28.243	32.030	36.459	41.646	47.727	54.865	63.249	73.106	84.701	98.347	114.41	133.33	155.62
26	29.526	33.671	38.553	44.312	51.113	59.156	68.676	79.954	93.324	109.18	128.00	150.33	176.85
27	30.821	35.344	40.710	47.084	54.669	63.706	74.484	87.351	102.72	121.10	143.08	169.37	200.84
28	32.129	37.051	42.931	49.968	58.403	68.528	80.698	95.339	112.97	134.21	159.82	190.70	227.95
29	33.450	38.792	45.219	52.966	62.323	73.640	87.347	103.97	124.14	148.63	178.40	214.58	258.58
30	34.785	40.588	47.575	56.085	66.439	79.058	94.461	113.28	136.31	164.49	199.02	241.33	293.20
40	48.886	60.402	75.401	95.026	120.80	154.76	199.64	259.06	337.89	442.59	581.83	767.09	1 013.7
50	64.463	84.579	112.80	152.67	209.35	290.34	406.53	573.77	815.08	1 163.9	1 668.8	2 400.0	3 459.5
60	81.670	114.05	163.05	237.99	353.58	533.13	813.52	1 253.2	1 944.8	3 034.8	4 755.1	7 471.6	11 762

续表

n\i%	14	15	16	17	18	19	20	24	25	28	30	32	36
1	1.0000	1.0000	1.0000	1.000	1.0000	1.000	1.0000	1.0000	1.000	1.0000	1.000	1.0000	1.0000
2	2.1400	2.1500	2.1600	2.170	2.1800	2.190	2.2000	2.2400	2.250	2.2800	2.300	2.3200	2.3600
3	3.4396	3.4725	3.5056	3.539	3.5724	3.606	3.6400	3.7776	3.813	3.9184	3.990	3.0624	3.2096
4	4.9211	4.9934	5.0665	5.141	5.2154	5.291	5.3680	5.6842	5.766	6.0156	6.187	6.3624	6.7251
5	6.6101	6.7424	6.8771	7.014	7.1542	7.297	7.4416	8.0484	8.027	8.6999	9.043	9.3983	10.146
6	8.5355	8.7537	8.9775	9.207	9.4420	9.683	9.9299	10.980	11.259	12.136	12.756	13.406	14.799
7	10.730	11.067	11.414	11.772	12.142	12.523	12.916	14.615	15.073	16.534	17.583	18.696	21.126
8	13.233	13.727	14.240	14.773	15.327	15.902	16.499	19.123	19.842	22.163	23.858	25.678	29.732
9	16.085	16.786	17.519	18.285	19.086	19.923	20.799	24.712	25.802	29.369	32.015	34.895	41.435
10	19.337	20.304	21.321	22.393	23.521	24.701	25.959	31.643	33.253	38.593	42.619	47.062	57.352
11	23.045	24.349	25.733	27.200	28.755	30.404	32.150	40.238	42.566	50.398	56.405	63.122	78.998
12	27.271	29.002	30.850	32.824	34.931	37.180	39.581	50.895	54.208	65.510	74.327	84.320	108.44
13	32.089	34.352	36.786	39.404	42.219	45.244	48.497	64.110	68.760	84.853	97.625	112.30	148.47
14	37.581	40.505	43.672	47.103	50.818	54.841	59.196	80.496	86.949	109.61	127.91	149.24	202.93
15	43.842	47.580	51.660	56.110	60.965	66.261	72.035	100.82	109.69	141.30	167.29	198.00	276.98
16	50.980	55.717	60.925	66.649	72.939	79.850	87.442	126.01	138.11	181.87	218.47	262.36	377.69
17	59.118	65.075	71.673	78.979	87.068	96.022	105.93	157.25	173.64	233.79	285.01	347.31	514.66
18	68.394	75.836	84.141	93.406	103.74	115.27	128.12	195.99	218.05	300.25	371.52	459.45	770.94
19	78.969	88.212	98.603	110.29	123.41	138.17	154.74	244.03	273.56	385.32	483.97	607.47	954.28
20	91.025	102.44	115.38	130.03	146.63	165.42	186.69	303.60	342.95	494.21	630.17	802.86	1 298.8
21	104.77	118.81	134.84	153.14	174.02	197.85	225.03	377.46	429.68	633.59	820.22	1 060.8	1 767.4
22	120.44	137.63	157.41	180.17	206.34	236.44	271.03	469.06	538.10	812.00	1 067.3	1 401.2	2 404.7
23	138.30	159.28	183.60	211.80	244.49	282.36	326.24	582.63	673.63	1 040.4	1 388.5	1 850.6	3 271.3
24	158.66	184.17	213.98	248.81	289.49	337.01	392.48	723.46	843.03	1 332.7	1 806.0	2 443.8	4 450.0
25	181.87	212.79	249.21	292.10	342.60	402.04	471.98	898.09	1 054.8	1 706.8	2 348.8	3 226.8	6 053.0
26	208.33	245.71	290.09	342.76	405.27	479.43	567.38	1 114.6	1 319.5	2 185.7	3 054.4	4 260.4	8 233.1
27	238.50	283.57	337.50	402.03	479.22	571.52	681.85	1 383.1	1 650.4	2 798.7	3 971.8	5 624.8	11 198.0
28	272.89	327.10	392.50	471.38	566.48	681.11	819.22	1 716.1	2 064.0	3 583.3	5 164.3	7 425.7	15 230.3
29	312.09	377.17	456.30	552.51	669.45	811.52	984.07	2 129.0	2 580.9	4 587.7	6 714.6	9 802.9	20 714.2
30	356.79	434.75	530.31	647.44	790.95	966.7	1 181.9	2 640.9	3 227.2	5 873.2	8 730.0	12 941	28 172.3
40	1 342.0	1 779.1	2 360.8	3 134.5	4 163.2	5 519.8	7 343.9	22 729	30 089	69 377	120 393	*	*
50	4 994.5	7 217.7	10 436	15 090	21 813	31 515	45 497	*	280 256	*	165 976	*	*
60	18 535	29 220	46 058	72 555	*	*	*	*	*	*	*	*	*

附录四　　年金现值系数表（P/A，i，n）

n\i%	1	2	3	4	5	6	7	8	9	10	11	12	13	14
1	0.9901	0.9804	0.9709	0.9615	0.9524	0.9434	0.9346	0.9259	0.9174	0.9091	0.9009	0.8929	0.8850	0.8772
2	1.9704	1.9416	1.9135	1.8861	1.8594	1.8334	1.8080	1.7833	1.7591	1.7355	1.7125	1.6901	1.6681	1.6467
3	2.9410	2.8839	2.8286	2.7751	2.7232	2.6730	2.6243	2.5771	2.5313	2.4869	2.4437	2.4018	2.3612	2.3216
4	3.9020	3.8077	3.7171	3.6299	3.5460	3.4651	3.3872	3.3121	3.2397	3.1699	3.1024	3.0373	2.9745	2.9137
5	4.8534	4.7135	4.5797	4.4518	4.3295	4.2124	4.1002	3.9927	3.8897	3.7908	3.6959	3.6048	3.5172	3.4331
6	5.7955	5.6014	5.4172	5.2421	5.0757	4.9173	4.7665	4.6229	4.4859	4.3553	4.2305	4.1114	3.9975	3.8887
7	6.7282	6.4720	6.2303	6.0021	5.7864	5.5824	5.3893	5.2064	5.0330	4.8684	4.7122	4.5638	4.4226	4.2882
8	7.6517	7.3255	7.0197	6.7327	6.4632	6.2098	5.9713	5.7466	5.5348	5.3349	5.1461	4.9676	4.7988	4.6389
9	8.5660	8.1622	7.7861	7.4353	7.1078	6.8017	6.5152	6.2469	5.9952	5.7590	5.5370	5.3282	5.1317	4.9464
10	9.4713	8.9826	8.5302	8.1109	7.7217	7.3601	7.0236	6.7101	6.4177	6.1446	5.8892	5.6502	5.4262	5.2161
11	10.3676	9.7868	9.2526	8.7605	8.3064	7.8869	7.4987	7.1390	6.8052	6.4951	6.2065	5.9377	5.6869	5.4527
12	11.2551	10.5753	9.9540	9.3851	8.8633	8.3838	7.9427	7.5361	7.1607	6.8137	6.4924	6.1944	5.9176	5.6603
13	12.1337	11.3484	10.6350	9.9856	9.3936	8.8527	8.3577	7.9038	7.4869	7.1034	6.7499	6.4235	6.1218	5.8424
14	13.0037	12.1062	11.2961	10.5631	9.8986	9.2950	8.7455	8.2442	7.7862	7.3667	6.9819	6.6282	6.3025	6.0021
15	13.8651	12.8493	11.9379	11.1184	10.3797	9.7122	9.1079	8.5595	8.0607	7.6061	7.1909	6.8109	6.4624	6.1422
16	14.7179	13.5777	12.5611	11.6523	10.8378	10.1059	9.4466	8.8514	8.3126	7.8237	7.3792	6.9740	6.6039	6.2651
17	15.5623	14.2919	13.1661	12.1657	11.2741	10.4773	9.7632	9.1216	8.5436	8.0216	7.5488	7.1196	6.7291	6.3729
18	16.3983	14.9920	13.7535	12.6592	11.6896	10.8276	10.0591	9.3719	8.7556	8.2014	7.7016	7.2497	6.8399	6.4674
19	17.2260	15.6785	14.3238	13.1339	12.0853	11.1581	10.3356	9.6036	8.9501	8.3649	7.8393	7.3658	6.9380	6.5504
20	18.0456	16.3514	14.8775	13.5903	12.4622	11.4699	10.5940	9.8181	9.1285	8.5136	7.9633	7.4694	7.0248	6.6231
21	18.8570	17.0112	15.4150	14.0292	12.8212	11.7641	10.8355	10.0168	9.2922	8.6487	8.0751	7.5620	7.1016	6.6870
22	19.6604	17.6580	15.9369	14.4511	13.1630	12.0416	11.0612	10.2007	9.4424	8.7715	8.1757	7.6446	7.1695	6.7429
23	20.4558	18.2922	16.4436	14.8568	13.4886	12.3034	11.2722	10.3711	9.5802	8.8832	8.2664	7.7184	7.2297	6.7921
24	21.2434	18.9139	16.9355	15.2470	13.7986	12.5504	11.4693	10.5288	9.7066	8.9847	8.3481	7.7843	7.2829	6.8351
25	22.0232	19.5235	17.4131	15.6221	14.0939	12.7834	11.6536	10.6748	9.8226	9.0770	8.4217	7.8431	7.3300	6.8729
26	22.7952	20.1210	17.8768	15.9828	14.3752	13.0032	11.8258	10.8100	9.9290	9.1609	8.4881	7.8957	7.3717	6.9061
27	23.5596	20.7095	18.3270	16.3296	14.6430	13.2105	11.9867	10.9352	10.0266	9.2372	8.5478	7.9426	7.4086	6.9352
28	24.3164	21.2813	18.7641	16.6631	14.8981	13.4062	12.1371	11.0511	10.1161	9.3066	8.6016	7.9844	7.4412	6.9607
29	25.0658	21.8444	19.1885	16.9837	15.1411	13.5907	12.2777	11.1584	10.1983	9.3696	8.6501	8.0218	7.4701	6.9830
30	25.8077	22.3965	19.6004	17.2920	15.3725	13.7648	12.4090	11.2578	10.2737	9.4269	8.6938	8.0552	7.4957	7.0027
35	29.4086	24.9986	21.4872	18.6646	16.3742	14.4982	12.9477	11.6546	10.5668	9.6442	8.8552	8.1755	7.5856	7.0700
40	32.8347	27.3555	23.1148	19.7928	17.1591	15.0463	13.3317	11.9246	10.7574	9.7791	8.9511	8.2438	7.6344	7.1050
45	36.0945	29.4902	24.5187	20.7200	17.7741	15.4558	13.6055	12.1084	10.8812	9.8628	9.0079	8.2825	7.6609	7.1232
50	39.1961	31.4236	25.7298	21.4822	18.2559	15.7619	13.8007	12.2335	10.9617	9.9148	9.0417	8.3045	7.6752	7.1327
55	42.1472	33.1748	26.7744	22.1086	18.6335	15.9905	13.9399	12.3186	11.0140	9.9471	9.0617	8.3170	7.6830	7.1376

续表

n\i%	15	16	17	18	19	20	24	25	28	30	32	35	40	50
1	0.8696	0.8621	0.8547	0.8475	0.8403	0.8333	0.8065	0.8000	0.7813	0.7692	0.7576	0.7407	0.7143	0.6667
2	1.6257	1.6052	1.5852	1.5656	1.5465	1.5278	1.4568	1.4400	1.3916	1.3609	1.3315	1.2894	1.2245	1.1111
3	2.2832	2.2459	2.2096	2.1743	2.1399	2.1065	1.9813	1.9520	1.8684	1.8161	1.7663	1.6959	1.5889	1.4074
4	2.8550	2.7982	2.7432	2.6901	2.6386	2.5887	2.4043	2.3616	2.2410	2.1662	2.0957	1.9969	1.8492	1.6049
5	3.3522	3.2743	3.1993	3.1272	3.0576	2.9906	2.7454	2.6893	2.5320	2.4356	2.3452	2.2200	2.0352	1.7366
6	3.7845	3.6847	3.5892	3.4976	3.4098	3.3255	3.0205	2.9514	2.7594	2.6427	2.5342	2.3852	2.1680	1.8244
7	4.1604	4.0386	3.9224	3.8115	3.7057	3.6046	3.2423	3.1611	2.9370	2.8021	2.6775	2.5075	2.2628	1.8829
8	4.4873	4.3436	4.2072	4.0776	3.9544	3.8372	3.4212	3.3289	3.0758	2.9247	2.7860	2.5982	2.3306	1.9219
9	4.7716	4.6065	4.4506	4.3030	4.1633	4.0310	3.5655	3.4631	3.1842	3.0190	2.8681	2.6653	2.3790	1.9480
10	5.0188	4.8332	4.6586	4.4941	4.3389	4.1925	3.6819	3.5705	3.2689	3.0915	2.9304	2.7150	2.4136	1.9653
11	5.2337	5.0286	4.8364	4.6560	4.4865	4.3271	3.7757	3.6564	3.3351	3.1473	2.9776	2.7519	2.4383	1.9769
12	5.4206	5.1971	4.9884	4.7932	4.6105	4.4392	3.8514	3.7251	3.3868	3.1903	3.0133	2.7792	2.4559	1.9846
13	5.5831	5.3423	5.1183	4.9095	4.7147	4.5327	3.9124	3.7801	3.4272	3.2233	3.0404	2.7994	2.4685	1.9897
14	5.7245	5.4675	5.2293	5.0081	4.8023	4.6106	3.9616	3.8241	3.4587	3.2487	3.0609	2.8144	2.4775	1.9931
15	5.8474	5.5755	5.3242	5.0916	4.8759	4.6755	4.0013	3.8593	3.4834	3.2682	3.0764	2.8255	2.4839	1.9954
16	5.9542	5.6685	5.4053	5.1624	4.9377	4.7296	4.0333	3.8874	3.5026	3.2832	3.0882	2.8337	2.4885	1.9970
17	6.0472	5.7487	5.4746	5.2223	4.9897	4.7746	4.0591	3.9099	3.5177	3.2948	3.0971	2.8398	2.4918	1.9980
18	6.1280	5.8178	5.5339	5.2732	5.0333	4.8122	4.0799	3.9279	3.5294	3.3037	3.1039	2.8443	2.4941	1.9986
19	6.1982	5.8775	5.5845	5.3162	5.0700	4.8435	4.0967	3.9424	3.5386	3.3105	3.1090	2.8476	2.4958	1.9991
20	6.2593	5.9288	5.6278	5.3527	5.1009	4.8696	4.1103	3.9539	3.5458	3.3158	3.1129	2.8501	2.4970	1.9994
21	6.3125	5.9731	5.6648	5.3837	5.1268	4.8913	4.1212	3.9631	3.5514	3.3198	3.1158	2.8519	2.4979	1.9996
22	6.3587	6.0113	5.6964	5.4099	5.1486	4.9094	4.1300	3.9705	3.5558	3.3230	3.1180	2.8533	2.4985	1.9997
23	6.3988	6.0442	5.7234	5.4321	5.1668	4.9245	4.1371	3.9764	3.5592	3.3254	3.1197	2.8543	2.4989	1.9998
24	6.4338	6.0726	5.7465	5.4509	5.1822	4.9371	4.1428	3.9811	3.5619	3.3272	3.1210	2.8550	2.4992	1.9999
25	6.4641	6.0971	5.7662	5.4669	5.1951	4.9476	4.1474	3.9849	3.5640	3.3286	3.1220	2.8556	2.4994	1.9999
26	6.4906	6.1182	5.7831	5.4804	5.2060	4.9563	4.1511	3.9879	3.5656	3.3297	3.1227	2.8560	2.4996	1.9999
27	6.5135	6.1364	5.7975	5.4919	5.2151	4.9636	4.1542	3.9903	3.5669	3.3305	3.1233	2.8563	2.4997	2.0000
28	6.5335	6.1520	5.8099	5.5016	5.2228	4.9697	4.1566	3.9923	3.5679	3.3312	3.1237	2.8565	2.4998	2.0000
29	6.5509	6.1656	5.8204	5.5098	5.2292	4.9747	4.1585	3.9938	3.5687	3.3317	3.1240	2.8567	2.4999	2.0000
30	6.5660	6.1772	5.8294	5.5168	5.2347	4.9789	4.1601	3.9950	3.5693	3.3321	3.1242	2.8568	2.4999	2.0000
35	6.6166	6.2153	5.8582	5.5386	5.2512	4.9915	4.1644	3.9984	3.5708	3.3330	3.1248	2.8571	2.5000	2.0000
40	6.6418	6.2335	5.8713	5.5482	5.2582	4.9966	4.1659	3.9995	3.5712	3.3332	3.1250	2.8571	2.5000	2.0000
45	6.6543	6.2421	5.8773	5.5523	5.2611	4.9986	4.1664	3.9998	3.5714	3.3333	3.1250	2.8571	2.5000	2.0000
50	6.6605	6.2463	5.8801	5.5541	5.2623	4.9995	4.1666	3.9999	3.5714	3.3333	3.1250	2.8571	2.5000	2.0000
55	6.6636	6.2482	5.8813	5.5549	5.2628	4.9998	4.1666	4.0000	3.5714	3.3333	3.1250	2.8571	2.5000	2.0000